云在阁经藏

# 行策大师 省庵大师 文集

〔清〕行策 实贤 著
张景岗 点校

九州出版社 JIUZHOUPRESS | 全国百佳图书出版单位

图书在版编目（CIP）数据

行策大师、省庵大师文集 /（清）行策，（清）实贤著；张景岗点校. — 北京 ：九州出版社，2013.1

ISBN 978-7-5108-1932-2

Ⅰ. ①行… Ⅱ. ①行… ②实… ③张… Ⅲ. ①净土宗—文集 Ⅳ. ①B946.8-53

中国版本图书馆CIP数据核字(2013)第010844号

行策大师、省庵大师文集

| | |
|---|---|
| 作　　者 | 〔清〕行策 实贤 著　张景岗 点校 |
| 出版发行 | 九州出版社 |
| 出 版 人 | 黄宪华 |
| 地　　址 | 北京市西城区阜外大街甲35号（100037） |
| 发行电话 | （010）68992190/2/3/5/6 |
| 网　　址 | www.jiuzhoupress.com |
| 电子信箱 | jiuzhou@jiuzhoupress.com |
| 印　　刷 | 三河市东方印刷有限公司 |
| 开　　本 | 720毫米×1020毫米　16开 |
| 印　　张 | 36.5　　插　页　2P |
| 字　　数 | 500千字 |
| 版　　次 | 2014年1月第1版 |
| 印　　次 | 2014年1月第1次印刷 |
| 书　　号 | ISBN 978-7-5108-1932-2 |
| 定　　价 | 118.00元 |

行策大师像

省庵大师像

# 出版说明

行策（1628～1682），字截流，清代高僧，中国净土宗第十祖。俗姓蒋，江苏宜兴人，相传为憨山大师后身。年二十三出家，五年间胁不至席，参悟禅要。后研习天台教义，修法华三昧。康熙二年（1663），结庵于杭州法华山西溪河渚间，专修净业。康熙九年（1670），住虞山普仁院，倡导七日精进念佛，复兴莲社，学者翕然风从。现存著作有《金刚般若经疏论纂要刊定记会编》十卷、《宝镜三昧本义》一卷、《净土警语》十五篇、《起一心精进念佛七期规式》等。

《金刚经》为佛门要典，如来恺切指示学人发广大心，行菩萨道，实为圆教菩萨安心立行、速疾成佛之秘钥。历代注疏众多，最著名当属无著、天亲二菩萨禀弥勒八十偈颂所造《金刚般若论》、《金刚般若波罗蜜经论》。唐代宗密大师依此二论，旁采诸说，著《金刚般若经疏论纂要》。宋代子璇法师再作详释，著《金刚经纂要刊定记》。此为本经最为正统之传承。但历来经、疏、记各自别行，不便研读，为此行策大师将《纂要》、《刊定记》依经合编，详列科文，刊为《金刚般若经疏论纂要刊定记会编》十卷，是为此经最为完备之注疏，又作《十八住阶位图说》、《二十七疑脉络图说》，以利初学。

《宝镜三昧》，又名《宝镜三昧歌》，为唐代曹洞宗初祖良价所撰，叙述该宗偏正回互之旨，明示修行工夫次第。后代诸师颇多谬解，行策大师乃作《宝镜三昧本义》一卷，以宝镜三昧、正偏回互、三叠分卦、五变成位、二喻显法、六爻摄义等六种图说，正本清源，揭示所蕴深义，阐明宗门参学要径，及菩萨道修证位次之差别。

行策大师继承莲池、蕅益二位祖师净土思想，注重实修，其净土著述收于《净土警语》中，共十五篇。大师以持念佛名为最不思议胜异方便法门，谆谆劝勉大众树立真实信心，痛念娑婆之险恶，珍惜光阴，斩除爱缘，专求出离，只要毕生勤行诸善，愿行相资，净念相继，必能得生净土，永不退转。他还辨析净土九品往生品位，倡修观佛毫相之法，驳斥禅门末流藐视净土的错误观念，阐释《楞严经》拣择圆通，明选观音、暗选势至的深层密意。此外他还在虞山普仁院多次发起佛七共修，作《起一心精进念佛七期规式》，影响深远。

以上著述，依《嘉兴藏》、《卍续藏》版本校勘整理，并附主要传记文献六种。

省庵（1686～1734），法名实贤，字思齐，清代高僧，净土宗第十一祖。俗姓时，江苏常熟人。世代习儒，夙有出尘之志。十五岁出家，二十四岁受具足戒。通达天台、法相学说，为天台宗灵峰派四世传人。二十九岁参禅开悟，随即闭关阅藏精修。往阿育王山瞻礼释尊舍利，启建涅槃法会，率众供佛礼忏，名播海内，法筵盛况超过诸方。后退隐仙林寺，不出户庭，力修净业。不久受请主持梵天寺，开净业堂，与众同结三年念佛长期。师屏绝诸缘，纯提净土，人称永明大师再来。在梵天寺三年念佛期满，师决意来年四月十四日长往乐邦。至期集众念佛，自在往生，世寿四十九，可谓悲猛极矣。

省庵大师的主要著作有《劝发菩提心文》、《西方发愿文注》、《劝修净土诗》、《东海若解》等，弟子际本辑为《思齐大师遗稿》，弟子正因募刻流通于世。至乾隆五十年（1785年），彭际清居士于龙兴寺又得际本师所录之抄本，内有诗偈，为刻本所无，于是将师遗稿重加编订，择要合编为上下两卷。其上卷收文、偈、赞、铭、叙、说、传、规约等，下卷为诗作，卷后附以《西方发愿文注》、《东海若解》，名《省庵法师遗书》，次年刻行于世。道光十九年（1839年），画禅寺主持涌公，依彭本重刻，居士贝墉校勘。清朝咸同间屡遭兵燹，其版既不存，书亦罕觅。有海云禅师偶于友人处得之，张耕根、陈守源等居士乐助之，同治十二年（1873年）重刻。其本为《卍续藏》所收，名《省庵法师语录》，惜其讹字稍多。扬州藏经院于光绪二十六年（1900年）又以其本为底本重刻，稍正其讹，但大多依旧。

此次校勘，以《卍续藏》所收《省庵法师语录》两卷、《东海若解》一卷为底本，以扬州藏经院光绪二十六年刻本为主要参校本。其中《劝发菩提心文》、《劝修净土诗》，以《净土十要》本参订。《西方发愿文注》则依金陵刻经处民国十年本校订。全文按杂著、赞铭、偈颂、诗歌、注解，顺次编排，后附主要传记文献四种及《省庵法师年谱》。

九州出版社

二〇一四年一月

# 目　录

## 净土宗十祖行策大师

## 净土宗十一祖省庵大师

# 净土宗十祖行策大师

# 金刚般若经疏论纂要刊定记会编

秦 三藏法师鸠摩罗什 译经

唐 圭山大师宗密 述疏

宋 长水沙门子璇 录记

清 荆溪后学沙门行策 会编

## 金刚般若经疏记会编序

一切众生，自性般若，与诸佛平等。众生唯妄执未谢，故波迸六道，甘沦溺而不之返。世尊为说一切修多罗，不过令其于己躬下，证其本有如是之事而已。然诸契经，演说不同，有曲有直，有纯有杂。唯《金刚般若》一经，破执断疑，最为直说纯说者也。此经总之则一，析之有三种：一曰实相般若，如金之坚，即理经也；二曰观照般若，如金之利，即行经也；三曰文字般若，如金之光，即教经也。利根圆获，钝者浅执。昔六祖大师闻客诵至“应无所住而生其心”，中峰老人读至“荷担如来阿耨多罗三藐三菩提”，豁然悟入，此顿见实相，最上利根也。其次则明观照，又次则信文字。至于但信文字，根斯为下矣。然末世顿入者少，故理由行证，行藉教明，则文字实又二种般若之津筏也。

是经文则甚略，而义该大部，入位上流，乍难窥测。然自创译以来，此方疏释，约数百家。深经浅解，已谓少益，况偏辞臆说，至有不堪闻见者乎？昔佛灭后，西域有无著菩萨，入日光定，上升兜率，诣弥勒问此经义，弥勒以八十偈颂之。无著出定，与其弟天亲，各禀偈造论。二论互释，经旨弥深，仍非浅智所了。唐圭山大师，以妙悟之姿，泳游教海，愍物兴慈，遂正本二论，旁采诸说，述《纂要疏》二卷，辞精理极，为众释中最。然一往读之不了者，什犹六七。石壁师别为广解，又失之太繁。长水师复起而翦削之，成《刊定记》，而疏义显矣。疏义显，而后金刚般若教、行、理三经，乃无不显矣。但今宇内谬解偏多，传讲诸师又恒习世本，各封己见，以故鲜知宗尚。嗟乎！独不思圣凡愚智，藐若云泥。无著是登地菩萨，天亲是地前加行菩萨，二人亲禀弥勒。弥勒是补处大士，亲禀释尊。今疏悉依二论，则疏即佛语，佛语不宗，将谁宗乎？

策昔因阅藏，幸遇斯文，精研三复，如获重宝。但以疏、记别行，寻讨维艰。文义连绵，科章间错。起止血脉，作者犹迷。于是不量庸愚，秉笔从事，校经节疏，会记编科，缮写严核，至三脱其稿。于中添削厘合，殊费斟裁，俾览者无神昏目眩之嫌，有执谢疑除之益。特授剞劂，以广流传。或曰：子禅者也，乃事经疏之学耶？予曰：噫！子过矣。请无远论，即主山、长水二师，一则宗大鉴，而彻禅源，一则叩琅琊，而悟心要，亦皆续教内之真传，即文字而直指。苟具正眼，岂存二见？况此般若者，乃觉体之异名，种智之殊号。性空缘会，法尔无差。功德发心，本无限齐。吾将流通如是之经，以期己他之兼利也。流通文字，用严化身。流通观照，用严报身。流通实相，用严法身。如是则为具足佛身。何以故？生、了二因，决能成就故。经云："是经义不可思议，果报亦不可思议。"诸有福智者，应作如是观。

康熙甲辰岁仲夏之吉，荆溪后学行策书于武林之河渚草堂。

# 例　言

一、此经六译，秦译称最。传布既广，讹舛滋多，故校诸疏本，亦各差互。今经字句，一依《北藏》原本勘正。

一、此经注释，无虑数百家。虽有数家正疏，然皆互有短长。其尽善尽美，唯《纂要》一疏而已。故今疏文悉遵原本，无敢移易。其《刊定记》文，既会归本疏下，首末开合，不无增损字面，贵使文义允当耳。

一、凡疏钞合本，多见以两文并书，而首标“疏”、“钞”字者。其不便有二：一者遇条分缕析处，标字太烦。二则于义未安，盖钞不得与疏并列，犹之疏不得与经齐等，譬如经则父也，疏则子也，钞则孙也，伦次自应有别。今初、二卷，以疏文顶格书，记低一字。自三卷以去，则以经文顶格书，疏让经一字，记复让疏一字，不同他本之式。又记中有释经之语，未涉疏意者，会在疏前，令不失次第。[①]

一、此中分科，须辨四种不同，有记中所列之疏科，有疏中所列之经科，有疏中自列之疏科，并节释之经科，重繁错杂，

① 今于经文、疏文、记文前各加【经】、【疏】、【记】以标示，疏文、记文按普通格式排版，不再缩进一格。

初学多迷。今前二种，皆加圈别之，仍分黑白，使疏、记首尾血脉通贯。其后二种，准疏文一例书之，庶井然易见。[①]

一、记中科题，有遗前失后者，窃意补之。有应立不立者，增入之。有疏自列而记复列者，翦削之。或安科取便失次者，随位置之。或科名未尽善者，略更易数字。非敢妄专，务期允当，览者无以差脱见疑。[②]

一、经文十八、十九二疑之间，有“尔时慧命须菩提”至“是名众生”一段，计六十二字，秦译原无，系后人添入，故疏不释。然魏译有之，二论亦皆释之，添亦无失，况记有补释之文，今从世本添入。如秦译《法华·普门品》中，添入隋偈，亦无失也。

一、配十八住处，断二十七疑，为两论之纲宗，一经之枢要。若阶位不明，则昧于横判。脉络不清，则迷于竖释。今各为图说，系于全科之后，使开卷按图，了然在目，不致寻文难了。

一、疏、记两文之中，字句并多错谬，《北藏》且不可凭，何论他本。今则揆之文义，苟一字不安，必周遍搜寻，得之旧册，或深思自悟，释然无疑。具摘诸讹，附于卷末，一以见雠勘之难，一以出藏本之误，惟览者悉之。[③]

---

① 今将《会编》每科总目补全，以△标示。原《纂要》科题与之合并，于疏文中不再重出。

② 今本科题，参照原疏、记，及《金刚经疏记科会》，作了必要的补全与微调。又原本卷前有《金刚般若经疏记会编科文》总表（见《嘉兴藏》及《卍续藏》本），今未录。

③ 原本各卷后附《永乐北藏》及流通本校讹清单（见《嘉兴藏》本），今未录。

## 十八住阶位图

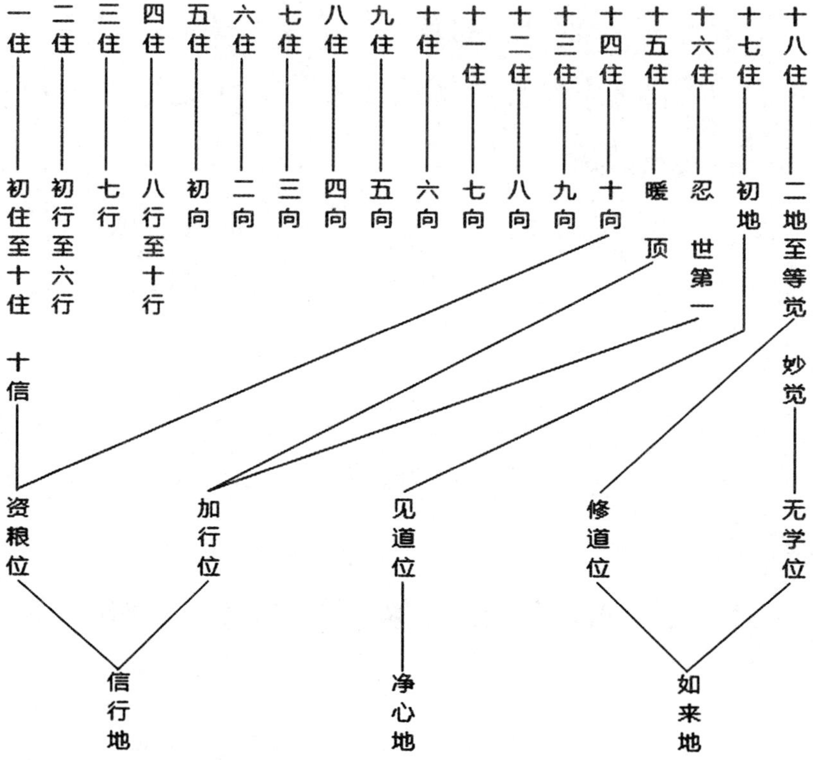


## 十八住阶位图说

第一住配初发心住，并摄前十信，及余九住，共二十心。二中是六波罗蜜，故次配六行。四中，法身分言说、证得，于证得中，开智相、福相，故配后三行。第十八中，有六种具足。初一具足，配二地至等觉十位。后五无上具足，配妙觉位。其余配属可见。

详夫诸教所说地位，差互不同。或说五十二位，或将十信摄入十住，但说四十二位。于中或复开前合后，开后合前，或前后俱开俱合，开之则广，合之则狭。又或借小明大，借权明实，名相位号，出入淆讹，徇名遗旨，多见差谬。乃至《楞伽》诸典，泯之全无。《缨络》等经，具说成有。若有若无，若广若狭，皆随宜之说也。惟《华严》行布万殊，圆融一际，有无阔狭，悉皆无阂，方为了义耳。所以者何？以约法则无，约人则有。今经云："一切贤圣，皆以无为法而有差别。"无为故无，差别故有。于差别中，不无阔狭也。

论主既仰师补处，深悉经义。以宗派兼明故，正住中道，不堕有无。以法喻齐显故，初、后、中间，酌于阔狭，配十八住处，说三地五位，诚尽善矣。记主云："然其行人，念念须冥佛境，反穷果海，自然阶降不同。若预等级用心，毕竟障于证入。况此经宗无相，岂合列位浅深？但约情惑渐薄，地位转高，义相稍同，故略配摄也。"斯言得之。然今之人，乃有以此而病无著者。嗟乎！不解即相离相，妄谓一向无相，所以堕增上慢，因果不分，谬执经宗，非毁先圣。好心学般若者，幸勿徇此一边之见。住于中道，离障证真。依无为法，入贤圣位。则庶乎其不差矣！

# 二十七疑脉络图

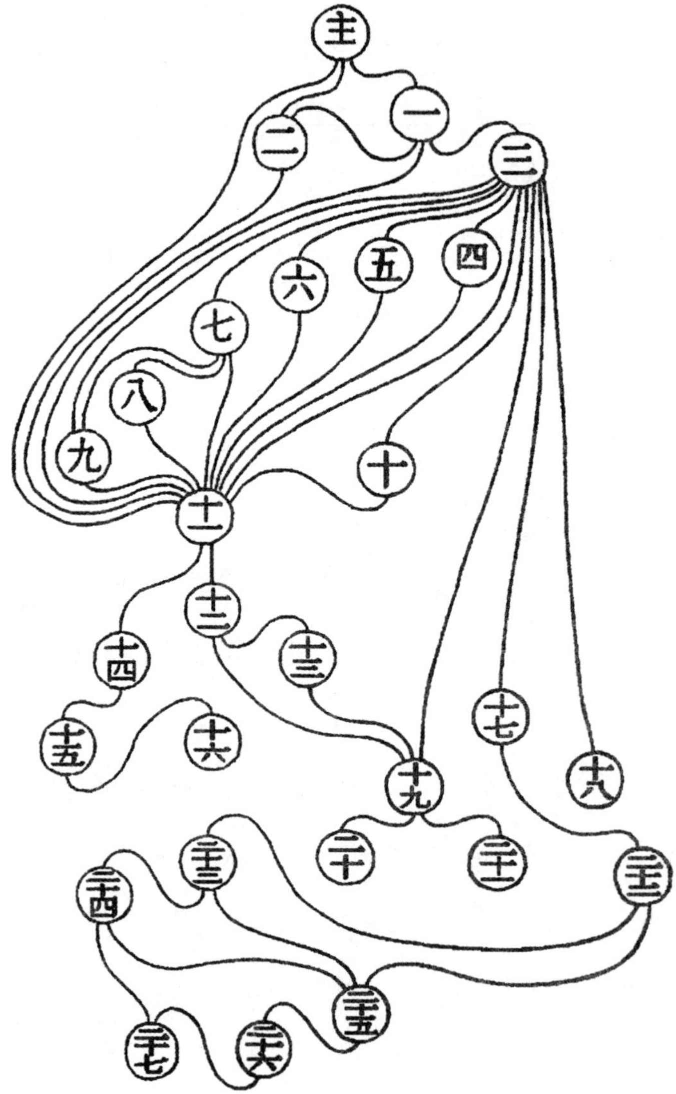
主
一
二
三
四
五
六
七
八
九
十
十一
十二
十三
十四
十五
十六
十七
十八
十九
二十
二十一
二十二
二十三
二十四
二十五
二十六
二十七

# 二十七疑脉络图说

首曰"主"者，即不住相布施也，以此是疑主故，展转生起，至二十七。于中第三出十疑，第十一总承前疑，是为脉络肯綮处。余疑可知。

佛乃不思议人，经名不思议说。不思议者，非思议能解也。非思议能解者，无思议者乃能解也。无思议能解者，非思议竟莫能解也。何以故？如上二十七疑，来自经文之外，已非思议所及。然有次序来者，有隔越来者，有通贯来者，有分承来者。次或可知，隔即难晓，况通贯、分承乎？譬犹身中血脉，地中泉脉，经络支派，潜伏流注，殊非寻常义现于文，易开物解者比也。况加之以粗心浅心，徇臆见，妄生穿凿，何关经义？故曰非思议能解也。弥勒以补处之智，冥妙觉之经，演难思之偈，授登地之人，曰断种种疑。天亲始理疑脉以贯经，曰断二十七种疑。故曰无思议者乃能解也。昔者以文求义，矛盾何多。今也以脉定文，参商斯绝。违惟见其顺，塞惟见其通，断惟见其续，暗惟见其明。细心深心，虚所见，好古敏求之力也。故曰非思议竟莫能解也。好心学般若者，当澄神摄虑，熟玩而细研之，将见此经全体血脉，朗然跃现于文字句偈之表。由是永断群疑，深解义趣，依解起行，行起解绝，不妨从思议中亲到无思议处，即是亲见不思议人，亲闻不思议说也。尚勉之哉！

# 金刚般若经疏论纂要刊定记会编卷第一

《刊定记》序云：释氏教《金刚经》，世所由来尚矣。自秦至今，凡几百载，讽诵无卑高，感应盈简牍，利及幽壤，而达乎神明。盖趣大之坦途，破小之宏略也。故补处颂以为本，二论释而有贯。诸疏互解，或依或违。圭山大师撮掇精英，黜逐浮伪，命曰《纂要》，盖取中庸。复申记略，用备传习。石壁师仍贯义意，别为广录，美则美矣，辞或繁长，后学多不便用。今更刊定，翦削烦乱，俾流而无滞，学而思讲，庶吾道无坠地之患也已。大宋天圣纪号之明年季冬月甲子日序。

△疏文分三：初、标题目，二、叙宗旨，三、解本文。

△初、标题目二：初、经疏名题，二、作者嘉号。

△初、经疏名题

【疏】金刚般若经疏论纂要（并序）

【记】此题九字，从宽至狭，能所六重：一、能所释，谓“金刚”等五字是所，“疏论”下四字属能。二、能所诠，谓“经”字属能，“金刚”等四字是所。三、能所简，有二：一简通，谓“经”通一代时教，“般若”唯属当部；二简别，

“般若”犹通八部，“金刚”但属一经。五、能所喻，“金刚”是能，“般若”属所。六、能所纂，“纂”字属能，谓疏主也；“要”字是所，谓正义也。若着“并序”二字，复加一重，二字是能，上皆所摄。然此七重，不出教、行、人、理。谓“经”及“疏论”、“并序”五字是教，谓能诠、能释、能序也。“般若”通行，谓观照也。“纂”字属人，即疏主也。“金刚”、“要”字属理，“金刚”喻实相，即真理；“要”字是正义，即道理。

既知一题能所去取，须知题内义理浅深。“金刚”有三义，谓坚、利、明也。“般若”亦三义，谓实相、观照、文字也。“经”有三义，谓常、贯、摄也。“疏”亦三义，谓疏、决、布也。“论”者议也，亦三义，谓议理、议智、议行也。“纂要”亦三义，谓要义、要行、要文也。

且“金刚”三义者，以万物不能坏，能坏于万物，复能有照用，可喻三种般若矣。坚喻实相，以其虽经多劫，流迸六道，未尝生灭，未尝亏缺，故云坚也。故《心经》云：“是诸法空相，不生不灭，不垢不净，不增不减”等。利喻观照般若，谓此显时，照诸法空，故言利也。故《心经》云：“观自在菩萨，行深般若波罗蜜多时，照见五蕴皆空，度一切苦厄”，乃至云“无智亦无得”等。明喻文字般若，以文字能诠显彰明实相、观照，令显现故。由斯三义，似彼金刚，故举金刚以喻般若。

然此般若，诸佛、众生悉皆有之。由彼在缠，故不能利用。苟能闻教解悟，内外熏力，则能断烦恼，出生死，理智相冥，能起大用，与佛无异。其犹金在矿中，不能随用。苟能出矿，必能成器断物。故知此慧，无不有之。故知此慧，能建大义。今云“般若”，盖大慧之梵音也。“金刚”即般若之正喻。法、喻双彰，故曰“金刚般若”也。

若准经题，具足合云“波罗蜜”，即叹慧之功也，唐言“彼岸到”，此犹西域之风，若顺此方，合云“到彼岸”。彼岸者，即是涅槃，为对生死之此，故号涅槃为彼。意明般若是到彼岸慧，斯则慧之别相也。然到彼岸慧，略有二意，所谓顿、渐也。顿者，此慧显时，一刹那间，照诸法空，即是到彼岸，故名到彼岸慧。以不历多时，乃名为顿。渐者，虽则顿照法空，且习以性成，任运计执，所以策彼顿悟之慧，觉察妄情，损之又损之，以至于无为，此则究竟到于彼岸，亦名到彼岸慧。以历多时，故名为渐。渐之与顿，迟速虽殊，一总得名到彼岸慧。所以具足合云“金刚般若波罗蜜”，今略不言也。

次明“经”字具三义者。然准诸家解释，共有多义，谓涌泉、出生、绳墨、结鬘之类。若《佛地论》中，唯说二义，谓贯也、摄也，贯穿所应说义，摄持所化众生。且如来入灭二千余年，遗风若存，得闻正法者，斯皆经之贯穿义也。众生流浪，莫知所从，得佛教门，咸归正趣者，斯皆经之摄持义也。具此二义，故名为经。今以此二，复加常义，以对三种般若，谓实相常、观照贯、文字摄也。然此一经，罗什所译，句偈清润，令人乐闻。至今长幼高卑，盈于寰宇，靡不受持此经也。

“疏论纂要”者，即此一卷疏文也。疏即青龙、大云、资圣、尘外等疏。“疏”谓疏通理趣，决择义相，布致文言也。“论”即天亲、无著、《智度》、金刚仙、功德施等论，一一论中，任运议于理、智、行也。

问：既有疏论释经，何必更制斯疏？

答：以纂要故，即是纂他疏论之要义，而成此疏也。

然纂要之设，总有两意，一则上符圣旨，二则下协人心。意显诸说有不符圣旨，不协人心者。

且初意者。只如此经，是空无相宗，有以法相行位广列而释，此则不符圣旨，失于宗故。故序云：“或配入名相，着事乖宗。”有人闻是空宗，便作一味无相道理解释，此亦不符圣旨。以宗虽无相，义乃千端。既以一味解释，斯则迷于末也。故序云：“或但云一真，望源迷派。”前则乖宗不迷派，此则迷派不乖宗，互有得失，俱未圆畅。复有纵于僻见，以之注释，宗派俱失，不足评量。故序云：“其余胸谈臆注，不足论矣。”然其诸说虽各有舛的，以未兼畅，故皆判云不符圣旨也。今制此疏，不添法相，免乖于宗；随文释之，不迷于派。离前二过，宛乎得中，此则超然独符圣旨。然今疏内，皆用圣言，故序云：“故今所述，不攻异端。”疏是论文，乳非城内。况二菩萨，师补处尊。补处如来，师释迦佛。展转推本，佛佛相承。降及无著、天亲，更无异说。故知此疏，便是佛言。谤此疏者，即同谤佛也。故序云："且天亲、无著，师补处尊。后学何疑，或添或弃？"

次下协人心者。且诸家章疏，在理未当，于文且繁，致令学人少敢措意，故转念者广，通会者稀。故序云："致使口讽牛毛，心通麟角。"然今此疏，撮其枢要，直下消经。经疏相兼，盈五十纸。不问缁侣尘俗，可以留心。不唯上中下根，可以学习。

有斯两意，所以述之。此则前智后悲，自他兼利也。故云"金刚般若经疏论纂要"。

"并序"者。并，谓兼及也。序者，叙也，叙述经疏之意也。又序者，绪也，谓头绪也。意明此半纸之言，是述疏入作之头绪也。

△二、作者嘉号

【疏】京大兴福寺沙门宗密述

【记】"京"者，都也，大也，即士庶贵贱都会之大处也。然是西京，非谓东北。以有大兴福寺暗拣，故不言西也。"沙门"梵语，此云"勤息"，谓勤修众善，止息烦恼，即释众之通号也。"述"者，明非制作，符上"纂要"之言，但是叙述先圣之旨，非别制作故也。例如孔子云："述而不作，信而好古，窃比于我老彭。"

△二、叙宗旨二：初、叙赞经旨，二、述造疏意。

△初、叙赞经旨二：初、通明起教之缘，二、别明说教之意。

△初、通明起教之缘二：初、明迷真起妄，二、明习妄流转。

△初、明迷真起妄二：初、真空，二、妄有。

△初、真空

【疏】镜心本净，像色原空。

【记】上句即真性离缘，下句即缘无自性，大约如此。若其委明，应先略配，后当广释。

略配者，此两句中，镜、像是喻，心、色是法。本净、原空，通于法、喻。以镜喻于心，以像喻于色。像是镜之所现，如色是心之所现。镜虽现像，其像原空，即显镜本净也。心虽现色，其色原空，即显心本净也。言本净者，即是性净，通因果凡圣故。故《华严》云："非识所能识，亦非心境界。其性本清净，开示诸群生。"此略指配也。

若广释者。镜即人间所用之镜，然有尘蘙不堪用者，有虽净而在匣者，有净无尘垢，挂之高台，万像斯鉴者。今取后者为喻。

心者，性、相二宗所说各异。相宗说者，或以集起为心，唯第八识，集诸种子，起现行故；或以缘虑为心，通于八识，俱能缘虑自分境故。然此所说，但是有为生灭，非今所喻。性宗说者，即如来藏，本源自性清净心也。然今所明，正是此心。以是迷悟根本，凡圣通依，世出世间皆不离此。所以《起信论》中，立为大乘法体，故论云："摩诃衍者，一法，二义。所言法者，谓众生心，是心则摄一切世间、出世间法。依于此心，显示摩诃衍义。"又云："依一心法，有二种门，一者心真如门，二者心生灭门。是二种门，皆各总摄一切法。此义云何？以是二门不相离故。"以真如门是通相，故摄一切。生灭门虽是别相，以是即真如之生灭，亦摄一切。以此二门，同依一心为源，则知万法不出此心。又如《华严》是圆极一乘，亦以此心为一真法界之体。故彼疏说："统四法界，为一真法界，谓寂寥虚旷，冲深包博，总该万有，即是一心，体绝有无，相非生灭。"乃至云："诸佛证此妙觉圆明，现成菩提，为物开示"等。然此一心，有性有相，相则凡圣、迷悟、因果、染净等异，性则灵灵不昧，了了常知。然此性相，不即不离。以相不离性故，只向同处异。性不离相故，只向异处同。性不即相故，未始有差别。相不即性故，未尝不殊异。盖缘性相一味，所以同异两存。其犹一水波湿，性相同异可知。然此灵心，本非一切，能为一切。心之名字，亦由此立。今云净者，但约毕竟空义，非是拣染名净，以但唯一心，贯通染净。故荷泽云："知之一字，众妙之门。"一切诸法，依此建立，既为得失之秘府，乃是升降之玄枢。称众妙门，实为至矣。今所辨者，即是此心。然前所说相宗二种，乃是此心之内生灭一门。对辨浅深，故须料拣。和会通摄，则实无所遗。

本净者。喻则可知。法中有二意：一则此心从本以来性毕竟空故，二则现为烦恼所缠而无染故。此当《起信论》中真如门也。故《大集经》云：“善男子，一切众生，心性本净。心本净故，烦恼诸结，不能染着。犹如虚空，不可玷污。心性空性，等无有二”等。

像即镜中所现万像。

色即本净之心所现诸法。然所现法，不出色、心。今唯言色，而不言心者，一为文句窄故，二为影在下故，三为以初摄后故。前二可知，后意者，一切诸法，不出五蕴。色之一字，贯五之初。今言色者，举初摄后也。故《大般若》中，每例诸法，皆以色字为初。如云：“善现，般若波罗蜜多清净故，色清净。色清净故，一切智智清净”等。由是文虽标色，而意兼于心。色、心既彰，万法备矣。

原空者。喻则可知。法中有二意：一、即本来是空。论云：“一切诸法，唯依妄念而有差别。若离心念，则无一切境界之相。”二、即现见空故。色等诸法，本来是空。迷人不知，妄执为有。虽然执有，未始不空。故《中论》云：“诸法若不空，即无道无果。”又云：“以有空义故，一切法得成。”

然此一句，亦是释疑。恐人闻说心性本净，复见论云是心则摄世间法等，便谓本具染等，不合言净。故下句释云“像色原空”也，意云：色等若实，则污净心。色等既空，凭何污心？如镜现秽像，秽像原空，似有实无，云何染污？故云“镜心本净，像色原空”也。《无上依经》云：“清净有二义：一者自性清净，是其通相；二者离垢清净，是其别相。”《宝性论》中，亦有二义：一、自性清净，谓性净解脱；二、离垢清净，谓障净解脱。魏译《唯识论》云：“心有二种：一者相应心，所谓一切烦恼，受、想、行等；二者不相应心，所谓第一义谛常住不变自性清净心也。”今所明者，即自性清净及第一义谛心，故云本净。

复次，两句更互释成。以上句释下句，成色空义。以下句释上句，成心净义。色若不空，心则不净。心若不净，色即不空。由心净故色空，由色空故心净。以色、心二法不相离故。当知由心净故，方能现色，如镜净故，方能现像，染则不能。又由色空故，不能染心，如像空故，不能污镜，实则污也。上句、下句，法、喻对明，反覆相成，故云互释。

△二、妄有

【疏】梦识无初，物境成有。

【记】此正当《起信论》中心生灭门也。然此亦具法、喻。以梦喻识，以梦中所现之物喻境。如人睡后作梦，于无物处见物，喻心迷成识，于无境处见境。然虽物依梦现，而梦、物皆虚。虽境从识生，而识、境俱妄也。

梦者，如常人被睡盖所覆，心识昧略，恍惚成梦。准《切韵》中：“梦者，心乱之貌。亦云寐见曰梦。”意明心识昏乱，见于异事，名之为梦。

识者，本净一心，忽然不觉。不觉是妄，心性乃真。真妄和合，目之为识，即是第八阿梨耶识也。故《起信》云：“依如来藏故，有生灭心。所谓不生不灭，与生灭和合，非一非异，名阿梨耶识。”

无初者，初，始也，意明此识无前际故。然真心、妄识，虽虚实有殊，若究其源，俱无初际。然有两意：一则如《佛顶经》说：“烦恼、菩提，二俱无始。”谓自有此真心以来，便有此妄识，非谓真先妄后，亦非妄先真后。若言真先妄后，即应诸佛更起无明。若言妄先真后，何有无真之妄，居然独立。由是故知二俱无始。此则梦喻不齐，却似金之与矿。若言矿先金后，即合所弃之矿，炼之得金。若言金先矿后，应可纯净金器，重生于矿。由是二物俱无初际，于法可知。问：如论云：“依如来藏故，有生灭心。”既言依真有妄，则是妄后真先，何得说云二俱无始？答：不然。所言依者，明妄无自体，依真而成。显本末之义，非先后之义。故《起信》云：“以如来藏无前际故，无明之相亦无有始。若说三界外更有众生始起者，即是外道经说。”二者谓妄体全空，都无生起之踪迹，故言妄无始也。故《起信》云：“觉心初起，心无初相。”即斯义也。若据此意，梦喻正同，以梦生时无踪迹故。有兹两意，故云妄无初也。然上梦、矿二喻之中，各取少分，共况一识无初之义，方尽其理。梦则喻无初法，矿则喻无初时。若单用矿喻，则妄识有实。若唯取梦喻，则妄识有始。今既分取相似之处，理极成矣。

物者，即梦中所现之物也。

境者，即是识中所变我、法等境。

成有者。且如梦中所见自他境界，觉来反想，即定是无。正在梦时，决定为有。若不然者，何有赞喜、谤瞋、厌苦、欣乐等事耶？故知有也。如《庄子》中说，庄周梦为蝴蝶，都来忘却庄周，及乎睡觉梦除，何曾更有蝴蝶？为庄周时，既不羡蝴蝶。为蝴蝶时，亦不羡庄周。彼此各行，互不相识。然准彼书，意以显生死齐平。今之所引，意明执实之义。谓依于妄识，变起我、法等相。悟来了达，则诚知是空。若正迷时，定执为有。若不然者，何有贪瞋、爱恶、取舍等事耶？故知是有。故《成唯识论》云："依识所变，妄见我、法，犹如幻梦。幻梦力故，心似种种外境相现，缘此执为实有外境。"

然虽梦中见种种事，推其根本，唯一梦心。以梦心灭时，梦事皆灭。法中亦尔，境虽无量，原其根本，唯一识心。识心灭时，境界随灭。故《起信论》云："一切诸法，唯依妄念而有差别。若离心念，即无一切境界之相。"则知三界唯心，万法唯识，谅不虚也。由是三界世间一切有漏染法，皆从妄识而生，故名此识以为妄本。

然一切有漏染法，生起微著次第，总有两重：一无始根本，二展转枝末。展转枝末，即后逐妄科中所明。无始根本，正当此段。言根本者，即根本无明。言无明者，谓无妙觉之明故。以就通相言之，故当此识。然根本无明，具有二义，所谓迷真、执妄也。迷真者，真即真心，本不生灭，德相业用，量过尘沙，日用不知，如狂如醉。若贫女宅中宝藏，穷子衣内明珠，虽有如无，枉受艰苦。故《华严经》云："于第一义不了，名曰无明。"执妄者，妄即五蕴。色之与心，如幻如化，本无实体。众生认此为自身心，计虚为实，故名执妄。故《圆觉经》云："妄认四大为自身相，六尘缘影为自心相。"乃至结云："由此妄有轮转生死，故名无明。"然此二义，递互相成，举一则兼，未尝独立。但若执妄，必须迷真。但若迷真，必须执妄。譬如有人，迷东必执西，亦互相成立。思之可见。

△二、明习妄流转

【疏】由是惑业袭习，报应纶轮。尘沙劫波，莫之遏绝。

【记】此当妄法生起第二门，展转枝末也。"由是"等者，谓因此迷真成识，现起世间一切境界，缘此境界，起惑造业，受报无穷。此中"惑"、"业"、"报应"四字，但是三道。然此三法，诸教之中，有名三障，障圣道故；或名三道，引心迺迤，至业报故；或名三杂染，以性不清净故。又此三障，更相由藉，由烦恼故起恶业，由恶业因缘故得苦果。

初言惑者，即烦恼也，品类即根本及随。根本有六，谓贪、瞋、痴、慢、疑、恶见。随烦恼有二十，谓忿、恨、覆、恼、嫉、悭，乃至散乱、不正知等。若以要言之，不出根本中三，谓贪、瞋、痴。即此三种，便能成就三界世间。故《华严》云：“由贪瞋痴，发身口意，作诸恶业，无量无边”等。此惑因起，由前无明，迷平等理，妄认五蕴身心，即此身心，是过患根本。故肇公云：“约天地为高下，约日月为东西，约身为彼此，约心为是非。”《老子》亦云：“吾有大患，为吾有身。及吾无身，吾有何患？”故知此身是一切过患根本，既执之为有，遂分自他，依此身心，起诸烦恼。于一切顺情境上，起于贪心。于一切违情境上，起于瞋心。以护自身，将为主宰也。于此二中，不知是妄，任运而起，乃名为痴。此等烦恼，究其所因，皆从根本无明而有也。

次云业者，然业虽无量，统唯有三，谓善、恶、不动也。由前贪瞋炽盛，发动身口，作诸恶业，即身三、口四、意三等十恶业也。或有稍知因果，贪来生荣乐之事，即翻恶为善，持不杀等五、八、十戒，即善业也。或厌下苦粗障，忻上净妙离，修有漏禅定，名不动业。然此三种业，虽胜劣不同，皆由迷心所造，俱有漏摄。故《圆觉经》中，结三业云：“皆轮回故，不成圣道。”由是则知前之三业，皆依烦恼所成也。

言报应者，应即是报。既有业种，蕴在藏识，因缘会时，必须受报。《涅槃经》云：“非空非海中，非入山石间，无有地方所，脱之不受报。”《尚书》云：“天作孽，犹可违。自作孽，不可逭。”由是有业，必有报应。然若推诸业，体相都无，及受报时，未尝差错。恶因苦果，善因乐果，如影如响，的无差谬。然泛论果报，六道不同。以类收之，但唯三种，谓苦、乐、舍。由前恶业为因，即感三途苦报，谓地狱、饿鬼、畜生也。由前善业为因，即感人天乐报，谓四洲、六欲也。由前不动业为因，即感上界差别之报，谓色、无色界也。然于三界之中所受苦乐之身，是别业正报；所居胜劣器界，即共业依报。正报有生、老、病、死，依报有成、住、坏、空。器界空而复成，有情死而还生，无始至今，联绵不绝，迷惑耽恋，诚可悲夫！故《法华》云："三界无安，犹如火宅。"由是报因业感，业由惑成，惑因无明。无明无始，一念妄有也。则知三界六道，有情无情，究其所从，皆因梦识而有。

"袭习"、"纶轮"者。袭，谓承袭，即相续义。由惑发业，业能招苦，次第相续故。习谓熏习，即相教义，意明惑业念念教学，念念熏习。故《唯识》云："由诸业习气，二取习气俱。"故名为习。然此二义，必互相资，谓相续故相教，相教故相续，故云袭习。故《唯识》云："前异熟已尽，复生余异熟"也。譬如有人袭儒学文，由承袭于儒故，方能学习于文，又由学习于文故，方能承袭于儒也。相资之义，岂不昭然？纶即纶绪，谓众生业种虽复无边，终不一时受六道报，报有次绪，故名纶绪。然有两意：一、如人负债，强者先牵故；二、如人种物，润者先生故。轮即轮转，谓生已复死，死已还生，生死不停，故名轮转。或天上死，人间生。人间死，畜生生等。故《无常经》云："循环三界内，犹如汲井轮。"然此二义，亦互相资，由纶绪故轮转，由轮转故纶绪也。其犹缫茧抽丝，由彼丝轮转而不止，故使丝绪起之不绝，亦由丝绪起之不绝，故使丝轮转而不止。或可"沦"字，其义亦通，即没溺义也，谓于生死大河长受没溺，故云沦。《涅槃经》云："若有众生，乐诸有为，造作诸业，是人迷失真常，是名暂出还没。"疏中且用"轮"字。如向所说，惑业则言其袭习，报应则言其纶轮。然二二对辨，亦互相资，谓由惑业袭习，故使报应纶轮，实由报应纶轮，故令惑业袭习。斯则乘因感果，依果造因，因果相资，以之不绝。此即十二因缘，前前为因，后后为果之义。故《唯识颂》云："由诸业习气，二取习气俱。前异熟已尽，复生余异熟。"

或曰：如是起惑造业，受报轮转，时劫长短耶？故次云："尘沙劫波，莫之遏绝"也。尘即碎十方世界之微尘。沙即殑伽河中如面之沙，谓此河周四十里，沙细如面。"劫波"者梵音，此云"时分"。大劫小劫，长时短时，延促虽殊，通名时分。遏，止也。绝，灭也。莫之遏绝者，言不能止灭也。意谓六道众生，起惑造业，受生轮转以来，将一沙为一劫波，沙尽而劫波不尽。又将一尘为一劫波，尘尽而劫波无尽。尘沙有限，劫波无穷，相续至今，不能止之灭之，故云莫之遏绝也。

然此二段，字句虽多，若论实事，不过五字，谓心、识、惑、业、报，其余并是显叙真妄成立轮回之辞。意谓本是一心，不觉成识，起惑造业，生死无穷，是故如来现身说教，故大科云起教缘也。

△二、别明说教之意。如《法华经》云："我以佛眼观，见六道众生，贫穷无福慧，入生死险道，相续苦不断"，乃至"为是众生故，而起大悲心"等。文二：初、叙说阿含之意，二、叙说般若之意。

△初、叙说阿含之意二：初、正叙，二、结判。

△初、正叙

【疏】故我满净觉者，现相人中，先说生灭因缘，令悟苦、集、灭、道。

【记】初二句，标佛现身也。

"故"者，"所以"义。"我"，即指佛也。言"满净"者，拣异分净，以佛无明永尽，无念之极故。"觉"即觉悟，"者"即指人，谓佛是觉悟之人也。若梵语"菩提"，此翻为"觉"，斯则约法。梵语"佛陀"，此云"觉者"，斯则约人。今此辨人，故言"觉者"。亦可"满"字是总，"净"、"觉"为别，"者"字属人，即明如来是满净、满觉之者，拣诸圣人觉净未满，唯佛如来三障都尽，三觉具圆，故号如来，为满净觉者。若以此二，望众生、二乘、菩萨、诸佛，及本性料拣，有两种四句：一者众生不净，二乘、菩萨分净，诸佛满净，本性但净。二者众生不觉，二乘、菩萨分觉，诸佛满觉，本性但觉。今于此二四句中，皆当第三也。

“现相”者，即化身相也。“人中”者，即现化之处也。唯向人中示相者，天上着乐，无由发心；三途极苦，正当难处；唯于人中，苦乐相兼，对苦必能发心，所以佛出现化。天上如病未发，岂须针艾。三途似膏肓之病，不足医治。人中如小瘵所萦，堪可与药，故佛出现。然如来现相，总有四种，谓他受用报身、大化、小化、随类化身等。今明说此教者，即小化身也。然有八相，谓一从兜率天退，二入胎，三住胎，四出胎，五出家，六成道，七转法轮，八入涅槃。此论现身，但明成道之相。次明说法，即转法轮相。佛成道之相，身长丈六，紫磨金容，项佩圆光，胸题卍字，三十二相，八十种好，八部拥卫，四众钦崇，巍巍峨峨，光映日月，德相繁广，不可具陈。此小化身，其相劣弱，若望受用，即云泥有殊。故《法华经》说：“长者脱珍御服，着弊垢衣。”珍御之服，以喻受用之身。弊垢之衣，即况紫磨金体。盖以众生垢重，不堪见胜妙之身。既不能见，亦无所闻，则于众生都无利益。大悲接物，故现小化。亦如《法华经》说：“穷子见父踞狮子床，宝几承足，富贵殊胜，威德特尊。穷子见之，窃作是念：此或是王，或是王等，非我佣力得物之处。长者见子，默而识之。”乃至云：“即脱璎珞、细软上服、严饰之具，更着粗弊垢腻之衣，右手执持除粪之器，以此方便，得近穷子。”此喻如来隐彼胜身，现于劣相也。

“先说”下，正明设教。此方佛事，借以音声。若无言教，现相何益？教先说小，后方说大。或曰：此明般若，何论小乘？答：虽同佛言，有深有浅。若不对辨，安知浅深？

然一代佛教，不出大乘、小乘。乃至圆宗，亦大乘摄。其所宗者，皆宗因缘。虽则同宗因缘，于中浅深有异。小乘即生灭因缘，大乘即无性因缘。无性因缘者，如《中论》云：“因缘所生法，我说即是空。”空即无性义也。今明小乘，故云生灭因缘。

生灭因缘者，诸法缘会即生，缘离即灭。既生既灭，足知无常。然则不无生灭之法，以有法执故也。然佛出世，先说小者，有二对治故。说生灭，对治凡夫、外道执我。“我”是“主宰”义，既言生灭，则知无主，无主无宰，则无我也。说因缘，对治外道自然之计。外道所执，多执神我，有作受故，兼执自然。既言因缘，则非神我、自然也。为治此二，是故先说生灭因缘。即佛初成道，始从鹿苑，度五俱轮，次度舍利弗、目连、迦叶三兄弟等，于十二年间所说，即诸部《阿含》等经是也。

“令悟”等者，佛说此法，意令众生悟四真谛也。此有两种因果，谓集是世间因，苦是世间果，道是出世因，灭是出世果也。苦即三苦、八苦。三苦，谓苦苦、坏苦、行苦。八苦，谓生、老、病、死、爱别离、怨憎会、求不得、五阴盛。集即业惑，如逐妄中说。灭即有余、无余二种涅槃，入经可见。道即八正道，谓正见、正思惟、正语、正业、正命、正精进、正念、正定也。谛者，诚实义。如世间苦集，逼迫和合，事无虚谬，名为实义，非谓不生不灭名实。即说苦定苦，集定集等，以是义故，四皆实也。故《遗教经》云："日可令冷，月可令热。佛说苦谛实苦，不可令乐。"即如佛于鹿苑，为五比丘三转四谛法轮之例也。三转者：一、示相转，示谓显示苦行相等，令其悟解，云："此是苦，此是集"等。二、劝修转，劝谓诫劝，令其修断，云："此是苦，汝应知。此是集，汝应断"等。三、作证转，作证谓引己所作，令其信受，云："此是苦，我已知。此是集，我已断"等。意言我已知、已断、已修、已证，汝等效我，当知、当断、当修、当证。如是说已，一类小根之人，如言启悟，厌生死苦，乐求涅槃，发心进修，作五停心等七种方便，断三界四谛下分别粗惑，得初果证，乃至进修，渐断三界俱生细惑，证余三果，得阿罗汉。则令世间因亡果丧，出世间因生果证。《法华》云："为求声闻者，说应四谛法，度生老病死，究竟涅槃。"故云"先说生灭因缘，令悟苦集灭道"也。

△二、结判

【疏】既除我执，未达法空。

【记】我执者，即于五蕴总相，计有主宰，名为我执。若一一推求，色等性中，不见我体，名为我空。若见五蕴之法，实有体性，名为法执。若了五蕴如幻如化，从缘无性，名为法空。既除者，已尽也。以小乘人闻说生灭因缘，不执于我，故云既除我执。未达者，以未闻说无性因缘，犹计蕴法为实，故云未达法空。若具言之，合云：既除我执，已达我空，未达法空，未除法执。今则上执下空，文影略故。又既除我执，便是已达我空。未达法空，便是未除法执故也。

△二、叙说般若之意二：初、总示大部，二、别示今经。

△初、总示大部二：初、叙教释意，二、显瑞彰会。

△初、叙教释意

【疏】欲尽病根，方谈般若。心境齐泯，即是真心。垢净双亡，一切清净。

【记】病根者，喻法执也。如人有病，令人不安。如木有根，能生枝叶。意云：二执如病，令诸众生不得安乐。若取法执为病，病即是根，持业释也。若取我执为病，是病之根，即依主释。今则病通二执，根喻法执。以能所依二体异故，我是能依，法是所依，以能从所生，故能非根，根唯局所也。由是凡夫有我执，必兼有法执。二乘有法执，不必具我执。又二乘无我执，则未必无法执。菩萨无法执，则必无我执。如因迷机，方可见人等。

般若即慧也，为显此法，故遗言成教，教即文字。般若即观照、实相二般若也。今约佛论，故通法教，俱名般若也。此中意云：如来意欲尽众生有执之病根，方谈空宗之般若。然大乘教法无量无边，何故此中唯谈般若？谓正能破执。大乘初门，二执若除，真性自现。故唯谈此，除其病也。故古德云："《华严经》如治国之法，养性之药。《般若》教如定乱之将，治病之药。"二经既尔，余可例知。

"心境"等者。然佛初说小乘，心境俱有。说大乘法相，即境空心有。说般若教，即心境俱空。今正明此，故云齐泯。心即心心所法，境即诸识相分。心通能变、能缘，境通本质、影像。心境等亡，故云齐泯。谓约遍计，则都无所有，如绳上蛇。约依他，则缘无自性，如麻上绳。由心故境，由境故心。境灭心空，心如境谢。然诸法虽多，不出心境。心境既泯，则一切皆泯也。《心经》亦云："无眼耳鼻舌身意，无色声香味触法，无眼界，乃至无意识界"等。故云齐泯。

"即是真心"者，显非断灭。恐闻一切诸法泯之皆无，诸法既无，应成断灭，故此显云"即是真心"。然此"心"与上"心"字不同。上是缘生妄心，即前梦识也。此是常住真心，即前镜心也。为拣别故，故特言"真"。以一切诸法，皆依此心。若离此心，无别有法。故经云："一切世界因果微尘，因心成体。"心之所现，名曰依他。执之为实，乃名遍计。依、计既泯，即是圆成。如绳依麻有，蛇托绳生，绳蛇既亡，则麻著矣。此是疏主出般若之密意。若据经文，则但言诸法皆空，不言即是真心。故下文云："离一切相，即名诸佛。"文虽不彰，意实如此。若法性宗，即直于诸法空处，显出真心。故

《圆觉经》云："种种幻化，皆生如来圆觉妙心，犹如空花，从空而有。"乃至云："诸幻尽灭，觉心不动。"故云"即是真心"也。

"垢净双亡"者。上言心境，染净已含。文未显彰，故重明也。意云：非但无诸有漏心境之法，若于法中，染净之法亦复不有。为对治垢染，方彰净法之名。所治之垢既亡，能治之法何立？如无悭贪，布施亦遣等。则知若理若智，若因若果，一切行位，诸对治门，悉皆不有。垢净并无，故曰双亡。故《心经》云："无无明，亦无无明尽"等。

"一切清净"者，此"净"与上"净"字不同，上即对染之净，此名真空曰净。以声闻怖空，故言清净，清净即空义也。《大般若》中，或则云空，或言清净。然万法虽多，不出心境。恐收不尽，又约垢净重明。斯则是法皆摄，竟无所遗，故言一切也。故《大般若》云："善现，般若波罗蜜多清净故，色清净，乃至诸佛无上菩提悉皆清净。"

又非谓泯却心境，显真心了，然后亡垢净，显真空，此乃文家成隔句对。若欲顺义，应云："心境齐泯，垢净双亡，一切清净，即是真心。"理则明矣。谓真心之中，本无心境、垢净等法，名之为空。非谓无于心法，成于断灭。故《唯识颂》云："初即相无性，次无自然性，后由远离前，所执我法性。此诸法胜义，亦即是真如，常如其性故，即唯识实性。"然此与前迷真习妄，正为翻对。若无前意，焉起此文。

△二、显瑞彰会

【疏】三千瑞焕，十六会彰。

【记】三千，即三千大千世界，如下所明。瑞即祥瑞。焕，明也。佛说此经之时，放大光明，照三千界，靡不焕然，复现种种奇异之事。有此祥瑞，故云三千瑞焕。故《大般若经》第一云："尔时世尊，于狮子座上，自敷尼师坛，结加趺坐，入等持王三昧，安详而起。一一身分，各放六十百千俱胝那庾多光，各照三千大千世界。"乃至云："令此世界六种变动，盲者得视，聋者得闻"等。又云："其诸天人，佛神力故，各见于佛，正坐其前，咸谓如来独为说法。"

十六会彰者，般若类有八部，谓《大品》、《小品》、《放光》、《光赞》、《道行》、《胜天王》、《文殊问》、《金刚》。唐译六百卷，二百七十五品，总一十六分。前五无名，后十一分有名。前六分品，后十不分品。即初分七十九品，第二分八十五品，第三三十一品，第四二十九品，第五二十四品，第六胜天王般若分一十七品，第七曼殊室利分，第八那伽室利分，第九能断金刚分，第十般若理趣分，第十一施波罗蜜多分，十二净戒，十三安忍，十四精进，十五静虑，十六般若。即《大明度无极经》四卷，同前五分。《濡首菩萨无上清净分卫经》二卷，即第九分。《实相般若》，即第十分。《道行》、《小品》各十卷，同第四分。《光赞》十卷，《放光》三十卷，《大品》三十卷，皆同第二分。然上诸本开合，大部文势、次绪、事理，一一皆同，但广略之异。唯《仁王》一本，不在八部之中。

△二、别示今经二：初、略标指，二、广叙赞。

△初、略标指

【疏】今之所传，即第九分。

【记】如文。

△二、广叙赞二：初、叙叹幽玄，二、引文结显。

△初、叙叹幽玄二：初、具叙一经诠旨，二、结叹四法幽玄。

△初、具叙一经诠旨三：初、正叙，二、反显，三、顺结。

△初、正叙

【疏】句偈隐略，旨趣深微。慧彻三空，檀含万行。

【记】句有文句、义句，今通此二。偈谓积句所成，亦通此二。隐谓潜隐，即现在无文，如经中多无所断之疑文，及其住名。略谓少也，即现虽有文，而不广故，如经中唯有能断之文，及有住义。旨谓意旨，趣谓旨之所归。彻理曰深，难觉曰微。难觉有二意：一、为文隐略故，义趣难觉；二、为彻理故，甚深难觉。然隐略深微之相，即下所云。

慧即返流净用，约断执观空得名。“般若”，正翻为“慧”，不云“智”也。下释题中，广辨体相。三空者，即我空、法空、俱空也。如下经云“无我相、人相”等，即我空也；“我相即是非相”等，即法空也；“离一切相，即名诸佛”，是俱空也。二空可知。俱空有三说：一、别观人法名二空，同一刹那双观人法名俱空；二、即二执既遣，二空亦遣，名俱空；三、即能所遣时，慧亦无住，即与本性相应，此时自无人法二相，及非法相等，名俱空。彻谓透彻。慧是能彻，三空是所彻。般若照时，透过三空之表，即与本源相应。以本心源，非空非有。为对人执，方说人空。为对法执，方说法空。为对二执，方说俱空。即空是能对，执为所对。所对之执既遣，能对之空亦除。空执两亡，方契本性。若住空境，未曰相应。所以疏中特言慧彻。由是四加行位菩萨，为取空相，不名见道。故《唯识》偈云：“现前立少物，谓是唯识性，以有所得故，非真住唯识。”今既彻于空相，能所兼亡，即同《唯识》见道颂云：“若时于所缘，智都无所得，尔时住唯识，离二取相故。”

檀含万行者。梵音“檀那”，此云“布施”。含谓含摄。万行即菩萨所行之行，不唯于万，今举大数耳。以布施含于三施，三施该于六度，六度包于万行。以本望末，故曰檀含万行也。所以佛答修行，唯言布施。故《弥勒颂》云：“檀义摄于六，资生无畏法。此中一二三，是名修行住。”

【疏】住一十八处，密示阶差。断二十七疑，潜通血脉。

【记】此约二论以叙叹也。

准无著论中，从佛正说以下，乃至经终，分为十八住处，谓第一发心住，乃至第十八上求佛地住。即是修大乘行人，从因至果，安住之处。密示阶差者，谓隐密示现行人修行入位、阶降差别之相。以经中都无十八住名，含有十八住义。以不显配，故云密示。前后浅深不同，故云阶差也。然阶差之相，在下正宗文前疏文具明。

断二十七疑者，准天亲论，从佛答三问毕，便蹑迹断疑，乃至经终，二十七段。谓第一求佛行施住相疑，乃至第二十七入寂如何说法疑。潜通血脉者，潜谓潜暗，通谓通流，血脉者喻也。以经中多分唯有能断之语，而无所断之言。由是文起孤然，势意断绝。及寻经旨，皆有所因。文虽不彰，理且连贯。以不明显，故曰潜通。其犹人身血脉，外虽不彰，内宛流注，约喻显法，故曰潜通血脉也。此义见于逐段叙疑之文。

△二、反显

【疏】不先遣遣，曷契如如。

【记】不先遣遣者，即反显“慧彻三空”之义。谓二执为所遣，二空为能遣。又二空为所遣，俱空为能遣。以俱空遣二空，空病亦空，故云遣遣。如《圆觉》云：“应当远离一切幻化虚妄境界。由坚执持远离心故，心如幻者，亦复远离。远离为幻，亦复远离。离远离幻，亦复远离。”

曷契如如者。曷，何也。契，合也。如如者，即上三空之表，本源真性也。二空破执，执丧空明，空病亦空，方契本源真性也。意云：若不先遣遣，即滞有滞空，何能契合真如本性。

然此语势，亦是御注序文，彼云："咸归遣遣之旨，尽入如如之妙。"

△三、顺结

【疏】故虽策修，始终无相。

【记】如经中，度四生即是策修，无生可度即是无相；行六度即是策修，不住相布施等即是无相。如是类例，遍于经中。然度生修行，合是有相。今以无生可度，无住布施，无法可说，无我修善，故顺经宗无相之义。一经前后，无不谈此，故曰始终。又因心果心，咸皆如是。斯则正策修时无相，正无相处策修，非谓前后，始终皆尔。

金刚般若经疏论纂要刊定记会编第一卷终

# 金刚般若经疏论纂要刊定记会编卷第二

△二、结叹四法幽玄三：初、正结叹，二、示难了，三、彰谬解。

△初、正结叹

【疏】由斯教理皆密，行果俱玄。

【记】若据前正叙叹中，约教义分能诠、所诠。今于所诠之中，别开行、果，即四法足矣。然教密，如前句偈隐略。理密，如前旨趣深微。行、果二玄，前文未显，故宜别明。

行玄者。夫菩萨行，不出二种，谓随相行、离相行也。随相即同前策修，离相即同前无相。玄者，妙也。若二行抗行，或先或后，不名为玄。二行同时，不相妨碍，乃名为玄。若唯随相，即同凡夫。若唯离相，即同二乘。二行相资，宛符中道，即观空而万行沸腾，涉有而一道清净，是菩萨行矣。

果玄者。果即佛果也。此中佛果，总有二种，所谓真身、应身。应身有相，真身无相。玄者，若二身各异，相无相殊，不名为玄。以相即无相，无相即相，真、应无碍，故曰玄也。所以经中，若以相观佛，则是人行邪道；不以具足相发心，则堕断灭。以此真身、应身，不一不二，故使然也。

“由斯”者，因此也，即正指说此一卷经是密是玄也。此则结指前文之所明，标为后说之所以也。

△二、示难了

【疏】致使口讽牛毛，心通麟角。

【记】致使者，遂令也。由前四法幽玄之故，遂令讽诵甚多，而解者极少。口讽，即读诵其文也。牛毛，喻其多也。妙解经意，乃名心通。麟者瑞兽，君圣则现。角者，麟唯一角，喻悟者少也。此有两重相望以论多少，谓麟比牛而已少，角比毛而又少，意谓读诵者多中之多，通悟者少中之少。

△三、彰谬解

【疏】或配入名相，着事乖宗。或但云一真，望源迷派。其余胸谈臆注，不足论矣。

【记】前四句，即但不符圣旨，别作意度，不得圆畅，虽非邪僻，亦名谬解。后二句，胸谈臆注，正是邪谬。前言心通者少，不通者多。此之三类，即是不通之相也。

此前两家，皆先叙因，然后结过。

“配入名相”者，谓有疏将法相名句，配入其中，此则贪着其事，好尚法相也。如下经云：“凡夫之人，贪着其事。”“乖宗”者，以经宗无相真空，既以法相解之，宁契经旨？以不顺理，名之为乖。

“但云一真”者，“但”犹“独”也，以闻说此经是空无相宗，则首末作离心、离境、空、无相道理一味消释，故云

“一真”。“望源迷派”者，望谓瞻望，源谓水生之处也，迷谓昏迷，派谓流派。路分曰岐，水分曰派。意云：此经虽宗无相，而文义千差。今虽符大底宗源，而全乖差别义理，故云“望源迷派”也。斯言乃是晓公《起信序》文，今虽用之，而意异彼。彼则以一心为源，随缘生灭为派。此则以经宗为源，义理为派，故不同也。

“其余”等者。前则各有一长，此乃都来邪僻。前则依人依教，此乃率意推胸，率尔疏谬之言，故曰胸谈臆注。不堪采览，置之言外，故云不足论矣。就中此释，宇内偏多。疏主云：“予久志斯经，遍询诸疏，亲见数十本，或假托金刚藏，或云志公，或云傅大士，或云达磨，或云五祖，或题自名，皆好纸好墨，装饰甚华，其中文义，总不堪采。如释‘舍卫国’，云‘卫者，百灵卫护’。举一例诸，首末皆尔。苟有无限愚人，不能甄别，宝为至妙，诚可悲哉。”故云“胸谈”等。

若将源派，约迷不迷，前后相望，有其四句：一、迷源不迷派，即配入名相者；二、迷派不迷源，即但云一真者；三、源派俱迷，即胸谈臆注也；四、源派俱不迷，即下不攻异端，是此疏也。

△二、引文结显

【疏】河沙珍宝，三时身命，喻所不及，岂徒然哉！

【记】河沙珍宝者，即经云：“如恒河中所有沙数，如是沙等恒河，是诸恒河沙，宁为多不？”乃至“此福德胜前福德”。

三时身命者，即经云：“若有善男子、善女人，初日分以恒河沙等身布施”，乃至“何况书写、受持、读诵、为人解说”。

“喻所”句有二意：一、即于此内外二财，喻之不及。二、即如下文云：“我念过去无量阿僧祇劫，于燃灯佛前”，乃至“譬喻所不能及”。含斯二意，故云“喻所不及”。

“岂徒然哉”者，犹言“可空如此”也。意谓此经句偈隐略，旨趣深微，寻波讨源，卒难得意。倘悟玄理，随分受持，得福德多，不可思议。既若如此，非圣智不能造其源。常情之流，岂合措意？此文意含两势，一验凡心不晓，二验持者福多也。

△二、述造疏意二：初、示疏论师承有据，二、示名题义意在下。

△初、示疏论师承有据二：初、示论师承，斥他添削；二、明今述解，不攻异端。

△初、示论师承，斥他添削

【疏】且天亲、无著，师补处尊。后学何疑，或添或弃？

【记】梵语“提婆盘豆”，此云“天亲”，是地前四加行位菩萨，即无著弟也。“无著”，梵语“阿僧佉”，是初地菩萨，即天亲兄也。补处，即弥勒菩萨，现在兜率天上，次补佛处，号曰当来下生弥勒尊佛。以二菩萨依禀弥勒菩萨偈颂，造论解经，故云师补处尊。下悬谈广明。

“后学”下，斥其违论，即无著、天亲之后制疏之者也。“何疑”者，责辞也。添，即前云“配入名相”者，于本论外，加以大小乘法相、行位，故云添。弃，即前云“但云一真”者，弃却两论，别自解释也。不知彼人云我胜菩萨？为复不知菩萨所造论耶？若言不是我胜菩萨，亦非不知造论，但以志道参玄，忘言取意，捷径修进，不务枝流，谁有心力寻于论文者。即应责之曰：寻论释经，则推无心力。推胸率意，心力何多？

“且”者，约截之辞，以不论所余，截径而斥。意云：今不论你有理无理，且论主是入位上流，复从弥勒所受义句。此盖佛佛相传，展转师授。你之后学，何得固违，而自率意耶？一是凡圣愚智悬隔，二是师父之言。背智率愚，悖师无礼。如父有所作，子乃故违，岂合天道耶？故此引师以斥也。

△二、明今述解，不攻异端

【疏】故今所述，不攻异端。疏是论文，乳非城内。

【记】初二句，对非显是。“故今”者，由菩萨展转相授，所以今之述作。“不攻异端”，攻谓攻击，异谓别异，端即端倪，即显诸家却是异端也，故云对非显是。故《论语》云：“攻乎异端，斯害也已。”注云：“善道有统，故殊途而同归。异端，不同归也。”

“疏是”二句，出其因由。既用本论释经，不攻异端明矣。“乳非城内”者，引经喻也。《涅槃》第十云：“复次善男子，如牧牛女，为欲卖乳，贪多利故，加二分水，转复卖与余牧牛女。彼牧牛女得已，复加二分水，转卖与近城女人。彼女得已，复加二分水，卖与城中女人。彼女得已，复加二分水，诣市卖之。时有一人，为子纳妇，当须好乳，以待宾客，至市欲买。是卖乳者，多索价数。是人答言：‘汝乳多水，不值尔许之值。今我赡待宾客，是故当取。’取已还家，煮用作糜，而无乳味。然于苦味中，千倍为胜。何以故？乳之为味，诸味中最。善男子，我涅槃后，正法未灭，余八十年，尔时是经，于阎浮提，当广流布。是时当有诸比丘，抄略是经，分作多分。抄前着后，抄后着前，前后着中，中着前后，杂以世语，错定是经，令多众生不得正见。如彼女人，展转卖乳，乃至成糜，而无乳味。”然彼经意以喻涅槃，此借用之，以喻般若。此中“城内”之言，语稍漫通，今取最初新构之乳，未加水者，以为喻也。或曰：此中岂无疏主自语，应同添水乳耶？答：不然。虽有自言，但是连合前后，或引文之端，皆从本义，而非添也。

△二、示名题义意在下

【疏】“纂要”名意，及经题目，次下即释，无烦预云。

【记】诸家至此，皆略判经题。今务简削繁，下文委释。

△三、解本文二：初、偈文归请，二、开章正释。

△初、偈文归请

【疏】稽首牟尼大觉尊，能开般若三空句，发起流通诸上士，冥资所述契群机。

【记】将欲制疏，恐未上符下合，故归请也。意云：《法华经》说：“假使满世间，皆如舍利弗，尽思共度量，不能测佛智。”圣智尚难图度，凡心岂可测量？由是祈请加护，冀无纰缪。于中前三句归敬三宝，后一句祈愿利生。

初二字，能归至诚。稽谓稽留。《尚书》云：“稽首拜手。”注云：“稽首，谓首至地也。拜手，首至手也。”今则屈头至地，稽留少时，表敬之甚也。又礼有三种，谓下揖、中跪、上稽首。今则上礼，表无慢心。然能归之人，必具三业，表佛有天眼、天耳、他心知故。谓以身业归，表佛有天眼见。以口业归，表佛有天耳闻。以意业归，表佛有他心知。又圆满三业善故，成就三轮因故。以未归三宝之前，三业悉皆不善。今归三宝，故三业皆善也。三轮者，谓神通轮、教诫轮、记心轮。因中身业归，果获神通轮。因中口业归，果获教诫轮。因中意业归，果获记心轮。据此即三业是因，三轮是果。三轮之因，依主释也。今言稽首，即当身业，但举身业，余者自具。谓称三宝名，及述所为事，即口业也。心不虔诚，宁肯归礼？即意业也。

“牟尼”下，正举三宝，谓佛、法、僧。为福之田，三皆可宝，故云三宝，带数释也。然有三种：一、住持者，即塑画等像佛也，三藏教文法也，五众和合僧也。遵守遗言，任持像法，名曰住持。二、别相者，佛即三身，法即教、理、行、果，僧即二乘、菩萨。三、同体者，觉照名佛，轨持名法，和合名僧。于中复有本性、观行、融通之异，皆一法上说之，故云同体。于上三中，今所归者，即别相也。五教之中，当其始教，以此经属始教故。今但取当宗之中，能说般若为佛，所说般若为法，发起流通者为僧，故非余教。

“牟尼”下，佛也。梵音“释迦牟尼”，此云“能仁寂默”。能仁故，不住涅槃。寂默故，不住生死。又寂者，现相无相。默者，示说无说。此则即真之应也。“大觉”者，觉即是佛，大拣余圣。余圣虽觉，未名为大。二乘偏觉，菩萨分觉，皆非大也。唯佛如来，一觉永觉，无所不觉，如大梦觉，如莲花开，迥超群圣，故独称大。“尊”者，具上九号，为物所尊。下文广辨。

“能开”下，法也。于中“能”字属佛，“开”字通佛及法。在佛为能开，在法为所开。“般若三空句”五字，唯局法也。然于此中，具教、理、行、果。般若，果也，以是到彼岸慧故。三空，理也。句，即教也。理、果合论，行也，以慧照理，是菩萨行故。

“发起”下，僧也。发起上士，即须菩提，因兴三问，故佛说之。流通上士，即是弥勒、无著、天亲也，逦迤解释，方始弘传。上士者，高上之士也。或云上人，故马鸣菩萨赞《无常经》，归敬偈云：“八辈上人能离染。”或云大士，故大云疏云：“如斯大士皆归命。”斯皆通用，故随人称。

“冥资”一句，祈愿利生也。冥资，谓暗助。所述，即此疏也。契，合也。群机，即一切众生也。然资助加护有二种：一即显加，谓现身说法，有所见闻；二即冥加，但得智力，无所视听。今于二中，唯求冥加也。以制疏释经，唯藉智力。但得冥助，不须见闻。以此经云，若以色见声求，是行邪道。为顺此教，故不求显。然凡所设教，皆契理契机。今不言契理者，以疏是论文，已契理故。又疏主于二利中，利他偏甚。今唯言契机者，悲增之相也。

△二、开章正释二：初、标列章门，二、依章正释。

△初、标列章门

【疏】将释此经，未入文前，悬叙义门，略开四段：第一、辨教起因缘，第二、明经宗体，第三、分别处会，第四、释通文义。

【记】既蒙加祐，心通智明，约义开章，遂申经旨。此依崇圣寺尘外《疏》，唯开四门。若准大云《疏》中，即开六门：一明经意，二明宗旨，三明经体，四辨译时，五解题目，六释经文。今虽四门，含六门义，谓此第二摄彼二、三，第四摄彼五、六，其余单摄，但小异耳。

△二、依章正释四：初、辨教起因缘，二、明经宗体，三、分别处会，四、释通文义。

△初、辨教起因缘二：初、总论诸教，二、别显此经。

△初、总论诸教二：初、通赴机缘，二、克就佛意。

△初、通赴机缘

【疏】初总论诸教，谓酬因酬请，显理度生也。

【记】此中总论，如多药共治一病。下别显，则如一一药各有功能也。

酬因者。酬谓酬报，因谓因地。以佛于因地初发心时，希求无上正等菩提，遂启四弘誓愿：“众生无边誓愿度，烦恼无数誓愿断，法门无尽誓愿知，佛道无上誓愿成。”于此四中，三愿皆毕，唯一未圆。誓度众生，众生宛在。今虽证果，不舍因门，现身说法，济度群品，以报先愿，故曰酬因。故《法华经》云：“我本立誓愿，欲令一切众，如我等无异。如我昔所愿，今者已满足，化一切众生，皆令入佛道。”

酬请者。佛初成道，梵王、帝释等请转法轮。故《法华》云：“尔时诸梵王，及诸天帝释，护世四天王，及大自在天，并余诸天众，眷属百千万，恭敬合掌礼，请我转法轮。”如来默然受请。既受其请，故始于鹿苑，终至鹤林，四十九年，说诸经教，救度众生。故《法华》云：“即于波罗奈，转四谛法轮”等也。

显理度生者，此二相从合说，然有通别。通则佛以一音演说法，众生随类各得解。别则说四谛法，显生空理，度凡夫、外道；说六波罗蜜法，显二空理，度不定性二乘，及利根凡夫，令入大乘道；说一乘法，显法界理，度定性、不定性二乘，及地住菩萨，并上上利根凡夫，令入一乘究竟佛道也。

△二、克就佛意

【疏】若据佛本意，则唯为一大事因缘故，出现于世，欲令众生开佛知见等。

【记】唯为一大事等者，《法华经》具云："诸佛世尊，唯为一大事因缘故，出现于世。舍利弗，云何名诸佛世尊唯为一大事因缘故出现于世？诸佛世尊欲令众生开佛知见，使得清净故，出现于世。乃至欲令众生入佛知见道故，出现于世。"准天长疏解云："佛之知见，非三非五，故云一。广博包含，故云大。诸佛仪式，说此化生，故云事。众生有此机，能感于佛曰因，佛即应之曰缘。故者，所以义。由此一大事因缘，所以佛出于世也。"

开示悟入者，此之四句，不出于二，前二句能化，后二句所化。能化有二，谓大开而曲示，此属于佛。所化亦二，谓始悟而终入，此属众生。若准《法华论》释："开者，双开菩提、涅槃二无上果。示者，别示法身，显三乘同体。悟者知义，别指报身，二乘不知，说令知故。入者因义，修因契入故。"《华严》疏主解云："开者，开除惑障。示者，示真实理。悟者，悟妄本空，了心体寂，只令悟上真理。入者，冥于心体。”石壁解云：“一切众生皆有佛性，大开也。指示心中了了分明是佛性，曲示也。斩新领解，决定印可不疑，始悟也。一切念想都亡，终入也。”诸家解释，旨趣不同，白璧黄金，各为至宝。

△二、别显此经。别显者，近指一卷《金刚》，远关诸部《般若》，以同宗故。意明有何所以，说无相经。文五：初、对治我法二执，二、遮断种现二疑，三、转灭轻重二业，四、显示福慧二因，五、发明真应二果。

△初、对治我法二执三：初、标，二、释，三、结。

△初、标

【疏】一、为对治我法二执故。

【记】对治者，如病设药，义见序中。我执者有二：一、凡夫情计我，即执五蕴总相，以为主宰；二、外道神我，即蕴离蕴，或大或小，幽灵神圣，动用难思，皆计为实，故云我执。计一切法实有体性，名为法执。然佛说小乘，以除我执。今说般若，重为此者，盖深必该浅也。由是正除法执，兼明我空也。

△二、释二：初、总标由执起障，二、别示二障过患。

△初、总标由执起障

【疏】由此二执，起烦恼、所知二障。

【记】烦恼，即根、随等，此依我执而起，如前逐妄中说。所知，即根本无明也。故《起信论》云：“无明义者，名为智碍。”即所知障也，此依法执而起。

△二、别示二障过患二：初、烦恼障，二、所知障。

△初、烦恼障

【疏】由烦恼障障心，心不解脱，造业受生，轮转五道。

【记】“心不”等者，心本清净自在，功德妙用，过于尘沙，良由此障覆蔽，不得显现，故云心不解脱。解脱者，自在义。不唯令心不解脱，复能造业、润业。业即善恶不动业也。以有业因，必招果报，即受生也。受生之处，所谓五道。生而复死，往而又来，故云轮转。轮转之相，已如序中“纶轮”义也。反推其源，即是我执。故知我执是过患根本，故须除之。

△二、所知障

【疏】由所知障障慧，慧不解脱，不了自心，不达诸法性相，纵出三界，亦滞二乘，不得成佛，故名障也。

【记】“慧不”等者，此即大乘深慧，不论小乘浅慧。此慧若发，照见五蕴皆空，唯是心性，离自心外，无别有法。今为无明覆蔽，不得开发。故《华严》云：“若不了自心，云何知正道？彼由颠倒慧，增长一切恶。”

“不达”等者，然诸法性相，有别有通。别则如水以湿为性，以动静为相等。通则诸法同以无为为性，有为为相。由无是慧，故不能了之。然了心即根本智，了性相即后得智。二智不显，盖由无明。无明不除，不成佛法。故云纵出三界，亦滞二乘等。斯则虽出火宅，犹止化城，不到宝所。若反推其本，由于法执，将知法执是过患根本也。

然此二障，非谓抗行，皆由一心所为，但微、著有异。所知则细，烦恼则粗，粗细虽殊，都无别体，犹如一水，起动成波，微、著有异。于中亦有二义：才动则不能现像，同彼所知；猛盛则覆舟溺人，况于烦恼。法、喻相对，昭然可见。

又心、慧解脱，约人料拣，以成四句，谓心解脱、慧不解脱，二乘也；心不解脱、慧解脱，大悲菩萨也；俱解脱，佛也；俱不解脱，凡夫也。

△三、结

【疏】二执若除，二障随断。为除二执，故说此经。

【记】以前推穷一切过患根本，是其我、法二执。二执若遣，二障即除。二障若除，则诸过自灭。由是过患之源，即是二执。为除二执，故演斯经。故知此经是大良药。故《心经》云："般若波罗蜜多，是大神咒，是大明咒"等，乃至云"能除一切苦，真实不虚"。欲知此经除二执者，如经云"无我相、人相、众生相、寿者相"，是除我执也；"无法相，亦无非法相"，是除法执也。如此类例，遍于经中。

△二、遮断种现二疑二：初、标，二、释。

△初、标

【疏】二、为遮断种现二疑故。

【记】如文可知。

△二、释

【疏】遮未起种子之疑，断现起现行之疑。即经中答所问已，便蹑迹节节断疑，乃至经终，二十七段。

【记】疑者，于理于事，犹豫不决，即心所法中烦恼一数。然有二种：一、种子，二、现行。种子，谓蕴在藏识，未显发者，名为未起。现行，谓动之于心，或形之于口，名为现起。遮则遮其种子，不令起于现行。断则断于现行，即自除其根本。其犹筑堤防水，倾津泼焰，其义可见。

“即经”下，指经也。然准经，即答三问已，展转而断，起复连环，故云节节，至二十七。然遮断之言，总有两意：一则经中有须菩提陈疑处，是现行，即第二、第十一、第十九。余无问辞，皆种子也。二即当时尽是现行，望于后代，总名种子，斯则断现行时，即是遮种子也。然二意中，后意稍切。故二十七疑，皆言断而不言遮也。

△三、转灭轻重二业二：初、标，二、释。

△初、标

【疏】三、为转灭轻重二业故。

△二、释

【疏】转重业令轻受，灭轻业令不受。

【记】泛论业有三种，谓善、恶、不动。受有三时，谓现、生、后。若今世造善恶，今世受苦乐者，名顺现报业。若今世造善恶，次生方受，名顺生报业。若今世造善恶，从第三生以去，乃至百千生方受，名顺后报业。今世有人造善恶业，目下无报，便疑无因果者，良由不达此三时报也。故《佛名经》云："行善之者，触事坎坷。行恶之者，是事谐偶。致使世间愚人，谓之善恶不分。我经中说，有三种报。"如上所叙。今言转、灭者，三[①]中唯转恶业，以违理故，时则通三。

然此恶业受报，准小乘宗说，有定不定。如初篇四重，名为定业。僧残以下，名不定业。以此对时，应成四句，谓时定报不定，报定时不定，俱定，俱不定。若此经说者则不然，以未入我法，名决定业。若入我法，名不决定业。所言不定者，或轻或重，或受或不受也。

问：若然者，何以《大般若》中云"唯除决定业应受报"耶？

答：但转重成轻，非令不受，故无违也。如此经云："若有人受持读诵此经，为人轻贱者。是人先世罪业，应堕恶道。以今世人轻贱故，先世罪业，则为消灭，当得阿耨菩提。"言先世者，有二意：一、前生之前，名为先世；二、未持经前，名为先世。虽通此二，后义为正也。

今以三途之业，用轻贱代之，令报不定。生报现偿，令时不定。此皆转重令轻也。其灭轻不受，经则无文。经虽无文，义乃合有。然有两意：一者以重况轻，意云重业既转之令轻，

① "三"，指善、恶、不动三种业，原本作"二"，今依《刊定记》订正。

轻业故宜不受。二则曾堕三途之者，出在人中，犹有余业，即贫穷诸衰等苦。今既不堕三途，则余业必免。亦是时报俱不定也。

△四、显示福慧二因三：初、标，二、释，三、结。

△初、标

【疏】四、为显示福慧二因故。

△二、释二：初、未说失为凡小，二、已说得为佛因。

△初、未说失为凡小

【疏】佛成正觉，未说般若之前，众生由无妙慧，施等住相，皆成有漏，或滞二乘。

【记】佛成正觉者，即菩提树下，三十四心断结，五分法身初圆，示成正觉也。

未说等者，即成道之后，十二年以前，但说人天因果，及四谛缘生，未说三空般若。无妙慧者，妙慧谓无相甚深般若也，此是法空之慧，以未说般若，未显法空，故无此慧也。

施等住相者，等于戒、忍等四，住于我、人、众生等相，及住法非法相也。既住我、法等相，则成世间因果，故皆有漏也。此说凡夫依人天教者。

或滞二乘者，设有断惑证真，不无厌苦忻乐，纵出三界，亦堕声闻、缘觉之地。此依小乘教者。

若准凡夫，兼无粗慧。就胜通说，故言无妙慧也。

△二、已说得为佛因二：初、顺释，二、反显。

△初、顺释

【疏】故谈般若，显示妙慧为法身因，五度为应身因。

【记】即十二年后，说诸部般若之教，诠显妙慧。妙慧，即第六般若波罗蜜。以法身是真如妙理，本不生灭，但以烦恼覆之，名如来藏。若妙慧照破烦恼，真理显现，成大法身，故说妙慧为法身因也。

五度等者。五度即施、戒、忍、进、定。应身即三十二相、八十种好，紫磨金色之体也。此由积集五波罗蜜之所感得，故言五度为应身因也。

△二、反显

【疏】若无般若，则施等五，非波罗蜜，不名佛因。

【记】非波罗蜜等者，虽行施等，由无慧导，皆成住相。由住相故，便成有漏，但成世间善因乐果，故非佛因也。故《菩提资粮论》云："施戒忍进定，及此五之余，皆由智度故，波罗蜜所摄。"

△三、结

【疏】故须福慧二严，方成两足尊矣。

【记】福慧属因，即五度、六度，是能严也。两足是果，即真身、应身，为所严也。然诸佛果德，虽无量无边，以要言之，不过此二。故《法华》云："如其所得法，定慧力庄严，以此度众生，自证无上道。"大意谓：由无般若，致使施等非波罗蜜，不成佛因。故须福慧二严，乃成两足妙体。

然前五与第六互相资助，以真应二果，必须具故。其犹胶青、彩色，彩非胶而不着，胶非彩而无色。六非五而无相，五非六而无因。如经云“应无所住”，即修慧也；“行于布施”，即修福也。又“以无我、无人、无众生、无寿者”，即修慧也；“修一切善”，即修福也。此例甚多。

△五、发明真应二果三：初、标，二、释，三、结。

△初、标

【疏】五、为发明真应二果故。

【记】诸经论中，皆说三身。此唯明二者，已合摄故。言三身者，即法、报、化。如权宗所说：法身是理，无漏无为。报身是智，转识所成，有为无漏。虽证于理，智且非理，如日含空，由是理、智分为二也。化身是影，固宜不同。是故说佛为三身也。今言二者，法、报合故。以智即是理，如光即珠，是故合说为真身也。如《净名经》云：“佛身无为，不堕诸数。”岂言报体是有为耶？又《涅槃经》云：“若人言如来同有为者，死入地狱。”是故此中不说于三，但言二也。故《智论》云：“佛有二身，一真身，二应身。”亦云：“生身、应身，皆化身也。”

问：法、报、化等，皆是佛身。法、报既其不分，化体何故别说耶？

答：法、报皆实，所以合论。化体唯虚，故宜别也。

△二、释

【疏】未闻般若之前，但言色相是佛，不知应化唯真之影，不如实见真身、应身。

【记】谓十二年前，小乘之人唯取三十二相金色之身以为真佛，不知更有真佛，故云“但言色相”。“不知”下，以未达法空故，不知此相但是真身之中所现影像也。故《唯识》云：“大圆镜智，能现能生身土智影。”既言是影，则知非真。故《弥勒颂》云：“应化非真佛，亦非说法者。”“不如”等者。若知真身是实，应身是虚。又了相即无相，名为真身。无相即相，名为应身。如是见者，名如实见。故《华严》云：“于实见真实，不实见不实，如是解法相，是则名为佛。”若不如是，名为不如实见。

△三、结

【疏】故此发明二果，令知由前二因证得。

【记】发明二果者，如经云“如来说三十二相，即是非相”者，发明真身也；“是名三十二相”者，发明应身也。又云“则非具足色身”，发明真身也；“是名具足色身”，发明应身也。余例此知。

二因等者，真身由前慧因证得，应身由前福因证得也。前段中云“故须福慧二严”等，即是约果说因。今云“故此发明”等，即是望因说果。如是说者，意令众生修二种因，证二种果也。

然前五门，展转相蹑。谓说《般若经》，本除二执，故有第一。二执虽遣，两疑犹存，故有第二。纵使无疑，争奈先业，故有第三。恶业既灭，无漏因成，故有第四。因既昭然，果证何远，故有第五。由是一经大意，极此五重矣。

△二、明经宗体二：初、明宗，二、明体。

△初、明宗。宗即所诠，体即能诠。今初。宗者，尊也，重也，心言之所尚也。然言由于心故，故肇公云："情尚于空者，触言而宾无。"《毛诗序》云："情动于中，而形于言。"余皆例此。文二：初、统明诸教，二、别显今经。

△初、统明诸教

【疏】统论佛教，因缘为宗。

【记】统论佛教者，然此方古今，教有三种，浅深既异，所宗亦殊。一、儒教。主即文宣王，谓孔丘也。宗于五常，仁、义、礼、智、信，意以修身慎行，治国理家，扬名后代也。二、道教。主即玄元皇帝，谓老聃也。宗于自然，此即融荡是非，齐平生死，终归虚无也。三、释教。主即释迦也。宗于因缘，意令识迷破惑，证真起用也。故云因缘为宗。

然一代佛教，通宗因缘。虽小乘生灭，大乘无性，浅深有异，大约统论，皆因缘也。然有二种：一世间，二出世间。世间有二：一内，二外。外复有二：一谓种子为因，水、土、人、时等为缘，而芽得生；又泥团为因，轮、绳、陶师等为缘，而器得成。二内，谓无明为因，行支为缘，而生识等五支，及生、老死二支。前二器世间，后一即有情世间。故知成此三界世间，只由因缘二字。二者出世间，有三种：一则本觉内熏为因，师教外熏为缘，而始觉得生；二则始觉为因，施等五度为缘，而佛果得成；三则大悲为因，众生为缘，而应化得兴。故知出世间一切净妙等事，不出因缘二字。故《法华》云："佛种从缘起，是故说一乘。"《中论》云："未曾有一法，不从因缘生。"又云："我说是因缘，能灭诸戏论。"

然统收世出世间一切诸法，有义、空义、假义、中义，虽浅深不同，皆堕因缘也。言有者，有生有灭也，谓诸法缘会而生，缘离则灭。如马胜比丘为舍利弗说偈云："诸法从缘生，缘离法即灭。如是灭与生，沙门如是说。"空者，既属因缘，则知无体，无体即空义也。故《中论》云："因缘所生法，我说即是空。"假者，如镜像、水月，虽则不实，缘会不得不现。故《净名》云："是身如影，从业缘现。"中者，以假故非空，空故非假，非空非假，即空即假，名为中义。故《净名》云："说法不有亦不无，以因缘故诸法生。"又如《中论》都明有等四义，云："因缘所生法，我说即是空，亦名为假名，亦名中道义。"即三乘教中所说空、有、中、假等义，并不出因缘，故云佛教统宗因缘也。

△二、别显今经三：初、约法正立，二、约喻释成，三、约行结显。

△初、约法正立

【疏】别显此经，则实相般若、观照般若，不一不二，以为其宗。

【记】别显等者，所谓通中之别。随何经中，所宗各异。如《华严》法界，《法华》一乘，《净名》不思议真如佛性等也。然般若种类，诸说不同。准《智度论》，说有三种：一、文字，即能诠教；二、观照，即能观智；三、实相，即所观境。罗什后来开为五种，谓于观照中开出眷属，即随行五蕴，及暖等善根；于实相中开出境界，即俗谛境。此五中，唯观照持业释，余皆依主。大云解之，五皆持业，谓文字性空，即般若故；眷属、境界，同文字故。实相即是法身。《起信论》云："依此法身，说名本觉故。"然虽三虽五，三者为正。何则？般若所照，皆实相故，不唯真如。故《智论》云："照色等空，即名实性。性空实理，离于颠倒，非虚伪故。于空见空，亦名颠倒。于空无着，乃是实法。色等虚伪，诳人眼根。"故知但约不颠倒、离虚伪，便为实相，则双实真俗二谛为一实相也。暖等眷属，是慧性故。相应随行，俱观照故。故知观照摄眷属也。由是虽则说三，已摄于五，既符《智论》，必契深经，故三为正。

然诸家立宗，或唯观照，或唯实相，此并未当。且此经所诠，一一离相，岂唯观照？又教化众生，断疑破执，岂唯实相？故今双取为宗。

不一不二者。欲言其一，体用有殊。欲言其二，寂照常俱。故非一二也。

△二、约喻释成

【疏】以即理之智，观照诸相，故如金刚，能断一切。即智之理，是为实相，故如金刚，坚牢难坏。

【记】此显双取为正。且本举能坚、能利一金刚，以喻观照、实相二种般若。若单取观照，则阙坚义。若单取实相，则阙利义。又皆言“即”者，释成不二之相。以照而常寂，故理非智外。寂而常照，故智非理外。既离理无智，离智无理，故如金刚即坚即利也。

△三、约行结显

【疏】万行之中，一一不得昧此，是故合之以为经宗。

【记】谓菩萨行中，必须具此。若昧实相，则难亡分别，便成住相，即堕有漏。若昧观照，则阙智用，便滞偏空，同于二乘。故须二事兼行，方契中道。此则如前“行玄”之义也。由是《起信论》中，止观合说。《法华经》内，定慧庄严。《华严》明定慧二事，菩萨依赖。《涅槃》显定慧不等，不见佛性。诸教中说，无明、邪见自此而生。故《华严疏》云：“万行忘照而齐修，顿渐无碍而双入。”皆此义也。

△二、明体三：初、标立，二、正释，三、总结。

△初、标立

【疏】文字般若，即是经体。

【记】如文可知。

△二、正释

【疏】文字即含声、名、句、文。文字性空，即是般若，无别文字之体。

【记】或曰：诸家所出教体，皆取声、名、句、文，或通取所诠之法，今何单取文字耶？由是故云文字即含声、名、句、文，此明具四法也。声，即言音。名、句、文三，即声上屈曲表示，名诠诸法自性，句诠诸法差别，文即是字，为二所依也。

问：四法之中，文字最居其末，云何摄声等法耶？

答：所以能摄者，有二意：一、能显文字，有其三处，谓心上显，即意识境；声上显，即耳识境；色上显，即眼识境。今取初者，故能摄之。二、有声未必有名、句、文，有文则必有声、名、句。前前未必有后后，后后必有于前前。如苗必有根，根未必有苗也。以是义故，故摄声等。

“文字性空”下，明摄所诠理也，谓依于般若，显乎文字，文字本空，即是般若，无别文字体也。然有二意：一、体属缘生，无自体故；二、非别有一法为文字体故。此皆意显般若是文字体也。其犹镕金成像，像即是金也。

△三、总结

【疏】故皆含摄，理无不尽，统为教体。

【记】含摄之义，如上所明。能所总该，故言理无不尽。此乃文字则该能诠尽，般若则该所诠尽。诠旨既备，故云统为教体也。

△三、分别处会二：初、总明佛说大部处会，二、别明传译此卷时主。

△初、总明佛说大部处会二：初、总示大部，二、别显此经。

△初、总示大部

【疏】六百卷文，四处十六会说：一、王舍城鹫峰山七会（山中四会、山顶三会）；二、给孤独园七会；三、他化天宫摩尼宝藏殿一会；四、王舍城竹林园白鹭池侧一会。

△二、别显此经

【疏】此经则第二处，第九会，第五百七十七卷。

【记】上总明，皆如文可知。

△二、别明传译此卷时主三：初、正明东土翻译前后，二、因辨西方解释异同，三、示今科判依据差别。

△初、正明东土翻译前后二：初、通辨诸译，二、克示所传。

△初、通辨诸译

【疏】前后六译：一、后秦罗什；二、后魏菩提流支；三、陈朝真谛；四、隋朝笈多；五、唐初玄奘；六、大周义净。上六人皆三藏。

【记】流支者，天平二年于洛阳译成十四纸，名《金刚般若》。真谛，太康元年于金陵郡译成十四纸，名《金刚断割》。笈多，开皇十年于洛阳译成十六纸，名《金刚断割》。玄奘，贞观二十二年于玉华宫译成十八纸，名《能断金刚》。义净，证圣二年于佛授记寺译成十二纸，名《能断金刚》。

△二、克示所传

【疏】今所传者，即罗什弘始四年于长安草堂寺所译。

【记】如文。

△二、因辨西方解释异同

【疏】天竺有无著菩萨，入日光定，上升兜率，亲诣弥勒，禀受八十行偈，又将此偈转授天亲。天亲作长行解释，成三卷论，约断疑执以释。无著又造两卷论，约显行位以释。

【记】转授天亲者，有说云：以天亲久习小乘，近从大教，要涤情执，故转授之。断疑执、显行位，正宗文中可见。

△三、示今科判依据差别二：初、正明科释所依，二、结成立题所以。

△初、正明科释所依

【疏】今科经，唯约天亲释义，即兼无著，亦傍求余论，采集诸疏。

【记】兼无著者，以显此疏，正依天亲，傍用无著。余论、诸疏义，见开题处。

△二、结成立题所以

【疏】题云《纂要》，其在兹焉。

【记】不同《净名集疏》，备书四圣之名。义即如何晏集解《论语》，于孔安国、马融等注中，当者用之，不当者翦之。今疏亦尔，或双取，以各有理，或共成一义，故两存焉。

金刚般若经疏论纂要刊定记会编第二卷终

# 金刚般若经疏论纂要刊定记会编卷第三

△四、释通文义二：初、解题目，二、释经文。

△初、解题目

【经题】**金刚般若波罗蜜经**

△疏二：初、释所诠，二、释能诠。

△初、释所诠三：初、释“金刚”，二、释“般若”，三、释“波罗蜜’。

△初、释“金刚”二：初、翻名示相，二、约法辨义。

△初、翻名示相

【疏】“金刚”者，梵云“跋折罗”，力士所执之杵，是此宝也。金中最刚，故名金刚。帝释有之，薄福者难见。

【记】“梵云”下，新云“缚左罗”。力士所执者，如经所说执金刚神，梵云“诺建那”，此云“露形神”，即此力士也。金中最刚者，“金”语通五，此最精坚，故安“刚”字。仍非人间之物，故云帝释有之，乃是天上至宝，故云薄福者难见。《正理论》云：“帝释有宝，名曰金刚，不为薄福众生所见。”

△二、约法辨义二：初、引经论总彰二义，二、引真谛别

示六种。

△初、引经论总彰二义三：初、总标略辨，二、引教委释，三、结显喻旨。

△初、总标略辨

【疏】极坚极利，喻般若焉。无物可能坏之，而能碎坏万物。

【记】初二句，表有胜能，故喻般若。“无物”下，释极坚等相。则知若有一物能坏，则非极坚。若有一物不碎，则非极利也。如银铁虽坚，遇火则融。刀剑虽利，斫石则缺。非极坚利也。拣余坚利，故加“极”字。

△二、引教委释

【疏】《涅槃经》云：“譬如金刚，无能坏者，而能碎坏一切诸物。”无著云：“金刚难坏。”又云：“金刚能断。”又云：“金刚者，细牢故。细者智因故，牢者不可坏故。”

【记】“涅槃”下，引经。“无著”下，引论。难坏即坚义，能断即利义。细牢者，细谓拣粗，显是微妙；牢拣可坏，坚固义成。智因即是慧，慧是智之因，智是慧之果。此约观照般若说，以微细故，能入于惑，令彼灭也。不可坏者，《智论》云：“一切语言名相等事，皆可破坏。唯无相智，不可破坏。”此约实相般若说。问：实相般若，分因果耶？答：用有胜劣，故分因果。体无增减，因果一如。故《普贤观》云：“大乘因者，诸法实相。大乘果者，亦诸法实相。”《华严经疏》云："理开体用，名大方广。智分因果，号佛华严。"

△三、结显喻旨

【疏】皆以坚喻般若体，利喻般若用。

【记】此结所引经论之意也。然先上诸德，皆用此义。资圣云："金刚者，坚而复利。坚喻本觉真性，虽流转诸趣，而觉性无坏。利喻般若净照，三贤十地，贯通万行，无明惑暗，无不坏也。"肇云："金刚者，坚利之譬也。坚故物莫能沮，利故物无不摧。以况斯慧，邪魔不能毁，坚之极也；万物皆能破，利之义也。"又诸经论说金刚喻定，《胜鬘经》说金刚喻智。《梵网经》以十回向为十金刚，《仁王》谓十坚心。《净名》以金刚慧决了此相，无缚无脱，得无生法忍。又诸经论说金刚座、金刚山、金刚轮，如是等说，皆取坚利义也。又《晋武帝起居注》云："武帝十三年，炖煌有人献金刚宝，生于金中，色如紫石英，状如荞麦，百炼不销，可以切玉如泥。"是知坚利之极也。

△二、引真谛别示六种二：初、正明六种，二、结示傍正。

△初、正明六种

【疏】又真谛《记》说六种金刚：一、青色，能消灾厄，喻般若能除业障。二、黄色，随人所须，喻无漏功德。三、赤色，对日出火，慧对本觉出无生智火。四、白色，能清浊水，般若能清疑浊。五、空色，令人空中行坐，慧破法执，住真空理。六、碧色，能消诸毒，慧除三毒。

【记】一一以法合之，分明如文，皆般若之功也。

灾厄等者，有厄则灾祸必来，有业则苦果定至。厄除则灾祸不起，业丧则苦果不生。

随人所须，有二意：一则如余物不能随所须，金不可为银用，罗不可为锦用等。金刚则不然，要者皆得。法中亦尔，有漏功德，人不可为天，富不可为贫。无漏不尔，随心所成。二则余物用之则尽，金刚出之不穷。法中亦尔，有漏受之则穷，无漏受之不尽。

对日等者，慧即始觉，合本觉时，见法无生，名无生智。如《起信》云："得见心性，心即常住。"常住即无生义也。火出烧尽世间，使六合空廓。智起断除烦恼，令大道通同。

能清等者，水清则万像齐鉴，疑除即佛法现前。

空中等者，升太虚则不履于地，住真空则不堕世间。

消诸毒者，中毒则令人命终，起惑则永沉生死。毒除则延年益寿，惑遣则不灭不生。

△二、结示傍正

【疏】傍兼可矣，非坚利之本喻。

【记】佛所立名，本约坚利。如上六义，乃是兼明。诸家至此，多不料简，殊滥正义。若将此六，配前五因，即一当第三，二、三当四、五，四当第二，五、六当第一也。

△二、释"般若"二：初、翻名略指，二、引教广释。

△初、翻名略指

【疏】“般若”，正翻云“慧”，即照五蕴空，相应本觉之慧是也。

【记】“般若”正翻“慧”者。以古来诸德，义翻为“妙慧”、“净慧”、“无相慧”，此皆挟“到彼岸”义，是别相也。或云“智慧”。今云正翻“慧”者，即通相也。

“即照”下，约功用以出体也。照蕴空，即是功用。本觉之慧，即是出体。

《大品》云：“色如聚沫，受如泡幻，想如阳焰，行如芭蕉，识如幻化。”如是观者，名照蕴空。

“相应”等者。本觉即如来藏自性清净心，非新生故言本，不顽暗故言觉。慧即始觉也，依体起用，故云“之慧”。始即同本，故曰“相应”。然本觉与慧，不一不二。以不二故，故言“相应”。以不一故，故言“之慧”。故资圣云：“妄心见俗曰无明，悟心照真为般若。俗境万有，见心必异。真空理一，悟自无差。第一义空，离照无理。清净本觉，即理是照。”又《涅槃》云：“佛性者，名第一义空。第一义空，名为智慧。”此等皆证体用非一非二义也。然本即实相，始即观照也。

△二、引教广释二：初、引论别相释，二、引经通相释。

△初、引论别相释二：初、明总摄三慧，二、引论文释成。

△初、明总摄三慧

【疏】若约学者从浅至深言之，则摄闻、思、修三慧，总为般若。

【记】学者，即修大乘行人也。初须闻法生解，名闻慧。次则测度所闻，评量教理，分明忍可，以印自心，名思慧。然后如闻思处，依而行之，无所乖越，名修慧。前二有漏，后一无漏，前浅后深，深浅虽殊，通名为慧，是故总收名为般若。如人攻文、赴举、及第，虽前劣后胜，皆一人也，云云。

△二、引论文释成二：初、正释成，二、配因果。

△初、正释成

【疏】故无著云："能断者，般若波罗蜜中闻、思、修。所断，如金刚断处而断故。"

【记】"波罗蜜中"等者，此明顿悟中渐修也。慧才发时，照万法空，便到彼岸，名为顿悟。由有多生习性，未得念念相应，故须听闻正法，思惟其义，如说修行，方得究竟证入，名为渐修。开题中略明也。若《唯识》中说，则具根、后二智。谓十度中，六通本、后，四唯后得。六中则二智皆具，为分十度[①]，故第六偏取二空本也。今依无著，更加加行智，则通前三矣。

"金刚断处"等者，如金刚断物之处而断烦恼，非谓金刚

① "十度"，原本作"六度"，今依《刊定记》订正。

亦通所断。

△二、配因果二：初、双引论，二、双解释。

△初、双引论

【疏】又云“细者智因故”者，智因即慧也。依《智度论》，因位名般若，果位名智。

【记】上“者”字，论牒所标。下“者”字，疏牒论文。智因即慧，慧果即智也。前虽引用，今方解释。此引无著也。次引《智论》，可知。

△二、双解释

【疏】则闻、思、修，皆名为细。细妙之慧，佛智之因矣。般若能断，故在因位。佛果无断，转受智名。

【记】此明法空深慧，意拣我空慧为粗浅，不为佛因，但是二乘因故。“般若”下，出所以。以慧是拣择义，拣择惑障，显无为故。以因位有惑，故须择之，乃名为慧。智但决断为义，以果位无惑，但唯决定，朗然独照，故名为智。只是一法，受此两名。如人破贼为将，功成为相也。有说以无漏智性为智因，大云破之：“三途有性，何不断惑？阙细义也。”此约妙慧别相以破。若就通相，取亦可矣。以凡是有心，皆成佛故，此得是因也。

△二、引经通相释

【疏】若依《大品经》，“若”字通智、慧二义。故智与慧，名义少殊，体性无别。

【记】此明字缘、字界。“若”字是字界，“般”、“那”都为缘。“若”以“般”为缘，助于“若”界，则名为慧。“若”以“那”为缘，助于“若”界，则名为智。如僧人、俗人等，云云。名殊谓曰智、曰慧，义殊谓决断、拣择。此中义殊，故使名殊也。体性无别者，皆别境中一也。前三种智，皆名慧故。故智与慧，皆如金刚。故《萨遮尼乾经》云：“帝释金刚宝，能灭阿修罗。智碎烦恼山，能坏亦如是。”《无常经》云：“金刚智杵碎邪山，永断无始相缠缚。”

△三、释“波罗蜜”三：初、约语对翻，二、约义顺释，三、顺义通结。

△初、约语对翻

【疏】“波罗蜜”者，此云“彼岸到”，应云“到彼岸”。

【记】“应云”下，回梵文，以西域风俗，例皆如此，云云。青龙云：“蜜多者，离义，到义。”元康云：“天竺风俗，所作究竟，皆云到彼岸。”到离之义，次文明之。

△二、约义顺释二：初、释义，二、通难。

△初、释义

【疏】谓离生死此岸，度烦恼中流，到涅槃彼岸。“涅槃”，此云“圆寂”，亦云“灭度”。

【记】前三句中，每句皆上法下喻。意明烦恼如大河，难可度故。生死如此岸，有情居故。涅槃如彼岸，诸佛住故。

则慧是能离、能度、能到，生死等是所离、所度、所到。若欲离此到彼，必须度于中流。此约四谛说之，理则明矣。知苦是离此岸，断集、修道是度中流，证灭是到彼岸也。此顺小乘义说。下经令入大乘无余涅槃，即须离二种生死此岸，乘六度船筏，度二障中流，到二涅槃彼岸。

“涅槃”等者，以翻“波罗蜜”为“彼岸”，即是涅槃。是故约转依果，明彼岸义。然生死即分段、变易，烦恼即总该二障。“圆寂”者，义翻也，谓德备尘沙曰圆，妙绝相累曰寂。“灭度”者，肇云：“涅槃者，秦言无为，亦云灭度，或但云灭。”然灭与小乘不同，小乘以灭生死为灭，大乘以寂灭为灭。故《涅槃》云：“生灭灭已，寂灭为乐。”然灭唯据果，灭度乃兼因。今则约果标因，故云灭度。所以经中上言涅槃，下云灭度，亦是唐梵双彰也。涅槃种类，下文具明。

△二、通难

【疏】一切众生，即寂灭相，不复更灭。但以迷倒，妄见生死，名在此岸。若悟生死本空，原来圆寂，名到彼岸。

【记】此即《净名经》文，彼云：“若弥勒得授记者，一切众生亦应授记。何以故？一切众生，即寂灭相，不复更灭”等。今用此文以为难辞，难意云：众生既即寂灭，何有离此到彼？今言到彼者，莫违经耶？“但以”下，释通。但约翻迷成悟，便是离此到彼。若悟此已，渐除渐证，名为究竟。然成波罗蜜，要与七最胜相应，如《唯识》说。

△三、顺义通结

【疏】若兼般若、回文，应云“到彼岸慧”。

【记】则是波罗蜜中之闻、思、修慧也。

△二、释能诠二：初、翻名，二、释义。

△初、翻名

【疏】“经”者，梵音“修多罗”，义翻为“契经”。

【记】“修多罗”，或云“修妒路”，或云“素怛览”，此但梵音楚夏之异耳。义翻者，以“修多罗”正翻云“线”。由西天以“修多罗”一名召于四实，谓圣教、席经、井索、线。彼多以花献佛，置之案上，恐风吹散，以线贯之。又见此方圣教，能持佛语，得无所遗，如线贯花，故以“线”称目之。就彼处呼，曰“修多罗”，据此正翻，即合云“线”。此方不贵“线”称，故翻为“经”，斯则暗符彼方席经，兼顺此土儒道之经。然虽符顺彼此，而未免相滥。由是更加“契”字，以拣异之。然更合于“修多罗”上，加“欲底”二字，翻为“契经”，则唐、梵皆足也。

△二、释义

【疏】“契”者，诠表义理，契合人心，即契理契机也。“经”者，《佛地论》云：“能贯能摄，故名为经。以佛圣教，贯穿所应说义，摄持所化生故。”

【记】“诠表”下，释“契”字。诠表义理，释契理也，谓说事如事，说理如理，云云。契合人心，释契机也，谓令人有所悟解，欢喜信受，云云。斯则契理契机之经，依主释也。文虽是倒，意以经是能契也。

“经者”下，次释“经”字。初标，“以佛”下释，如开题处明已。今唯言“经”，而不言“契”者，以有“般若”拣滥，明非《道德》等经，故不言也。

△二、释经文二：初、科分，二、随释。

△初、科分

【疏】后释经文，准常三分：初、序分，二、正宗分，三、流通分。

【记】此则道安法师所判，但是佛经，无问大小，皆科为三。意云：序分彰说法之由致，正宗畅本意之玄门，流通继遐芳于万古。冥符西域，今古通遵。

此经从“如是”至“敷座而坐”，是序分。“时长老”下，至“应作如是观”，是正宗分。“佛说是经”下，至“信受奉行”，是流通分。

△二、随释三：初、序分，二、正宗分，三、流通分。

△初、序分二：初、证信序，二、发起序。

△初、证信序。证信者，即六成就也，显说听时处，一一分明，以证非谬，令物生信故。发起者，则以事相表示，发起正宗法义也。然此二序，更有异名，谓通序、别序。通谓诸经同故，别谓诸经别故。亦谓经后序、经前序。经后序者，佛说

之时未有，结集之时方安立故。经前序者，佛先发起，方说经故。

【经】**如是我闻。一时，佛在舍卫国祇树给孤独园，与大比丘众千二百五十人俱。**

△疏三：初、明建立因，二、明建立意，三、正释文义。

△初、明建立因

【疏】一、明建立之因。则佛临灭度，阿难请问四事，佛一一答："我灭度后，一、依四念处住；二、以戒为师；三、默擯恶性比丘；四、一切经初，皆云：如是我闻，一时，佛在某处，与某众若干等。"

【记】建立因者，意明如是等言，因何而立。

佛临灭等者。佛将入灭，阿难愁恼，阿泥楼豆告阿难言："汝是持佛法人，且须裁抑。汝当往彼，咨问后事。"阿难曰："云何后事？"阿泥楼豆曰："世尊在日，以佛为师。世尊灭后，以谁为师？世尊在日，依世尊住。世尊灭后，依何而住？恶性比丘，佛在之日，佛自调伏。佛灭度后，如何调伏？遐益后来，理宜结集。一切经首，置何等言？"阿难承教，一一咨问。今疏影略，不载问辞，但书答语也。

四念处者，四即身、受、心、法，念谓念慧，处谓身等即是念慧所安住处。则念是能住，身等四处为所住，于此四处，安住念慧，名四念处住，带数释也。

一、观身不净。即有漏色蕴，具有五种不净：一、种子不净，乘过去业识种子，揽现在父母精血，合成身故。故《净名》云："是身如幻，从颠倒起。是身如影，从业缘现。"《智论》云："是身种不净，非余妙宝物，不从花间生，唯从秽道出。"二、住处不净。于母胎中，居生藏之下，熟藏之上，常受熏秽。故《智论》云："是身如臭物，不因花间生，不从薝卜有，亦不出宝山。"三、自体不净，合三十六物以成身故，谓外有发、毛、爪、齿、眵、泪、涕、唾、垢、汗、便利等十二，次有皮、肤、血、肉、筋、脉、骨、髓、肪、膏、脑、膜等十二，中有脾、肾、心、肺、肝、胆、肠、胃、赤痰、白痰、生藏、熟藏等十二。《智论》云："地水火风质，能盛受不净。倾海洗此身，不能令香洁。"四、自相不净，九孔常流不净物。故《智论》云："种种不净物，充满于身中，常流出不止，如漏囊盛物。"五、究竟不净，一旦命终，膖胀烂坏，臭恶狼藉，不堪见故。《净名》云："是身假以澡浴衣食，必归磨灭。"《智论》云："审谛观是身，终归于死处。难御无反复，背恩如小儿。"《金光明》亦云："虽常供给怀怨害，终归弃我不知恩。"

二、观受是苦者。受即是心所，遍行五中一也。仍有三种，谓苦、乐、舍。苦谓苦苦，乐谓坏苦，舍谓行苦。问：乐受未坏，应非苦耶？答：以乐是苦因故，凡夫妄计为乐，原来是苦。问：舍非苦乐，云何苦耶？答：行蕴迁流，逼迫常苦，但以苦乐粗相所覆，常情不知此微细苦。故此三法，俱名苦也。

三、观心无常者。心即缘虑生灭之心，谓心心念念，前灭后生，相续不绝，如水流注。故经中说，一念中有九十刹那，一刹那中九百生灭。

四、观法无我者。法即五蕴，谓五蕴法中，一一推求，即蕴离蕴，皆无我也。

如上观之，即能对治凡夫四种颠倒。谓凡夫颠倒，则造业受生。反此用心，自然无咎。

以戒为师者，从其轨范，但依戒律，作止分明。故《菩萨戒序》云："波罗提木叉者，是汝大师。如来在日，无异此也。"

默摈等者。佛法慈悲，为无刑罚。比丘恶性，唯默摈之，意令省己知惭，自然调伏耳。

"经初"等语，释在次文。然此四中，意在第四。文中承便，兼带前三。

△二、明建立意

【疏】二、明建立之意，意有三焉：一、断疑故。谓结集时，阿难升座，欲宣佛语，感得自身相好如佛。众起三疑，一疑佛重起说法，二疑他方佛来，三疑阿难成佛。故说此言，三疑顿断。二、息诤故。若不推从佛闻，言自制作，则诤论起。三、异邪故，不同外道经初云"阿忧"等。

【记】建立意者，建立如是等言，意在于何？此有三意，如文三段。

断疑等者。《智度论》说：佛灭度后，诸天王等请迦叶言：乃至云“法城欲颓，法幢欲倒。当以大悲，建立佛法。”迦叶受请，往须弥顶，击大揵槌。诸圣弟子得神通者，皆来集会。迦叶告言：“佛法欲灭，众生可愍。待结集竟，随汝入灭。”诸来圣众受教，而住毕钵罗窟。迦叶入定，以天眼观，今是众中，谁有烦恼，应逐出者？唯有阿难，烦恼未尽。尔时迦叶从定而起，于大众中，牵出阿难，告言：“清净众中，结集法藏。汝结未尽，不应住此。”是时阿难，惭耻悲泣，告迦叶言：“我能有力，久可得道，但为侍佛，以阿罗汉者不得给侍，故留残结，不尽断尔。”迦叶告言：“汝更有过。佛意不听女人出家，为汝殷勤致请，令佛正法五百岁衰微，是汝突吉罗罪。佛临涅槃，近俱尸竭城，背痛，叠郁多罗僧敷卧，语汝须水，汝不供给，是汝突吉罗罪。佛昔问汝：‘若有人好修四神足，应住寿一劫，若无减一劫。’为汝不对，令佛早入涅槃，是汝突吉罗罪。汝于一时，以郁多罗僧，衬身而卧，是汝突吉罗罪。汝昔与佛叠僧伽梨衣，以足踏上，是汝突吉罗罪。佛阴藏相，入涅槃后，以示女人，实为羞耻，是汝突吉罗罪。”迦叶言：“汝有如是六种突吉罗罪，应于僧中悔过。”是时阿难脱革屣，袒右肩，长跪合掌，依六种突吉罗罪忏悔。忏悔已，迦叶牵阿难出，语言：“汝漏尽可来。”言讫，自闭窟门。是时阿难涕泪悲泣，求断结惑，靡不精诚，至于后夜，疲极偃息，头未至枕，朗然得悟，三明六通，作大罗汉。却至窟门，击门而唤。迦叶言："汝复何来？"曰："我漏已尽。"迦叶言："汝若漏尽，可纵神通，于户钥孔中入。"阿难腾身入来，礼拜僧足。迦叶手摩阿难顶言："我欲为汝，令汝得道，汝勿嫌恨。"此如苏秦、张仪，云云。然阶圣果，切在修心，不如说行，事佛何益。狐假虎威，宜其止绝。斯意甚妙，详而警之。时大众请阿难升座，结集法藏。既升座已，未发言间，感得自身相好如佛。是时大众遂起三疑。"故说"下，既言我从佛闻，则知非佛重起，非他方佛来，亦非阿难成佛，故云三疑顿断。广如彼论，恐烦略叙也。

息诤等者，同为罗汉，德业颇齐。若云自言，固宜喧诤。

异邪等者。"阿"者言无，"忧"者曰有。外道意云：万法虽异，不出有无，置之经初，以之为吉，以初吉故，令中后亦吉。今则不尔，故云异邪。

△三、正释文义二：初、标列述意，二、依科解文。

△初、标列述意

【疏】具六成就，谓信、闻、时、主、处、众。六缘不具，教则不兴。必须具六，故云成就。

【记】言成就者，谓六为能成就，教为所成就也。

△二、依科解文六：初、信成就，二、闻成就，三、时成就，四、主成就，五、处成就，六、众成就。

初、信成就二：初、合释，二、单释。

△初、合释

【疏】若兼“我闻”合释，则指法之辞也。如是之法，我从佛闻。

【记】合释者，谓兼次段，合而释之。此则别义，不计六数也。

△二、单释

【疏】单释“如是”者，《智度论》云信成就也。佛法大海，信为能入，智为能度。信者言是事如是，不信者言是事不如是。又圣人说法，但为显如，唯如为是，故称“如是”。又有无不二为“如”，如非有无为“是”。

【记】单释者，谓正释信成就义。所引论文，有标，有释。“佛法”下是释。或曰：因何最初便明其信？故此释也。

信为能入者，然佛法无量，信为初基。若无信心，宁肯修习？由是五位之内，信位居初。十信之中，信称第一。十一善法，信亦为先。故知信心之前，更无善法。依此信本，方兴解行，乃至证入。故《华严》云：“信是道源功德母，长养一切诸善根，断除疑网出爱河，开示涅槃无上道。”今置经首，以表信相为入法之初也。

智为能度者。菩萨万行，非智不成。若无智慧，即滞有着空。以智为主，不着二边，成无漏因，获菩提果。故《菩提资粮论》云：“施戒忍进定，及此五之余，皆由智度故，波罗蜜所摄。”

“信者”下，正显“如是”二字是信之辞。上皆《智论》

所释。

“又圣”下，是刘虬《注无量义经》中释。此下皆约法说也。显如者，众生如隐，故沉三界，欲绝三界，只要显如，故云“但为”。除如之外，余皆虚妄，故云“唯如为是”。论云：“除诸法实相，余皆魔事。”有云：“始从得道，乃至涅槃，其中所说，无不为如。”

“又有”下，即梁武帝解。意明有即无故不有，无即有故不无，相即同时，故名不二，不二即如也。此约双融显如也。“如非有无”者，恐闻有无不二为如，便谓如体是有是无，故此遮也，意明有无即不是，是即非有无。

此上二解，“如”字是显体，“是”字即无非也。

△二、闻成就二：初、正释我闻之义，二、商较所闻之法。

△初、正释我闻之义

【疏】“我”即阿难五蕴假者，“闻”，谓耳根发识。废别从总，故云“我闻”。

【记】“我”有四种：一、凡夫遍计我，二、外道神我，三、三乘假我，四、法身真我。今拣余者，故云“五蕴假者”。则第三随世流布，要简宾主，乃称于“我”。阿难已达我空，实不计执，故云假者。

“闻”者。然大小乘诸论，辨闻不同，有云耳根，或云耳识，或云根识和合故闻。今云“耳根发识”，则后义也。以根识单阙，皆不能闻，云云。然根识闻声，而不闻教。若准名句，唯是意闻。故《瑜伽》云："闻谓比量。"然由耳识缘于声境，与意同时得闻也。然此二识闻声名句，实非先后异时，以率尔耳识，同时意识，故得闻也。五识皆然。

"废别"下。或曰：既云耳根发识故闻，合云耳闻，云何经内唯言"我闻"？故此释也。以耳是六根之别，我是一身之总，今废别耳，从其总我，故言"我闻"。

△二、商较所闻之法

【疏】阿难所不闻，二十年前之经，有云如来重说，有云得深三昧总领。若推本而言，即阿难是大权菩萨，何法不通。

【记】前二句，牒难辞。谓阿难是佛成道夜生，年至二十，方为侍者。二十年前佛所说法，并且不闻，何得结集诸经，皆称我闻。

"有云"下，通释此，有三意：有云重说者，一也。佛初命阿难为侍者，阿难从佛乞三愿，一不着佛退衣，二不随佛受别请，三请说未闻之法。佛随其愿，故得闻也。得深三昧等者，二也。《金刚华仙经》说："阿难得法性觉自在三昧力故，前所说经，皆得忆持，与闻无异。"故《法华经》云："世尊甚稀有，令我念过去，无量诸佛法，如今日所闻。""若推"下，三也。《不思议境界经》云："复有百千万亿菩萨，现声闻形，亦来在座，其名曰舍利弗，乃至阿难等。"是则三中，前二权说，后一实论，故言"推本"也。

△三、时成就二：初、拣显释，二、会法释。

△初、拣显释

【疏】师资合会，说听究竟，故言“一时”。诸方时分，延促不同，故但言“一”。

【记】师资合会者。谓说者教人以道德曰师。资者取也，从师之教，取而行之也。佛及大众，说听具足，故云合会。说毕听毕，故云究竟。意取说无异席，贯通首末，故曰“一时”。《佛地论》云：“此就刹那相续不断，说听究竟，总名‘一时’。‘一时’之语，佛自言故。”《涅槃》云：“昔佛一时在尸首林。”又云：“我于一时，在迦尸国。”此则显说听能所，一切圆毕也。

“诸方”下，拣时也。不同有二，谓横则参差不同，竖则延促不同。延促不同，如人间五十年，四天王天一昼夜，上上倍增故。参差不同者，如《俱舍》云：“夜半日没中，日出四洲等。”既然，云何定言寅卯辰巳日月等耶？

△二、会法释

【疏】又说法领法之时，心境泯，理智融，凡圣如，始本会，此诸二法皆一之时。

【记】此是悫公《楞严疏》意。说、领即师资也。下有四对。

心境泯者，以闻法之时，妄心不起。心既不起，境即不生。心境两亡，故云泯也。此即不得以生灭心行，听实相法。

此通依、计，故皆泯也。斯则染心、俗境一对。

理智融者，以听法之际，能所不分。以动念即乖法体。二皆真实，故言融而不言泯也。斯则净心、真境一对。

凡圣如者，由心分别，则见圣见凡。心既不生，谁凡谁圣。相本自尽，故言如也。斯则因、果一对。

本始会者，妄念起时，隔于本始。念既不起，本始自同。摄用归体，故言会也。斯则体、用一对。问：此与第二何别？答：前智是始觉中根本智，前理是本觉中真谛境。若此始、本，本通真俗，始合本后，则前狭后宽也。前为形染，且言真境、净智。此为都明，故言本觉、始觉也。又前约分证，故云理智融。此约极证，故言本始会也。

“诸二”者，谓心、境，理、智，凡、圣，本、始也。“皆一”者，一义不同，谓心、境则泯之故一，理、智则融之故一，凡、圣则如之故一，本、始则会之故一。义虽不同，俱名为一，故云“一时”。

△四、主成就二：初、翻名，二、释义。

△初、翻名

【疏】具云“佛陀”，此云“觉者”。

【记】经唯标“佛”者，以秦人好略故。仍存梵音者，恐滥“菩提”故。以“菩提”云“觉”，则属于法。今指于人，故言其“佛”，无相滥失，故不翻也。若释其义，须得唐言，故先翻对也。然觉谓觉察、觉悟。觉悟即照真本有，觉察则了妄本空。了妄本空则不逐于妄，照真本有则不迷于真。真妄既明，则能破和合识，灭相续心，显现法身，智亦亡[①]也。当尔之时，始本无二，唯一觉耳。菩萨虽亦照真了妄，未得究竟，犹带“萨埵”之名。唯佛如来，所作究竟，故独称“觉者”。

△二、释义二：初、引论正释，二、引论反释。

△初、引论正释二：初、约体离念释，二、约位三义释。

△初、约体离念释

【疏】《起信》云：“所言觉义者，谓心体离念，离念相者，等虚空界，即是如来平等法身。”则以无念，名之为佛。

【记】然此论明本觉心体，性离诸念。今此引释果佛者，以果佛之体，即是本觉，原自离念。因果虽分，离念无别。故以本觉离念，即是佛体。故经云：“大乘因者，诸法实相”等。是故在缠名本觉，出缠名究竟觉，始终体一，更无别法。故论云：“即是如来平等法身，依此法身，说名本觉。”“则以”下，疏结本觉离念是佛体也。

△二、约位三义释

【疏】然觉有三义：一、自觉，觉知自心，本无生灭；二、觉他，觉一切法，无不是如；三、觉满，二觉理圆，称之为满。

【记】无生灭者，谓智照真如，如理见故。然有二意：一

① “亦亡”，今考永乐北藏、乾隆大藏经、大正藏《金刚经纂要刊定记》，均作“纯净”。

则心中无生灭之法。如《起信》云："如实空者，从本以来，一切染法不相应故。"以念生则染，今既无念，故不相应。二则无者不也，只明此心本不生灭。即同《起信》云："以远离微细念故，得见心性，心即常住。"常住即无生灭也。

觉他者，此亦始觉，了事即真，以望自心，故名觉他。即同《起信》云："一切诸法，从本以来，离名字相，离心缘相，毕竟平等，无有变异，不可破坏，唯是一心，故名真如。"

觉满者。以前二觉，有解有证，先后胜劣，存自他之相，未得称"满"。今此圆备，不立自他，故称为"满"。若准《涅槃经》说：自觉者，觉自身有佛性。觉他者，觉一切众生悉有佛性。觉满者，若自若他，无二佛性故。

然常途所说，自觉拣凡夫，觉他拣二乘，觉满拣菩萨。此中说者，自觉便拣二乘、权教菩萨，岂唯凡夫。故《华严》云："一切诸法性，无生亦无灭。奇哉大导师，自觉能觉他。"

△二、引论反释三：初、反显，二、引证，三、顺结。

△初、反显

【疏】故知有念，则不名觉。

【记】意云无念故名觉，当知有念则不名觉也。

△二、引证

【疏】《起信》云："一切众生，不名为觉，以无始来，念念相续，未曾离念。”

【记】前云心体离念，虽通因果。今明众生不名为觉，独显果人方名觉也。

△三、顺结

【疏】又云：“若有众生能观无念者，则为向佛智故。”

【记】正结无念是佛义。以无念是佛，故能观无念者，即是向佛智也。

△五、处成就二：一、释“舍卫”，二、释“祇园”。

△初、释“舍卫”

【疏】“舍卫”，此云“闻物”，谓具足欲尘、财宝、多闻、解脱等，远闻诸国。故义净译云“名称大城”。

【记】“舍卫”，亦云“舍婆提”，新云“室罗伐悉底”，此但梵音楚夏耳。此城在中印土憍萨罗国。缘南天亦有憍萨罗国，恐滥彼国，故以城为国名。

“闻物”者，谓名闻胜德，珍奇宝物，多出此国。“谓具”下，释。欲尘即佳丽女色，财宝即珍奇宝物，多闻谓博通内外典籍，解脱即五通仙人等远离欲也。此即国丰四德，亦翻为“丰德”也。远闻等者，如上四事，皆为外国之所闻知。

“义净”下，但证远闻之义。以有名称，故得远闻也。

△二、释“祇园”二：初、总指，二、别释。

△初、总指

【疏】“祇树”等者，即祇陀太子所施之树，给孤长者所买之园。

【记】舍卫国主波斯匿王，有一大臣，名须达多，为儿娉妇，躬至王舍城，寄止长者珊檀那舍宅。时长者中夜而起，庄严舍宅，营办肴膳。须达闻已，问言："大士，欲请国王为婚姻之会耶？"答言："请佛无上法王。"须达闻已，身毛皆竖，复问："何等名佛？"长者广为说佛功德。须达多言："善哉大士！所言佛者，功德无上，今在何处？"长者答言："在王舍城迦兰陀竹林精舍。"时须达多一心念佛，忽然天明，其光炽盛，犹如白日，即寻光处，至城门下，佛神力故，门自开辟，寻路而往。尔时如来出外经行，须达见已，欢喜踊跃，不知礼法，直问世尊。时首陀天，为其长者化作四人，至世尊所，接足礼拜，胡跪问讯，右绕三匝，却住一面。须达见已，依而为之。世尊即为如应说法，长者闻已，得须陀洹果。后复请佛："惟愿临顾，至舍卫城，受我微供。"佛即问言："卿舍卫国，颇有精舍，容受我否？"须达多言："必见垂顾，便当营办。"世尊尔时默然受请。时须达多，回舍卫国，佛令鹙子同往，指授造寺仪式。即须达布金，买祇陀太子园，祇陀太子施园中树林，二人共构精舍。既讫，即执香炉，向王舍城遥作是言："所设已办，惟愿如来，受此住处。"佛时悬知长者之心，即共大众，发王舍城，犹如壮士屈伸臂顷，至祇陀园。是时长者，以其所设，奉施于佛。佛即受已，即住其中。广如《涅槃经》、《贤愚经》、《四分律》、《西域记》

说，须者往检。今佛于此说《金刚般若经》，故云“在舍卫国祇树给孤独园”也。然须达是主，祇陀助成。今树先园后者，以太子是储君，须达是臣佐，礼别尊卑故尔。

真谛《记》说，住处有二：一、境界处，即舍卫也，为化俗故。二、依止处，即祇园也，为统出家人故。又《善见婆沙》云：举舍卫，令远人知。举祇园，令近人知。故双举也。

△二、别释三：初、释“祇陀”，二、释“给孤”，三、释“园”字。

△初、释“祇陀”

【疏】“祇陀”，此云“战胜”，波斯匿王太子也。生时，王与外国战胜，因以为名。

【记】“战胜”者，亦云“胜林”。余如文。

△二、释“给孤”

【疏】梵语“须达”，此云“善施”。给孤独即是善施也。又亦常行施故。

【记】少而无父曰孤，老而无子曰独，拯给孤独名为善施。“又亦”等者，就中孤独偏所矜哀，其实余人亦非不施故也。

△三、释“园”字

【疏】西国呼寺为“僧伽蓝”，此云“众园”。

【记】梵音具云“僧伽蓝摩”，此云“众园”。则“僧伽”是能住之众，“蓝摩”是所住之园，斯则约能要所耳。寺者，司也，官舍也。以佛法初来，安鸿胪寺。后置僧舍，便以为名也。

△六、众成就二：初、释标类，二、释举数。

△初、释标类

【疏】“与”者，并也，及也。“大”者，名高德著。“比丘”梵语，此含三义，故存梵不译。一、怖魔，二、乞士，三、净戒。“众”者，理和事和。

【记】名高，谓遐迩称誉。德著，谓行业恢隆。

怖魔者，谓初出家日，飞行夜叉唱，乃至魔宫闻，故怖也。以一人出家，展转化度，损减眷属故。然出家人，从因至果，三度怖魔，谓出家时、发菩提心时、成正觉时。前二但怖，后乃兴戈，为佛所摧，莫不降伏。

乞士者，谓上从善友乞法以炼心，下从檀越乞食以资身。故《智度论》云：“何名比丘？比丘名乞士，清净活命，故名乞士。如经中说，舍利弗乞食，向壁而餐。时有梵志女名净目，来见舍利弗，云：‘沙门，汝食净耶？’答言：‘食净。’净目言：‘沙门下口食耶？’答曰：‘不也。’乃至问仰、维、方等，皆答言：‘不也。’净目女言：‘食有四种，我问于汝，汝皆言不，我今不解汝说。’舍利弗言：‘有出家人，合药、种谷、植树等，不净活命，名下口食。有观星宿、日月、风雨、雷电等，不净活命，名仰口食。有曲媚豪势，通致四方，巧言多求，不净活命，名方口食。有以种种咒术，卜算吉凶，不净活命，名维口食。姊，我不堕是四种不净食中。我用清净乞食活命。’净目因闻是说清净法食，欢喜信解，得须陀洹道。如是清净乞食活命，故名乞士。”

净戒者，谓比丘二百五十戒，比丘尼五百戒，有表受，无表持，清净持戒，名为净戒。有说五义，谓加净命、破恶。今以乞士即净命，净戒即破恶，故唯三也。

理和事和者，梵语“僧伽”，此云“众和合”，谓理和无违，事和无诤也。

△二、释举数

【疏】“千二百五十”者。佛初成道，度憍陈如等五人。次度迦叶三兄弟，兼徒总一千。次度舍利弗、目连，各兼徒一百。次度耶舍长者子等五十人。经举大数，故减五人。此常随众，故偏列数。非无余众，文隐显耳。“俱”者，一时一处。

【记】佛初成道者，即菩提树下示成正觉也。

憍陈如等者，余阿湿鞞、摩诃男、婆提婆敷富那、婆蹉。准《本行经》说，佛初成道，梵天王等请转法轮，世尊受请，作是思惟：“诸世间中，谁先得度？有五仙人，昔日与我有大利益，堪能受我初转法轮。”复作是念：“彼等五仙，今在何处？”以净天眼，观彼五仙，在鹿野苑中。尔时世尊，即向彼园，广为说法。外道身心，悉皆伏灭。所着之服，即成三衣。手执钵器，须发自落。经于七日，威仪具足，如百夏比丘。乃至为转四谛法轮，得阿罗汉果。

迦叶三兄弟等者。《智度论》说：尔时第一优楼频螺迦叶，在火龙窟为首，教化五百弟子。二、那提迦叶，领三百弟子，在象头山修行。三、伽耶迦叶，领二百弟子，在希连河曲。共计千人，皆为世尊之所降伏，求索出家，师徒皆得阿罗汉果

舍利弗等者。《智度论》说：摩伽陀聚落，有婆罗门名檀耶那，而有八子。中有一子，名优婆低沙，即舍利弗也。复有一婆罗门产子，名离多，即目连也。是二童子，共为亲友，于删阇耶外道所出家。二人同心，立其誓愿："若复更得胜是师者，为我等说甘露胜道，必相契悟。"尔时世尊有一弟子，名曰马胜，威仪庠序，入城乞食，进止有方。舍利弗见已，随到所止，白言："仁者，汝是正师，为是弟子？"马胜言："别有大师，我是弟子。"又复问言："汝之大师，说何法耶？"答言："诸法从缘生，诸法从缘灭，如是灭与生，我师如是说。"时舍利弗闻是语已，即于是处，远尘离垢，得法眼净。归到所止，为目连说，亦复如是。二人共相领诸弟子，俱诣佛所，求索出家。佛呼："善来！"须发自落，袈裟着体，执持应器，成比丘相。于声闻众中，智慧、神通，各得第一。是二百眷属，悉得出家，即受具戒，乃至得成阿罗汉果。

耶舍等者，未检。

此常随等者。以此诸人，先并事外，艰苦累劫，一无所

证。才遇见佛，便得上果。感佛恩深，故常随也。然此具四众，及龙天等，今但显一隐余，流通分中自见。

“俱”者下。前则标指，约主望众，故言“与”。此则都结，主众通论，首末相望，事不异也。

金刚般若经疏论纂要刊定记会编第三卷终

# 金刚般若经疏论纂要刊定记会编卷第四

△二、发起序二：初、叙意，二、随释。

△初、叙意

【疏】二、发起序者。谓乞食威仪，离于邪命，是为持戒。戒能资定，定能发慧。故以戒、定，发起般若正宗。

【记】“戒能”等者。以戒是防非止恶义，定是寂静不动义，慧是明照拣择义。但能防非，心即不动。心若不动，慧乃分明，世出世法，无不鉴照。其犹海中，欲现万像，必要水清。欲求清水，无过水静。欲得水静，勿令起波。止波如戒，水静如定，水清如慧。所现万像，如一切法。喻中，则水若不起波则水静，水静则水清，水清则现万像。法中，则心不起非则心寂，心寂则照知万法。法上但唯一心，喻上但唯一水。法、喻相对，义则昭然。故经云：“尸罗不清净，三昧不现前。”此则戒资定也。《圆觉》云：“一切诸菩萨，无阂清净慧，皆依禅定生。”此则定发慧也。

△二、随释二：初、戒，二、定。

△初、戒

【经】**尔时世尊，食时着衣持钵，入舍卫大城乞食。于其**

**城中，次第乞已，还至本处。**

△疏七：初、释化主，二、释化时，三、释化仪，四、释化处，五、释化事，六、释化等，七、释化终。

△初、释化主

【疏】《成实论》说："具上九号，为物钦重，故曰世尊。天上人间，共所尊故。"

【记】具上九号者，以佛有十号，"世尊"当第十，故云具上九号。十号者，一、如来，二、应供，三、正遍知，四、明行足，五、善逝世间解，六、无上士，七、调御丈夫，八、天人师，九、佛，十、世尊。

△二、释化时

【疏】"食时"，辰时，当日初分，求乞易得，不恼自他。乞已归园，正当巳时，如常斋法。

【记】当日初分者。谓一日夜十二时，总成四分：一、初分，即寅、卯、辰，诸天食时。二、中分，即巳、午、未，人法食时。三、晡分，即申、酉、戌，神鬼食时。四、夜分，即亥、子、丑，畜生食时。今言辰时，即初分之后际也。唐、周二译，皆言日初分。斯则时胜也。此时则乞求不难，以太早太迟，皆难得故。若非时乞食，欲施即无，不施又愧，便成恼他。乞之不得，亡餐又饥，是恼自也。

△三、释化仪

【疏】着僧伽梨衣，持四天王所献钵。

【记】佛有三衣：一、安陀会，即五条，名下品衣，亦名行道、作务、衬身等衣。二、郁多罗僧，即七条，名中品衣，亦名入众说法衣。三、僧伽梨，即九条，乃至二十五条，名上品衣，亦名福田衣。制像水田，见生福故。入王城聚落，即着此衣。今以入城乞食，故着也。

天王钵者。梵语“钵多罗”，此云“应量器”，是过去维卫佛钵，入涅槃后，龙王将在宫中供养。释迦成道，龙王送至海水上，四天王欲取，化为四钵，各得一钵以奉如来。如来受已，重叠四钵在于左手，以右手按，合成一钵。此是绀琉璃石钵，持用乞食也。

佛出行化，须着衣持钵者，为离苦乐二边故。诸在家者，好尚锦绮华洁，衣服宝器，增长放逸，太着乐边。出家外道，苦行尼乾，裸形手捧饭食，致招诃丑，太着苦边。佛处中行，故着衣持钵也。

△四、释化处

【疏】园在城东南五六里。自外之内为入，处广人多曰大。

【记】园是所住处，国是所化处。之，往也。今行化故，出祇园，入舍卫也。处广等者，准《西域记》，国周六十余里，内城周二十里，故云处广。《智度论》云居家九亿，故曰人多。

△五、释化事

【疏】佛为欲显头陀功德，令放逸者惭愧，以同事摄，故自乞食。《璎珞女经》说，化佛身如全段金刚，无生熟二藏。今所乞者，利益他故。故《净名》云："为不食故，应受彼食。"

【记】此释经中"乞食"两字。"头陀"下，或曰：佛为教主，何须乞食？故此释也。"头陀"，此云"抖擞"，抖擞烦恼故。然头陀有十二种事，谓常乞食、阿兰若，乃至树下坐、露地冢间坐等，今则一也。若行此事，获大功德。佛现斯轨，令人效之。头陀既获功德，放逸足明尤过。世尊尚自乞食余，人岂合懈怠？惭耻愧悚，自然行之。同事摄者，则四摄法之一也。

又佛自乞食，准《缨络经》说，有十意：一、止苦故，谓盲得见。二、得乐故，谓一瞻一礼，生无量福。三、除慢故，谓众生见之，不生我慢。四、满钵愿故。富欲施多，钵则为空。贫欲施少，钵则为满。五、鬼神供养故。六、障阂者见佛故，老病贫贱悉皆得见佛也。七、示天王所献钵故。八、作轨模故。九、绝诽谤故。十、令弟子不畜八不净物故。有此十意，故自乞食。

"璎珞女"下，通难。前引经难。"今所"下，释通。"净名"下，但证上乞食不食之义。

△六、释化等

【疏】一、由内证平等理，外不见贫富相。二、心离贪慢，慈无偏利。三、表威德，不惧恶象、沽酒、淫女等家。四、息凡夫猜嫌。五、破二乘分别。

【记】此释经中“于其城中，次第乞已”也。“内证平等”等者，如理见故。“心离贪慢”等者，不贪富好，不慢贫拙，平等修乞，故云慈无偏利也。“表威德”等者，谓佛制小乘律，不许入恶象家，恐彼损害；不许入淫女、沽酒家，恐生染心。佛入者，表威德胜也。“息凡夫猜嫌”者，谓恐憎此爱彼故。“破二乘分别”者，谓迦叶舍富从贫乞，意令生福；须菩提舍贫从富乞，不欲恼他。二人所见，互有是非。如来异此，是非一贯也。然上五中，初大智，二大悲，三显德，四息凡，五破小。

△七、释化终

【疏】然“已”字，义属下句，文连上句。“饭食”字，义属上句，文连下句。若广其文，令当句中备者，应云：“次第乞已，还至本处饭食。饭食讫，收衣钵。”佛若不食，他福不满。《宝云经》说：随所乞得，分为四分：一、拟与同梵行，二、拟施贫病乞人，三、水陆众生，四、自食。《十二头陀经》唯说三分，除梵行。

【记】然“已”等者，和会字之句义也。今读则从文，释则从义。“若广”下，权加数字，显文义兼畅也。饭即吃也。《论语》云：“饭疏食。”

“佛若”下，通伏难。应先难云：前引《璎珞女经》言不食，今经何以言食？故此释也。有说食欲至口，有威德天在侧隐形，接至他方，施作佛事。斯则示现而食，非真食也。由是彼此皆不相违。

“宝云”下，显斋仪也。此四事中，前二云“拟”，后二不云者，以梵行、贫病，来则与之，不来自食，后二不然，故不云耳。《十二头陀经》除梵行者，以自乞故，故不分之。

△二、定

【经】**饭食讫，收衣钵，洗足已，敷座而坐。**

△疏二：初、正解此文，二、通前表法。

△初、正解此文三：初、摒资缘，二、净身业，三、正入定。

△初、摒资缘

【疏】将欲入定，须息攀缘。衣钵不收，心有劳虑。故佛示现，为后轨也，即收大衣，着七条。

【记】此释经中“收衣钵”也。“饭食”两字，如前所解。“讫”，了毕也。

须摒资缘者。以修定时，具于五缘，谓闲居静处、息诸缘务等。佛虽至圣，诸习都无，实于衣钵不生劳虑。若不摒除，后人仿效，无由得定。以佛是教主，凡有所作，人皆效学，故云示现为后轨也。

△二、净身业

【疏】《阿含经》说，佛行离地四指，莲花承足。今示现洗者，顺世表法，为后轨也。

【记】此释经中“洗足已”三字。“阿含”下，牒难也。又如佛三十二相中，有皮肤尘不染相，今何用洗耶？“示现”下，释通也。此有三意：一、顺世故，夫人外归，必恐尘染，故须洗足，佛顺亦尔也。二、表法故，洗去烦恼垢染，显得清净法身也。三、为后轨者，如资缘说。

△三、正入定

【疏】敷座坐禅者，由身端故，心离沉掉。故魏译云：“如常敷座，结加趺坐，端身而住，正念不动。”唐译云：“端身正愿，住对面念。”无著云：“显示唯寂者于此能觉能说故。”

【记】此释经中“敷座而坐”也。

沉掉等者，沉谓昏沉，能引睡眠，障定增故；掉谓掉举，任运攀缘，能引散乱，亦障定心。又于四仪中，以卧则昏沉，行则掉举，住则疲倦，唯坐为胜，故不沉掉。然昏沉掉举，盖是凡夫。若据如来，的无此事。今垂轨则，盖为后人。

或曰：经中但言敷座，焉知入定耶？故次释云魏译等，则知入定也。

如常敷座等者，谓如来每会说般若，皆自敷座具。为般若出生诸佛，即是佛母，表敬般若，故自敷座。已说八会，此当第九，仪轨不易，故曰如常。

趺谓足背，加谓以一足压一足，结即两足不散，表吉祥故。《智论》云："见画加趺坐，魔王尚惊惧。何况入道人，端身不倾动。"又为正观五种因缘，是故结加趺坐：一、由身摄敛，速发轻安，最为胜故。二、由此宴坐，能经时久，不令身速疲极故。三、由此宴坐，是不共法，外道他论皆无有故。四、由此宴坐，形相端严，令他见已极敬信故。五、由此宴坐，佛、佛弟子共所开许，一切贤圣所称赞故。正观五种因缘，故应结加趺坐。

端身住者，不低不昂，不左右倾侧也。

正念者，如理而念，名为正念。念即念慧，谓离沉掉有无等。不动，谓不动于正念也。

"唐译"下，亦证同上义。

正愿者，即正念也。若别说者，愿是希欲，谓希欲住对面念。念是所愿也，然在定前，异此则非正愿也。

住对面念者。面即是喻，念即是法。"住对"两字，通于法、喻。今法、喻之中，各阙一事，谓法阙所照理，喻阙能照镜。镜对面住，面则自彰。念对理住，理则自现。法、喻阙者，文影略故。或可不尔，但理观分明，如面目睹现量，即水喻亦得。

"无著"下，显入定意。先牒难，摒缘入定，意在于何？"于此"下，释通。"于此"者，论云"于法"。能觉者定通，能说者说通也。意云：定通方得说通。以散心说法，不能如实。从定发言，必有当也。故下文云："云何为人演说？不取于相，如如不动。”诸经之中，每欲说法，皆先入定，意皆如此。斯亦示现为后轨也。若准如来，言念何失？是故论云“显示”等也。

△二、通前表法二：初、约大云广辩，二、引资圣略明。

△初、约大云广辨三：初、标，二、释，三、结。

△初、标

【疏】然大圣现迹，必有所表。

【记】大圣即佛，体周法界曰大，智鉴无昧曰圣。现迹者，所现之化迹也。所表者，诸佛所为，必不率尔，皆以事相，表内身心。如说《如来藏经》，举身放光，光中现花，花萎见佛。遂阿难问佛，佛为说之。如《华严》中，说佛、菩萨，说天，说云、须弥山、大海等，皆有所表。斯皆事相为能表，法为所表，以不徒然，故云“必”也。

△二、释二：初、表通序，二、表别序。

△初、表通序

【疏】表本觉之佛，在五蕴之都。觉魔军本空，名为战胜。照心识具德，即是给孤。求法养神，名乞士众。

【记】本觉佛，对化佛说。五蕴都，对舍卫国。化身佛在舍卫国，表本觉佛在五蕴城。城中既人物相兼，蕴内亦色心具足。

“觉魔”等，对“战胜”也。梵音“魔罗”，此云“杀者”，能杀行人慧命故也。然有四种：一、天魔，即欲界主；

二、烦恼魔；三、阴魔；四、死魔。今言觉空者，如《心经》云："照见五蕴皆空，无无明，乃至亦无老死尽"也。照五蕴空，即破阴魔。无无明尽，破烦恼魔。乃至无老死，即破死魔。余出世法尚空，况天魔耶？

"照心识具德"者，对"给孤独"也。上迷本觉之父曰孤，下隐妙用之子曰独。今照性本具尘沙功德，无所乏少，即给孤独也。

"求法"等，对比丘"乞士"义也。外则乞食养命，内则求法资神。

△二、表别序

【疏】觉心既发，宁弃尘劳？将欲遍观，遂入识藏。心心数法，次第思惟。即妄而真，皆得法喜。法喜无体，融合觉心。

【记】"觉心"下四句，对"入舍卫大城"也。应云：觉心既发，宁弃尘劳？如来出世，宁弃群品？将欲遍观，遂入识藏。将欲教化，遂入王城。离城邑而教化谁人？离心识而观察何事？

"心心"下二句，对"于其城中次第乞已"也。乞食不拣贫之与富，观察岂择心所、心王。

"即妄"下二句，对乞得食也。外化人而得食，内观法而生喜。

"法喜"下二句，对"还至本处饭食"也。食能资身，法能益心也。

【疏】思惟假缘，亡缘可符真性。观照是迹，拂迹返本还源。返本还源，法空心寂。心寂真体，般若朗然。

【记】思惟假缘，对“着衣持钵”。亡缘符真，对“收衣钵”也。乞食既须衣钵，思惟要假因缘。入定既摒资缘，契理须亡念虑。

“观照”下二句，对“洗足”也。若欲安坐，必须洗去足尘。若欲还源，必须拂除心念。

“返本”下二句，对“敷座而坐”也。法空即敷座，心寂即而坐。敷座方堪人坐，法空心始得寂。

“心寂”下二句，对正宗法也。谓安坐始能说经，心寂方彰妙慧也。

△三、结

【疏】欲谈般若正宗，如是示现发起。

【记】结可知。

△二、引资圣略明二：初、正明，二、引证。

△初、正明

【疏】资圣云：“夫身有二：一伪、二真。五蕴伪体，假衣食以生育。法身无相，因般若以照成。群生保伪遗真，诸佛养真弃伪。群生既迷真而取伪，我乃假伪迹而引真。故托乞食之缘，将施法喜之化。”

【记】资圣者，即道液法师疏，今摘而用之，不全取也。

身有二者，通论生、佛也。伪者色身，真即法身。五蕴等者，谓衣以外覆，食以内资，生则虽因父母，存即须假衣食。法身等者，谓非生因之所生，但了因之所了。由是色身以食为命，法身以慧为命。保伪谓执妄合尘，遗真谓迷理背觉，此皆倒也。养真谓悟理合觉，弃伪谓达妄背尘也。“群生”下，牒前倒者也。“我乃”下，示现入城乞食以表法也。意令求般若，照成法身，故云“引真”也。

“故托”下，都结表法之意，谓示现乞食，意在说法耳。

△二、引证

【疏】故《涅槃经》云：“汝诸比丘，虽行乞食，初未曾乞大乘法食。”

【记】但证“法”为“食”义也。

△二、正宗分二：初、标列章门，二、依章随释。

△初、标列章门

【疏】二门分别，初约无著七种义句以悬判，后依天亲问答断疑以科释。

【记】二门分别者，以一卷经文，二论解释。大云、青龙皆二论并行，今即不尔。何者？以无著配十八住处，天亲断二十七疑，旨趣既殊，科段亦异，或一疑中有四住、五住，或一住中有二疑、三疑，乍合乍离，连前带后。以是之故，文涉交加，理则不必深玄，学者以之难解。今既别释，庶不相干。

传讲之流，少力多获耳。

△二、依章随释二：初、依无著悬判，二、依天亲科释。

△初、依无著悬判三：初、正示七句，二、总指后四，三、广释第三。

△初、正示七句二：初、牒标，二、随释。

△初、牒标

【疏】初中，七义句者。

【记】论述归敬偈已，即云："成立七种义句已，此般若波罗蜜，即得成立。"义句，拣文句也。既以一义为一句，此经共有七义句也。七义句名，下文具有。于中前六显示菩萨所作究竟，第七显示成立此法门故。然此七句之文，教、理、行、果，悉圆满矣。于中一、二、三、四，是行也；五，理也；六，果也；七，教也。齐此悬判一科，唯依无著之名记之。

△二、随释七：初、种性，二、发起，三、住处，四、对治，五、不失，六、地位，七、立名。

△初、种性

【疏】一、种性不断，谓护念、付嘱。

【记】种性不断者，此非凡夫、二乘及权教菩萨，意明佛种性不断也。"谓护"下，指经。便是释意，谓以小付大，嘱大化小，展转如是，宁有断绝？如人父母付嘱子孙，云云。此是空生之本意，故以此事赞佛，引起问端也。

△二、发起

【疏】二、发起行相，谓申请、赞许。

【记】发起行相者，既欲种性不断，故须发起修行之相也。“谓申”下，指经。其实伫听亦在此摄。

△三、住处

【疏】三、行所住处，谓十八住。从佛正说，直至经终，是无相行所住处矣。

【记】行所住处者，既有能发，必有所发也。十八住名义，下文广释。“从佛”下，指经。“是无”下，释名义。此即相之无相，非一向之无相，略见行玄。为顺本宗，故标无相也。

△四、对治

【疏】四、对治，谓一一住处，皆具邪行、共见正行，二种对治。

【记】“谓一”下，释意。邪行，即不正行也，但不顺佛道，皆名邪行。共者，不一义。见者，分别情。正行者，即杂见之正行，非纯正之正行也。二种对治者，以正行治邪行，是一对治；以无分别智，治分别见，是二对治。然邪即全治，共中即但治于见，不治正行。如披砂拣金，而去砂不去金。今经中但有能治，无所治也。且如第一住处中，不度众生为邪行，度众生为对治。于度众生时，见有众生是所度，见我是能度，是分别见，度而无度为对治。此理实同时，义分前后。初住既尔，余可例知。故论云："行诸住处时，有二种对治"也。

△五、不失

【疏】五、不失，谓由对治，离增减二边，不失中道。

【记】"谓由"下，释意。离增减者，谓执有为增，执无为减。前堕此二，则失中道。今皆离之，故得不失也。如经中"即非佛法"，是胜义谛，遮增益边；"是名佛法"，是世俗谛，遮损减边。其余"即非"、"是名"，皆例此也。论最后结云："菩萨离此二边故，于彼对治，不复更失，故名不失。"

△六、地位

【疏】六、地位，谓由不失中道，成贤圣位，信行地、净心地、如来地。

【记】"谓由"下，释意。以二边邪僻，置之不论。中道乃是大菩提路，故于此中，分立地位。如往帝都，有三路异，两边皆非，中道即正。正路之中，方可论于远近迟速等也。法中亦尔。故经云："一切贤圣，皆以无为法而有差别。"

"信行"下，分位也。于十八住中，前十六住，是信行地，此当三贤，依信起行，故名信行，亦名信解，依信起解故；第十七住，是净心地，此当初地，离分别障，亲证真如故；第十八住，从第二地以去，乃至佛位，通名如来地也。

又以诸家明地位，或广或略，广则五十二位，略则泯之全无。今则均于广略，去其太甚，说三地、五位矣。

△七、立名

【疏】七、立名，谓由前六，智慧坚利，位地阔狭，故名“金刚”。

【记】“谓由”下，释意。谓约三种法上，立“金刚”名。一、约般若体用名金刚，此如金刚坚利。二、约地位阔狭名金刚，此如金刚杵形。以信行一僧祇，净心只一刹那，佛地二僧祇。如金刚杵，初、后阔，中间狭故。三、约文字名金刚，此如画像也。以诠信行地七纸余经，佛地三纸余文，净心地五行经。如彼画像，亦初、后阔，中间狭故。

又此三者，法、喻之上，皆展转而成。喻中，且根本是坚利金刚，因造以成其杵，因画以成其像。法中，根本是体用般若，因修以成其位地，因诠以成其文字也。又此法、喻，各三事中，一事即实，余二皆虚。喻中，坚利金刚是实，杵形、画像皆虚。法中，体用般若是实，位地、文字皆虚。以此三事，首末相似，故立“金刚”之名。然前一是佛本意，余二是菩萨及古德意也。

“由前六”等者，于中前五坚利，第六阔狭。阔狭之中，含能所诠也。

△二、总指后四

【疏】后四但约第三句中十八住说，无别经文。

【记】应先问云：第三句内，说尽经文。未知后四，如何配摄？故此云也。谓一一住，说对治故。于对治处，显不失中道故。于不失中，立地位故。于前六中道，立名故。云云。

△三、广释第三三：初、正辨十八住处，二、重以八义相摄，三、更约地位配释。

△初、正辨十八住处二：初、牒标，二、随释。

△初、牒标

【疏】十八住处者。

【记】下文具列十八住名，略释其义，兼明对治十二种障。便指经文，令知科段所属。然每住经文，但略标三五字，缘以经本科段首尾文势稍重，恐言涉相滥，故不标最初之字，但取其次异文，亦不结终齐至何处，意在省约耳。向下随文略叙首末，以隔前后。

△二、随释十八：初、发心住，二、波罗蜜相应住，三、欲得色身住，四、欲得法身住，五、修道无慢住，六、不离佛世住，七、愿净佛土住，八、成熟众生住，九、远离外论住，十、观破色身住，十一、给侍如来住，十二、远离退失住，十三、忍苦住，十四、离寂静味住，十五、证道离喜住，十六、求佛教授住，十七、证道住，十八、上求佛地住。

△初、发心住

【疏】发心住。经云："应如是降伏其心，所有一切"等。

【记】发心者，谓发广大、第一等四种心也。经文从“佛告须菩提：诸菩萨摩诃萨应如是降伏其心”，乃至“若菩萨有我相、人相、众生相、寿者相，即非菩萨”。以大乘菩萨，最初法尔合发是心，故十八住中，居其第一。

△二、波罗蜜相应住

【疏】波罗蜜相应行住。“不住色布施”等。

【记】经从“复次须菩提，菩萨于法，应无所住，行于布施”，乃至“须菩提，菩萨但应如所教住”。

“不住”等者，“等”有二意：一则等于余文，如上所引；二则等于余义，谓等余戒等五也。

此则虽是指经，便兼释义。则波罗蜜是所应，戒等是能应。能所两合，故云相应。由是但行施、戒等，不能离相；或行离相，不行施、戒等，皆非相应行。直于行施、戒等处离相，离相处行施、戒等，方得名为相应行也。

△三、欲得色身住

【疏】欲得色身住。“可以身相”等。

【记】经从“须菩提，于意云何，可以身相见如来不？”乃至“若见诸相非相，则见如来”。

问：色身是相，何以离相求之？

答：色身之相是影，法身无相是体。欲得有相色身，须见无相法体。未见法体，不能现相。是故先令见相无相，方得色相之身耳。此中意在文外，故论以此意科也。

△四、欲得法身住

【疏】欲得法身住。法身有二：一、言说法身，“颇有众生”等，因言显理故。二、证得法身，复有二：一、智相，“如来得阿耨”等；二、福相，“若人满三千”等。

【记】言说者，经从“须菩提白佛言：世尊”，乃至“法尚应舍，何况非法”。问：法身非言说，何故以言说为法身耶？故释云因言显理故。此有二意：一、以言说显于法身，法身非言说；二、文字性离，即是法身，无别法身耳。

智相者，经从“须菩提，于意云何，如来得阿耨多罗三藐三菩提耶？”乃至“一切贤圣，皆以无为法而有差别”。则以无相无为法为智相也。故《起信》云：“以智相无可见故。”

福相者，经从“须菩提，于意云何，若人满三千大千世界七宝，以用布施”，乃至“须菩提，所谓佛法者，即非佛法”。斯则以持说此经，获无漏福，所感微妙色身，名为福相也。然是法身之福相，福相非法身，依主释也。

△五、修道无慢住三：初、正示此文，二、通叙后段，三、别结对治。

△初、正示此文

【疏】于修道得胜中无慢住。“须陀洹”等。

【记】经从“须菩提，于意云何，须陀洹能作是念”，乃至“是乐阿兰那行”。

得胜者，以小乘四果胜于四向等故，对劣彰胜也。此即以小况大也。小人尚犹无过，君子岂合有愆？由无慢故，方得证果。故经皆言："我不作是念，我得须陀洹果"等。

△二、通叙后段

【疏】从此至十六住，如次对治十二种障。意明欲求色身、法身，须离是障，障尽故入十七证道住。

【记】意明等者，叙次第之意也。先问云：前之四住，何不言离障耶？故云也。意云：凡欲修进，先须发心，发心已则修行，故有第一、第二。发心修行，本求佛果，佛果唯有二身，粗细之间，先色后法，故有第三、第四。前修胜行，恐有慢心，障入圣位，故说小果，以况大乘，令离障进入十回向位也。故从第五，方说离障也。

然此十二障，每至一住，皆须蹑前以辨来意。如云虽得无慢，犹自少闻，故于第六住中，对治少闻障。他皆仿此。以此诸障，皆在地前，能障见道，非是地上，故云障尽入证道也。然障是所治，文在经外。住是能治，正是经文。若相望说之，理则明矣。

△三、别结对治

【疏】今当对治第一慢障。

【记】然准《五蕴论》说，慢有七、九二种，但开合之异。此约入道人说七者，论云：一、慢，于劣谓胜，于相似谓等；二、过慢，于相似谓胜，于胜谓等；三、慢过慢，谓于胜己，计胜彼；四、邪慢，己实无德，计己有德；五、我慢，谓于五聚蕴，计我我所；六、增上慢，谓于胜妙法中，未得谓得；七、卑劣慢，于多分胜，计己少分劣。今所离者，即五、六也。以证我空故，取自果故。

△六、不离佛世住

【疏】不离佛世时住。“昔在燃灯”等。离第二少闻障。不离佛世，则具多闻。

【记】经从“佛告须菩提：于意云何，如来昔在燃灯佛所”，乃至“实无所得”。

云何离障得成住耶？次云“离第”下，所离障。“不离”下，结成住义。于中，上句成住，下句离障也。若离佛世，不名住处。无佛说法，则是少闻，便成其障。若不离佛世，乃成住处。常遇佛说法，则具多闻，便离障也。然凡是修行，智慧为本。欲得智慧，必须多闻。故依佛住，离少闻障也。故经云：“多闻增智慧，勤闻第一方。”

问：若然者，据今经云“于法实无所得”，岂成多闻？

答：此是闻而无闻，得而无得。无得而得，是真得。无闻而闻，是实闻。故成此住。

△七、愿净佛土住

【疏】愿净佛土住。“菩萨庄严佛土不”等。离小攀缘作念修道障。缘形相土则小，无缘则大，契法界故。

【记】经从“须菩提，于意云何，菩萨庄严佛土不？”乃至“应无所住而生其心”。

“离小”下，所离障。攀缘即是作念，盖一义耳。

“缘形”等者，意云：若取色、声等相为土，即有分限，故名小也，以不如法身故。若不取相，分别不生，心境两亡，竟何分限，故云大也。“契法”下，释所以也。意令忘怀严法性土，不令生心严法相土也。故经云：“不应住色等生心，应无所住而生其心。”偈释云：“智习唯识通，如是取净土。非形第一体，非严庄严意。”

△八、成熟众生住

【疏】成熟众生住。“人身如须弥”等。离舍众生障。若见大小，不能济物。

【记】经从“须菩提，于意云何，譬如有人身如须弥山王”，乃至“是名大身”。成熟者，即由教化，令众生成种根熟，有所悟证。

“离舍”下，所离障。若舍众生，即不能教化。故令离障，方成住也。

“若见”下，反释所以。意言能济物者，盖为不见大小也。故经云：“佛说非身，是名大身。”岂存大小？若见大小，则有高下、亲疏、憎爱，心既不等，宁曰大悲？纵使化生，但成爱见，憎者则去，便舍众生，云何成熟？反此用意，则物无有遗，迟速之间，皆能成熟也。

△九、远离外论住

【疏】远离随顺外论散乱住。“如恒河中所有沙”等。

离乐随外论散乱障。恒沙宝施，不及持经。如何外学，不修正法？

【记】经从“须菩提，如恒河中所有沙数”，乃至“如来无所说”。

“离乐”下，所离障。然随顺外论，即是散乱。但能远离，即成住也。即儒墨文笔，除佛教外，皆外论也。以外论之事，是名利源，既若求名，岂得心无散乱？况得之则乐，失之则苦。苦之则忧，乐之则溢。由斯业累，世世沉沦。反推其本，皆由随顺外论耳。

“恒沙”下，举持经福多，以责外学。意云：持经者功德若此，而不修行。名利之源，是轮回苦本，如何随顺，却乃修学？

△十、观破色身住

【疏】色及众生身抟取中观破相应行住。“三千世界所有微尘”等。离破影像相中无巧便障。既离散乱，与定相应。以细末、不念二种方便，破粗至细，泯细至空，则除影像之相想。

【记】经从“须菩提，于意云何，三千大千世界所有微尘，是为多不？”乃至“是名世界”。

色是依报，即外四大。身是正报，即内五蕴。抟取者，即和合义也，但秦、魏译异耳。然抟取约法，相应兼人，二事相望，总有三对：一、内身色蕴，及外器界，但合微尘所成，名为抟取。见有身器为依正执取等，即是相应。二、受等四蕴，但合心心所法而成，名为抟取。见有苦乐受等，即是相应。三、色心和合，以成此身，名为抟取。见有心色，即是我人相应。行即迁流造作之义。观破之义，如下所明。

“离破”下，所离障。影像相者，谓色心等法，是法界中之影像，亦可是业识之影像。无巧便者，由无善巧方便，不能破此影像，乃名为障。若有巧便破之，则成其住也。巧便之相，彰在次文。

“既离”下，蹑于前住以为方便之本，由无散乱，则成其定，从定方能发慧，观而破之。

“以细”下，正示二种方便，巧便之相也。然破色具二，破心唯一，除细末也。以心心所法，不可析破故，粗色显著，难忘执情。析至极微，易袪妄念。故须具二，如下所说。

相想，即心境也。心境两亡，故云除也。

△十一、给侍如来住

【疏】供养给侍如来住。“可以三十二相见如来不”等。离福资粮不具障。不以相见，常见法身，名为给侍，福无边矣。

【记】经从“须菩提，于意云何，可以三十二相见如来不？”乃至“是名三十二相”。

“离福”下，所离障。欲入圣道，须福资粮。如人远行，岂可空往。佛为至圣，是福之因。供养给侍，无不获福。即以此福，为其资粮。若供养得福，即是住非障。反之则是障非住也。

“不以”下，或问：文云不以相见如来，如来尚不得见，云何给侍耶？故此释也。此即但以智慧随顺相应，名为给侍。然非谓弃却相身，别侍无相之佛。但了相即非相，不生执着，乃曰相应。凡所供养、亲近、恭敬，皆名给侍。若生执着，不顺于理，虽常见佛，不名为见。如下文云：“若以色见我，以音声求我，是人行邪道，不能见如来。”《华严》云：“若人百千劫，常随于如来，不了真实义，盲瞑不见佛。”又如佛昔三月升忉利天，为母说法，后降阎浮。有莲花色比丘尼，欲先见佛，化作转轮王队仗，往至佛所。佛乃诃之，具陈上事。时须菩提在于山中，亦欲见佛，寻复思念：“空无相理，是真法身，何用见色相？”念已复坐，竟不往见。于是佛告莲花色言：“须菩提先见我竟，汝已在后。”故知执相迷真，对面千里。虚心体物，天地一家。故古人云：“肝胆虽近，情生则隔。江山虽缅，道契则邻。”是知通达妙理，方真给侍。若斯给侍，是侍真佛，故所获福，无有边际也。

△十二、远离退失住

【疏】远离利养及疲乏热恼故不起精进及退失住。“恒河沙身命布施”等。离乐味懈怠利养障。恒沙命施，犹劣受持。岂为一身，耽着利养，身疲心恼而懈怠耶？

【记】经从“须菩提，若有善男子、善女人，以恒河沙等身命布施”，乃至“是名第一波罗蜜”。

“离乐”下，所离障。然障名有所阙略，若取周备，不过住名。但乐味成障，远离成住。且约为障起过，有其五重：一、为身求利。二、由求利养，令身疲乏。此复有二：一由放逸，令身疲乏；二求不得，身亦疲乏。三、由身疲故，令心热恼。四、由心热恼故，不起精进。五、由不精进故，退失功德。

“恒沙命施”下，释成对治。经、苦校量，意令改革。以见大利，故不求小利。既不求利，身则不疲。身既不疲，心则不恼。心既不恼，则起精进。既起精进，则能受持，获无边福。故知经意，为治此障，成其住也。

“一身”者，一报身也。意云：岂为一报之身，终日求名求利？求之不足，未始称情。纵使多财，死为他物。持经功德，无量无边，尽未来际，用之不竭。利害若此，人何不然？《无常经》云：“眷属皆舍去，财货任他将。但持自善根，险道充粮食。”

△十三、忍苦住

【疏】忍苦住。忍波罗蜜割截身等。离不能忍苦障。无我等相，累苦能忍。

【记】经从“须菩提，忍辱波罗蜜”，乃至“如人有目，日光明照，见种种色”。

“离不”下，所离障。此但不忍为障，忍之成住也。

“无我”下，出忍之所以也。此有两意，所谓通别。通则由无我相，虽累遭割截，常能忍受。别则由无我故能忍，由累苦故能忍也。

△十四、离寂静味住

【疏】离寂静味住。“当来之世，若有人能于此经受持读诵”等。离智资粮不具障。日三时舍身，一一沙数，不及信经。如何唯专禅定，耽寂静味，阙于智慧，而不持说？

【记】经从“须菩提，当来之世，若有善男子、善女人，能于此经受持读诵”，乃至“果报亦不可思议”。

“离智”下，所离障。若耽寂无智，即是障非住。若离寂修智，即是住非障。

“日三时”下，指经对治。意云：欲证圣性，非智不阶。经、苦校量，意在策发。此同《华严经》中诃劝之相，彼云：“法性真常离心念，二乘于此亦能得。不以此故为世尊，但以甚深无阂智。”

然此是对治之别意，故须一向而言，令人舍定修慧。若据究竟通论，必须定慧等学。《涅槃经》中说：“定慧不等，不见佛性。无明邪见，自此而生。”前第十一住，便是定门，对治不同，故须然也。修习之者，须兼行之。

△十五、证道离喜住

【疏】于证道时远离喜动住。云何住降等。离十一不自摄障。我能住降，心生喜动，动则不能自摄。

【记】经从“尔时须菩提白佛言：世尊”，乃至“实无有法，发阿耨多罗三藐三菩提心者”。

“离十一”下，所离障。谓动不自摄，则是障非住。若自摄不动，则是住非障也。论中则云“自取障”。

“我能”下，释也。意云：由计我故，遂起降住胜能之心，不觉喜动，故不自摄。今经既云无一众生得灭度，无法得菩提，则不计胜能，故能对治也。

△十六、求佛教授住

【疏】求佛教授住。“于燃灯佛所，有法得菩提不”等。离十二无教授障。欲入初地，须佛教授。故约遇佛，得无所得，而证道矣。

【记】经从“须菩提，于意云何，如来于燃灯佛所，有法得阿耨多罗三藐三菩提不？”乃至“是故名一切法”。

“离十二”下，所离障。若无教授，则是障非住。若得教授，则是住非障。

“欲入”下，释成住义。虽三贤位中，乱修六度，经一无数劫，欲入圣道，要佛策发。故于资粮位后，立加行名。其犹钻火，火欲出时，倍加功力。

遇佛，燃灯佛也。得无所得者，即燃灯与善慧授记，当得作佛，号释迦牟尼。非佛与法，故云无得。

问：此说善慧得记，进入八地。何故将此配地前耶？

答：欲入初地，须学八地用心，方可得入。若学初地，竟不能入。如人学射可知。又将证八地，犹须教授。欲入见道，岂得不然？

然从第五，至此住中，每住对治一障。此障障于见道，今则加行位极，对治已尽，故云“而证道矣”。

△十七、证道住

【疏】证道住。“人身长大”等。摄种性智，证遍行真如，成法报身，故长大矣。

【记】经从“须菩提，譬如人身长大”，乃至“佛说一切法，无我、无人、无众生、无寿者”。

“摄种性”下，释成住义。智体即观照般若，是能证也。即妙、平二智，无分别也。以得此智，生如来家，决定绍佛种故。斯则地前加之行智，至于初地，转受此名。

“证遍”等者，体即实相般若，是所证也，以遍在一切法中故。《唯识》云：“由此真如，二空所显，无有一法而不在故。”论中则名平等智。然有五种平等因缘：一、粗恶平等；二、法无我平等；三、断相应平等；四、无希望心平等；五、一切菩萨证道平等。有是五种因缘，故名平等智。故论云：“入证道时，得二种智：一摄种性智，二平等智”也。然所证是理，今云智者，斯有两意：一、准《起信论》云：“依此法身，说名本觉。”二则理智冥合，能所不殊，如珠与光，不相舍离。

成法报身者，摄种性智至果得成报身，平等智至果得成法身。故长大者，论即云“妙大”。妙即报身，以万行功德所庄严故。大即法身，真如实理遍一切故。

△十八、上求佛地住六：初、国土净具足，二、见智净具足，三、福自在具足，四、身具足，五、语具足，六、心具足。

【疏】上求佛地住。于中复有六种具足。

【记】自此以下，皆求佛地。于中复有六种具足。具足者，圆满义。谓转舍二障，转得菩提涅槃，摄转具足也。既证圣性，生如来家，须示佛果功德，令其欣趣。然其果德虽多，以要言之，不出依正二报。二报之内，先明所依。若无所依，能依何立？正报之内，不逾福智。智引福故，先智后福。然后别显三业，依次所明。

【疏】一、国土净具足。“我当庄严佛土”等。此教二地以上诸大菩萨。

【记】经从“须菩提，若菩萨作是言，我当庄严佛土”，乃至“如来说名真是菩萨”。

“此教”下，指位即从二地至于等觉，当修道位。谓庄严之时，离能所相，名之为净。称周法界，故云具足。故经云：“通达无我法者，如来说名真是菩萨。”

【疏】二、无上见智净具足。“有肉眼不”等。此下皆唯佛果，故云无上。“无上”之言，贯通下四。

【记】经从“须菩提，于意云何，如来有肉眼不？”乃至

“未来心不可得”。

见净者，即五眼也。见即无见，名之为净。无所不见，名为具足。智净者，即悉知诸心等。知即无知，名之为净。无所不知，名为具足。以智、见不别，故当一处。

“此下”等，即指位，拣非修道，即无学位也。下之四段皆合有“无上”之言，故云贯通下四。

【疏】三、福自在具足。“若人满三千界七宝”等。

【记】经从“须菩提，于意云何，若有人满三千大千世界七宝，以用布施”，乃至“以福德无故，如来说得福德多”。

问：前已频说施福，与此何别？

答：前所说者，皆是校量不及受持之福。今此说者，乃是无住称性之福，非能校量，故不同也。

问：佛是果，布施是因。云何果中即说因行？

答：凡是果德，皆彼因成。举彼无住之因，以彰称性之福也。

言自在者，拣有漏之福不自在也。若准论中，此与智净合为一段，意明福、智不相离故。则于身中开之为二，谓色身具足，亦盈六数。今则合后开前者，意云福之与智，迢然不同，配摄因果，五六有异，异须开也。相之与好，同是一身。兼对下语意，以成三业，故须合也。

【疏】四、身具足。“佛可以具足色身”等。

【记】经从“须菩提，于意云何，佛可以具足色身见不？”乃至“是名诸相具足”。

此明如来真应具足。如经云“即非具足色身”，明真身也；“是名具足色身”，明应身也。“即非诸相具足”，明真身也；“是名诸相具足”，明应身也。

【疏】五、语具足。“汝勿谓如来说法”等。

【记】经从“须菩提，汝勿谓如来作是念，我当有所说法”，乃至“是名说法”。

说而无说，无说之说，是真说法。具足者，无法可说，无所不说，是名说法。

【疏】六、心具足。“佛得阿耨菩提，为无所得耶？”乃至“应作如是观”。

【记】然于心中，复有六种：一、念处，二、正觉，三、施设大利益，四、摄取法身，五、不住生死涅槃，六、行住净。化度众生，大悲为本，故先明念处。自未成佛，焉能度他，故次明正觉。自利既满，即合利他，故次明施设大利益。犹恐滞相，故次明摄取法身。又恐住空有，故次明不住生死涅槃。又恐执施化迹，故次明行住净也。以此六义，别对经文。广如彼论，避烦不叙。

金刚般若经疏论纂要刊定记会编第四卷终

# 金刚般若经疏论纂要刊定记会编卷第五

△二、重以八义相摄

【疏】又十八住，略为八种，亦得满足。

【记】此复以八住处，摄前十八住处也。

【疏】一、摄住处，二、波罗蜜净住处。一二次配。

【记】“摄”是笼罗包纳之义，即以普度众生，现无违反，故配同第一发心住。“净”与“相应”，盖一义耳，故配同第二住。

【疏】三、欲住处，摄三及四。

【记】三摄三、四者，虽三色四法，皆是欲得，故配同三、四二住也。

【疏】四、离障碍住处，即前十二障也，从五至十六。

【记】四中如文可知。

【疏】五、净心住处，六、究竟住处。上二次配十七、十八。

【记】五正当净心地，六正当究竟位，故同此二住也。六中虽通修道，就多故说。

【疏】七、广大住处，八、甚深住处。上二各摄十八住处，一一住中，皆深皆广。

【记】“一一”下，明各摄义。如第一住中，普度四生，广也；令入无余涅槃，深也；实无众生得灭度者，广也；菩萨无我、人等相者，深也。初住既尔，余则例知。若五百生忍，广也；并无我、人，深也。若细言之，前以六住摄十八住，此以二住摄十八住，皆得满足也。

△三、更约地位配释

【疏】十八住文，配地位者。

【记】然诸教中，所说地位，或有或无。如《楞伽经》云：“十地即为初，二地即为八”，乃至“无所有何地”。此明无也。《仁王》、《缨络》等经，即具说地位，是明有也。然此有无，皆随机说也。若《华严》行布万差，圆融一际，有无无阂，斯则称性之说也。然依《华严》有无无阂，方为了义。以约法即无，约人即有。人法既不相离，有无故合均齐。然其行人，念念须冥佛境，反穷果海，自然阶降不同。若预等级用心，毕竟障于证入。故《华严疏》云：“修则顿修，位分因果。”况此经宗无相，岂合列位浅深？但约情惑渐薄，而地位转高，义相稍同，故略配摄也。

【疏】第一，十住。

【记】十住者，一、发心住，二、持地，三、修行，四、生贵，五、方便具足，六、正心，七、不退，八、童真，九、法王子，十、灌顶。今以第一住配十住者，与彼初住名同，故配之也。

问：比但云一，如何配十？

答：以初摄后故。

问：何故不言十信位耶？

答：亦摄入十住位中也。以前之十住，通名信行地故。亦同《华严》合前开后也。故发心一住，前摄十信，后摄余九耳。

【疏】第二，十行中前六。三，第七行。四，后三行。

【记】十行者，一、欢喜行，二、饶益，三、无瞋恨，四、无尽，五、离痴乱，六、善现，七、无着，八、尊重，九、善法，十、真实。

前六者，十中前六行也，以配此中第二住处，以此住处说六度故。即布施配欢喜行，持戒配饶益行，忍辱配无瞋恨行，精进配无尽行，禅定配离痴乱行，智慧配善现行。心离分别，善巧示现故。

三，第七行者，不以相见如来，即无着也。

四，后三行者，配第四住中三种法身。谓言说法身配尊重行，于佛言教生尊重故；智相法身配善法行，以真如无为是真善法故；福相法身配真实行，以持经之福无漏真实故。

【疏】五至十四，如次配十回向。

【记】十回向者，一、救护一切众生离众生相回向，二、不坏，三、等一切佛，四、至一切处，五、无尽功德藏，六、随顺坚固善根，七、等心随顺一切众生，八、真如相，九、无缚无着解脱，十、法界无量。

五配第一，离慢即是离众生相也。六配第二，遇佛多闻信解，行等不坏。七配第三，诸佛离相，既不住色，即等佛也。八配第四，既见大身非身，是真如际，方至一切处。九配第五，不随外论，受持此经，即得无尽功德。十配第六，观破五蕴，与定相应，善根坚固。十一配第七，既不取相，即于众生等随顺之。十二配第八，经云“离一切相，即名诸佛”，即真如相也。十三配第九，割截不瞋，即无缚无着也。十四配第十，经云“无有边不可思议功德”，即是法界功德也。

【疏】十五，暖、顶。十六，忍、世第一。

【记】此配四加行位也。然此四位，由三贤菩萨已经一无数劫修习福智资粮，为入见道，故复加行。

暖、顶二位，以四寻伺观，观所取名等四法，假有实无，即所取空。

忍、世第一，以四如实智，通观能所名等皆空。然忍有三品，谓下、中、上。下品印所取空，中品顺能取空，上品印能取空。世第一，二空俱印，然皆滞相，未能证实。故《唯识》云：“现前立少物，谓是唯识性。以有所得故，非实住唯识。”

若配经文，即十五住，经云“实无有法，发阿耨菩提心者”，以菩提能发所取，既言实无，即所取空，当暖、顶二位。十六住中，经云“佛于燃灯佛所，不得菩提”，是印所取空，当下品忍；次云“如来者，即诸法如义”，即顺能取空，然犹未说后时不得，即知未能印持，故当中品忍；次云“实无有法，佛得阿耨菩提”，此明后时毕竟不得，即印能取空，当上品忍；次云“如来所得法，此法无实无虚”，乃至“即非一切法”，即双印二空，当世第一位也。

【疏】十七，初地。十八，从二地乃至佛地。

【记】十七，初地者，如前疏云“摄种性智，证遍行真如”等，故当初地。

十八等者，于中合有二，谓此住中，初“国土净具足”，当修道位，故前疏云“此教二地以上诸大菩萨”；从“无上见智净具足”以下，皆究竟位，故前疏云“此下皆唯佛果“也。

是则十八住中，前十四，资粮；十五、十六，加行；十七，见道；十八中，初一具足修道，余即无学道也。

悬判竟。

△二、依天亲科释二：初、牒章分文，二、依章正释。

△初、牒章分文

【疏】第二、依天亲问答断疑以科释，总分四段。

△二、依章正释四：初、善现申请，二、如来赞许，三、善现伫闻，四、如来正说。

△初、善现申请二：初、整仪赞佛，二、正发问端。

△初、整仪赞佛

【经】**时长老须菩提，在大众中，即从座起，偏袒右肩，右膝着地，合掌恭敬，而白佛言：稀有世尊！如来善护念诸菩萨，善付嘱诸菩萨。**

【记】从初至恭敬，即是整仪。余皆赞佛也。时者，即如来食已，敷座而坐之时。

△疏二：初、释请人，二、释请仪。

△初、释请人

【疏】“长老”者，德长年老。唐译云“具寿”，寿即是命。魏译云“慧命”，以慧为命。“须菩提”，有三义译，谓善吉、善现、空生。生时室空，解空之善瑞现矣，相师占云唯善唯吉。

【记】德长年老者，谓德高曰长，年多曰老也。“唐译”下，证年老。“魏译”下，证德长。智慧超伦，即是德长义也。然以慧为命者，约喻显法也，谓人身以命为本，佛法以慧为本，命尽则六根俱废，慧丧则万行不成，云云。此约别义释“长老”也。若通意者，但有德业，便名“长老”。如云“先生”，未必年老矣。

“须菩提”者，亦云“苏补底”，但梵音楚夏耳。“善吉”下，从末倒标。“生时”下，据本顺释。《西域记》云是东方青龙陀佛，影响释迦之会，示迹声闻，发扬空理。十方诸佛，法皆尔也。

△二、释请仪二：初、正释经文，二、别解菩萨。

△初、正释经文

【疏】从“座起”下，皆整理威仪，修敬之相。“稀有”者，世所无故。“如来”者，从如而来。论云：“善护念者，依根熟菩萨说，谓与智慧力，令成就佛法，与教化力，令摄受众生。善付嘱者，依根未熟菩萨说，惧其退失，付授智者。”付者，将小付大。嘱者，嘱大化小。

【记】皆整仪者，疏虽通明，经须别释。

从座起者，师资之道，尊卑颇殊，欲有咨询，不可坐问。此同曾子避席对夫子也。《孝经》中，夫子问曾子曰：“先王有至德要道，以顺天下，民用和穆，上下无怨，汝知之乎？”曾子避席曰：“参不敏，何足以知之。”虽彼答此问，而致敬是同也。偏袒右肩，是彼方仪则，此土非仪也。欲问如来，故须偏袒。

“右膝”下，右则为顺，膝能回屈，表顺理心也。着地，即示卑之相也。膝表智，地表理。合掌，即表冥心。掌合不执外物，心冥觉不异缘。欲问实相法门，故须用心如此。“恭敬”者，总结也。起座、袒肩、跪膝、合掌，莫非恭敬故尔。亦可配于三业，谓座起、袒肩、合掌等，身业也；恭敬，即意业也；“白佛言”下，即口业也。

“稀有”等者。稀有之义，疏且总明，具有四种：一、时稀有，旷劫难逢。然今贤劫之中，正当住劫。就住劫中，有二十增减，今即第九减劫中。人寿二万岁时，迦叶如来出世。百年减一年，至人寿百岁时，释迦如来出世。减后此劫已尽，至第十劫，展转却增。至八万四千岁，又百年减一年，至人寿八万岁时，弥勒佛出世。望过去、未来二佛，相去一千一百万余年，中间更无，故云稀有也。故《法华》云：“诸佛兴出世，悬远值遇难。”二、处稀有。三千界中，唯有一佛。百亿四天下，百亿须弥山，百亿日月，百亿六欲，百亿梵世，其中唯有一佛，此方而现也。三、德稀有。福慧超绝，胜无上故。故《法华》云：“我所得智慧，微妙最第一。”又云：“如其所得法，定慧力庄严，以此度众生，自证无上道。”然佛功德，不可称说尽其边际。故《华严》云：“刹尘心念可数知，大海中水可饮尽，虚空可量风可系，无能说尽佛功德。”四、事稀有。用大慈悲，极巧方便，现多种身相，演无量法门，随众生根，皆利益故。今所叹者，意则虽通，义当叹事，以下标云“善护念”等。

“如来”者，真、化不同。真佛名如来者，迷时背觉合尘名如去，悟了背尘合觉名如来。如即真如，来去即随缘也。化佛名如来者，从真如起，来成正觉，而化众生。今当后者，故云从如而来。

根熟者，三贤以上菩萨，信根成熟，永无退转也。智慧力，即无分别智。成就佛法，即随其分位，令证真如，乃于一法，令达百千万法明门等，斯则自利行也。教化力，即后得智。摄受众生，即随其分位，令于百千万亿等世界中教化众生，斯则利他行也。

根未熟者，十信菩萨也。以此位人，六度乱修，心如轻毛，故云惧其退失。以信根未成，遇缘恐退，故须付嘱智者，令其教化，使不退也。

“将小”等者，将小菩萨付大菩萨，嘱大菩萨化小菩萨也。此如父母遗嘱子孙，云云。

△二、别解菩萨

【疏】“菩提萨埵”，此云“觉有情”。三释：一、约境，所求所度；二、约心，有觉悟之智，余情虑之识；三、约能所，所求能求。三皆如次配“觉”及“有情”。

【记】“菩萨”梵音，言犹不足，具云“菩提萨埵”，此云“觉有情”。以时人不贵唐言，故存梵音。秦地好略，又削“提”、“埵”二字，但云“菩萨”。

约境所求是觉，所度是有情。然约人有四句，谓二乘有求无度，诸佛有度无求，菩萨亦求亦度，凡夫无求无度。

约心者亦四句，诸佛有觉无情，凡夫有情无觉，菩萨有情有觉，二乘入无余依界无情无觉。

约能所者，所求是觉，能求是有情。

“三皆”下，皆上句是“觉”，下句是“有情”。

然此三义之中，初约悲智，次约真妄，后约人法。“菩萨”之义，不逾此三。未必宝冠天衣，方是菩萨。

△二、正发问端

【经】**世尊，善男子、善女人，发阿耨多罗三藐三菩提心，云何应住？云何降伏其心？**

△疏二：初、释当机，二、释正问。

△初、释当机

【疏】《华严》云："忘失菩提心，修诸善业，魔所摄持。""阿耨多罗三藐三菩提"，此云"无上正遍正觉"，谓正智、遍智，觉知真俗，不偏不邪。

【记】当机者，以发心者方是当机。《华严》下，引证。此有两意：初云有人先曾发心，后时忘失，尚非其器，况全不发心者。何以故？魔所摄持故。后意即云，众生发心，后时忘失者，盖为不解住、修、降伏耳，故今所问，免使遗忘。前拣其机，后防其退。有兹两意，故用彼经。所以善财童子每遇善友，皆启云："我已先发阿耨多罗三藐三菩提心，而未知云何学菩萨行，修菩萨道。"意明发心方是修行之器。

"阿耨"下，先翻名。"谓正智"下，释义。上"正"字，且对"遍"字，以分二智。下"正"字，即明二智所觉不偏不邪，即以正智觉真，遍智觉俗，皆不偏邪，故云正觉。以二乘偏觉，凡夫邪觉，今拣此二，故不偏邪，谓如理而知，如事而知故也。然此二智，亦名如理、如量，根本、后得，真、俗，权、实等。

又准《智度论》说，从因至果，有五种菩提：一、发心菩提，即十信是；二、伏心菩提，即三贤是；三、明心菩提，即初地至七地是；四、出到菩提，八、九、十地是；五、无上菩提，即如来地是。今约能发心，即当第一。约所发，即第五。能所合论，贯通初后也。

△二、释正问三：初、释魏本，二、会当经，三、引论证。

△初、释魏本

【疏】魏译云："应云何住？云何修行？云何降伏其心？"意云：若人发菩提心已，住何境界？修何行业？妄心若起，云何降伏？故佛令安住四心，修六度行，于中降心，不令着相。

【记】先引彼文。"意云"下，释意。住何境界者，未发心时，住六尘境；既发心已，诚宜改辙，故云住何境界。"修何"下，未发心时，十恶为务；既发心已，不可依前，故云修何行业。"妄心"下，未发心时，妄心起即逐妄；既发心已，不可随之，是故问云云何降伏。"故佛"下，悬示答意。意云：昔住六尘之境，今住四心。昔行十恶，今行六度。昔时着相，今令不着。如是用心，真实修行，发菩提心，岂忘失耶。

△二、会当经

【疏】秦译略"修行"者，意云住道、降心，即是修行。谓四心、六度，皆名住、修、降伏。

【记】初难起。"意云"下，释。初二句，标。意云虽无修行之文，含有修行之义。如《起信》中，说六、八二识，不言第七。虽即不说，义亦具足，云云。“谓四心”下，指经释成。意云：四心中亦有住、修、降义，六度中亦有住、修、降义。何以故？住谓发心，必须修进。降谓制伏，依住、修所明。由是于此不相舍离。秦什所略，意在于兹。文虽不明，义已具矣。

△三、引论证

【疏】故无著云：“住谓欲愿。修行谓相应等持。降伏谓彼心若散，制令还住。”又十八住中，一一皆以住、修、降伏释之。故知义虽有三，而行是一。

【记】“住谓欲愿”者，欲愿意起，即是发心也。“修行”等者，平等持心，名为等持，等持即相应，相应即是修行义也。“降伏”等者，“彼心”即上相应心也，“制令还住”即却使相应也。此即依住、修，说降伏义。经论相契，圣旨颇同。故如上说，理实然矣。

“又十八”等者，此是无著论明竖答三问之意也。若准天亲解经，则明横答三问。从“须菩提，但应如所教住”以下，即为别断疑情。今明无著，故有此说。意云：不唯四心、六度之中，有住、修、降伏之义。其如十八住内，皆有此三。如初住中，度四生入涅槃，是住义；无生可度，是修义；无我等相，是降伏义。初住既尔，余则皆然。

“故知”下，结。义三行一者，三义具足，方成一行。

谓空发心、降伏，不修行，亦非行。但发心、修行，不降伏，亦非行。空降伏、修行，不发心，亦非行。如鼎三足，如天三光，阙一不可。译经之妙，其在兹焉。

△二、如来赞许

【经】**佛言：善哉善哉！须菩提，如汝所说，如来善护念诸菩萨，善付嘱诸菩萨。汝今谛听，当为汝说。善男子、善女人，发阿耨多罗三藐三菩提心，应如是住，如是降伏其心。**

△疏三：初、印赞所赞，二、敕听许说，三、标劝将陈。

△初、印赞所赞

【疏】重言善哉，赞美之极。护付能令佛种不断，是事必然，故印赞言“如汝所说”。

【记】印赞所赞者，印赞须菩提之所赞也。即经云“善哉善哉”，是赞也。“如汝所说”，是印也。“如来善护念”等，是所赞也。重言等者，善吉所赞，雅契佛心，若不重言，安表善极？如颜回死，夫子叹之云：“天丧予！天丧予！”注云：“再言者，痛伤之甚也。”吉凶虽别，殷勤颇同。护付等者，空生发言，言当其事，故佛印赞，云云。

△二、敕听许说

【疏】无以生灭心行，听实相法。《智论》偈云：“听者端视如渴饮，一心入于语义中，踊跃闻法心悲喜，如是之人可为说。”

【记】敕听许说者。经云“汝今谛听”，敕听也。“当为汝说”，许说也。“谛”谓审实之义，意令审谛真实，用心听也。

“无以生灭”等者，此乃反用《净名经》文。彼云：“无以生灭心行，说实相法。”此意云：既不得以生灭心说，岂得以生灭心听？既是不生不灭实相之法，云何以生灭心行说之听之？无以妙馔，置于秽器。

《智论》下，释相。

端视，谓不左顾右盼也。目若别顾，心则异缘。本欲制心，且令端视，此是用心之方便也。

渴饮者，喻也。如渴饮水，但恐水竭，无暇别观。听法之者，亦复如是，思冀妙门，无心睥睨。

一心入语义者。意中现义，方发于言，言中有义，义中有意。令听者以耳识听其言，以意识采其义，寻义而取意，得意而舍义。苟能得意在怀，何虑失于言义。心心若此，如瓶注瓶，一览无遗，可为至妙。故云“一心入于语义中”也。

踊跃，即欢贺之貌，即欲闻法之时也。悲喜，即闻了之时。悲谓伤昔日不遇，如下经云“涕泪悲泣”。喜谓庆今日之得闻。如鹙子踊跃欢喜，伤昔庆今，故云悲喜。

“如是”下，结拣其机也。意云：若不如是用心，则不可为说。

又真谛《记》说：“谛听离三过失，得三功德，谓离散乱、轻慢、颠倒，如次生闻、思、修三慧也。”

△三、标劝将陈

【疏】我当为汝如是如是委细而说。

【记】标劝将陈者，标谓标指，劝谓劝勉。将，犹欲也。陈，说也。即经云“善男子”等，标也。“应如是”等，劝也。标劝之意，意在欲说，故云将陈。即悬指向下正答之文是，故此云“我当为汝”等也。

△三、善现伫闻

【经】**唯然世尊，愿乐欲闻。**

【疏】“唯”者，顺从之辞。礼对曰唯，野对曰阿。《十地经》云：“如渴思冷水，如饥思美食，如病思良药，如众蜂依蜜。我等亦如是，愿闻甘露法。”

【记】“唯”、“阿”等者，如今人称“喏”，皆顺从之辞也。老子云：“唯之与阿，相去几何。”注文如疏。今则礼对也。

《十地》等者，释愿闻之相。即《华严·十地品》中，诸菩萨众请金刚藏说十地法门之偈，今借用之。然前四句，于中约喻，配其三慧。初句闻慧，闻法不思，如饮水不味。次句思慧，若要寻求食味，应须啖嚼。第三修慧，修行惑遣，如服药病除。后句即三慧之果。蜂采百花以成蜜，人集万行以证真。蜂成蜜已，依蜜而活。人证真已，依真而住。“我等”下，合喻。最后一句，通喻所闻。

△四、如来正说二：初、正答所问，二、蹑迹断疑。

△初、正答所问二：初、举总标别以牒问，二、约别显总以答问。

△初、举总标别以牒问

【经】**佛告须菩提：诸菩萨摩诃萨，应如是降伏其心。**

【记】“诸菩萨摩诃萨”者。问：前举当机，云善男子、善女人。洎今答处，何言菩萨摩诃萨耶？答：大心未发，即是凡夫。既已发心，即名菩萨。善现标举，约未发心时，故云善男子、善女人。世尊酬答，约已发心后，乃言诸菩萨摩诃萨。

△疏四：初、正释经文，二、斥他谬判，三、详定经旨，四、牒难释通。

△初、正释经文

【疏】此以降伏为总，住、修为别也。谓住、修之中，皆有降伏。经意在此，故唯标降伏。

【记】以前空生问有三种，佛今牒举，但言降伏，故此释也。前二句，标。“谓住”下，释。谓度生无我，是住中降伏也。施不住相，是修中降伏也。由斯义故，降伏为总也。“经意在此”者，在举降伏而标住、修，欲显文简义丰，彰乎玄妙。始虽住、修，究竟降伏，得意兹深，故但云一也。

△二、斥他谬判

【疏】有科此所标，云“举后摄初”者，乃令经文极不稳畅，理例颠倒。自古言教，只有以初摄后，未闻以后摄初。

【记】此即大云疏也。青龙即云“举终括始”，其义亦同。“乃令”下，正斥失。文不稳畅者，本宜初包后义，如色例于声等，何忽举后摄初，致使文不稳畅。不稳畅，盖由于科，非经文本意也。

△三、详定经旨

【疏】况详经文，无别答降伏之处，则知降伏在住、修中，皆令离相，是答降伏问也。

【记】降伏在住、修中者。住中降伏，即实无度者。修中降伏，即无住布施。无度无住，便是离相。离相既通住、修，故知降伏是总。

△四、牒难释通

【疏】不别答者，此经宗于离相，离相正是降心。本意欲明降心，须约住、修而显。住、修、降心，本不相离。故无著十八住，皆有住、修、降心。

【记】初句牒难，难云：空生既问有次第，住、修、降伏宛分，何故经中不与别答，而寄住、修中明耶？“此经”下，正释通。离相是降心者，如前所引无度、无住等。须约住、修显者，若有发心、修行，斯可说得降心；若无住、修，说何降制？斯则只于住、修，以降分别妄念，故云本不相离。“无著”下，引证可知。

△二、约别显总以答问二：初、答安住降心问，二、答修行降心问。

△初、答安住降心问四：初、广大心，二、第一心，三、常心，四、不倒心。

【记】安住者，即安住四心。弥勒偈云：“广大第一常，其心不颠倒，利益深心住，此乘功德满。”依此科判，故列四心也。

△初、广大心

**【经】所有一切众生之类，若卵生、若胎生、若湿生、若化生，若有色、若无色，若有想、若无想、若非有想非无想。**

△疏二：初、释标，二、释列。

△初、释标

【疏】初句标，三界普度故。

【记】三界普度者，释广大义。一切众生，不越三界。三界普度，方名广大。若一众生不与度者，非广大也。故经标云“所有一切众生”，即统该也。梵语“仆呼缮那”，此云“众生”。《智度论》云：“五蕴和合中生，故云众生。”《瑜伽论》云：“思业为因，卵、胎、湿、化为缘，五蕴初起，名之为生。”类，即流类，即胎、卵等四也。

△二、释列三：初、受生差别，二、依止差别，三、境界差别。

△初、受生差别二：初、释文，二、通难。

△初、释文

【疏】“若卵”下，列。天、狱化生，鬼通胎、化，人、畜各四。诸余微细水陆地空，不可具分品类。

【记】禀命之始，名曰受生，即初起之时也。卵等四异，故云差别。谓卵鷇中生、胎藏中生、依湿而生、化忽然生，故不同也。

然三界众生，不出五道。以四摄五，亦得具足。故云天、狱等化生，斯则从狭之宽明也。

天、狱化生者，天上、地狱，唯是化生，最狭也。

鬼通胎、化者，次宽也。谓地行罗刹，及鬼子母，皆是胎生。故有鬼母白目连曰：“我昼夜分，各生五百子，随生自食，虽尽不饱。”故知有胎生鬼也。余皆化生也。

人、畜各四者，即最宽也。人四者，毗舍佉母，卵生三十二子；胎生常人；湿即柰女，从庵罗树湿气而生；化生即劫初之人，故《俱舍》云：“二禅福将尽，下生赡部洲。”畜具四者，《正法念经》云：“化生金翅鸟，能食四生龙。”乃至湿生也。然禽兽虽殊，皆畜生道摄。余兽皆胎，余鸟皆卵也。

诸余微细等者，如《华严》云：“尽法界虚空界，十方刹海所有众生，种种差别，所谓卵生、胎生、湿生、化生，或有依于地、水、火、风而生住者，或有依空及诸卉木而生住者，种种生类，种种色身。”乃至云：“一切天龙八部，人非人等，无足、二足、四足、多足，有色、无色，有想、无想、非有想非无想”等。以今经中无别说处，不可构虚而言，故此结云不可具分品类也。

△二、通难

【疏】卵劣在初者，二释：一、约境，具缘多者为首；二、约心，从本至末为次。

【记】应难云：卵生最劣，云何在初？化生最胜，云何居末？“二释”下，通。

约境等者，谓卵生必具胎、湿、化。以未生处胎，胎中必湿，无而忽有为化。胎生必兼湿、化。湿必兼化。化不必兼余，但从于无而忽有故。此则前前必具后后，后后不具前前，故为此次也。

约心等者，谓众生本因起业，业识即根本无明，与本性和合，能所未分，混沌如卵。卵即卵縠。故《药师经》云：“破无明縠，竭烦恼河。”无明发业，蕴在藏识为胎，受生为湿，生时从无而忽有为化。由是义故，故为此次也。

△二、依止差别

【疏】有色四禅，无色四空。

【记】依止差别者。依止即是众生身，身其依止。依止义异，故云差别，故次云有色、无色等。有色即以色为身，无色即以四蕴为身。又色界有四禅云云，无色有四空云云。如是品类不同，故云依止差别。

问：如有经云，佛涅槃时，无色界天，泪下如雨。既有泪下，云何无色？

答：所言无色者，无业果色，不无定果色，故不违也。

△三、境界差别

【疏】功德施云：“有想则空识二处，无想则无所有处，非等则有顶。”

【记】境界差别者，虽言境界，意明空等四处。空、识二处者，无色界第一、第二天也。无所有处者，第三天也。非有想非无想者，第四天也，无粗想有细想故，是三有之顶，故云有顶。

问：下二界皆有色，何故唯言四禅以为色界。又色界亦有一天，名为无想，云何唯指无所有处为无想耶？

答：三界统论，不出五事，谓欲、色、想、无想、非有想非无想。然非有无想，即局于有顶一天。色界一天虽名无想，已从多分通名色界，故但指无所有处为无想。其余三事，从空、识二处以下，乃至欲界相望，有无、宽狭不同。谓欲界具三，色界无欲，无色界唯想。无色无欲，故立有想之名。色界虽有想，恐滥上名，故立有色之目。欲界虽兼色、想，上已沾于二名，拣异彼故，但名欲界。下下必具于上上，上上不兼于下下故。立名之本，其在兹焉。如有三人，一人解经、律、论，一人解经、律，一人唯解律，拣别立号云云，可知。

又欲界，三欲、五妙欲境胜故。色界，细妙色胜故。无色，想心胜故。由是欲唯欲界，色通二界，想遍三界。无想通上二界，非有想非无想局上一界。斯则不同功德施所释也。

△二、第一心

【经】**我皆令入无余涅槃而灭度之。**

【记】“我”者，即发菩提心菩萨所称，今佛说彼也。“涅槃”者，秦译“灭度”。今经上梵下唐，故云“而灭度之”。若具足梵音，应云“摩诃波利昵嚩喃”，此云“大圆寂”，今经论中多言“涅槃”也。

【疏】第一心，即无住处涅槃，不共二乘，故云第一。无著云：“何故愿此，不可得义？生所摄故。”又云：“卵、湿、无想、有顶则不能，云何普入？有三因缘：一、难处生者，待时故；二、非难处生，未成熟者，成熟之故；三、已成熟者，解脱之故。”

【记】无住处涅槃者，然准《唯识论》说，有四种涅槃：一、自性清净涅槃，凡圣同有。二、有余依，即出烦恼障，有苦依身故。三、无余依，身出生死，苦无依故。然小乘以灰身灭智为无余，无余有三：一、烦恼余，二、业余，三、果报余。大乘则以究竟宝所为无余，故《智论》说：“四住地烦恼尽，名有余依。五住地烦恼尽，名无余依。”四、无住处，悲智相兼，不住生死涅槃故。今即大乘之无余，四种之中无住处涅槃也。谓不住菩萨变易生死，不住二乘灰断涅槃，即真无住处，名为无余。若小乘无余，如有情灭减不别。今不同彼，故云不共二乘。不共者，即非彼四之第三，则言同而意异也。如《法华经》云："若得作佛时，具三十二相，尔时乃可谓，永尽灭无余。"此则二障都尽，二死永离也。"第一"者，结归偈旨，仍释科名。意谓若非无住处之无余，焉得弥勒指为第一心耶？

"无著"下，初二句难。意云：一切众生，五性差别，云何皆入无余涅槃？三分半众生不得成佛，故云"不可得义"。"生所摄"者，答也。此是无著立量，成立皆可度也。应立量云：三分半众生是有法，定皆成佛故为宗，因云生所摄故，同喻一分半众生。意云：《涅槃经》说："凡是有心，定当作佛。"《圆觉经》云："有性无性，齐成佛道。"此则是可得义，安云不得？

又云卵、湿等者，举难处难也。卵、湿则畜生难，无想、有顶即长寿天难。虽举二处，意兼八难。八难，谓三途、北洲、长寿天、佛前、佛后、世智辩聪、无根等。难意云：难处即不可度，云何皆入？"有三因缘"等者，答也。难处待时者，此亦令成其种也。意云：难处众生，不可常定，至非难处而度脱之。若得成种，迟速之间，必须成熟，发广大心，故合无遗。非难处者，虽即未度，且令成熟。已熟可知。此稍同前护付之义也。

△三、常心

**【经】如是灭度无量无数无边众生，实无众生得灭度者。**

【疏】一、性空故。二、同体故，论云：“自身灭度，无异众生。”三、本寂故。四、无念故。五、法界故。

【记】性空者，众生缘生，缘生无性，故即空也。

同体者，同一真如性故。故《起信论》云：“谓如实知一切众生，及与己身，真如平等，无别异故。”“论云”下，引证。此语犹反，应云：众生灭度，无异自身。宁于自身，起于他想？

本寂者，相本自尽，不待灭故。《净名》云：“一切众生，即寂灭相，不复更灭。”问：此与性空何别？答：前但即空，此则本来成佛。成佛即入涅槃，故云本寂。前浅后深，可知。

无念者，有念即有众生，如无翳则空花不现。

法界者，一真法界，平等无差，云何于中，见自他相？故偈云：“平等真法界，佛不度众生。”

此上五义，大云之文。然于中，一、三约所，二约能所，四唯约能，五该本末也。大抵意云：若见众生有可度者，即生疲劳，不能常度。反此即常也。又度与不度，其心不二，名之为常也。故《金刚三昧经》云：“若化众生，不生于化，不生无化，其化大焉。”

△四、不倒心

**【经】何以故？须菩提，若菩萨有我相、人相、众生相、**

**寿者相，即非菩萨。**

【记】“何以故”者，征。意云：设所见有众生可度，此何过耶？次通云：若菩萨有我等相，即非菩萨。此是反明，意云：是真菩萨，必无我为能度，岂更见有众生得灭度耶？

【疏】论云：“远离依止身见众生等相故。”无著云：“已断我见，得自行平等相故，信解自他平等。显示降伏心中摄散时，众生想亦不转，如彼尔炎。”

【记】“远离依止”等者，“依止”即“身见”异名，亦名“相续”，梵云“萨迦耶”，此云“身见”。“等”者，等于我、人、寿者也。此名身见者，以依于身起此见故，故云“依止身见众生等相”。又身见为本，诸余见等依此而生故，今皆远离，故云“等相”也。

“已断”等者，内无我即无自相，无自相即平等，平等即空义也。“信解”等者，以己方人也，由内无自相，故得外无他相。中有“故”字，是所以也。既无自他之相，即自他平等。志公云：“以我身空诸法空，千品万类悉皆同。”

“显示降伏”等者，准无著论，广大、第一当住，常心当修，不倒当降。“安住”一段之中，便具三义。今此段文，正当降义，故云“显示降伏”等也。“不转”者，转即生起义，意云我见等不生起也。我不生起，正是降心义也。“尔炎”者梵语，此云“智母”，即根本智，能生后得，故名智母。以根本智，虽内证真理，而无能证之心。今后得智，虽外度众生，而无能度之念，故云如尔炎也。如是用意，名不颠倒心，反之即颠倒耳。

△二、答修行降心问五：初、总标，二、别释，三、总结，四、显益，五、结劝。

△初、总标

【经】**复次须菩提，菩萨于法，应无所住，行于布施。**

【疏】“于法”者，统标诸法。“应无”下，正明修行。问：菩萨万行，何唯说一？答：万行不出六度，六度总名布施。故偈云：“檀义摄于六，资生无畏法，此中一二三，是名修行住。”无著云：“若无精进，疲倦故不能说法。若无禅定，即贪信敬利养，染心说法。若无智慧，便颠倒说法。”

【记】统标诸法者，谓色、声等六，通名法故，故魏经云“不住于事”。

菩萨万行者，谓自利利他，事行理行，如是等行，无量无边。今言万者，且举大数。

总名布施者，谓第一即资生施；第二、第三即无畏施；四、五、六度，皆名法施。“偈云”下，引偈释。于中初二句标，第三句配，第四句结也。“一二三”者，谓一摄一，二摄二，三摄三也。是则三施为能摄，六度为所摄。

“无著”下，摄所以也。前二义显，法施义隐，故疏明矣。然要略明。资生者，资即外财也。无畏者，由持戒、忍辱故，无心害物，设有冤家，亦不仇报也。“若无精进”等者，《起信》云：“于诸善事，心不懈退，立志坚强，远离怯弱”等。“若无禅定”等者，下经云：“云何为人演说？不取于相，如如不动。”不动即无染义也。拟心即差，尚名为染，况贪信敬名利等，岂得非愆？“若无智慧”等者，说火湿、水热、地动、风坚，名为颠倒。若说事如事，说理如理，则非颠倒。由是开一施为三施，开三施为六度，开六度为万行。万行不出六度，六度不出三施，三施不出一种檀那。是故此中，唯言布施。

△二、别释

【经】**所谓不住色布施，不住声、香、味、触、法布施。**

【疏】本论但指三事，谓自身、报恩、果报。偈云：“自身及报恩，果报斯不着。护存己不施，防求于异事。”

【记】但指三事者，六境虽差，统唯三事。“谓自”下，列。“偈云”下，释。初二句，标。“斯不着”者，斯，此也，不令着此三事也。次二句，释。存己不施者，释上自身也，为着自身，不行施故。求异事者，释上报恩、果报也，此非菩萨所行正行，故云异事。报恩，酬过去之恩。果报，望未来之报。自身不施，义当现在。护亦防也。意令于此三世事中防护，悉皆不着，即是不住色等布施也。

△三、总结

【经】**须菩提，菩萨应如是布施，不住于相。**

【疏】前但指三事，今则心、境、空、有，微细尽祛。故偈云："远离取相心。"论云："不见施物、受者、施者。"无著云："不住相想。"有人将此结文，为答降伏问，非也。前标，次释，次结，皆云无住，都是修行中降伏之义。何忽偏判配结之文，为答别问？

【记】前但指三事者，意云前之三事，收过未尽，不妨有不着自身、不着果报、不为报恩而行施者，亦非无住。"今则"下，显今经意。心即能缘，境即所缘。有即双该心、境，及心、境所余，收不尽者，皆"有"字摄。空者，即离心、境等相也。

问：住境理有所乖，离心此复何失？

答：空、有二法，相待立名。有之与空，二俱是相。随堕一相，非是常心。是故此令一切皆遣。

微细尽祛者，不论心、境、空、有，起心动念，则乖法体，是故一切尽令祛遣。直须施时，其心平等，不起分别，方成无住也。

问：若然者，生心动念，则非无住。且众生心行，任运非常。若待相应，毕竟无分。若一向不施，又不成佛因。若行布施，即堕住相。进退不可，其事云何？

答：欲求菩提，必须行施。初行施时，难顿相应，要须用心，方便随顺，任运起念，作意远之。用心多时，自然任运得与理合，从微至著，渐次相应尔。如《起信》说，真如离言说、名字，心缘不及。遂致问云："若如是义者，诸众生等，云何随顺，而能得入？"故答云："若知一切法，虽念亦无能念可念，是名随顺。若离于念，名为得入。"云云。

"偈云"下，引证上义，故知心、境、空、有等，莫非相也。

"论云"下，约离二执三轮，释上离相。施物是法，施者、受者是人，今皆不见，则离二执，名为二空。二空皆离，即三轮体空。轮者，喻也。如车轮内虚，方能运转。故老子云："当其无，有车之用。"三事体空，能招佛果。三事体实，即堕世间。斯则以无相轮，摧三有相，超出世间也。

"无著"下，但证成上义，相即境也，想即心也。

"有人"下，指斥谬判，如文。

△四、显益

【经】**何以故？若菩萨不住相布施，其福德不可思量。须菩提，于意云何，东方虚空可思量不？不也，世尊。须菩提，南西北方、四维上下虚空，可思量不？不也，世尊。须菩提，菩萨无住相布施，福德亦复如是，不可思量。**

【记】此亦别断一疑，应云"无住则无福德疑"也。大云二十七疑，从此便为第一，云"无住有福疑"。今则不取为大段疑数。何者？缘是答问之中曲分疑也。故论云："得降伏心故，是以次说布施利益。不住相者，施成就义。"次后方始文势云："自此以下一切修多罗，示现断生疑心"也。

△疏二：初、科释文意，二、别辨喻旨。

△初、科释文意

【疏】初句征者，论云："若离施等相想，云何成就施福？""若菩萨"下，释。于中三：初法说，为疑无福，不可思以断之；"东方"下，喻说，可知；"菩萨无住相"下，法合。

【记】"若离"等者，释征意也。以魏经云"不住相想"，遂疑云：若存施想，即有施因。以有施因，方有施果。既无施想，则无施因。因尚不成，果何得立？如放债须记，若忘谁还？此疑同无记心中行施也。法中亦尔，不可思量者，以是无相施福，故不可思量。喻中，东方是众方之首，是故先明。南西北方，如次例说。法、喻皆同不可思量，意云：非谓无空，此空相对，义在合中。

△二、别辨喻旨

【疏】虚空者，无著云："犹如虚空，有三因缘：一、遍一切处，谓住不住相中福生故；二、宽广高大殊胜故；三、无尽究竟不穷故。"

【记】遍一切处者，谓色非色中，皆有空故。"谓住"下，法合也。住不住中皆有福故，谓近感十王住中福，远招菩提不住福，又近得色身住中福，远得法身不住福。空虽无相，非谓无空。福虽不住，非谓无福。二者，宽广即横遍十方，高即竖穷三际，大即通该横竖。如上之义，法、喻皆大。殊胜者，喻则三灾不坏，法则四相不迁。三者，无尽、究竟不穷，盖一义耳。然世界有尽，虚空无穷。有漏有穷，无漏无尽。三种常义，厥在兹焉。大抵意云：无住之福，遍满一切。无住之福，高大殊胜。无住之福，究竟不穷。犹如虚空，思量不及，以称法界，故得如斯。义利昭然，复何所惑？

△五、结劝

【经】**须菩提，菩萨但应如所教住。**

【记】“但应如所教住”者。问：前令不住，此又令住。住与不住，何是何非？答：前令不住用心，此令住于不住。不住而住，即住真空。如鸟不住空，却能住空。若住于空，即不住空也。故魏经云：“但应如是行于布施。”

准此答三问已，便合经终，入流通分。缘空生于如来答处，生起疑情，所以为断，断已又起，展转滋多，执尽疑除，终二十七段，由是更有次下经文也。

金刚般若经疏论纂要刊定记会编第五卷终

# 金刚般若经疏论纂要刊定记会编卷第六

△二、蹑迹断疑二：初、约论分文，二、依论科释。

△初、约论分文

【疏】论云："自此以下，示现断生疑心。"于中文分二十七段。

【记】蹑迹断疑者，谓蹑前语迹，断彼疑情。经中虽不显有疑辞，而伏在文内，故但言"断"，而不言"起"也。《弥勒颂》中，亦同于此，故偈云："调伏彼事中，远离取相心，及断种种疑，亦防生成心。"

示现者，二意：一则空生假设云为，二则指示显现故。

△二、依论科释二十七：初、断求佛行施住相疑，二、断因果俱深无信疑，三、断无相云何得说疑，四、断声闻得果是取疑，五、断释迦燃灯取说疑，六、断严土违于不取疑，七、断受得报身有取疑，八、断持说未脱苦果疑，九、断能证无体非因疑，十、断如遍有得无得疑，十一、断住修降伏是我疑，十二、断佛因是有菩萨疑，十三、断无因则无佛法疑，十四、断无人度生严土疑，十五、断诸佛不见诸法疑，十六、断福德例心颠倒疑，十七、断无为何有相好疑，十八、断无身何以说

法疑，十九、断无法如何修证疑，二十、断所说无记非因疑，二十一、断平等云何度生疑，二十二、断以相比知真佛疑，二十三、断佛果非关福相疑，二十四、断化身出现受福疑，二十五、断法身化身一异疑，二十六、断化身说法无福疑，二十七、断入寂如何说法疑。

△一、断求佛行施住相疑二：初、随章叙疑，二、依经断疑。

△初、随章叙疑

【疏】疑云：为求佛果行施，即是住所求佛相，云何无住？又不住相为因，岂感色相之果？因果不类故。

【记】“为求”等者，指疑起处也。此从不住相布施中来，为闻前不住三世空有等相，方名真施，遂疑云：凡所行施，盖为求佛，既有所求，云何无住？

“又不住”等者，此纵难也，设使因成无住，此亦非理，故次云因果不类故。夫为因果，必须相类，有即俱有，空即俱空，染净皆尔。既若色相是果，云何以无住为因？则因空果有，理恐不然。今将果验因，因合有住。佛说无住，是诳我耶？

△二、依经断疑四：初、举疑因以问，二、防相得以酬，三、释体异有为，四、印佛身无相。

△初、举疑因以问

【经】**须菩提，于意云何，可以身相见如来不？**

【记】意云：于汝意中，还可用三十二相之身见法身如来，为不可耶？此相是起疑之因，故举以问。

【疏】本只因以相为佛，故对前不住相起疑。佛举疑起之因，问答欲令除断。

【记】释疑起之因也。以二乘人唯取丈六相为真佛，既将此相为果，故不信无住之因，因果不相类故。佛今举果以问，令知果海无相，自然于因不惑无住也。

△二、防相得以酬

【经】**不也，世尊，不可以身相得见如来。**

【记】空生见佛举相以问，即知不得相求，故答不也。

【疏】遮防疑者，欲以相求令得见佛，故答云不可以相得见。论云："为防彼相成就得如来身。"

【记】遮防等者，意恐末代众生不达此理，取相为真，故此远遮迷见。准义则正断空生现行，遮防未来种子也。遮断之义，具在悬谈。"论云"下，引证。

问：经中云"见"，论释云"成就"，岂合佛意耶？

答：既作此见，必作此证，故无违也。

△三、释体异有为

【经】**何以故？如来所说身相，即非身相。**

【记】征意云：以何义故，不以三十二相见法身如来？释意云：以如来所说三十二相之身相，即非法身之相故。即，犹是也。非，犹不也。本文犹倒，正言"不是"也。

【疏】相是有为，生住异灭。佛体异此，故非身相。偈云“三相异体故”者，佛体异于有为三相也。住、异二相，同是现在，故合为一。若细分即四。故《唯识》云：“生表此法先非有，灭表此法后是无，异表此法非凝然，住表此法暂有用。”

【记】“相是”等者，谓三十二相，盖是镜智之上所现影像，既堕有为之数，故当四相所迁，况对机宜，有无不定，焉可将此而为法身？故言“相是有为”等。此释经中“如来所说身相”也。

“佛体异此”等者，法身佛体，异此有为，故说三十二相不是法身相也。此释“即非身相”。

“偈云”下，引证。具云：“分别有为体，防彼成就得。三相异体故，离彼是如来。”于中初二句，义当前段。后一句，当次科。第三一句，合当此文，故偏引证。“佛体”下，转释偈文，即经云“即非身相”。

“住异”下，释三相义。以前标四相，此偈唯三者，以生在过去，灭属未来，住、异二种同处现在。又此二相，不相舍离，即住而异，即异而住，以同时处，故合为一。恐滥常住，但标异也。

“若细”下，约义细分，即为四也。此引《唯识》释相，谓从无而有名生，自有而无为灭，前后改变为异，暂尔相续为住。然法身如来，非前际生，非后际灭，无有变异，不可破坏，故异此也。

△四、印佛身无相

**【经】佛告须菩提：凡所有相，皆是虚妄。若见诸相非相，则见如来。**

【记】意云：夫一切相，皆从妄念而生，是故佛相亦是虚妄。若分别不起，相自无生，即见非相。诸相既亡，唯是觉体，名见如来，由是则知佛身无相。

△疏二：初、释前二句，二、释后二句。

△初、释前二句二：初、正释，二、引证。

△初、正释

【疏】非但佛身无相，但是一切凡圣依正有为之相，尽是虚妄，以从妄念所变现故。妄念本空，所变何实？

【记】非但者，不独也。凡即六道众生。圣即三乘贤圣。依有净秽。正即凡圣，为对依报，故重牒之。诸法虽多，不出此四。虽举四法，该一切也。此释经中“凡所有相，皆是虚妄”。恐人闻说身相非相，将谓唯独佛身。今言“凡所”，以遮局见。

“以从”下，释所以。凡圣染净，胜劣虽殊，皆从念生，无不虚妄。念无自相，不离觉性。念尚无性，况所现相而实有耶？以念是所依，相是能依。所依尚虚，能依何有？其犹皮既不存，毛将安附？

△二、引证

【疏】故《起信》云："一切境界，唯依妄念而有差别。若离心念，即无一切境界之相。"

【记】于中顺显、反显，详而悉之。

△二、释后二句二：初、正释，二、引论释。

△初、正释

【疏】"若见诸相"等者，遮离色观空也。恐闻相是虚妄，又别求无相佛身，故云相即非相，便是如来。不唯佛化身相是如来，所见一切相，相皆无相，即如来也。

【记】遮离等者，以色即是空，空即是色，离色求空，斯为大失，故此遮矣。

不唯等者，又恐闻相即非相是如来，将谓只约佛身相说，除佛身外，相非如来，故云一切相皆无也。此释经中"诸"字也。譬如镜中现一人像，兼现余物，不唯人像空处是镜，余物空处亦皆是镜。合法可知。如是了者，则知见与见缘，似现前境，原我觉明。

△二、引论释四：初、引《起信》，二、引肇注，三、引本论，四、依无著。

△初、引《起信》

【疏】故《起信》云："所言觉义者，谓心体离念，离念相者，等虚空界，即是如来平等法身。"

【记】此有二意：一、证诸相皆无相义。以相依念生，觉体尚离于念，何况于相耶？二、证诸相无处，皆如来义。离念之相，名为法身。法身既等虚空，虚空何曾有相？无相平等，摄一切相，即是法身。下文云："离一切相，即名诸佛。"又云："如来者，即诸法如义。"故云不唯等也。

△二、引肇注

【疏】肇云："行合解通，则为见佛。"

【记】此即明见法身佛之行相。恐人闻诸相非相，即见如来，便希无相之佛，昭然目前。若如是者，何殊彼相？故云行合等。智与理冥，心与神会，故云行合。解通者，如前解了一切相非相也。前是真见，此是似见。故《起信》云："法身无有彼此色相迭相见故。"

△三、引本论

【疏】偈云："离彼是如来"者，离彼三相，是法身如来也。

【记】即前残偈，此依天亲论释。

△四、引无著

【疏】无著，则于色身，但离遍计，不执色相，即真色身。故彼论云："此为显示如来色身。"又此当第三欲得色身住处。

【记】离遍计者，不执虚相为实。故《唯识》云："圆成实于彼，常远离前性。"

真色身者，有两意：一则以虚妄为虚妄，但如其事，不必取不生不灭以为真也。如以水月为水月，虽似而非真矣。故

《华严》云："于实见真实，不实见不实，如是解法相，是则名为佛。"二谓相即无相，同法身故。摄末归本，名真色身，即真善妙色也。故《涅槃》云："吾今此身，即是常身、法身、金刚不坏之身。"

问：前则泯相，此乃存相，何相违耶？

答：前显法身，故云相即非相。今明色身，故言无相即相。盖以果佛必具二身，二身相即，如波与水。两论之中，各显一义，言似相反，意实相符。菩萨巧便，妙在于此。

"故彼"下，两文皆证显色身义耳。

然此一段疑中，从微至著，明真、应二身，总有六重：一明佛相非相；二明佛相非即如来；三明一切相皆非相；四明一切相非相皆如来；五明唯证相应，无佛可见；六明无相之相，是真色身。然此六重，前前则浅，后后转深，文不累书，理即顿现。达者所见，必须一时，无前后耳。

△二、断因果俱深无信疑二：初、随章叙疑，二、依经断疑。

△初、随章叙疑

【疏】论云："无住行施，因深也。无相见佛，果深也。未来恶世，必不生信，空说何益？"

【记】初四句，指疑起处。无住等者，此指正答住、修、降问也。无相见佛，即前"若见诸相非相，即见如来"。"未来”下，结成疑也。意云：因果既皆无相，即因果俱深。如我亲承，方能领悟。末世钝根，云何信受？既不信受，空说何益耶？

△二、依经断疑四：初、约无信以呈疑，二、呵疑词以显信，三、明能信之所以，四、示中道之玄门。

△初、约无信以呈疑

**【经】须菩提白佛言：世尊，颇有众生，得闻如是言说章句，生实信不？**

【记】问意云：未来末世，能有众生，闻此因果俱深章句，生真实信心不？颇，能也。意拣泛尔之信，故言“实信”。

【疏】魏云：“颇有众生，于未来世”云云。今略此句者，影在“后五百岁”也。句诠差别，章者解句。实信者，《大品》云：“于一切法不信，是信般若。”

【记】“魏云”等者，引魏本会文。魏经有之，此经阙者，罗什巧译，妙在影略耳。亦可此文通约现未为问，以佛世时，亦有难信此深法者，如诸小乘及外道等。《法华》会上，犹有退席声闻，况今般若？至下佛答，但举末世，以况现在。末世尚有，佛世岂无？故今秦本不言“未来”等也。

句诠差别者，以名但诠诸法自性。如言色，即拣非心等。言心，拣非色等。然其色、心，各有多种，而未明此何色心耶。句能分辨真心、妄心、形色、显色等，故云句诠差别也。

章解句者，以句虽诠差别，而未广显义理，以真妄形显色心之中，含多义故，章能明之，故云解句。章，犹彰也。疏文顺义，故先释句。

《大品》下，明信之相。谓见有色心三科等法，是信一切法也。今以般若照之，一切浮尘，诸幻化相，当处出生，随处灭尽。幻妄称相，其性真为妙觉明体。是不信一切法，方名信般若矣。其犹净眼不见空花，若执空花，岂信净眼？法合可知。

△二、诃疑词以显信

【经】**佛告须菩提：莫作是说。如来灭后，后五百岁，有持戒修福者，于此章句，能生信心，以此为实。**

【记】“莫作是说”者，诃劝之辞，岂谓后世一向无信？如佛灭后，末法之中，有戒、定者，能于深义，实有信心，信此为实也。

【疏】“后五百岁”者，《大集》云：初五百岁，解脱牢固。第二五百岁，禅定牢固。三多闻，四塔寺，五斗诤，皆如初、二句例。本疑恶世无信，故举恶世以断疑。“持戒修福”者，戒、定也。“以此为实”者，正解无倒。无著云：“增上戒等三学，显示修行少欲等功德。”戒出三途，定出六欲，慧出三界。

【记】《大集》下，明佛灭后，有五五百岁，前前胜，后后劣。解脱者，证也，即三乘圣果。禅定者，行也，即漏无漏大小乘事理等定也。多闻者，解也，即顿、渐、偏、圆、空、有等解。此上三者，前必具后，后未必具前。塔寺者，谓不求至道，多好有为，以身外资财，修世间福业等。斗诤者，此明佛法之中，多有诤论。且如西天，大小乘宗，分河饮水。大乘之内，性、相又殊。小乘之中，二十部异。各皆党己，自是非他。爰及此方，未免于是。若相若性，南宗北宗，禅讲相非，彼此朋党，互不相许，名斗诤也。皆如例者，须有“五百岁”及“牢固”之言。牢固者，人多相袭，决定不舍也。然此但就增胜说之，非不相通。如佛灭后二百年内，育王造塔，岂局第四耶？又《菩萨藏经》云：“后五百岁，无量善人修禅定、解脱、多闻。”岂唯一二三耶？今经云“后五百岁”，即此时也，虽当斗诤之代，亦有戒德之人。是知五种牢固，但约增胜而说。

“本疑”下，即以断疑之文，照前呈疑之处，是显空生疑于恶世无信也。前引魏经，以证斯义。恶世尚尔，况余世耶？

“戒定”下，约三学释。定是福体，故对于定。正解无倒者，既有正解，必无倒惑。以解因果无相道理，名为实信，即慧学也。

“无著”下，引证。魏经云：“有持戒、修福、得智慧者。”《弥勒颂》云：“说因果深义，于后恶世时，不空以有实，菩萨三德备。”三德即是三学。今文但取“于此章句，能生信心，以此为实”，即是慧也。若其无慧，孰能以此为实而生信耶？“少欲”下，持戒少欲，修定静乱，习慧断惑，故言“等”也。言“增上”者，以戒等三学，是增胜上法，经中说为三决定义。

“戒出”下，辨三益相。有戒者，不堕地狱、饿鬼、畜生，生四洲、六欲。故《戒经》云：“欲得生天上，若生人中者，常当护戒足，勿令有毁损。”“定出六欲”者，欲界无定，故得定者，生上二界。故《圆觉经》云：“弃爱乐舍，还资爱本，便现有为增上善果。”“慧出三界”者，三界之本，是其业惑，有智慧者，悉能除遣，业惑既遣，自然超越。故《心经》云：“观自在菩萨，行深般若波罗蜜多时，照见五蕴皆空，度一切苦厄。”然浅慧尚能得出三界，岂况大乘甚深般若。

△三、明能信之所以二：初、明历事善友，积集信因；二、明善友所摄，成就信德。

△初、明历事善友，积集信因

**【经】当知是人，不于一佛、二佛、三四五佛而种善根，已于无量千万佛所种诸善根，闻是章句，乃至一念生净信者。**

【记】反显顺明之意可知。

【疏】无著云：“显示集因。”于多佛所，明久事善友，则缘胜也。种诸善根，明久伏三毒，则因胜也。

【记】缘胜者，虽则益我为友，人皆友焉，且凡不及圣，小不如大，因不及果。一佛虽果，不及多佛，既云无量千万，故云缘胜也。因胜者。三毒即贪、瞋、痴，此明能害有情，故贬云毒。以生起即是不善，久伏故名善根。故《华严》云："我昔所造诸恶业，皆由无始贪瞋痴。"《唯识》云："善谓信、惭愧、无贪等三根。"有生长义，故名根也。善与不善，皆由此三。苟能伏之，乃名因胜。因缘俱胜，方起此信。是知实信，诚不易得。一念尚尔，况乎永信，及持说等耶？

△二、明善友所摄，成就信德二：初、明摄受得福，显福德门；二、明摄受所以，显智慧门。

△初、明摄受得福，显福德门

【经】**须菩提，如来悉知悉见，是诸众生得如是无量福德。**

【记】意云：信经之人，得无量福。如来于彼，咸悉知见。"如是无量福"者，指信经福，同前不住施福，十方虚空不可思量也。

△疏二：初、释佛知见，二、释得福德。

△初、释佛知见

【疏】无著云："谓于一切行住所作中，知其心，见其依止故，此等显示善友所摄。"论云："若不说见，或谓如来以比智知。若不说知，或谓如来以肉眼见。故须二语。"

【记】行住等，即四威仪中，各有所作差别故。心者，即受、想、行、识四蕴，谓相应不相应，思何事，念何事，取舍忧喜等念，皆名心也。依止者，即色身为四蕴所依止故。今约义标，故云依止，即行住坐卧，屈伸俯仰等。斯则生心起念，无所不知。举动施为，靡不咸见。盖佛智眼，廓尔无边，依正斯在，岂不齐鉴？《法华》云：“我常知众生，行道不行道。”心无形相，故但言知。身质既彰，故得云见。斯人德行既备，善根夙成，佛不摄受，于理如何？故云“此等显示”等。然则佛智无偏，观生如一，有感斯应，其谁谓之不然？

“论云”下，或问：见之与知，说一则可，云何经内具言之乎？故云“若不说”等。以凡夫亦有知见，见通肉眼，知兼比量，由是故有不知不见。今佛知见，非同此也。谓于见处即知，非如比量知。知处即见，非同肉眼见。即无事不知，无事不见，经标“悉”言，其在兹矣。故《弥勒颂》云：“佛非见果知，愿智力现见。”

△二、释得福德

【疏】得福德者，魏云：“生如是福德，取如是福德。”论云：“生者，能生因。取者，熏修自体果义。”无著云：“生者，福正起时现行。取者，即彼灭时摄持种子。”此云“得”者，生、取二义，不离于得。“得”之一字，生、取俱摄。

【记】先引经。“论云”下，释义。能生因者，正修福业，即信、解、持、说者也。自体果者，即熏成种子自体，后感当果也。正起者，作福之时，当于现行。彼灭者，谓现行灭谢，种子方成，蕴在识中，用感当果。“此云”下，正会今文。以“得”之一字，生、取俱含，谓生得、取得也。秦译之妙，其在此矣。

△二、明摄受所以，显智慧门二：初、叙意，二、科释。

△初、叙意

【疏】由无二执，故得摄受。

【记】谓无我、法二执分别，是得摄受所以也。

△二、科释二：初、正明已断粗执，二、因显未除细执。

△初、正明已断粗执

**【经】何以故？是诸众生，无复我相、人相、众生相、寿者相，无法相，亦无非法相。**

△疏二：初、节释经文，二、商较经旨。

△初、节释经文

【疏】初征，信者以何义故，得如来悉知悉见？后释二：一、无我执。执取自体，为我；计我展转趣于余趣，为人；计我盛衰苦乐种种变异相续，为众生；计我一报命根不断而住，为寿者。二、无法执。论云：“无法相者，能取所取一切法无。亦无非法相者，无我真空实有。”

【记】征意可知。释中，我者，谓执自五蕴总相为我。人者，计我死已生天，天死为畜等，故梵语“补特伽罗”，此云“数取趣”，即是人也。众生者，计我众多之法相续生故。寿者，亦云寿命，计我一生寿命不断绝故。然我是总主，人等为别，摄别归总，故言我执，由是三中皆言“计我”等也。然上四相，虽是经中所无，不可不了耳。

能取等者，心境俱亡也。以万法虽多，统唯心境。心境各有无量差别，故云一切也。真空等者，虽即诸法皆空，非谓一向非相，但以离执，真空不断故，故云“亦无非法相”也。

△二、商较经旨

【疏】然离二执，正是得佛知见，成就净信之本。善根、福德，却是相兼。故论云：“有智慧便足，何故复说持戒功德？为示现实相差别义故。亦有持戒功德，依信心恭敬，能生实相，故不但说般若。”

【记】此明得佛知见之兼正也。“故论”下，引证。中有征释，详而示之。实相差别者，实相即无差别，但是能生实相方便，有差别耳。持戒功德，即指前段。信心等者，下云：“信心清净，则生实相。”《弥勒颂》云：“彼人依信心，恭敬生实相。”“不但说”者，意谓能生实相，有多方便，不必独说智慧。前云离执，此言般若者，由是般若能除执故。前约所断，此约能断，能所虽异，而意不异也。

△二、因显未除细执

【经】**何以故？是诸众生，若心取相，则为着我、人、众生、寿者。若取法相，即着我、人、众生、寿者。何以故？若取非法相，即着我、人、众生、寿者。**

【记】未除细执者，谓二执俱生，任运起者，前离分别粗执，已能成就净信，得佛知见，犹残细执未除，究竟障于圣道，故今显示，令其断之。征意云：以何义故，要无法非法相？释意云：由取相故，即着我、人等。余文云云，可以详悉。

△疏二：初、总明二相，二、别明二相。

△初、总明二相

【疏】“若心取”下，总明二相。总解取法非法，尽名相也。亦是建立取相则我等相便生，立义宗也。

【记】总解等者，经云“若心取相”，“相”中意含法、非法相，故云总也。“亦是”等者，以次文别明取法非法皆着我人等相，故此且是立其宗也。

△二、别明二相二：初、正辨二相，二、别解征意。

△初、正辨二相

【疏】“若取法”下，别明二相。论云：“但有无明使，无现行粗烦恼，示无我见故。”无著云：“但取法及非法相转，非我等想，以我等想及依止不转。”

【记】无明使者，法执俱生也，是无明住地所摄，故名为使。现行等者，即我执分别现行，前已断者。示无我见者，结成上义。

但取等者，即前无明使，是所有者。转，犹起也。我想者，我执分别现行也。依止者，分别种子为彼现行所依止故。亦可法执分别名为依止，与彼我执所依止故，斯皆不起也。

△二、别解征意

【疏】中有征者，取法但为法相，何故便着我等？释云：取非法，亦着我等，何况取法？以后释前也。

【记】文意可知。以后释前者，不如云以细释粗，义则易见。

问：二乘之人，亦有法执，云何不起我见耶？

答：以二乘人，从初修行，偏断我执，至无学位，粗细尽除。是故虽有法执，而不起我执。今约大乘学者，双断二执，分别并遣，俱生两存，由是二执任运而起也。故无著云："以我相中随眠不断故，则有我取。"

△四、示中道之玄门

【经】**是故不应取法，不应取非法。以是义故，如来常说：汝等比丘，知我说法如筏喻者，法尚应舍，何况非法。**

【记】"是故"者，由前取法、非法，皆着我等故，所以劝令"不应"，即入中道也。"以是义故"者，由是不取法、非法故。

【疏】初正结归中，后引说以证。筏喻者，假言显义，不应如言执义。不执即为不取，非全弃也。偈云："彼不住随顺，于法中证智。"论释云："不住者，得证智舍教，如到彼岸。随顺者，随顺彼证智之教法，如未到岸。"无著云："法尚应舍者，实相生故。何况非法者，理不应故。"

【记】结归中者。不应取法，离有也。不应取非法，离无也。既离有无，即归中道。

假言显义者，谓所言“非法”，是显法体离于性计。若无“非法”之言，罔知彼义。余皆例此。当知义不自显，必假于言。故《净名》云：“无离文字说解脱也。”

“不应”等者，谓虽闻非法，不得如言便执空义。此遮一向执言者也。“不执”等者，谓若全弃非之于言，则安解诸法空义？将知但除其病，不除其法。此遮一向离言者也。是则全执、全弃，二皆不可。故《华严疏》云：“夫法无言象，非离言象。无言象而倒惑，执言象而迷真。”

“偈云”等者，余两句云：“如人舍船筏，法中义亦然。”“论云”下，转释偈文。“得证智”等者，以言诠智，得智忘言，忘言即不住也。如乘筏渡河，至岸舍筏。“随顺”等者，未得证智，不可都忘其言；未达彼岸，不应舍筏。

实相生者，实相名法，得实相智，无相无得，故云“应舍”，以实相无相故。《唯识》云：“若时于所缘，智都无所得。”理不应者，此实相法，尚不可得，况离实相外一切法耶？除诸法实相，余皆魔事故，故云“非法”。不与理合，故不相应，以是例非，故云“何况”。

△三、断无相云何得说疑二：初、随章叙疑，二、依经断疑。

△初、随章叙疑

【疏】论云：“向说不可以相见佛，佛非有为。云何释迦得阿耨菩提？云何说法？”

【记】初二句，指疑起处，此从第一中来，以彼文云：“不可以身相得见如来”。佛非有为者，此指偈云：“分别有为体，防彼成就得。三相异体故，离彼是如来。”故云“非有为”，亦是按定立其理也。

“云何”下，结成疑。既若佛非有为，即不合有得有说，因何释迦于菩提树下得菩提，前后诸会说法？既有得有说，即堕有为，云何前言不以相见作无为耶？

△二、依经断疑二：初、问答断疑，二、校量显胜。

△初、问答断疑四：初、举疑因以问，二、顺实理以酬，三、释无定法之言，四、释无取说之所以。

△初、举疑因以问

**【经】须菩提，于意云何，如来得阿耨多罗三藐三菩提耶？如来有所说法耶？**

【记】意云：于汝心中，所谓如何？谓我得菩提，为不得耶？谓我说法，为不说耶？伊本疑此，故举问之。

【疏】佛问得不，意显不得。故无著云：“显示翻于正觉取故。”

【记】佛问等者，空生疑得疑说，佛即顺疑以问。辞虽云得，意显无得。试其所答，解与不解。“无著”下，引证。彼疑有取，佛显无取，以无破有，故云“翻”也。“说法”例之。

△二、顺实理以酬

【经】**须菩提言：如我解佛所说义，无有定法名阿耨多罗三藐三菩提，亦无有定法如来可说。**

【记】“定”者，“实”义。谓无实法名菩提，无实法名如来说。此一向约胜义答也。

【疏】偈云：“应化非真佛，亦非说法者。”

【记】引偈者，余句云：“说法不二取，无说离言相。”意谓：释迦如来是其应化，应化之相，俗有真无，是故答中皆言无定。准《金光明经》及《摄论》说，佛果无别色声功德，唯有如如及如如智独存，此是真佛。今既异此，岂得言真？故云“应化非真”等。

△三、释无定法之言

【经】**何以故？如来所说法，皆不可取，不可说，非法，非非法。**

【记】征意云：以何义故，无定法可说耶？释意云：欲言其有，无状无名。欲言其无，圣以之灵。谛理若此，欲何说哉？说尚不得，欲何取哉？取，即得也。是故上云“无有定法，如来可说”等。

△疏二：初、引无著，二、引天亲。

△初、引无著

【疏】无著云：“不可取者，谓正闻时。不可说者，谓正说时。非法者，分别性故。非非法者，法无我理故。”

【记】正闻等者，此则闻而无闻，说而无说，非谓全不闻不说也。如《净名》云："夫说法者，无说无示。其听法者，无闻无得。"是兹义矣。分别性者，一切诸法皆依妄念而有差别，念尚无念，法岂是法，故云非法。法无我者，但分别性亡，即是法无我理，此理不无，故云非非法也。

△二、引天亲二：初、释文，二、通难。

△初、释文

【疏】论云："彼法非法，非非法，依真如义说。非法者，一切法无体相故。非非法者，彼真如无我实相有故。"

【记】依真等者，此且标立所依之本，后于其上说离有无。"一切"等者，缘生之法，本无真实之体，亦无真实之相，故云非也。"实相有"者，诸法既无，即真实相，实相不无，故云非非法也，此即非却非法也。

△二、通难

【疏】何故唯言"说"，不言"证"？有言说者，即成证义故。若不证者，则不能说。

【记】难意云：本来疑证疑说，问答悉以双该。今于释所以中，何故但言所说，而不言证耶？"有言"下，释也，此乃以说反验于证。且川有珠而不枯，山有玉而增润。内无德本，外岂能谈。故但言"说"，自表其证也。又此言"取"，即是证也。

△四、释无取说所以

**【经】所以者何？一切贤圣，皆以无为法而有差别。**

【记】征意云：所以言无取、无说、非法、非非法者，何也？释意云：圣人即是无为，无为即无分别。若有取、说、法、非法等，皆属分别，不名无为，何为圣人？故无取、说等。言贤圣者，贤即是圣，邻近释也。

【疏】魏云："一切圣人，皆以无为法得名。"论意云：圣人但依真如清净得名，非别得法，故无取说。"而有差别"者，论云："真如具足清净、分清净。"无著云："无为者，无分别义故。是故菩萨有学得名，如来无学得名。初无为者，折伏散乱时显了故。后无为者，唯第一义者无上觉故。"三乘贤圣，皆修证无为，故通说为差别。

【记】"魏云"等者。问：行位通于贤圣，云何唯取圣人？答：若以通论，即该贤位。此明证果深浅，故唯言圣。得名者，即差别也。以诸圣人，皆约证无为差别之义，而立其名。如证遍行真如，得名欢喜地菩萨等。此则得名、差别，盖一义耳。

"论意"等者，谓登地以上，随证一分真如，皆断一障二愚，即是一分清净。约于此义，便立一名。乃至佛地，例皆如此。"非别得法"者，无得而得，即是真得菩提。若言有得，即是不得。当知菩提树下，都无实事。故偈云"应化非真佛"等。"故无取说"者，结归经文无分别义也。

具足清净者，佛也。谓一切惑习悉皆断除，荡无纤尘，纯一无杂故。分清净者，菩萨也。分断诸障，分证真如，垢未全除，故名为分。故《佛顶经》云：“余尘尚诸学，明极即如来。”广如序中“满净觉者”处说。

“无著”下，约无为差别明贤圣也。无分别者，即无为义。无所作为，故云无为。无为、真如，盖是一法。菩萨等者，有分别故，有所为故。如来等者，无分别故，无所作故。初无为者，菩萨也。折伏等者，此约在观，分别不生，分得相应，故云显了。后无为者，如来也。无复分别，是真无为，即第一义也。此约于佛，故复云“者”。更无过上，故云“无上”。觉即佛也。

“三乘”下，结通诸乘。以二乘之人，亦分证真理，故此通摄也。是知三乘贤圣皆修证无为，所证虽无浅深，能证有其差别。犹如三兽同渡一河，能度有差，所度无别。故《大品》云：欲求声闻乘，当学般若波罗蜜。欲求缘觉、菩萨、无上佛乘，皆言当学般若波罗蜜。是故经云“一切贤圣”也。

△二、校量显胜四：初、举劣福以问，二、释福多以酬，三、判经福超过，四、释超过所以。

【记】问：本因善吉起疑，所以世尊为断。断疑既已，何用校量？答：论云：“法虽不可取不可说，而不空故。”意云：恐有人闻是法不可取说，便欲一向毁废言教，故此校量显胜，令其演说受持故。大云于此开立“第五不空福德疑”。以论文不言断疑，故此不立也。

△初、举劣福以问

**【经】须菩提，于意云何，若人满三千大千世界七宝以用布施，是人所得福德，宁为多不？**

【记】意云：七宝最珍，三千最大，用此布施，福多不多？

【疏】《俱舍》偈云："四大洲日月，苏迷卢欲天，梵世各一千，名一小千界。此小千千倍，说名一中千。此千倍大千，皆同一成坏。"七宝者，金、银、琉璃、珊瑚、玛瑙、赤真珠、颇梨。

【记】《俱舍》等者，明三千世界也。四大洲者，谓东胜身洲、南赡部洲、西牛货洲、北俱卢洲。日月者，即一四天下，同一日月之所照临。"苏迷"，亦云"须弥卢"，但梵音楚夏耳，此云"妙高山"，四宝所成，高八万由旬。欲天者，六欲天也，谓四天王天、忉利天、夜摩天、兜率天、化乐天、他化自在天。梵世者，色界初天也，于中复有三天，谓梵众天、梵辅天、大梵天。"各一千"等者，如上各满一千，方成一小千界。"此小千"等者，又一千个小千界，方成一中千界。"此千"等者，又以一千个中千界，方成大千界。"皆同"等者，谓四禅以上，三灾不及，故不说成之与坏，三禅以下，统维三灾，故云同一成坏。就中从初禅以下同火灾，二禅以下同水灾，三禅以下同风灾。七宝等，可知。

△二、释福多以酬

【经】**须菩提言：甚多，世尊。何以故？是福德即非福德性，是故如来说福德多。**

【记】答文可见。征云：以何义故说多？释意云：不约胜义空故说多，是约世谛有故说多。

【疏】无著云："是福德"者，标牒。"即非"者，约胜义空。"是故"者，约世俗有。

【记】胜义空者，此门是绝相无为，不可言福与不福，福既不有，无以言多。世俗有者，此门是有相有为，可以言福，以有福故，兼可言多。

△三、判经福超过

【经】**若复有人，于此经中，受持乃至四句偈等，为他人说，其福胜彼。**

【记】经意可知。然四句尚尔，况全部耶？

△疏二：初、正释经文，二、别示句相。

△初、正释经文

【疏】偈云："受持法及说，不空于福德。福不趣菩提，二能趣菩提。"

【记】偈释持说，因明胜之所以。望后经文，有似太疾。以偈文连环，不可分故，悉之。受持及说者，标二法门。不空福德者，谓持说此经，不同宝施，空得福德。更得何物，次文是也。福不趣菩提者，谓宝施虽多，但成世间有漏之福，终不能成无上菩提。二能趣菩提者，谓持说此经，断除烦恼，烦恼尽处，即是菩提故。

△二、别示句相

【疏】四句者，但于四句诠义究竟，即成四句偈。如："凡所有相，皆是虚妄。若见诸相非相，则见如来。"此最妙也。然但义具四句，持说即趣菩提。文或增减，不必唯四。义若阙者，则互成谤。

【记】诠义等者，谓以一句诠一义，一义为一句，四义方成一偈。一、异、有、空、常、无常等，皆各有四句。

然今经四句，人说不同。有说取"无我、无人、无众生、无寿者"为四句。有说取"若以色见我"等为四句。有说"一切有为法"等为四句。有说但于一经之中，随取四句经文，便为四句。有说始从"如是"，终至"奉行"，方成四句。然上诸说，皆非正义。

"如凡"下，明正义，斯则约有无等为四句也。谓第一是有句，第二是无句，第三是亦有亦无句，第四是非有非无句。文义兼备，故云最妙。以此四义，能通实相，即是四门。

"然但"下，通妨。先问：且一二二句，皆是四言。第三一句，独成六字。文既增减，云何成偈？故此释也。"持说"等者，以此四义，是万法之门。若了四义，即通万法。万法既通，岂有菩提而不证哉？"文或"等者，但论其义，义不在文，义必周圆，文从增减。

"义若"等者，谓阙之成谤，具之成门。成谤者，谓阙无，成增益谤；阙有，成损减谤；阙非有非无，成相违谤；阙亦有亦无，成戏论谤。以有则定有，无则定无，余二例之，故成四谤。何以故？法不如是故，不如法见故。斯则般若波罗蜜，犹如大火聚，四面不可取也。

具四句者，谓义无所阙故。有不定有，是即无之有。无不定无，是即有之无。余亦例之。随于一句之中，圆见四句之义，不堕增减等谤，故成门也。何以故？法如是故，如法见故。斯则般若波罗蜜，犹如清凉池，四面皆得入。

但以人依于法，法异人乖。苟法义之所全，岂菩提而不证矣。故言受持此经，胜于施福。

△四、释超过所以二：初、正释，二、转释。

△初、正释

【经】**何以故？须菩提，一切诸佛，及诸佛阿耨多罗三藐三菩提法，皆从此经出。**

【记】征意云：以何义故，持说此经，胜于宝施？释可知。

【疏】“诸佛菩提法”者，论云：“名为法身。于彼法身，此二能作了因。”“一切诸佛”者，即报化身。论云：“于此能为生因。”

【记】“诸佛菩提法”者，拣非余乘菩提法也。然余菩提，非此不出，但举胜者而以例之。“此二”者，持、说也。了因者，以法身是本真之理，不生不灭，但以烦恼覆之则隐，智慧了之则显。持说此法，妙慧自彰，观破烦恼，法身现矣。生因者，报、化之身，本来无有，万行所致，故名为生。故《弥勒颂》云：“于实为了因，亦为余生因。”魏经云：“一切诸佛菩提法，皆从此经出。”

△二、转释

【经】**须菩提，所谓佛法者，即非佛法。**

【记】所言佛法者，约世谛故有。即非佛法者，约第一义即无。

【疏】第一义中，无有佛法从经出也。

【记】“第一”等者。谓俗谛相中，有迷悟、染净、凡圣之异，故说佛法从经而出。真谛之理，离于迷悟、染净、凡圣之相，故不可说出佛法之义也。故《圆觉》云：“一切如来圆觉妙心，本无菩提及与涅槃，亦无成佛及不成佛，无妄轮回及非轮回。”然则本论异此，不能烦述。

金刚般若经疏论纂要刊定记会编第六卷终

# 金刚般若经疏论纂要刊定记会编卷第七

△四、断声闻得果是取疑二：初、随章叙疑，二、依经断疑。

△初、随章叙疑

【疏】论云：“向说圣人无为法，不可取说。云何声闻，各取自果，如证而说？”

【记】初二句指疑起处，此从第三中来。不可取说者，以前文云：“如来所说法，皆不可取，不可说。”“云何”下，结成疑也。前云：“一切贤圣，通于三乘。”故疑声闻得果是取。如初果人，证自初果，亦自说言已证初果等。

△二、依经断疑四：初、入流果，二、一来果，三、不来果，四、不生果。

△初、入流果

**【经】须菩提，于意云何，须陀洹能作是念，我得须陀洹果不？须菩提言：不也，世尊。何以故？须陀洹名为入流，而无所入，不入色、声、香、味、触、法，是名须陀洹。**

【记】问意云：于汝意中如何，汝谓须陀洹人作念云得须陀洹果不？答言：不也。征意云：若如是者，以何义故，得名须陀洹？释意云：但约不入色等境界，即名须陀洹。

△疏三：初、正释经文，二、商较果证，三、结断疑情。

△初、正释经文

【疏】“须陀洹”，此云“入流”，入圣人流故。亦云“预流”，预圣人流故。只由不入六尘，名入圣流，不是别有所入故。论云：“圣人得果，不取一法。不取六尘境界，故名逆流。乃至罗汉不取一法，以是义故，名阿罗汉。”

【记】入流者，四果名为圣人，今从凡夫，创入圣类故。流，类也。预，厕也。

“只由”下，释得名所以。入者，取着义。若取六尘，即滞凡流。不取六尘，名入圣流。是知功过在人，不在六尘境界。据此，则何有别法而为所入耶？

“论云”下，引证上义。不取一法者，不唯六尘也。名逆流者，逆凡流也。谓若取六尘，即入凡流，逆圣流。既不取着，即入圣流，逆凡流也。“乃至”下，例明余果。初果尚尔，况余果耶？

△二、商较果证

【疏】然非不取无为自果，但于证时，离取我等烦恼，是故无如是心，我能得果。若起如是心，我能得果，即为着我等。

【记】或问：既皆不取，应亦不证。故此释也。“但于”下，转释。意明但无取心，非谓不证。“若起”下，反明。凡夫着我，既由起心。圣人无我，必不起也。

△三、结断疑情

【疏】故知得果是不取义，何得疑云是取？

【记】空生本谓证果是取，故生疑。今明无取方成证义，永异所疑也。若准断疑，斯文已毕。以四果是小乘贤圣修证行位，是故经中具而明也。

然此四果，复有四向，谓向于果故，即须陀洹向等。于四果之中，初为见道，次二修道，后一无学道。且初修行，得入见道，谓十六心，断三界四谛下八十八使分别粗惑，得初果证。谓三界各有四谛，每谛下各有烦恼，即贪、瞋、痴、慢、疑、身见、边见、邪见、见取、戒禁取。四谛之下，或具或阙，故成八十八使。

《杂心论》云："苦下具一切，集灭除三见，道除于二见，上界不行恚。"谓初句即欲界苦谛下，全具十使。次句即集、灭二谛下，各除三见，即身、边二见，及戒禁取。所以除此三者，缘身是苦本，观苦已断身见。边见依身而起，故亦随亡。无戒禁取者，以集谛不计非道为道，灭谛又非修位，是故皆无戒禁取。道当修位，却或有之，故不除矣。故云"道除于二见"，不除戒禁也。由是苦下具十，集、灭二谛下各七，通前即二十四。道谛下八，合三十二。后句云"上界不行恚"，即于二四谛下，各除一瞋。每界各有二十八，共成五十六。兼下欲界三十二，即都合为八十八也。

云何十六心？谓欲界四谛下，各一忍一智，以成八心。又合上二界为一四谛，类下欲界观断，亦各一忍一智，以成八心。二八即为十六心也。忍即无间道，是正断惑时。智即解脱道，是断了时。所谓苦法智忍、苦法智、苦类智忍、苦类智，乃至道法智忍、道法智、道类智忍、道类智。断至十五心道类智忍，名初果向。至第十六心道类智时，名证初果，入于见道，为须陀洹。分别粗惑，一时顿断，犹如劈竹，三节并开。即以见谛八智为初果体。

初果行相，略明如是。余之三果，伫见次文。

△二、一来果

【经】**须菩提，于意云何，斯陀含能作是念，我得斯陀含果不？须菩提言：不也，世尊。何以故？斯陀含名一往来，而实无往来，是名斯陀含。**

【记】问答及征，意皆同上。释意明斯陀含者，但于人间、天上，一度往来。虽复往来，实无往来之者。只约此义，名斯陀含。

【疏】“斯陀含”，此云“一来”。断欲界六品修惑，从此命终，一往天上，一来人间，便得阿罗汉果，故名“一来”。而实无来者，已悟无我，谁能往来。

【记】断惑者，谓欲界修惑有四，即贪、瞋、痴、慢，此是俱生细惑，任运起者，障于修道。以难断故，分为九品，所谓上上，乃至下下。此九品惑，二三果人断之。断至五品，名二果向。断六品尽，名第二果。故《俱舍》云："断至五二向，断六一来果。"

一往等者，以九品修惑，能润欲界七生，谓上上品润两生，次三各一生，次二品共一生，下三品共一生。今断六品，已损六生，犹残下三品，润欲界一生。是故一往天上，更须一来人间受生，断余惑也。

"便得"等者。问：据此次第，合是第三，云何僭言便得罗汉？答：所言便得罗汉等者，非谓逾越不证第三，但约欲界惑尽，往而不来，望一去说，故云"便得"等也。不若改"便得"为"直至"，何也？余下三品，一生断尽，便往罗汉，即不须前来和会也。

"故名"下，结成第二果。即以见道八品无为，及修道六品无为，为此果体。"无我"等者，由无我故，不计去来。非谓不去不来，但不计去来之者。其犹鲁般匠士，刻木为人，虽复驱使往来，实无情虑所计。

△三、不来果

【经】**须菩提，于意云何，阿那含能作是念，我得阿那含果不？须菩提言：不也，世尊。何以故？阿那含名为不来，而实无不来，是故名阿那含。**

【记】问答征，意亦同上。释意云：阿那含者，一往天上，更不再来。虽尔不来，亦无不来之者。但约此义，名阿那含。

【疏】“阿那含”，此云“不来”，亦云“不还”。断欲界九品修惑尽，命终一往天上，更不还来下界，故云“不来”。“而实无不来”，义同前释。

【记】不来、不还，盖是一义。断惑等者，谓前九品惑中，余下三品，断至八品，名三果向；断九品尽，名第三果。故《俱舍》云：“断惑七八品，名第三果向。九品全断尽，即得不还果。”更不还者，欲界修惑，但余三品，三品烦恼共润一生，今已断之，更无惑润，杜绝纡绊，故无再来。“故云”下，结成第三果。即以见道八品无为，及修道九品无为，为此果体。此二三果人断惑，犹如截木，横断而已，知之。同前者，合云：已悟无我，谁能往来。

△四、不生果二：初、辨得名，二、分科释。

△初、辨得名

【疏】“阿罗汉”，此释有三：一、无贼，三界见修烦恼尽故；二、不生，不受后有故；三、应供，应受人天广大供养故。

【记】三释者，由有三义，故存梵音。

“无贼”者，意以烦恼为贼，谓断人慧命，劫功德财，致使行人失于圣道，流迸生死旷野，不达涅槃宝所，为害颇深，故名为贼。见修等者，谓上二界各有三种修惑，谓贪、痴、慢。此惑微细难除，故约八地分之，每地分成九品，都合七十二品，每品各有一无间、一解脱。断至七十一品，名阿罗汉向。断七十二品惑尽，成阿罗汉。此果断惑，如登楼台，渐陟渐高。见、修合论，兼欲界一地，总以八十九品无为，为此果体。若约四果有为出体者，即初果唯取道类智一解脱道为体，第二唯取断欲界九品修惑中第六品一解脱道为体，三果唯取第九品一解脱道为体，罗汉唯取有顶地第九品中一解脱道尽智为体。所言无为，即离系果。有为，即等流果。

“不生”等者，谓我生已尽，梵行已立，所作已办，不受后有。然前三句即是尽智，后句即是无生智，谓不向三界之中受有苦身也，以世间因亡果丧，出世间因成果证故。

“应受”等者，为超出人天故，堪受人天供养。若或一种沦溺，宁堪供之？故《俱舍》云：“供养阿罗汉，得现在福报。”盖由业烦恼尽，福田胜故。当知未出三界，受他供养者，大须随顺出离，岂得安然免之哉？

△二、分科释三：初、举所得以问，二、明无取以答，三、引己证令信。

△初、举所得以问

**【经】须菩提，于意云何，阿罗汉能作是念，我得阿罗汉道不？**

△二、明无取以答

**【经】须菩提言：不也，世尊。何以故？实无有法，名阿罗汉。世尊，若阿罗汉作是念，我得阿罗汉道，即为着我、人、众生、寿者。**

【记】上问意，此答及征意，俱准前可知。释意云：阿罗汉者，无烦恼，不受生，应供养，以是义故，名阿罗汉。除此之外，更无一法名阿罗汉。“若阿”下，反释云：若或作念，言我得阿罗汉果，便着我、人等相，则与凡夫何所异哉？由此验知，的无是念。

△三、引己证令信三：初、明佛先印，二、彰己不取，三、却释佛意。

【记】此则以己方人也，亦令众生皆亡是念，入于圣道故。

△初、明佛先印

**【经】世尊，佛说我得无诤三昧，人中最为第一，是第一离欲阿罗汉。**

【记】意云：佛于往日，曾说于我得是三昧，人中第一。

【疏】无诤者，不恼众生。能令众生不起烦恼，故佛赞之。十弟子中，善现第一。离欲者，三界烦恼，但有贪心，尽名为欲，非唯欲界。

【记】不恼等者，若人嫌立，则复为坐，乃至不向贫家乞食，皆为不恼他也。“能令”下，释。既不恼之，烦恼何起。“第一”等者，谓十大弟子，各有一能，皆称第一。即迦叶头陀，阿难多闻，舍利弗智慧，目连神通，罗睺罗密行，阿那律天眼，富楼那说法，迦旃延论义，优波离持律，须菩提解空。今言无诤者，只由解空，得无诤故。亦如夫子十哲，各有能事，谓德行，颜渊、闵子骞、冉伯牛、仲弓；言语，宰我、子贡；政事，冉有、季路；文学，子游、子夏。离欲等者，谓贪使烦恼，通于三界，断尽此贪，方真离欲也。

问：若然者，则但是罗汉，皆断三界烦恼，云何善现称第一耶？

答：所言第一者，盖约无诤，不约离欲也。故经云："我得无诤三昧，人中最为第一。"又魏经云："我若作念，世尊则不记我无诤行第一。"意者以空生独得无诤三昧，故于诸离欲罗汉之中，称为第一也。

△二、彰已不取

【经】**我不作是念，我是离欲阿罗汉。**

【记】意云：佛虽赞我，我于此时，辄无是念。

△三、却释佛意

【经】**世尊，我若作是念，我得阿罗汉道，世尊则不说须菩提是乐阿兰那行者。以须菩提实无所行，而名须菩提是乐阿兰那行。**

【记】意云：若我当此之时，作如是念："我得阿罗汉果。"佛则不说我为乐寂静者。只缘不作是念，故佛赞之。无所行者，即不作念也。故此中反说，即言"若作是念"；顺释，即言"实无所行"。

【疏】论云："离二种障：一、烦恼障，得阿罗汉故离；二、三昧障，得无诤故离。故无所行。""阿兰那"者，此云

“寂静”。

【记】离烦恼障者，谓贪等十使，粗细尽除。离三昧障者，三昧是定，障即是惑。三昧之障，依主释也。不同烦恼即障，持业释故。然此二障，离各有由。离烦恼障，得罗汉故。离三昧障，得无诤故。寂静者，寂静即是无诤定，意言须菩提是乐寂静之者。

△五、断释迦燃灯取说疑二：初、随章叙疑，二、依经断疑。

△初、随章叙疑

【疏】论云：“释迦昔于燃灯佛所受法，彼佛为此佛说法，云何言不可取、不可说？”

【记】初二句先述疑意。即释迦因中为善慧仙人，蒙燃灯如来授记云：“汝于来世，当得作佛，号释迦牟尼。”由此增进，入第八地，故云受法。广有因缘，如第十二中说。“云何”下，指疑起处便结成疑。此亦从前第三中来，以彼文云“如来所说法，皆不可取，不可说”故。

△二、依经断疑

【经】**佛告须菩提：于意云何，如来昔在燃灯佛所，于法有所得不？不也，世尊。如来在燃灯佛所，于法实无所得。**

【记】问意云：于汝意中如何，谓我昔于燃灯佛所，于授记言说之中，有法为所得，为无所得？答意云：如来昔在燃灯佛所，于授记言说之中，实无法为所得。

【疏】“于法实无所得”者。燃灯佛说，说是语言。释迦所闻，唯闻语言。语言非实，智证法故。论云：“释迦于燃灯所，言语所说，不取证法。以是义故，显彼证智不可说不可取。”

【记】说是语言等者，以是语言，故无所得。语言非实者，谓语言从缘，缘无自性，举体全空，空故无得也。斯则闻而无闻，说而无说。智证法者，释得记之由也。意明但以自无分别智，证自无差别理，智与理冥，境与神会，岂有所说所得耶？

“论云”下，引证上义。证法离言说相，故不可说。证法离心缘相，故不可取也。

△六、断严土违于不取疑二：初、随章叙疑，二、依经断疑。

△初、随章叙疑

【疏】论云：“若法不可取，云何诸菩萨取庄严净土？云何自受法王身？”

【记】初句指疑起处，此亦从前第三中来。“云何”下，结成疑也。既兴功运行，六度齐修，回向发心，严净佛土。此若非取，则孰为取耶？佛身之疑，意亦同此，以是二报不相离故。故论文中，二疑双叙。然今此科，但断一种。

△二、依经断疑三：初、举取相庄严问，二、释离相庄严答，三、依净心庄严劝。

△初、举取相庄严问

【经】**须菩提，于意云何，菩萨庄严佛土不？**

【记】意云：菩萨取形相庄严佛土不？

【疏】佛意欲明法性真土，故问取形相庄严土不？

【记】空生本疑有取，佛意欲显无取。取与无取，在于性相二土。故且举相问之，试其解不。

△二、释离相庄严答

【经】**不也，世尊。何以故？庄严佛土者，即非庄严，是名庄严。**

【记】意云不取相庄严佛土也。征意云：以何义故，不取相庄严佛土？释意云：不以相庄严，是真实庄严也。

【疏】偈云："智习唯识通，如是取净土。非形第一体，非严庄严意。"论释云："诸佛无有庄严国土事，唯真实智慧，习识通达，故不可取。庄严有二：一、形相，二、第一义相。非严者，无形相故。庄严意者，即是第一庄严，以一切功德成就庄严故。"

【记】偈中前三句，正释经。后一句，即却释偈之第三句也。又前两句，释经中"庄严佛土者"。非形，释"即非庄严"。第一体，释"是名庄严"。非严，显偈中"非形"。庄严意，显偈中"第一体"。此但指配其文，义意即逦迤次显。

“论释”下，转释偈文。“诸佛”下，至“不可取”，释偈之前半，谓修习无分别智，通达唯识真实之性，此则以智契如，名为庄严，即是无取之义。所疑有取，自此释遣。

“庄严有二”下，释后半。先列二土。形相，即法相土，谓金地、宝池等。以要言之，但有所见闻，皆属形相。第一义，即法性土，谓离一切相，无所见闻，即真如理是。“非严”下，正释。即以后第三句，为出所以，由是故得非严及庄严也。非严，即拣法相土非今所严之者，当于经中“即非庄严”也。庄严意，即显法性土是此所严之者，当于经中“是名庄严”，所谓显发过恒河沙数功德而为庄严。如金作器，器非外来，即以此器，反严于金。是故前引论云“诸佛无有庄严国土事”等。是则于诸严中，更无过者，故云“第一庄严”等也。言“意”者，即指“非形第一体”，是“非严庄严”之意也。意即所以也。

问：诸佛身土，必须性相具足，方为了义。今既唯严于性，岂不阙于相耶？

答：身土之相，唯心之影，心净方能现之。苟能清净其心，身土自然显现。其犹磨镜，尘尽像生，自然如然，故非造作。故《唯识》云：“大圆镜智，能现能生身土智影。”况是即相亡相，非谓弃相取性。但无执情，何碍于相？然以经宗无相，此义稍增，首末皆尔。用心之相，如次所明。

△三、依净心庄严劝

**【经】是故须菩提，诸菩萨摩诃萨应如是生清净心，不应住色生心，不应住声、香、味、触、法生心，应无所住而生其心。**

【记】意云：以是义故，汝诸菩萨应生无住清净之心。

【疏】论云："若人分别佛土是有为形相，而言我成就者，彼住于色等境中。为遮此故，故云'应如是生清净心，不应住色'等也。""而生其心"者，则是正智，此是真心。若都无心，便同空见。

【记】"若人"等者，先叙所遮之心，意以形相为真佛土，由是见故，便欲形相庄严，故云"我成就"等。"彼住"下，显失也，意明本欲严净，如何却生染心，以住色等即生死心，何名净耶？"为遮"下，蹑前所遮，引起经意。既以不住色等为清净心，当知住于色等诚为染矣。

正智者，无住之心既是正智，当知有住所生之心，同为妄识。此中正智而言生者，所谓显发，非创然而生。故《大经》云："于一切法不生，是般若波罗蜜生也。"以此般若，不生不灭，故云真心。"若都"下，显意遮过。恐堕空见，故令生此真心。天真之心，本无生灭。但缘住境，即不相应，亦非断灭。心若不住，般若了然，亦非生起。恐人迷此，故为显而遮之。

是则前令不住色等，是遮有。后令生心，是遮无。既离有无，即名中道。如斯体达，是真庄严，何有佛土而不清净？

故《净名》云："欲净佛土，当净其心。随其心净，即佛土净。"净其心者，即离有无也。

△七、断受得报身有取疑二：初、随章指疑，二、依经断疑。

△初、随章指疑

【疏】疑意如前。

【记】疑起之意，前章已叙。问：此与第三何别？答：前化此报，故不同也。缘前闻应化非真，故无有取，便云报身是实，应有取心。是故此疑，蹑彼第三而起也。

△二、依经断疑二：初、问答断疑，二、校量显胜。

△初、问答断疑

【经】**须菩提，譬如有人，身如须弥山王，于意云何，是身为大不？须菩提言：甚大，世尊。何以故？佛说非身，是名大身。**

【记】问答可知。征意云：以何义故，名之为大？释意云：非有漏有为身，是无漏无为身。若准无著，则全异于此，大抵首末皆依二谛而释也。今此疏中，有依天亲，有依无著，则此一段且依天亲也。

△疏二：初、总释喻旨，二、别解非身。

△初、总释喻旨

【疏】论云："如须弥山王，势力高远，故名为大，而不取我是山王，以无分别故。报佛亦如是，以得无上法王体，故名大，而不取我是法王，以无分别故。故偈云：如山王无取，受报亦复然。”

【记】“高远”等者，谓下据金轮高八万由旬，六万诸山而为眷属，故名为大。故《华严疏》云：“须弥横海，落群峰之高。”“而不取”等者，彼山虽大，四宝所成，五位法中，色法所摄，三性之内，无记性收，岂有分别而取为王也。“报佛”下，正明所喻。谓进修多劫，福智圆明，纯净无垢，更无过此，故云无上。独王法界，故号法王。“大”有二义：一、约体，身智廓周故；二、约位，诸圣莫及故。无分别者，非如色法是无记性，但以三祇修习，万虑都亡，如智寂然，故无分别。“偈云”下，以偈结也。

△二、别解非身二：初、牒经略指，二、引论广释。

△初、牒经略指

【疏】非身名身者，非有漏有为身，是无漏无为身。

【记】无漏无为者，无漏则拣异世间，无为则表非生灭。

问：今明报身，即合有为无漏，云何此说无为耶？

答：此据实教，不约权宗，故是无为也。故《净名》云：“佛身无为，不堕诸数。佛身无漏，诸漏已尽”也。

△二、引论广释二：初、本偈，二、引论文。

△初、引本偈

【疏】故偈云：“远离于诸漏，及有为法故。”

【记】此偈标远离有为有漏，意显唯有无漏法体。

△二、引论文三：初、双标，二、双释，三、双结。

△初、双标

【疏】论云："若如是，即无有物。若如是，即名有物。"

【记】若如是者，指经征起以标也。

△二、双释

【疏】以唯有清净身故，以远离有为法故。

【记】清净身，即法身也。此释有物之句，即是经中"是名大身"也。问：此说报身，云何言法？答：以法、报合说，二身不殊。以此实教，理智无二，故得云耳。

"以远离"下，释无物之句也，即是经中"佛说非身"也。法身既是无为，则离有为生灭。有为尚离，况有漏耶？故此释文不言诸漏。

△三、双结

【疏】以是义故，实有我体，以不依他缘住故。

【记】谓以是远离及唯有故，显得法身真我，无漏无为，不生不灭，湛然清净。故有实体，名为有物。不如凡夫遍计之我，有漏有为，即生即灭，如彼梦幻，无有实体也。"以不依"下，结无有物，亦是重显所以也。以不依于五蕴有为之缘而住，唯如如及如如智独存，故有实我。当知凡夫皆依五蕴有为缘住，五蕴尚假，况所计我耶？缘法非己，故云依他也。

△二、校量显胜二：初、约外财校量广显经胜，二、约内

财校量倍显经胜。

△初、约外财校量广显经胜二：初、校量胜劣，二、释胜所以。

△初、校量胜劣三：初、约多河以辨沙，二、约多沙以彰福，三、约多福以显胜。

△初、约多河以辨沙

**【经】须菩提，如恒河中所有沙数，如是沙等恒河，于意云何，是诸恒河沙，宁为多不？须菩提言：甚多，世尊。但诸恒河，尚多无数，何况其沙。**

【疏】恒河者，从阿耨池东面流出，周四十里，沙细如面，金沙混流。佛多近此说法，故取为喻。

【记】阿耨池者，此赡部洲从中向北，有九黑山，次有大雪山，次有香醉山。于雪北、香南，有阿耨池，此云“无热恼”，纵广五十由旬，八功德水，充满其中。于中四面，各出一大河。东名殑伽河，绕池一匝，流入东海。南信度河、西缚刍、北徙多，皆绕池一匝，如次入南、西、北海。今经“恒河”，即殑伽也，言“恒”者，译者讹也。周四十里者，谓初出池口处也。“佛多”下，出取喻之由。然说此经时，但在祇园。余说法时，多近于彼，故以喻也。

△二、约多沙以彰福

**【经】须菩提，我今实言告汝，若有善男子、善女人，以七宝满尔所恒河沙数三千大千世界，以用布施，得福多不？须**

**菩提言：甚多，世尊。**

【疏】论云："前已说喻，何故复说？偈云：'说多义差别，亦成胜校量。后福过于前，故重说胜喻。'何故不先说此喻？为渐化众生令信上妙义故，又前未显以何等胜功德能得菩提故。"

【记】"论云"等者，征也。谓三疑之后，四果之前，已说宝施之喻，今复说者，岂不重耶？"偈云"下，释也。谓前说一三千界宝施，此说无量三千界宝施，虽则总是多义，总是胜校量，然其后者即多中之多，胜中之胜，故重说也。斯则言说重，而义意不重。"何故"下，转难。意云：何不于前文中便说此喻耶？"为渐"下，约人通也。谓机浅法深，顿说难信，渐次诱引，令知胜德。"又前"下，约法通也。谓前喻之前，未说四果无心，释迦无得。严净国土，不严而严。修证佛身，无证而证。是故校量之喻，亦未能胜。后乃既明斯义，法理兼深，由是校量之喻，亦复殊胜。或可出生佛法之义，亦在前喻之后也。况后释所以中，五段经文，亦属于此，思之。

△三、约多福以显胜

【经】**佛告须菩提：若善男子、善女人，于此经中，乃至受持四句偈等，为他人说，而此福德，胜前福德。**

【疏】施感生死，经趣菩提。大意同前。

【记】大意同前者，即"福不趣菩提，二能趣菩提"是也。

△二、释胜所以五：初、尊处叹人胜，二、约义辨名胜，三、佛无异说胜，四、施福劣尘胜，五、感果离相胜。

△初、尊处叹人胜三：初、明处可敬，二、显人获益，三、显处有佛。

△初、明处可敬

【经】**复次须菩提，随说是经，乃至四句偈等，当知此处，一切世间天、人、阿修罗，皆应供养，如佛塔庙。**

【疏】《大般若》说，天帝不在，诸天若来，但见空座，尽皆作礼，供养而去。“窣堵波”，此云“高显”。“塔”者，边国讹语。“庙”，貌也，于塔中安佛形貌。

【记】《大般若》等者，引事证也。帝释每于善法堂中，为天众说般若波罗蜜法，或有时不在，诸天若到，皆向座恭敬作礼，为重于法，乃尊于处故。高显者，以尊人故，令处高显，俾远近皆见，敬而生福也。形貌等者，塔中有佛形貌，人见必生敬心，见于说法之处，亦如见佛形貌。若梵语“制多”，此云“灵庙”，或云“可供养处”，与此大同。

△二、显人获益

【经】**何况有人，尽能受持读诵。须菩提，当知是人成就最上第一稀有之法。**

【记】意云：宣说四句之处，尚得天人供养，何况尽此经文能受持耶？所获胜益，如经叙之。

【疏】前四句犹胜，况此尽能受持，故“最上”等也。

【记】“前四句”等者，据此经意，望于前段，有二胜劣。何者？为前说其处，此说于人。前明四句偈，此明尽受持。由是前则劣中之劣，此乃胜中之胜。反覆而言，故云“何况”也。“最上”等者，等于“第一稀有”也。最上者，法身也，无漏无为，绝上上故。第一者，报身也，众圣中尊，更无过故。稀有者，化身也，如前所说四种事故。意明受持读诵，具获三身，功德圆满也。有云：能趣菩提，故云最上；胜出诸乘，故云第一；世间无比，故云稀有。

△三、显处有佛

【经】**若是经典所在之处，即为有佛，若尊重弟子。**

【记】意云：如此经文，随在何所，即为有佛及诸弟子。

【疏】经显如来法身，依法则有报、化。又一切贤圣，皆以无为得名。经显无为，必有贤圣尊重弟子。

【记】“经显”等者，明有佛及有之所以。谓报、化必依法身，法身又从经显。既有能显之教，必有所显之佛。又经是教法，佛是果法。果由理显，理由行致。斯则三佛备足，四法具圆。所在之处，岂生轻劣？“又一切”下，明有弟子之所以。三乘贤圣，体是无为。经显无为，故有贤圣。“尊重”者，谓证如者，皆是入理圣人，可尊可重故。若准魏经，即但言有佛，使人尊重，不言别有弟子。故彼文云：“即为有佛，尊重似佛。”

△二、约义辨名胜

**【经】尔时须菩提白佛言：世尊，当何名此经，我等云何奉持？佛告须菩提：是经名为《金刚般若波罗蜜》，以是名字，汝当奉持。所以者何？须菩提，佛说般若波罗蜜，即非般若波罗蜜。**

【记】问意云：未审此经，有何名目？不有名目，如何奉持？答文可知。征意云：如来常说诸法名相皆空，今特立此名者，有何所以？释意云：我所立者，名即无名。无名之名，岂违空义？为受持故，于无名中，强立名耳。

【疏】佛立经名，约能断惑，断惑故胜也。“则非般若”者，无著云：“对治如言执故。”

【记】“佛立”等者，释立名之因。因即所依之义，谓金刚有能坏之义，般若有观照之功，法、喻双彰，故曰“金刚般若”。其实亦约能坚之义以立，今且就用释之，具如题中及七义句中说也。“断惑故胜”者，众生流转，为遭惑染，若断惑染，成佛无疑，岂不胜乎？“对治”等者，约名显义，义实名虚，若执虚名，安得实义？虑有斯执，是故对治也。

△三、佛无异说胜

**【经】须菩提，于意云何，如来有所说法不？须菩提白佛言：世尊，如来无所说。**

【记】问意云：汝谓如来，除所证之法外，更有别异之说不？答意云：如来除所证之法外，更无别异之说。此段蹑于次前立名处来，意云：非唯立此经名，名即无名，凡有所说，悉皆如此。又非我独尔，诸佛亦然。

【疏】无所说者，无别异增减之说。但如证而说，既如其证，则无所说，三世佛皆然，故云无异说。故论云：“无有一法唯独如来说，余佛不说。”无著云：“第一义不可说。”

【记】“无别”等者，谓释迦一佛，初、中、后说，竟无别异增减。然乃但据真实无差，不约言辞有异耳。“但如”下，出所以也。凡有说时，皆如其证，证中无说，岂有异耶？“三世”下，结通诸佛。以诸佛同证，竟无二源，不证则已，证则无别也。若未至极位，在因地中，随其所说，各各差别。何以故？所证不同故。如地前、地上、十地，节级不同。由是果人，决无异说。“故云”下，结成上义。既一佛多佛，过去未来，所说皆同，咸如其证。如证之说，不亦胜乎！

“故论云”下，引证。“唯独”等者，说般若能断烦恼，无有一佛不作此说，余皆若此。“第一”等者，以谛理离言说相，离名字相，故不可说。此证前“既如其证，则无所说”也。然无著、天亲，语虽似异，其意实同。既如其证，岂非第一义耶？

△四、施福劣尘胜

**【经】须菩提，于意云何，三千大千世界所有微尘，是为多不？须菩提言：甚多，世尊。须菩提，诸微尘，如来说非微尘，是名微尘。如来说世界，非世界，是名世界。**

【记】问答之文可见。释意云：所言尘者，非烦恼尘，但是地尘。所言世界者，非染因界，但是地尘界。此即蹑前校量中来。由前说河沙宝施，不及持经。惑者所闻，未能诚信。所以如来特说此义，使其明见优劣，用涤所疑。具下疏文，昭然可见。

【疏】论云：“宝施福德，是烦恼因，以能成就烦恼事故。地尘无记，非烦恼因，故尘胜施劣。”大云云：“故诸地尘，则非贪等烦恼尘，是名无记地尘。如来说三千界，非烦恼染因界，是名地尘无记界。是则界为尘因，尘不生烦恼。施为福因，福生烦恼。”

【记】“论云”等，释尽其意。意云：碎界为尘，尘上不起烦恼。宝施得福，即有贪瞋，五欲自娱，无恶不造，故相传云：布施是第三生怨。所以尘界胜于宝施。且尘界但不起过，尚得为胜。况受持此经，定招佛果，岂可以为劣哉？由是相望，便有三重胜劣，谓宝施不及尘界，尘界不及持经。持经尚胜于尘界，岂得不如宝施？如百姓不如宰相，宰相不如天子。天子尚胜于宰相，岂得不如百姓？喻中天子最胜也，法中持经最胜也。经胜所以，岂不昭然？

“大云”下，但对经文以拣法喻，更无别义。然其意者，说微尘是尘，说贪等亦是尘，以俱有坌污之义故。说三千为界，说烦恼染因亦为界，以皆有为因之义故。亦可三千是器界，烦恼是有情界故也。今则拣非贪等尘及染因界，但是地尘及三千界也。是则结释上义，并如前说。

△五、感果离相胜

【经】**须菩提，于意云何，可以三十二相见如来不？不**

**也，世尊，不可以三十二相得见如来。何以故？如来说三十二相，即是非相，是名三十二相。**

【记】问答之文可知。征意云：以何义故，不以三十二相为法身如来？释意云：如来说三十二相，非是法身无为之相，但是化身有为之相故。

【疏】恐施宝者云：我施求佛，谁言烦恼？故此经云：可以相为佛不？论云：“持说此法，能成菩提，胜彼福德。何以故？彼相于佛菩提，非法身相故。经福能降施福，得三十二相。”意明经福降施，方得色相佛身。若但宝施，即烦恼因。

【记】“恐施”等者，叙经起之意也。恐彼意云：“若施不求佛，即起烦恼。本为求佛，云何烦恼？”彼所求者，即是三十二相之身。为破此见，故复问之。

“持说”下，且标胜劣，谓宝施但得色相，持经即得菩提，故云胜彼福德。“何以故”者，征。意云：既得三十二相，何不得菩提？“彼相”下，释也。理法身，是菩提相。彼三十二相，非菩提相。所以言者，菩提无相故。由法身即菩提相，非菩提相空矣。又于其中，法身则胜，色身则劣。何以故？法身无为，真实性故。色身有为，影像相故。然由持说因胜，故果中获法身。宝施因劣，故果中获色身。故上标云：“持说此经，胜彼福德。”

“经福”下，转遮谬解。恐施宝者闻上所说，便云：“虽知色身劣于法身，宝施不如持说。我以不能持说，不要法身，但将宝施成就色身，相好既圆，则亦妙矣。”为遮此见，故此云也，谓前且约别义，分于因果，故说施感相身。若据实义而论，空施不成相果。何者？由无智慧，随相生情，所施虽多，唯成有漏。纵得三十二相，但是转轮王，色相虽同，不名为佛。若能持说此经，则智慧圆起，依慧行施，不住有空。以无漏因，获无漏果，如此三十二相，始得名为佛也。

“意明”下，结释上义，不逾前说。

△二、约内财校量倍显经胜二：初、校量胜劣，二、释胜所以。

△初、校量胜劣

【经】**须菩提，若有善男子、善女人，以恒河沙等身命布施。若复有人，于此经中，乃至受持四句偈等，为他人说，其福甚多。**

【记】经意如文可知。但“甚多”之言，显超命施之福也。

【疏】舍身胜于宝施，持说又胜舍命。

【记】舍身等者，意恐人闻宝施不及受持，便谓以是身外之财，所以劣于经福，若将身命布施，必胜受持。为破其见，故有此文。沙数犹劣，况一身耶？

△二、释胜所以五：初、泣叹未闻深法胜，二、净心契实具德胜，三、信解三空同佛胜，四、闻时不动稀有胜，五、大因清净第一胜。

△初、泣叹未闻深法胜

【经】**尔时须菩提闻说是经，深解义趣，涕泪悲泣，而白佛言：稀有世尊！佛说如是甚深经典，我从昔来所得慧眼，未曾得闻如是之经。**

【记】意谓空生闻上所说，喜极成悲，泣涕涟涟，自宣心曲：身为罗汉，已是多时，慧眼虽开，未闻斯教。

【疏】舍身之苦，已感人心，何况更闻不及持说，是故悲泪。论云："念彼身苦，尊重法故悲泪。"慧眼，人空也。未闻，法空也。

【记】"舍身"等者，悲泣之由。然有三意：一谓伤彼舍身，虚其功故。意云：舍命河沙，劣于持说，不达深旨，劳而无功。二谓悲曩劫不逢遇故。意云：在凡不闻，固当其分。自阶圣果，亦未闻之。三谓庆今得闻，喜极成悲故。善吉创闻深法，非本所望，涕泪交流，以彰极喜。今此疏中，且明前一也。"论云"下，引证。

"慧眼"等者，谓空生混迹，寄位小乘，自证人空以来，未闻法空之理，以法空是大乘所证境故。然以此为经胜由者，有两重意：一谓教若粗浅，闻乃寻常，既感悲啼，乃知深妙。二谓常人啼泣，未足为奇，善吉悲伤，当知最胜。胜之所以，不亦明乎！

△二、净心契实具德胜二：初、正明，二、拂迹。

△初、正明

【经】**世尊，若复有人得闻是经，信心清净，则生实相，当知是人成就第一稀有功德。**

【记】意云：若人闻此，能生信心，此信若生，不信诸法，故云清净。诸法既泯，实相生焉，三身功德，自此周备，岂不胜耶？“第一”等者，如前所明。经文存略，故标二也。

【疏】论云：“此中有实相，余者非实相。”

【记】此中，即般若教。余者，即未说般若之前，二乘、人天之教。所言实相者，即无相之相也，谓无我、法之相。以要言之，离一切相，名为实相。故下文云：“离一切相，即名诸佛。”言余教所无者，谓人天教中，具足二执；小乘教内，法相犹存。不可以二执之相而为实相，故言“余者非实相”。非，犹无也。言此有者，谓顿除二执，双显二空，空病亦空，二边皆离，中道斯显，名实相焉，故云“此中有”也。

问：实相之理，教但能诠，云何信心便生实相？

答：谓能信此经，必无二执。无二执处，即是实相，非谓别有实相生也。

△二、拂迹

【经】**世尊，是实相者，则是非相，是故如来说名实相。**

【记】意云：此实相者，体当胜义，但唯无相。名依世谛，故言实相。

【疏】无著云：“为离实相分别想故。”

【记】“为离”等者，恐闻实相之名，便生实相之想，想即分别也。良以实相真妙，言念不及，虽假言念，唯证相应。若起当情，但唯影像。恐认于此，故曰即非也。

△三、信解三空同佛胜三：初、总标信解，二、别显三空，三、如来印定。

△初、总标信解

【经】**世尊，我今得闻如是经典，信解受持，不足为难。若当来世，后五百岁，其有众生得闻是经，信解受持，是人则为第一稀有。**

【记】意云：我为阿罗汉，亲禀佛言，信解受持，不为难事。若当来世，浊恶世中，去圣时远，不闻佛说。览斯遗教，信解法空，领受任持，依解起行。若斯等类，不亦难乎？

【疏】无著云："未来法灭时，尚有菩萨受持，故无我、人等取。云何汝等于正法时，远离修行，不生惭愧？"

【记】"未来"等者，谓无著出世，当正法中，故引来世之胜人，以诫当时之劣者。是知小人、君子，何代无之？斯则指于第二疑中所说，后五百岁持戒修福者也。

△二、别显三空

【经】**何以故？此人无我相、人相、众生相、寿者相。所以者何？我相即是非相，人相、众生相、寿者相即是非相。何以故？离一切诸相，则名诸佛。**

【记】征意云：设有能信解受持，以何义故，得为稀有？释意云：以无我等相故，此则我空也。征意云：所以令无我等相者，何谓也？释意云：以我等相，即非相故。我相体是心心所法，既无此体，即是法空也。又征意云：以何义故，令无我、法之相？后释意云：离一切相，名为佛故。诸相虽多，不逾我、法。今此统收，故云一切。斯则是相皆离，为俱空也。俱空之理，则名为佛。佛自此成，故言胜也。

【疏】无著云："无我等者，无人取。我等即非相者，无法取。离一切者，显示诸菩萨随顺学相。诸佛世尊离一切相，是故我等应如是学。"

【记】人、法二取，其义可知。"显示"等者，为我、法二空，菩萨有分。离一切相，方是如来。今显示此义者，令诸菩萨方便随顺，学而习之，见贤思齐，速成佛故，故云"诸佛世尊"乃至"如是学"也。

△三、如来印定

【经】**佛告须菩提：如是如是。**

【记】经意如文可知。然以前来从"尔时须菩提闻说是经"，乃至"离一切相，则名诸佛"，尽是空生之言。于中逦迤有其六重，所谓闻法悲啼，信生实相，对彰难易，明无我人，法执兼亡，尽成佛故。如斯所说，皆当诚谛之言，故佛世尊印云"如是"。重言者，表言当之极耳。

△四、闻时不动稀有胜

【经】**若复有人得闻是经，不惊不怖不畏，当知是人甚为稀有。**

【记】意云：此经深妙，难解难知。或有人闻，多生惊畏。若得不生惊畏，岂不稀有者哉？实难其人，盖缘经胜。经胜之义，昭然可知。

【疏】论云："惊者，谓非处生惧。怖者，不能断疑心故。畏者，一向怖故，其心毕竟堕惊怖故。"

【记】惊、怖、畏者，此三行相不同。惊谓愕然而怪，怖则进退慞惶，畏则一向恐惧。如人欲往上京，行于大路，以先未经历，忽然而惊，心自念言，何谓至此？或进或退，疑是疑非，遂无决定之心，谓此路原来不是，或反而不进，或恐惧发狂，坠壑投岩，不终天命。法中亦尔，以佛于人天、小乘教中，说空说有。不达意者，随言而执。及说此经，则显非空非有，中道之理。先所执者，悉皆惊畏，却以为非，不能进趣，或堕凡夫，或落小乘。菩提真空，从兹永失。今之经意则云：若人闻此不有不空难信之法，不生惊畏之心，则能不舍菩提，进向大道。旨趣深妙，鲜有其人。若或有之，是为稀有也。

△五、大因清净第一胜

【经】**何以故？须菩提，如来说第一波罗蜜，即非第一波罗蜜，是名第一波罗蜜。**

【记】征意云：以何义故，闻而不惊等，得为稀有耶？释意云：以此法门，于诸波罗蜜中，是第一波罗蜜故。然此波罗蜜，若约胜义，则不可言，故言"非第一"等。今所说者，约世谛说，为胜之义，不亦然乎？故云"是名"等也。

【疏】“何以故”者，有二：一蹑前不惊等征，二都蹑前胜以征。论云：“此法门者，名为大因，胜余修多罗故。名为清净，无量诸佛同说故。故彼珍宝檀等，无如是功德。是故彼福德中，此福为胜。”

【记】初意已如上说。“二都”下，谓前来两重校量，皆言经胜。释胜所以，已列九门。每门之中，各是一义。未知根本何谓胜乎？斯则于胜所以中，更征胜所以也。

“大因”者，谓第六般若波罗蜜也。以佛有三身，法身最大，此能得故，名为大因。六中最胜，故称第一。“胜余”等者，谓人天、二乘教中，不诠此法，今乃诠之。彼以所诠劣故，能诠亦劣。此以所诠胜故，能诠亦胜也。

“清净”等者。谓随相之法，建言必异。离相之理，说即无差，以平等一味故。平等一味，即胜义谛也。以是胜义，故清净矣。

“故彼”下，通释都征之意。檀即是施，通于内外二财，故云“等”也。“无如是功德”者，谓在因无破惑之功，在果无法身之德故。“此福”者，受持读诵也。然前门门皆显经胜，胜之根本，不过此门，能成清净法身，是故说名为胜。内外财施，安可校量？

金刚般若经疏论纂要刊定记会编第七卷终

# 金刚般若经疏论纂要刊定记会编卷第八

△八、断持说未脱苦果疑二：初、随章叙疑，二、依经断疑。

△初、随章叙疑

【疏】论云："向说舍身，苦身果报，故福劣。若尔，依此法门持说，诸菩萨行苦行，亦是苦果。云何此法不成苦果？"

【记】初三句，指疑起处，此从前内财校量中来。谓河沙命施，全胜外财，犹感苦身，故名为劣。"若尔"者，印定前说。"依此"下，结成疑也。谓依此经受持解说，不惮劳苦，即是菩萨行。菩萨之行，无所不为，剜身燃灯，割股救鸽，一句投火，半偈亡躯，供佛烧身，捐形饲虎，如是等行，皆名苦因。为行颇同，果证何异？因果既等，何胜劣哉？"云何"等者，意明前舍身命，即成苦果。今受持经，亦是苦行，何故不成苦果耶？

△二、依经断疑二：初、明超忍以断疑，二、劝离相以安忍。

△初、明超忍以断疑二：初、明忍体，二、明忍相。

△初、明忍体

【经】**须菩提，忍辱波罗蜜，如来说非忍辱波罗蜜。**

【记】意云：忍辱波罗蜜者，胜义谛中，则无此相，故云“非忍辱”等。断疑意者，若如汝言，受持此经，及菩萨行苦行，便同舍身，俱成苦果者，此义不然。以前舍身，不达无相，即成苦果。持说此法菩萨苦行，达无我人，知忍无忍，彼岸非岸，直造本源，岂成苦果？故云忍辱非忍辱等。

【疏】忍到彼岸，已离苦相。况彼岸非岸，谁苦谁忍。

【记】“忍到”等者，然此以超忍为体，须知本末五重，然后阅此疏文，则明见其理。五重者，一是本源之心，非动非静；二、不忍，谓以怨报怨；三、忍，虽不加报，未能忘怀，即未到彼岸忍；四、亡情绝虑，寂然不动，即到彼岸忍；五、非动非静，即超彼岸忍。为治动心，且居静境，动既非实，静岂为真？若准五门，方为究竟，与其第一，更无二源，体相常然，竟无改易。今言“忍辱波罗蜜”，即第四门。“非忍辱波罗蜜”，即第五门。离苦相者，已越第三。彼岸非岸，兼超第四。尚逾静境，岂有动心？初后两端，正当忍体。

△二、明忍相二：初、引一生证极苦忍，二、引多生证相续忍。

△初、引一生证极苦忍二：初、正明，二、反显。

△初、正明

【经】**何以故？须菩提，如我昔为歌利王割截身体，我于**

**尔时，无我相，无人相，无众生相，无寿者相。**

【记】征意云：以何义故，能行此忍？释意云：以无我、人等相故也。

【疏】“歌利”，此云“极恶”。佛昔作仙，山中修道。王猎疲寝，妃共礼仙。王问得四果，皆答不得，王怒割截。天怒雨石，王惧而忏悔。仙证本无瞋，王乃免害。论云：“不但无苦，而乃有乐，以慈悲故。”

【记】歌利王等，准《涅槃经》说：“我念往昔，生南天竺富单那城婆罗门家。是时有王，名迦罗富，其性暴恶，骄慢自在。我于尔时，为众生故，在彼城外，寂然禅思。尔时彼王，春木花敷，与其眷属，宫人彩女，出城游观，在林树下，五欲自娱。其诸彩女，舍王游戏，遂至我所。我时为欲断彼贪故，而为说法。时王见我，便生恶心，而问我言：‘汝今已得阿罗汉果耶？’我言：‘不得。’复言：‘获得不还果耶？’我言：‘不得。’复言：‘汝既年少，未得如是二果，则为具有贪欲烦恼，云何恣情观我女人？’我即答言：‘大王当知，我今虽未断贪欲结，然其内心实无贪着。’王言：‘痴人，世有仙人，服气食果，见色尚贪。况汝盛年，未断贪欲，云何见色而当不着？’我言：‘大王，见色不贪，实不由于服气食果，皆由系念无常不净。’王言：‘若有轻他而生诽谤，云何得名修持净戒？’我言：‘大王，若有妒心，则为诽谤。我无妒心，云何言谤？’王言：‘大士，云何名戒？’我言：‘忍名为戒。’王言：‘若忍是戒，当截汝耳，若能忍者，知汝持戒。’即截我耳。时我被截，容颜不变。时王群臣，见是事已，即谏王言：‘如是大士，不应加害。’王告诸臣：‘汝等云何知是大士？’诸臣答言：‘见受苦时，容颜不变。’王复语言：‘我当更试，知变不变。’即劓其鼻，刖其手足。尔时菩萨，已于无量无边世中，修习慈悲，愍苦众生。时四天王，心怀瞋忿，雨砂砾石。王见是已，心大怖畏，复至我所，长跪而言：‘惟愿哀愍，听我忏悔。’我言：‘大王，我心无瞋，亦如无贪。’王言：‘大德，云何得知？’我即立誓：‘我若真实无瞋恨者，令我此身，平复如故。’发是愿已，身即平复。”今言问得四果者，盖通相而言也。“论云”下，义如后释。

△二、反显

【经】**何以故？我于往昔节节支解时，若有我相、人相、众生相、寿者相，应生瞋恨。**

【记】征意云：以何义故，得知无我等相？释意云：若有我相，应生瞋恨。既不瞋恨，则无我相。如昔立誓，若实无瞋，身即平复。以无瞋故，则知无我。以无我故，方成真实忍波罗蜜。支，离也。

△二、引多生证相续忍

【经】**须菩提，又念过去，于五百世作忍辱仙人，于尔所世，无我相，无人相，无众生相，无寿者相。**

【记】意恐人谓只是一度能为此忍，故说过去已五百生。或恐人言："无我能忍，应可暂时。若使频为，必不能尔。"故说多生悉皆如是。或恐人言："有何所因，无我能忍？"故说多生忍之熟故。含此三意，故有是言也。

【疏】累苦故，忍熟而乐，但与正定慈悲相应。故偈云："离我及恚相，实无有苦恼，共乐有慈悲，如是苦行果。"

【记】"累苦故"者，本疑累苦难忍，却由累苦能忍，斯则翻前三意中后二意也。"而乐"者，然有四意故乐：一为忍熟故乐，如役力之人，久得其志也；二为正定故乐，常踞大定，寂灭不动故；三为愍他故乐，如孩子杖父，父即乐生；四为自利故乐，以将此幻形，易得坚质。具兹四意，故言乐也。今文但有前三意。

"故偈云"下，引证。"如是苦行果"者，对破疑情也，谓因苦果还苦，因乐果还乐，故不同也。如陶金作器，器还是金。和土脱墼，墼还是土。前征：云何此法不成苦果？今此结云：如是苦行，故不成苦果也。

△二、劝离相以安忍二：初、引论叙意，二、分文正释。

△初、引论叙意

【疏】论云："若有菩萨，不离我相，见苦行苦，欲舍菩提心，故劝离相。"无著云："为对治不忍因缘，有三种苦，谓流转苦、众生相违苦、乏受用苦。"

【记】"若有"等者，出劝之由也，谓不能安忍，欲舍菩提心，由见苦故。见苦是苦者，由不离我相故。若离我相，则不见苦，自然成忍，不舍菩提。故今劝之，令离相也。夫菩提心者，谓上求下化，二利不息。既若见苦为苦，即不能忘身舍命，出生入死，是故便舍大菩提心。如舍利弗，本发大心，行菩萨行。至六住，被乞眼睛，便生瞋忿，不成忍行，舍大归小，盖由我相也。

三种苦者，前二即次文，后一即当第十疑中“心住于法行布施”等是也。意明住相行施，堕有漏中，受用欲乐，疲乏生苦也。亦可有漏有限，有限故乏受用，乏受用故生于苦也。然今依天亲科经，故不收入此段。前二文理相似，故全用之。

△二、分文正释二：初、总标，二、别显。

△初、总标

【经】**是故须菩提，菩萨应离一切相，发阿耨多罗三藐三菩提心。**

【记】意云：以是无我相等，得成忍行故，彼诸菩萨应须离相发菩提心。

【疏】若离相发心，虽逢大苦，即能不舍。无著云：“离一切相者，谓离如是三苦相也。”

【记】“若离”等者，住相既舍菩提，不住即成大忍，菩提之心，自然久固，何舍之有也。“无著”下，可知。

△二、别显二：初、对治不忍流转苦，二、对治不忍相违苦。

△初、对治不忍流转苦

【经】**不应住色生心，不应住声、香、味、触、法生心，应生无所住心。若心有住，则为非住。是故佛说菩萨心，不应住色布施。**

【记】意云：不应住于色等六境，生于妄心，应生无住菩提之心。若心有住色等境界，则为非住菩提也。以是义故，佛于正答问之中，说菩萨心不应住于色等布施。菩萨之行，处处皆同，故引前文以证于后也。

【疏】初正明，流是集谛，转是苦谛。无著云："若着色等，则于流转苦中疲乏故，菩提心不生。"后引证，引前说无住施，具含六度，证此文矣。

【记】"流是"下，解科文，此即四谛之中前二世间因果也。大云解云："集招苦果，故说为流。生死不停，故名为转。斯则袭习、纶轮之义也。""着色"等者，着色等即疲乏，菩提心不生；不着色等即不疲乏，菩提心生矣。"引前"等者，是上修行中文，已如前说。

△二、对治不忍相违苦

【经】**须菩提，菩萨为利益一切众生，应如是布施。如来说一切诸相，即是非相，又说一切众生，即非众生。**

【记】意云：菩萨行行，本为利益众生，故便离相，行于布施。若能离相，则众生相违时，不生疲乏也。况我、法二相，如来说为非相耶？以皆本无，故须离矣。若其本有，何用离之？劝离之旨，方兹著矣。

△疏二：初、引无著显意，二、约天亲释文。

△初、引无著显意

【疏】无著云："既为众生行施，云何于彼生瞋？由不能无众生想故，众生相违时，即生疲乏。故显示人无我，法无我。"

【记】"既为"等者，盖不合为而为之也。如人邀客，本为供承，见有所须，反生凌辱，于理如何？"由不能"下，出瞋之所以也。"故显"下，出经意也，但无此二，心必相应。

△二、约天亲释文

【疏】论云："诸相者，众生相也。非相者，无我也。阴中见我，是众生相。一切众生者，五阴法也。非众生者，阴空故，法无我也。"乏受用苦，配在后段。

【记】众生相者，以魏经云"一切众生相"故。"阴中"等者，今于阴中不见有我，故云非相也。五阴法者，以彼众生皆用五阴之所成故。阴空等者，以无能成之五阴，故云法无我也。然此人、法二相，本自空无。众生不知，妄执为有。今所说者，意令知而离之也。又此我、法经文，文与意反。文即先法后人，意则先人后法。魏经之内，文句昭然。故今疏中，顺意释也。"乏受用"下，可知。

△九、断能证无体非因疑二：初、随章叙疑，二、依经断

疑。

△初、随章叙疑

【疏】论云："于证果中无道，云何彼于果为能作因？"

【记】初句述疑意，兼指疑起处也。此从前第三、第七中来，以彼校量内外财施，不及持经，以此得菩提故，遂起疑云：若然者，且言说是因，因即是道，以此证果，理则不成。何者？以果是无为，无为有体。因是有为，有为无体。无体之道，不到果中。云何说此而为因耶？

△二、依经断疑二：初、断疑，二、离执。

△初、断疑

【经】**须菩提，如来是真语者，实语者，如语者，不诳语者，不异语者。**

【记】意云：如来之言，真实无异，皆如其事，不诳众生，持说必趣菩提，汝等云何不信？又以如来说于真实等，故名如来为真实语者。由是"者"字皆属如来。

△疏二：初、略消经意，二、广释五语。

△初、略消经意

【疏】佛所有说，皆如其事。今说证果，何疑不然？

【记】此通说断疑之意。"皆如其事"者，即下四语所说之事。"今说"等者，以彼况此也。意云彼既无谬，此岂不然？

△二、广释五语

【疏】“真语”者，说佛身大菩提法也，是真智故。“实语”者，说小乘四谛，“谛”是“实”义。“如语”者，说大乘法有真如，小乘无也。“不异语”者，说三世授记等事，更无参差。佛将此四语，不诳众生，是故秦译加“不诳语”。

【记】“佛身”，即真身也，以法、报合论，理、智无二故。若欲分文别指，则佛身是报，大菩提法为法也。“是真智”者，以菩提是觉，觉即智故。论云：“依此法身，说名本觉。”法、报合说，同名真身。如来说此真智之法，乃名如来为真语者，此则以所说名能说也。余皆例此。

谛实等义，已如前说。“如语”等者，小乘虽有生空之理，非实真如，以是偏真，未彻源故。大乘之内，具显三空，空病亦空，是究竟真如法也。“不异”者，与三乘弟子授记，劫数久远，名号寿量，国土等事，一一不异故也。

“佛将”等者，谓本来只有四语，秦什译时，加此一语，欲以统收四语，发明佛意，用之断疑也。应可一一举而问之，以显不诳之义。且如佛说大菩提法为真智时，为真不真耶？则对曰真。当知如来是真语者，斯则不诳之义明矣。他皆例此。

说此四事，既不诳人。今说此经，受持得菩提果，岂成诳耶？云何不信？虽此言说有为无体之因，能证离言无为有体之果。故偈云：“果虽不住道，而道能为因。以诸佛实语，彼智有四种。”亦如《净名》云：“文字性离，即是解脱，无离文字说解脱也。”

△二、离执

【经】**须菩提，如来所得法，此法无实无虚。**

【记】意者前虽以言遣疑，又恐随言生执。闻说依言得菩提，便谓言中有菩提。及闻言中无菩提，便谓毕竟无菩提。不达言空而法实，故作斯执。今则遣之，故云“如来所得”等也。

【疏】“无实”者，如言说，性非有故。“无虚”者，不如言说，自性有故。

【记】“如言”等者，谓言说缘生，本无自性。言中菩提，亦同言说。何以故？有名无实故。如言于火，但有火名。名、言二法，皆无体性，故云“如言”等也。“不如”等者，不似言说也。谓言说毕竟无体，菩提之法即不无也。但以不在言中，不无离言之法。如言中之火虽无，不无离言之火。由是言中虽无火，不妨因言而得火。言中虽无菩提，不妨因言而得菩提。以依言进修，必证果故。若然者，则不应言中执有，离言执无。达此有无，方云离执。故偈云：“顺彼实智说，不实亦不虚。如闻声取证，对治如是说。”

△十、断如遍有得无得疑二：初、随章叙疑，二、依经断疑。

△初、随章叙疑

【疏】论云：“若圣人以无为真如法得名，彼真如一切时处恒有，何故有得者，有不得？”

【记】初句指疑起处，此从第三中来。准彼但云无为，不言真如。今所言者，拣余无为故。所以拣者，欲显所疑，要成遍义。余无为法，有不遍故。“彼真如”下，立理也。如《华严》云：“法性遍在一切处，一切众生及国土，三世悉在无有余，亦无形相而可得。”斯则处及尘尘，时该念念故也。“何故”下，结成疑。既遍时处，即合皆得，何故有得不得耶？

△二、依经断疑二：初、举喻断疑，二、赞经功德。

△初、举喻断疑

【经】**须菩提，若菩萨心住于法而行布施，如人入暗，则无所见。若菩萨心不住法而行布施，如人有目，日光明照，见种种色。**

【记】意云：若住法行施，则不得真如。如入暗中，一无所见。若无住行施，则得真如。如太阳升天，何所不瞩？真如虽遍，得失在人。义理昭然，竟何所惑？

【疏】论云：“无智住法，心不清净故不得。有智不住法，心清净故得。”有目者，如得对治法。日光者，如所治暗尽，能治现前。空喻真如，色喻性上万德。

【记】无智等者，谓无般若观照之智，由无智故，即执着色等六尘，及空有等一切法也。以住是执着之义，故云住法。心不净者，由执着故为尘所染，正智不生，不证真理，故云不得，得即证也。有智等者，反前可见。

对治等者，以经中具有法、喻。疏中配释，影略难明。今要预说，方会疏文。

谓喻中有五：一空、二色、三暗、四日、五目。法中有四：一真如、二性德、三烦恼、四智。法四喻五，数不齐者，以空喻真如，色喻性德，暗喻烦恼，日、目二事同喻一智。所以然者，以日、目二事，各有一能。智慧之中，具有二义。日能破暗，如智断惑。目能见空，如智证理。既目无破暗之义，日无见空之能，约义分之，但有四对法喻。

喻中意者，且如虚空，无所不遍。一切色法，亦满世间。百千万人，悉在其内。日光未出，六合瞑然，虽在空而不见空，虽对色而不见色。苟或日出，昏暗尽除，眼目开明，空色皆见。匪但空无边际，身在其中，反思暗瞑之时，不曾暂出。

法中亦尔，谓真如之理周遍十方，性上功德亦遍一切。众生无量，悉在其中。以智慧未生，唯是痴暗。虽在真内，何曾见真。虽有性德，不见性德。苟或智慧明发，惑暗尽除，真性廓周，自然明见。匪但性无边际，身在性中，反思迷暗之时，不曾暂离。故肇公云："道远乎哉？触事而真。圣远乎哉？体之则神。"《弥勒颂》云："时及处实有，为不得真如。无智以住法，余者有智得。"

对治法者，即智慧也。以日、目二种，同喻此故。谓日是能治，暗是所治。所治之暗既尽，能治日光现前，即能见其色等。法中惑智，例此言也。故偈云："暗如愚无智，明者如有智。对法及对治，得灭法如是。”

△二、赞经功德二：初、总标，二、别显。

【记】赞德者，以显得真如为由心净，心净由不住法，不住法缘有智，有智盖由闻经。当知此经，有其胜德，故须赞叹，以示将来。胜德之相，即下十段。

△初、总标

【经】**须菩提，当来之世，若有善男子、善女人，能于此经受持读诵，则为如来以佛智慧，悉知是人，悉见是人，皆得成就无量无边功德。**

【记】经意可知。所言以佛智慧知功德者，意谓除佛世尊，余无知者，盖显功德之殊胜也。

【疏】无著云：“读诵者，此说受持因故，为欲受故读，为欲持故诵。”论云：“受持修行，依总持法故。读诵修行，依闻慧广故。是则从他闻法，内自思惟，为得修行智也。”故偈云：“修从他及内。”

【记】“受持因”者，标也。“为欲”下，释。欲受其文故先读，欲持其义故先诵，是故受持皆由读诵，故分因果也。

受持等者，谓依总持法而受持修行，若文若义，总能领纳，方曰受持，此则思慧也。读诵等者，谓依闻慧广故读诵修行，若无所闻，凭何读诵，此闻慧也。论云：“广多读习，亦名闻慧。”然皆言修行者，盖通相说也，非是三慧中修慧。以修慧与理相应，唯局无漏，出于读等四法之表，故不配之。但约闻、思二慧，共所成就，故次云“是则从他闻法”等。“故偈”下，引证。从他，即闻慧也。及内，即思慧也。

△二、别显十：初、舍命不如，二、余乘不测，三、依大心说，四、具德能传，五、乐小不堪，六、所在如塔，七、转罪为佛，八、超事多尊，九、具闻则疑，十、总结幽邃。

初、舍命不如二：初、舍命福，二、信经福。

△初、舍命福

【经】**须菩提，若有善男子、善女人，初日分以恒河沙等身布施，中日分复以恒河沙等身布施，后日分亦以恒河沙等身布施，如是无量百千万亿劫以身布施。**

【疏】偈云：“以事及时大，福中胜福德。”

【记】“以事”等者，以前来已说命施，此中复说者，盖时事俱胜故。时即布施之时，事即布施之事。前但一度，施一河沙身命，时、事皆小。今则无量劫中，日复三度，以河沙身命布施，时、事皆大，是舍命福中胜福德也。

△二、信经福

【经】**若复有人，闻此经典，信心不逆，其福胜彼，何况书写、受持、读诵、为人解说。**

【记】经意可知。“不逆”者，是不谤义也。魏经如此。

【疏】信经劣于持说，多命胜于前喻。

【记】信经等者，谓能所校量之中，皆有胜劣。能中，一河沙数为劣，三时多劫为胜。所中，信经为劣，持说为胜。前则以劣况胜，此则以胜况劣。前浅后深，天地之远矣。

△二、余乘不测

【经】**须菩提，以要言之，是经有不可思议不可称量无边功德。**

【记】意云：若具足赞叹，终不可穷。以实言之，有无边功德等也。

【疏】偈云："非余者境界。"无著云："不可思议者，唯自觉故。不可称量者，无有等及胜故。"

【记】"非余"等者，非二乘、菩萨能尽知也，故前云以佛智慧而悉知故。又下文云："当知是经义不可思议，果报亦不可思议。"佛尚如此，余岂能知？

自觉者。谓以心思口议，但及名相之境。此非名相，故不可思议，唯证相应故也。"等及胜"者，两意：一则无有等此胜功德故。二则无有胜于此故，无有等于此故。故《心经》云："是无上咒，是无等等咒。""及"即"等"义，故不别标也。

△三、依大心说

【经】**如来为发大乘者说，为发最上乘者说。**

【记】意云：以非余者所知故，故为最上者说。

【疏】"最上"者，一佛乘也。

【记】一佛乘者，经中初标大乘，名恐滥于权教，故复拣云最上乘者。今疏中出最上乘体，故云一佛乘也。体当本觉，故名为佛。非二非三，故名一乘。故魏经云：“为住第一大乘众生说。”即当善吉所为机，发无上菩提心者。

△四、具德能传

【经】**若有人能受持读诵，广为人说，如来悉知是人，悉见是人，皆得成就不可量不可称无有边不可思议功德。如是人等，则为荷担如来阿耨多罗三藐三菩提。**

【记】意云：若能宣说受持，此则修行二利，能令佛种不断，则名荷担菩提。

【疏】成就等者，偈云：“满足无上界。”荷担者，无著云：“肩负菩提重担故。”

【记】满足无上界者，满足即成就义，界即因义，意明不可量等功德，与无上菩提为因故也。荷担等者，在肩曰担，背负曰荷。今明行菩萨行，即是荷担，谓以大悲下化，以大智上求，以大愿双运，安于精进肩上，从烦恼生死中出，念念不住，直至菩提真性，自他一时解脱，方舍此担。《法炬经》中，具有此说。今经云“受持读诵”，即自利；“广为人说”，即利他。既若二利兼行，必以大愿为体，由是能令佛种不断，故名荷担菩提也。

△五、乐小不堪

【经】**何以故？须菩提，若乐小法者，着我见、人见、众生见、寿者见，则于此经不能听受读诵，为人解说。**

【记】征意云：云何唯为大乘者说？何故持说名为荷担

菩提？释意云：以乐小者，着我等见，不能持说，故知能持能说，是最上乘，荷担菩提之者。

问：何者名为小法？谁为乐小之人？

答：四谛、缘生，名为小法。声闻、缘觉，即是乐小之人。滞情于中，乃名为乐。彼有法执，此显三空，是其非处，故不能持说。故魏经云："若有我、人等见，于此法门能受持者，无有是处。"当知若能持说，即是乐大法者，不着我、人等见也。

问：声闻、缘觉，已达我空，云何经中而言着我？

答：以我、人等见，是心心所法，着之即是法执，故指缘觉、声闻也。或可乐小法者，即是声闻、缘觉。着我见者，即是一切凡夫。

△六、所在如塔

【经】**须菩提，在在处处，若有此经，一切世间天、人、阿修罗，所应供养。当知此处，则为是塔，皆应恭敬作礼围绕，以诸花香而散其处。**

【记】意云：经显法身，依法则有报、化。三身既存，塔庙斯在。是故此处，劝应供养。

准《纂灵记》说，隋朝益州新繁县王者村，有书生姓苟，未详其名，于彼村东空中四面书之。村人谓曰："书者何也？"曰："我书《金刚般若经》。"曰："何用焉？"曰："与诸天读之。"时人见闻，若存若亡。彼属霖雨，流水滂沛，唯此地方丈余间，如堂阁下，竟无沾湿，于是牧童每就避雨。时人虽在，莫知所由。至武德初，有西僧至，神貌颇异，于此作礼。村人谓曰：“前无殿塔，为何礼耶？”曰：“君是乡人耶？”曰：“然。”僧曰：“君大无识，此有《金刚般若经》，诸天置盖其上，不绝供养。云何污践，使其然乎？”村人乃省苟生写经之处。自此遂甃甓严栏护之，不令污践。苟至斋日，每常供养。瞻礼者，往往有闻天乐之声。迄今其处，雨不能湿。且空书无迹，尚乃如斯。况纸素分明，而不能尔？

△七、转罪为佛

【经】**复次须菩提，善男子、善女人，受持读诵此经，若为人轻贱，是人先世罪业，应堕恶道，以今世人轻贱故，先世罪业则为消灭，当得阿耨多罗三藐三菩提。**

【记】意云：如过去造极恶，合来世堕三途者。苟遇此经，受持读诵，功力既著，能消极恶，遂以现遭轻贱之事，更不堕于恶道，即是转重业令轻受也。持经无我等相，即烦恼障尽。极恶消灭，即业障尽。不堕，即报障尽。三障既灭，三德必圆，故云当得菩提也。

【疏】“轻贱”者，总包于中或打或骂，故隋译云“轻贱甚轻贱”。无著云：“此毁辱事，有无量门，故复云甚轻贱。当得菩提者，罪灭故。”

【记】总包等者，以打骂等事，皆名轻贱故。“隋译”下，引证。“无著”下，转释。无量者，以身口意三，所为之事，但不饶益，皆属轻贱也，故云无量。罪灭者，罪障既尽，渐渐修行，因圆果满，自然为佛。经言“当得”，意显后时，非谓现世得成佛果。余转灭等义，已于悬谈五因中说竟。

△八、超事多尊二：初、总叙意，二、别科释。

△初、总叙意

【疏】论云：“示现速证菩提法故。”

【记】意明持说此经，速证菩提之法，所以超过如来事多世尊之福。故偈云：“福不至菩提，二能至菩提”也。

△二、别科释二：初、供佛多中全具福，二、持经多中少分福。

△初、供佛多中全具福

【经】**须菩提，我念过去无量阿僧祇劫，于燃灯佛前得值八百四千万亿那由他诸佛，悉皆供养承事，无空过者。**

【记】经意可见。燃灯前者。以释迦因地修行，经三无数劫。第一劫满，遇宝髻如来。第二劫满，遇燃灯如来。第三劫满，遇胜观如来。今云燃灯前者，即第二劫中也。

【疏】那由他者，十亿为洛叉，十洛叉为俱胝，十俱胝为那由他。

【记】那由他者，第九数，数当万万也。

△二、持经多中少分福

【经】**若复有人，于后末世，能受持读诵此经，所得功德，于我所供养诸佛功德，百分不及一，千万亿分，乃至算数**

**譬喻所不能及。**

【记】经意对前比量可解。然所不及者，有二义：一、彼得福德，此得菩提故；二、彼有我相，此无我相故。故前云此人无我、人相等也。

△九、具闻则疑

【经】**须菩提，若善男子、善女人，于后末世，有受持读诵此经，所得功德，我若具说者，或有人闻，心则狂乱，狐疑不信。**

【记】意云：前虽校量，亦未具说。若具说者，人必狐疑。狐者，狡兽也，以多疑故，故云狐疑。《述征记》云："风劲，河冰始合，要须狐行。以此物善听，听冰下水无流声即过也。"魏经即但云"疑惑"。

△十、总结幽邃

【经】**须菩提，当知是经义不可思议，果报亦不可思议。**

【记】意云：校量不及，佛不具说者，以此经义及持者果报，皆不可心思言议故也。

【疏】无著云："此显示彼福体及果体不可测量故。"

【记】福体者，经义也，为福所依故。果体者，佛菩提也。测量，即思议也。以福田、佛果，皆无相故。

然科云"总结幽邃"，准此所判，但局第十疑中。今若详之，兼该三七之二。以始自第三，乃至第十，逦迤次第，五度校量，谓外财两度、内财两度、佛因一度。且第一，以一三千界七宝布施，校量不及持说。第二，以无量三千界宝施，校量不及。第三，以一河沙数身命布施，校量不及。第四，以无量河沙数身命布施，校量不及。第五，以如来因地供养诸佛功德，校量不及。至此第五，是校量之极，更无譬喻可以比况，故云："乃至算数譬喻所不能及。"苟或具说，人必生疑，故复云："我若具说者，或有人闻，心则狂乱，狐疑不信。"自此之后，赞校都绝，所以望前数段，故总结云："当知是经义不可思议"等也。

问：此至经末，犹有数处校量，云何辄言无校量耶？

答：余所校量，但是别意，以之断疑，实非前说五重次第也。由是随时略举一三千界宝，或须弥聚宝，或阿僧祇界宝，以为校量。若不然者，岂得胜义之后，却举劣福为次第耶？

△十一、断住修降伏是我疑二：初、随章叙疑，二、依经断疑。

△初、随章叙疑

【疏】佛教我住、修、降伏，兼不住前十种疑执过患。若无我者，谁人受教？谁人住、修？谁人如此离过？云云。亦云除微细执故。偈云："于内心修行，存我为菩萨。此即障于心，违于不住道。"

【记】初二句，指疑起处。住、修等者，即正答三问，及次前十段也。"若无"下，结成疑。既教我住、修、离过，岂是无我无人？若言无我，谁住、修、离过耶？

“亦云”下，叙别义。除细执者，即是第二疑中未除之者，故今举之，令其除断。问：执与疑何别耶？答：执则坚着，疑乃不决。若据论意，正是除执，不言断疑。今疏云断疑者，若言除执，文势孤起，血脉不贯，故依诸疏以立此疑。

“偈云”下，引证除执也。道之与心，盖是一法。但以心本无我而执我，道本不住而成住，故立障心违道也。

然此疑执之文，若详经义别分，则从“尔时须菩提”，至“则非菩萨”，是断疑；后之一段，是除执也。故论中释已，偏指后文。

△二、依经断疑二：初、问，二、答。

△初、问

【经】**尔时须菩提白佛言：世尊，善男子、善女人，发阿耨多罗三藐三菩提心，云何应住？云何降伏其心？**

【记】文虽似前，问意全别。意云：若人发心，则无有我，是谁降伏其心？反覆如上所说。

△二、答三：初、若名菩萨必无我，二、若有我相非菩萨，三、能所俱寂是菩提。

△初、若名菩萨必无我

【经】**佛告须菩提：善男子、善女人，发阿耨多罗三藐三菩提心者，当生如是心，我应灭度一切众生，灭度一切众生已，而无有一众生实灭度者。**

【记】意云：若人发菩提心已，当生度尽一切众生之心，然不得起有众生可度之念，亦不可起我能度之念。念既不起，即无我，无我即名菩萨也。

△二、若有我相非菩萨

**【经】何以故？须菩提，若菩萨有我相、人相、众生相、寿者相，则非菩萨。**

【记】征意云：以何义故，度众生，令不起众生之念耶？释意云：若有我相、众生相等，非菩萨故。前约所度之境，此约能度之心。心境合论，通名为我。既前后互举，则显能所皆无也。

△三、能所俱寂是菩提

**【经】所以者何？须菩提，实无有法，发阿耨多罗三藐三菩提心者。**

【记】征意云：前无所化之境，次无能化之心。所以要无能所者，何谓也？释意云：以能所俱寂，方是菩萨故。“法”之一字，能所俱摄。

△十二、断佛因是有菩萨疑二：初、随章叙疑，二、依经断疑。

△初、随章叙疑

【疏】论云：“若无菩萨，云何释迦如来，于燃灯佛所，行菩萨行？”

【记】初句指疑起处，即从次前文中来也，以前云无发心者，发心者即是菩萨故。“云何”下，结成疑也。燃灯，即是释迦因地，第二劫满，所遇之佛，既于彼处行菩萨行，云何乃言无发心者？

△二、依经断疑四：初、举疑处，二、断疑念，三、印决定，四、反覆释。

△初、举疑处

【经】**须菩提，于意云何，如来于燃灯佛所，有法得阿耨多罗三藐三菩提不？**

【记】意云：汝意之中，颇谓我于燃灯佛所，得菩提不？若得菩提，何成菩萨？是彼疑处，故举问之。

【疏】降怨王请燃灯佛入城，城中长幼尽迎。路泥，善慧布发，佛与授记。故举此问。

【记】此叙其本事也。准《本行经》说：昔有大城，名为莲花。城中有王，名曰降怨。有一婆罗门，名曰日主，为王所重，分与半国，封授为王，别为王城，名为埏主。日主夫人，名为月上。燃灯菩萨，降神右胁，出家成道。时降怨王，将欲迎请，遂敕城内外十二由旬，禁断诸花，不令私卖，王皆自买，以供如来。彼国雪山南面，有一梵志，名曰珍宝，有五百弟子。中有一弟子，名之云童，或名善慧，于彼众中而为上首，所有仙法皆学已了，辞师还家。师曰：“汝今将归，须以清净伞盖、革屣、金杖，乃至金钱五百，报我之恩。”

云童曰："我今并无此物，但放我去，得即送来。"师即放之。云童因赴无遮之会，得五百金钱，便欲送还师处。因至莲花城内，见城严丽，即问于人，乃知燃灯如来欲至。遂将三百金钱，于一婢子处，买得五枝优钵罗花，兼彼女子寄花两枝，共为供养。时佛入城，即以此花散佛顶上，以愿力故，成于花盖，随佛行住。佛神力故，化一方泥。善慧见之，布发而掩，复作是念："愿得如来踏我身过，若不蒙记莂，我终不起。"如来即至，履之而过，止诸徒众，皆不令踏。即授其记，作如是言："此摩那婆，于未来世当得作佛，号释迦牟尼，十号具足，如我无异。"

今善吉意云：既若买花供佛，布发掩泥，即是菩萨。若此非菩萨者，则孰为菩萨欤？

△二、断疑念

【经】**不也，世尊，如我解佛所说义，佛于燃灯佛所，无有法得阿耨多罗三藐三菩提。**

【记】意云：我意不谓如来得菩提也，我已解佛所说之义，于彼佛所，无有一法得为菩提。

【疏】善慧彼时都无所得，离诸分别，由无法故得记。若有法者，是有相心，不顺菩提，佛不与记。

【记】彼时者，莲花城中授记之时也。智与理冥，心与神会，无所得之法，无能得之心，故云"都无"等也。"由无"等者，即指上无得而得。夫菩提之为法者，寂灭无生，不空不有，离一切相。若离能所，则顺菩提，得佛授记。若存能所，心境不亡，则与菩提极相违逆，如何得记？故《净名》云：“寂灭是菩提，灭诸相故。”

△三、印决定

【经】**佛言：如是如是。须菩提，实无有法，如来得阿耨多罗三藐三菩提。**

【记】意以空生之言，称其实理，故云如是。“实无”下，如来述成，可知。

【疏】论云：“我于彼时，所修诸行，无有一法，得阿耨多罗三藐三菩提。”功德施论，引佛说云：“若见于佛，即见自身。见身清净，见佛清净。见一切智智，皆悉清净。是中见清净智，亦复清净。是名见佛。我如是见燃灯如来，得无生忍，一切智智，明了现前，即得授记。是授记声，不至于耳，亦非余智之所能知。我于此时，亦非惛懵无觉，然无所得。”

【记】我于彼时者，即受记及修行时也。无有一法得菩提者，此约横竖显之。横则于六度万行之中，行行皆无得义。若布施得菩提，则不要戒、忍等。竖则初、中、后念，念念皆无得义。若初念得，何须念念相续等？如是横竖心行之中，皆无得菩提义也。

“功德施”下，未详何经。“若见”等者，以自他之相，相待而成，既见于他，必须见自。“见身清净”等者，反于前也。清净即是空义。见他既见于自，不见自则不见他，成既相因而成，泯亦相因而泯。如《净名》云："如自观身实相，观佛亦然。"亦如志公云："以我身空诸法空，千品万类悉皆同。"亦同《庄子》中说："因有而有之，因无而无之也。"

"见清净智"等者，非唯无所见之自他，兼无能见之智用，斯则能所双泯也。《圆觉经》云："依幻说觉，亦名为幻。"既皆是幻，岂得存耶？然虽能所两亡，不成断灭。以灵源真心，本无能所。妄生能所，即是乖真。能所既除，即合本体，灵然不昧，物我皆如。故《华严》云："能见及所见，见者悉除遣，不坏于真见，是名真见者。"又《圆觉》云："诸幻尽灭，觉心不动。"

"是名见佛"者，结成见义。如上用心，方得见佛。若生分别，执相违真，则不名见。故《华严》云："一切法不生，一切法不灭。若能如是解，诸佛常现前。"

"得无生忍"者，谓以正智，忍可印持无生法故。以一切法，本无生灭。众生迷倒，妄见生灭。苟离妄见，正智即生，契合本体，达一切法本来无生，名无生忍。例而言之，见一切法无灭，亦名无灭忍。今则举初以摄后也。"一切智智"者，是达一切诸法之智，表用非一，故重言耳。有云：依于始觉，显得本觉，智中之智，名智智也。

"得授记"者，准《楞严经》，记有四种：一、未发心时与记。或有流转五道，生于人间，好乐佛法，过百千万亿劫当发心，过百千万亿劫行菩萨道，供佛化生，皆若干劫，当得菩提。二、适发心与记者。是人久劫种诸善根，好乐大法，有慈悲心，即住不退地，故发心与记。三、密记者。有菩萨未得记，而行六度，功德满足。天龙八部皆作是念："此菩萨几时当得菩提？劫、国、弟子众数如何？"佛断此疑，即与授记。举众皆知，此菩萨独不知。四、无生忍记者，于大众中显露与记也。今当第四也。谓散花佛顶，布发泥中，依有漏心，得无生智，于大众前分明记莂也。

"声不至耳"者，能所俱寂，以离分别心故，心既不起，耳何所闻？"亦非余智"等者，此无分别处，非谓别有一智能知故。《圆觉》云："离远离幻，亦复远离。""亦非惛懵"等者，恐闻都无分别，亦非余智，便谓同于木石，一向顽凝故。《圆觉》云："诸幻尽灭，觉心不动。"然即此觉心，亦无所得。故颂云："若时于所缘，智都无所得"等。此则离沉离掉，了然寂然，妙契本心，竟何所得。善慧彼时，心同此也。

△四、反覆释

**【经】须菩提，若有法如来得阿耨多罗三藐三菩提者，燃灯佛则不与我授记：汝于来世，当得作佛，号释迦牟尼。以实无有法得阿耨多罗三藐三菩提，是故燃灯佛与我授记，作是言：汝于来世，当得作佛，号释迦牟尼。**

【疏】无著云："若正觉法可说，如彼燃灯所说者，我于彼时便得正觉，燃灯则不记言来世当得。以法不可说故，我于彼时不得正觉，是故记言来世当得。”

【记】“若正觉”下，释反释也。“以法不可说”下，释覆释也。据此，则善慧彼日但闻其言，言性本空，竟何有得。但约妄惑尽处，真智现前，当此之时，义言得矣。

金刚般若经疏论纂要刊定记会编第八卷终

# 金刚般若经疏论纂要刊定记会编卷第九

△十三、断无因则无佛法疑三：初、断一向无佛疑，二、断一向无法疑，三、显真佛真法体。

【记】此初二段，皆属前疑，但是于中相蹑曲叙。今以论文别说，故复开之也。

△初、断一向无佛疑二：初、随章叙疑，二、依经断疑。

【记】无佛疑者，若了虚无之无，无即无咎。执之为无，无则太伤，故成此疑。后法亦然也。

△初、随章叙疑

【疏】论云："若无菩提，即无诸佛如来。有如是谤，谓一向无佛。为断此疑，故云如来者即是真如。"

【记】初句指疑起处，此从十二中来。诸疏叙疑，多书"菩萨"字，便云从十一中来。然论文之中，但云"菩提"，方是血脉相次。"即无"下，结成疑也。意云：果法号曰菩提，证得始名为佛。既菩提不可得，岂有能证人？谤者，即损减过也。若言无佛，是真谤佛也。《大论》云："宁起有见，不起无见"等。"为断"下，预指断疑之文。然是魏本，彼文云："如来者，即实真如。"

△二、依经断疑二：初、显真如是佛故非无，二、明佛即菩提故无得。

△初、显真如是佛故非无

【经】**何以故？如来者，即诸法如义。**

【记】征意云：若无菩提，则无有佛。以何义故，得有如来？释意云：若无真如，则无有佛也，以真如是佛故。今真如本有，复何疑焉？

【疏】无著云："如清净故，名为如来，犹如真金。"

【记】引无著者，挟来义解。以真如通于凡圣，众生垢染，但名"如去"。佛位清净，名曰"如来"。如序中满净义，及第三疑中具足清净义也。"犹如"下，喻明也。意显精纯，故名真金。谓众生如全矿，菩萨如金矿相半，佛如纯金也。然金性本有，炼之则纯。如体本然，修之则净。故《圆觉》云："譬如销金矿，金非销故有。虽复本来金，终以销成就。一成真金体，不复重为矿。"

△二、明佛即菩提故无得

【经】**若有人言，如来得阿耨多罗三藐三菩提。须菩提，实无有法，佛得阿耨多罗三藐三菩提。**

【记】意者恐人闻非无如来，便言既有如来，即有菩提。何者？以得菩提，方名如来。故为破此见，故云有人言得，实无得也。无有法，即菩提法也。

【疏】先标错解。魏云："若有人言如来得阿耨菩提者，是人不实语。”后释正见。偈云：“菩提彼行等。”谓等前菩萨行无得也。无著云：“或谓燃灯如来所，于法不得正觉，世尊后时自得正觉。为离此取，故云若人言等。”

【记】错解者，实不得而谓得故也。不实语者，即错解也。等菩萨行者，谓将前菩萨行以等菩提。即指同前来万一之中，皆无得菩提义也。但空生疑得，故以佛等菩提。佛显无得，故以菩提等行。

“无著”下，可解。夫“佛”与“菩提”，义分人、法，体无二源，由是唐言总名为“觉”。既佛即菩提，菩提即佛，岂有得义？应知说菩提树下成正觉时，同彼燃灯佛处，亦无所得也。

△二、断一向无法疑二：初、随章叙疑，二、依经断疑。

△初、随章叙疑

【疏】论云：“有人谤言：若无因行，则如来不得阿耨菩提。为断此疑，故云‘如来所得’等。”

【记】无因行者，指疑起处，此从无佛中来。以前将行等菩提，明无得义故。“则如来”下，结成疑也。意云：行即是因，菩提是果。既无因行，何得菩提？或不约能得所得以成疑也。前来断疑，则以菩提等行。如今起疑，却以行等菩提。“为断”下，预指能断之文。

△二、依经断疑二：初、遣执遮疑，二、释义断疑。

△初、遣执遮疑

【经】**须菩提，如来所得阿耨多罗三藐三菩提，于是中无实无虚。**

【记】意者，以空生前疑得菩提，是有执。此疑不得菩提，是无执。今则双遣，故云“无实无虚”。二执既遣，复何疑无耶？故云遮也。

【疏】论云：“无色等相故，彼即菩提相故。”无著云：“显真如无二故，谓言说故，谓彼正觉不无世间言说故。”

【记】“无色等相”者，释无实也，即显菩提无色声等相。然则但无实色等相，而不无于假相。故经但言无实，不言全无也。

“彼即菩提相”者，释无虚也。此有三意：一者，无色等相处，即显无相真理，是菩提相也。二者，即以色等相为菩提相。由色等无性，便是菩提。如像无体，便是明镜。即色明空，不待灭故，故云“彼即菩提相”。相即性也。三者，菩提无相，却以色等为相。以菩提即真如，真如随缘成色等故。论云：“无漏无明，皆同真如性相。”

“无著”下，标。“真如无二”者，以虚实是空有断常二边，既言俱无，即显中道也。“谓言”下，释无实也。如言菩提，而言中无菩提故。“谓彼”下，释无虚也。有两意：一则无离文字说解脱故，二则明菩提不同言说全无性故故。魏经云：“不实不妄语。”

△二、释义断疑

【经】**是故如来说一切法皆是佛法。须菩提，所言一切法者，即非一切法，是故名一切法。**

【记】意云：以一切法并以真如为体。一切之言，凡圣收尽，故皆佛法。真如既是佛法，余法岂非佛法耶？如一切像，以镜为体故，故一切像皆是镜像。又所言一切法，非定实一切法，是全空一切法。

【疏】论云："一切法者，皆真如体，故皆佛法。"即非者，由色等法即真如故，即非色等法，真如常无色等诸相故。是名者，即是真如法自性矣。

【记】"一切"等者，义如上说。"由色"等者，谓色等即空，故非色等。如像即镜，故非像等。此约诸法即真，显非法。"真如"等者，谓空中必无色也，以弥满清净，中不容他故。此约真中无法，解非法也。备斯二义，故曰即非。"是名"下，以彼色等，虽非质碍之一切，乃是即性之一切。今约此义，故曰真如。拣异色等无性，故云自性也。

△三、显真佛真法体

【经】**须菩提，譬如人身长大。须菩提言：世尊，如来说人身长大，则为非大身，是名大身。**

【记】意以前说佛之与法，二皆不无。又佛之与法，二皆不异。未知何者是佛法真体，而言不无不异耶？故此显有真如，是真佛法，以彰不无不异之义也。

【疏】偈云："依彼法身佛，故说大身喻。身离一切障，及遍一切境。功德及大体，故即说大身。非身即是身，是故说大身。”论云：“非身者，无有诸相故。大身者，有真如体故。”无著云：“摄一切众生大身故，于彼身中安立非自非他故。”

【记】“依彼”二句，标也。离一切障者，离烦恼、所知二障。遍一切境者，如《华严》云：“法性遍在一切处”等。功德即相大，即大智慧光明遍照法界等。大体即体大，功德所依也。“故即”等者，功德及体皆广大故。此上解佛大身也。

“非身”下两句，论文自释。无诸相者，无有为相也，如前三相异体故。有真如体者，有无为法也，如前离彼是如来。

“摄一切”等者，据理融摄也。《华严》云：“一切众生及国土，三世悉在无有余。”故名大身。“安立”等者，真如之理，本非自他，非不自他。为破众生执自他故，故言非自他。形对强言，故云安立。斯则安立真如假名，名曰大身。既摄一切，则无自他也。故《起信》云：“此真如体，亦不可立，以一切法皆同如故。”

△十四、断无人度生严土疑二：初、随章叙疑，二、依经断疑。

△初、随章叙疑

【疏】论云：“若无菩萨者，诸佛亦不成菩提，众生亦不入涅槃，亦无清净佛土。何故诸菩萨发心欲令众生入涅槃，起心修行清净佛土？”

【记】初句指疑起处，此同第十二，于十一中来，但起则同时，断则次第也。“诸佛”下，顺他以立理也，既无菩萨，即无此事。然佛不成菩提，即是生不入涅槃，但约凡圣，分于因果。故下结疑之处，则合而言之。“何故”下，结成疑也。意云：若无菩萨，则度生、严土之者，是何人哉？

△二、依经断疑三：初、遮度生念，二、遮严土念，三、释成菩萨。

△初、遮度生念三：初、明失念，二、明无人，三、引前说。

△初、明失念

**【经】须菩提，菩萨亦如是，若作是言，我当灭度无量众生，则不名菩萨。**

【记】经意可知。但“亦如是”之言，是蹑起疑处之文，非次前文也。

【疏】偈云：“不达真法界，起度众生意，及清净国土，生心即是倒。”

【记】偈文兼释后段严土之义，以文意钩锁，故联而引之也。初句标，次二句释，后一句结。意云：真界平等，拟心即差，既生其心，岂非颠倒？经中“作如是言”，即生心也，是意言故。

△二、明无人

【经】**何以故？须菩提，实无有法，名为菩萨。**

【记】征意云：何故作是念，便不名菩萨？释意云：但约无我无人，真如清净，名为菩萨，非谓别有一法。故下文云：若作是念，则不名菩萨也。

【疏】无法名菩萨，岂有我度众生？

【记】如文可知。

△三、引前说

【经】**是故佛说一切法，无我，无人，无众生，无寿者。**

【记】意云：以是义故，佛常宣说一切诸法皆无我、人等相。然一切诸法，本无我、人，但违之则是众生，顺之则是菩萨。

△二、遮严土念二：初、明失念，二、释所以。

△初、明失念

【经】**须菩提，若菩萨作是言，我当庄严佛土，是不名菩萨。**

【记】经意准前可知。

△二、释所以

【经】**何以故？如来说庄严佛土者，即非庄严，是名庄严。**

【记】征意同前。释意云：如来说庄严佛土者，非有能严所严，则严与不严，等无有二，是真严也。今既异此，故非菩萨。

△三、释成菩萨

【经】**须菩提，若菩萨通达无我法者，如来说名真是菩萨。**

【疏】论云："若起度生严土之心，即是颠倒，非菩萨者。起何等心，名为菩萨？故经言通达等。"无著云："谓人无我，法无我。"

【记】初引论通释前段。以偈文通标在前，论文通释于后，前后相望，理则昭然。"起何"下，约论征也。"故经"下，引经释也。"无著"下，可知。

问：此与第六，皆言严土，义何别耶？

答：前则对无取疑有取，此则对无人疑有人。

然此与第十二，皆从十一中起。以彼文云无发菩提心者，佛意但是拂于我、人之心，不是泯于菩萨。空生不达此意，将谓我人与菩萨不异。由是空生起疑之处，则云若无菩萨。如来断疑之处，则言无人。彼此㟃含，未尝显说。直至此处，方乃决通。经文特言："通达无我法者，如来说名真是菩萨。"

△十五、断诸佛不见诸法疑二：初、随章叙疑，二、依经断疑。

△初、随章叙疑

【疏】论云："前说菩萨不见彼是众生，不见我为菩萨，不见清净佛土。若如是，则诸佛不见诸法。"

【记】初三句，指疑起处。此从十四中来，以前云：我度众生，我严佛土，皆非菩萨。斯则不见自他之义。若通而言之，亦兼从正答问，及第十一疑中来也。“若如是”下，结成疑也。以闻不见自他等相，便谓如来都无智眼，故成疑也。

△二、依经断疑二：初、约能见五眼明见净，二、约所知诸心明智净。

△初、约能见五眼明见净二：初、引偈彰意，二、分科释文。

△初、引偈彰意

【疏】偈云：“虽不见诸法，非无了境眼。诸佛五种实，以见彼颠倒。”

【记】此先述断疑意也。初句纵。次句夺。第三句明能见，五眼体常，故言实也。末句明所见，诸心体妄，故云颠倒。然若干种心，是智所知境，今配为所见境者，以如来知见无二体故，约眼为见，在心曰知，故十八住中，合为一住处也。断疑意云：菩萨但离能所分别，故云不见。诸佛岂无真实智眼？然此正断其疑，下但随文科释。

△二、分科释文五：初、肉眼，二、天眼，三、慧眼，四、法眼，五、佛眼。

△初、肉眼

**【经】须菩提，于意云何，如来有肉眼不？如是，世尊，如来有肉眼。**

【疏】肉团中有清净色，见障内色，名为肉眼。佛具诸根，故有肉眼。

【记】肉团等者，谓四尘名肉，清净眼根依肉而住，名为肉眼。如《楞严》云："眼如葡萄朵，耳如新卷叶，鼻如双垂爪，舌如初偃月，身如腰鼓颡，意如幽室见。"清净眼根，依此发也。"见障内"下，约所见分齐，以结名也。依肉之眼，名为肉眼。"佛具"下，或问曰：佛为至圣，何以同凡有肉眼耶？故此通之。然但约具诸根处，说有肉眼，非谓如来是血肉身。故经云："舍无常色，获常色"等。

△二、天眼

**【经】须菩提，于意云何，如来有天眼不？如是，世尊，如来有天眼。**

【疏】于肉眼边，引净天眼，见障外色。依《大般若》，佛肉眼能见人中无数世界，不唯障内。若佛天眼，能见诸天所有细色。除见天外，见人等事，名肉眼矣。《净名》云："唯佛世尊，得真天眼，照见恒沙佛土，不以二相。"

【记】"肉眼边"等者，谓作观行，依肉眼处，想外境界，观想成故，见障外事，名为天眼，如阿那律等。《大般若》下，克就佛说。前但约名通解，故云障外。今约佛位而言，故云"人中无数"等。"除见天"下，结成分齐，亦显二眼体同，以佛眼体是一，而有五用故。

△三、慧眼

**【经】须菩提，于意云何，如来有慧眼不？如是，世尊，如来有慧眼。**

【疏】以根本智，照真理故。

【记】根本者，能生后得故。亦名正体智、真智、如理智。以能照真故，名慧眼也。

△四、法眼

**【经】须菩提，于意云何，如来有法眼不？如是，世尊，如来有法眼。**

【疏】后得智，说法度人。

【记】后得者，从根本后，方得起故。亦名遍知智、俗智、如量智。由能达俗故，名法眼也。

问：据前一二，先浅后深。云何三四，先深后浅？

答：前约眼之次第，此约证之次第，以达俗由证真，故说为后得也。

△五、佛眼

**【经】须菩提，于意云何，如来有佛眼不？如是，世尊，如来有佛眼。**

△疏二：初、局释当文，二、通前总显。

△初、局释当文

【疏】前四在佛，总名佛眼。又见佛性圆极，名为佛眼。

【记】前四等者，佛有此眼，故云佛眼。以前二眼通凡夫，二乘无法眼，菩萨虽具且劣。若在于佛，四皆殊胜，总名佛眼。是则佛眼之外，无别四眼也。其犹四河归海，失本名耳。

四皆胜者。谓凡夫肉眼见障内，天眼见障外，佛眼见无数世界。二乘天眼，唯见一三千界。佛天眼，见河沙国土。二乘慧眼，唯照生空。地上菩萨，亦皆分证。佛之慧眼，圆照三空，洞彻真性。菩萨法眼，所知未尽，地地之中，各有分限。佛之法眼，所知障尽，无法不知，无生不度。故四皆胜也。

“又见”下，以所见是佛性，此眼能见故。如《涅槃》云：“声闻定多慧少，不见佛性。菩萨慧多定少，虽见佛性，犹不明了。诸佛如来定慧等故，了了见性，如观掌中庵摩勒果。”斯不亦圆极之义乎？

问：菩萨、声闻，定慧互阙。于其佛性，则何以声闻不见，菩萨分见耶？

答：以定慧望于佛性，慧是因，定是缘，因亲缘疏，故使然也。又声闻但有偏空慧，无中道慧，故云慧少。菩萨有中慧，故见佛性也。

又此五中，唯第三持业释，余皆依主释也。

△二、通前总显二：初、引无著义总释，二、约古德偈重结。

△初、引无著义总释

【疏】无著云：“为令知见净胜故，显示有五种眼。略说有四种，谓色摄、第一义谛摄、世谛摄、一切种一切应知摄。”

【记】净胜者，非颠倒故，超诸圣故。四种者，举所以摄能，明于分齐，如以六境摄六识。

色摄即肉、天二眼。论云：“色摄有二：一、法果，二、修果。”法即肉眼，以从过去业法之所感故。修即天眼，以是定果修所得故。二眼同见色法，色法最粗，故先明也。

第一义，即真谛境，摄慧眼也。

世谛，即俗谛境，摄法眼也。

一切种者，一切种种差别境也。一切摄者，摄佛眼也，即无所不了，是一切种智故。论云：“一切种无功用智，名为佛眼。”

△二、约古德偈重结

【疏】古德偈云：“天眼通非碍，肉眼碍非通。法眼唯观俗，慧眼直缘空。佛眼如千日，照异体还同。”

【记】如文可知。

△二、约所知诸心明智净五：初、约一个恒河以数沙，二、约一河中沙以数河，三、约沙河中沙以数界，四、约尔所界中所有生，五、约一一众生所有心。

【记】此中五段，从狭至宽，展转而数，谓数沙、数河、数界、数生、数心，欲明如来之智微妙能知，故约所知之境广多以显。经皆可见。

△初、约一个恒河以数沙

**【经】须菩提，于意云何，如恒河中所有沙，佛说是沙不？如是，世尊，如来说是沙。**

△二、约一河中沙以数河

**【经】须菩提，于意云何，如一恒河中所有沙，有如是沙等恒河。**

△三、约沙河中沙以数界

**【经】是诸恒河所有沙数佛世界，如是宁为多不？甚多，世尊。**

△四、约尔所界中所有生

**【经】佛告须菩提：尔所国土中，所有众生。**

△五、约一一众生所有心三：初、总明染净以标悉知，二、会妄归真以释悉知，三、推破杂染以释非心。

△初、总明染净以标悉知

**【经】若干种心，如来悉知。**

【疏】无著云："若干种心者，有二种，谓染及净，即共欲心、离欲心等。"

【记】共欲者，染也。欲谓五欲，即色等五尘，心与欲合，故名为共。又欲谓贪欲，是心所摄，举初该后，意兼瞋等，心与贪等相应，故云共也。前约与境相应，此约与烦恼相应，皆为染也。离欲者，净也，即不与六尘境烦恼相应，名之为净。染净之心，各有无量，故云若干也。

△二、会妄归真以释悉知

【经】**何以故？如来说诸心，皆为非心，是名为心。**

【记】征意云：以何义故，能悉知之？释意云：彼等诸心，皆是妄识。妄识即空，故云“非心”。以即空故，真心不灭，故云“是名”。真心体同，故能悉知也。

【疏】大云云：“由一切妄心，依真如体，都无其性。佛证真如，故悉知之。诸心者，标指。非心者，妄识本空。是名心者，真心不灭。”若本论释，则与此殊。偈云：“种种颠倒识，以离于实念，不住彼实智，是故说颠倒。”

【记】引大云者，释出能知所以也。以诸心是真心中所现少分之法，今证真体，岂不能知？“诸心”下牒释，可知。与此殊者，以云说兼真，论言唯妄，故不同也。论释为正。若以科疏观之，却以云释为正也。请详。

“种种颠倒识”者，释经中“诸心”也。魏本云：“如来说诸心住，皆为非心住，是名为心住。”论释意云：“诸”即种种，“住”谓颠倒，以八识皆能缘境，有取着故。或约前六，名为种种。缘粗显境，相续不断，故名为住。“以离”下两句，释“皆为非心住”也。离与不住，盖是一义。智与实念，亦无别体。意明不住大乘四念处故。若住于此，即是实念实智。既住六尘，即颠倒识也。“是故说颠倒”者，释“是名为心”，此但结归颠倒识也。

△三、推破杂染以释非心

【经】**所以者何？须菩提，过去心不可得，现在心不可**

**得，未来心不可得。**

【记】征意云：所以说诸心为颠倒识无体者，何谓也？释意云：以于过、现、未来，求不得故。

【疏】无著云：“过去已灭故，未来未有故，现在第一义故。”

【记】“已灭”等者，释三世不可得所以也。论文、《净名》、《华严》并同，但释“现在”有少异耳。论云：“现在虚妄分别故。”《净名》云：“现在不住。”《华严》云：“现在空寂。”然文异而意不异也。然此独于现在之中言第一义者，以无著释经，皆约二谛。既五眼文中，不言眼即非眼，又以见、智二种，其体不殊，故于最后安立第一义。第一义即是空寂，空寂即是不可得义，意皆同也。

△十六、断福德例心颠倒疑二：初、随章叙疑，二、依经断疑。

△初、随章叙疑

【疏】论云：“向说心住、颠倒，皆不可得。若如是，福德亦是颠倒，何名善法？”

【记】初二句，指疑起处。此从十五中来。“心住”者，指魏经，如上所引。“颠倒”者，指偈文。“皆不可得”者，指经文。“若如是”下，结成疑也。意云：众生心是颠倒，福德依心而成，岂非颠倒？颠倒既同，何名善法？既非善法，修福何益耶？

△二、依经断疑二：初、问福答福，二、反释顺释。

△初、问福答福

【经】**须菩提，于意云何，若有人满三千大千世界七宝，以用布施，是人以是因缘，得福多不？如是，世尊，此人以是因缘，得福甚多。**

【疏】以是离相无倒行施因缘，成无漏福，离于二障，既非颠倒，故得福多。

【记】此释多所以也。以如来举因缘以问，空生牒因缘以答。因缘无性，福亦无性，乃成无漏，是故多也。此文但标，下文即释。

△二、反释顺释

【经】**须菩提，若福德有实，如来不说得福德多。以福德无故，如来说得福德多。**

【记】意云：若是住相之福，我不说多。以是无住之福，是故说多也。

△疏二：初、引论正释，二、问答解妨。

△初、引论正释

【疏】偈云："佛智慧为本，非颠倒功德。"论云："显示福非颠倒，佛智为本故。福有者，取相也。福无者，离相也。"

【记】"偈云"下，标也。"论云"下，释也。意云：

心识住故，故成颠倒。颠倒故，福皆虚妄。佛智无住，依之作福，即非颠倒。非颠倒故，皆真实也。取相者，是有漏福，故不说多。离相者，是无漏福，故说多也。

△二、问答解妨

【疏】问：福性空故福多者，前说妄心性空，妄亦应多。答：福以佛智为本，顺于性空。故悟性空，福则甚多。心识颠倒，违于性空。故悟性空，则心识都尽。

【记】问意可知。违顺等者，谓一法界心，本来无住，本来空寂。佛智空而无住，故言顺。妄识住而不空，故言违。所言不空，但妄识不空，非真实不空也。苟忘怀而达之，则无所不喻也。

△十七、断无为何有相好疑二：初、随章叙疑，二、依经断疑。

△初、随章叙疑

【疏】论云："若诸佛以无为得名，云何诸佛成就相好而名为佛？此约法身佛，故以为疑。"

【记】初句指疑起处，此从第三中来。"云何"下，结成疑也。"此约"下，出疑所依。意云：既言无相法身是佛，何以成就相好亦名为佛？此约法身疑色身也。

△二、依经断疑二：初、由无身故现身，二、由无相故现相。

△初、由无身故现身

【经】**须菩提，于意云何，佛可以具足色身见不？不也，世尊，如来不应以具足色身见。何以故？如来说具足色身，即非具足色身，是名具足色身。**

【记】问答可知。征意云：以何义故，不以色身见佛？释意云：以约胜义，非世谛故，由此不应定以色身见于佛也。

【疏】即随形好也。如镜中无物，方能现物故。论云："法身毕竟非色身，非诸相。然相、好二种，亦非不佛，此二不离法身故。是故此二，亦得言无，故说非身；亦得言有，故说成就。"

【记】随形好者，八十种也，法数如常，即小相也。随其身形，一一皆好故，八十好即色身。"镜中"下，喻明也。故知镜中有物，却不能现物。如凡夫虽有法身，不能现相好者，盖缘有物。所言物者，妄身心也。

"论云"下，约性相拣收也。"毕竟"等者，约体拣。"然相好"下，随相收也。"此二"下，释相好为佛之由。如金毕竟非狮子，亦非无金，以狮子不离于金故。"是故"下，约存泯会释经文。言无者，约体而说，释"即非色身"。言有者，随相而说，释"是名色身"。"成就"者，魏经即是今文"具足"义也。

△二、由无相故现相

【经】**须菩提，于意云何，如来可以具足诸相见不？不**

**也，世尊，如来不应以具足诸相见。何以故？如来说诸相具足，即非具足，是名诸相具足。**

【记】征释之意如前。

【疏】即三十二相也，一一如前色身中说。

【记】三十二相者，法数如常，即大相也。“一一”等者，前从“镜中无物”以下，义意并同。前文已明，今不别释也。

△十八、断无身何以说法疑二：初、随章叙疑，二、依经断疑。

△初、随章叙疑

【疏】论云：“若如来色身相好不可得见，云何言如来说法？”

【记】初二句，指疑起处。此与前疑，同时于第三中起，起则同时，断成先后。非从次前文来，若言从彼来者，已悟非身之身，何疑无说之说？思之可见。“云何”下，结成疑也。意云：声不自声，依色而发。既无所依之色，何有能依之声？故成疑也。

△二、依经断疑三：初、遮错解，二、释所以，三、示正见。

△初、遮错解

【经】**须菩提，汝勿谓如来作是念，我当有所说法，莫作**

**是念。**

【疏】谷中无人能作音声故。

【记】此喻明也。意云：以有外声，遂有响答，谷中实无作响之者。说法亦尔，法身实无能说之者，以机感故，遂见如来有所说法。又谷虽应声，而无应声之念。佛虽说法，而无说法之心。据此，却由无念故，方能说法，是故遮云“勿谓”等也。

△二、释所以

【经】**何以故？若人言如来有所说法，即为谤佛，不能解我所说故。**

【记】征意云：以何义故，令汝不作是念？释意可知。

【疏】世尊达诸法空，毕竟无执。今言有说，是谤佛执法也。

【记】如文可解。

△三、示正见

【经】**须菩提，说法者，无法可说，是名说法。**

【疏】偈云：“如佛法亦然，所说二差别，不离于法界，说法无自相。”大云云：“若言无说，是真说法。若言有说，不名说法，是谤佛故。”

【记】“如佛法亦然”者，佛既无身故现身，法亦无说故强说。以佛例法，故云“亦然”。“二差别”者，论云：“一者能诠名句文也，二者所诠义也。”此能所诠，若望于佛，俱是所说，通名法也。“不离法界”者，论云释“是名说法”。法相之界，故名法界。“说法无自相”者，论云释“无法可说”，谓相即性故，言说缘生，无自性故。又解，“不离法界”下二句，俱是释“无法可说”。谓此二种，不离法界。法界之外，无别二法自相可得，以此二法自相本空，不可得故。此即以下句释上句也。

“真说”等者，夫为说法，当如法说，名真说法。法离一切名相分别，若称此说，是如法说。故下文云：“云何为人演说？不取于相，如如不动。”

然第三、第五、第七，及此，四处皆明无说者，意各不同。以第三疑化身有说，第五疑证智可说，第七明佛无异说，此又疑无身何说，以此为异也。然诸疏于十八九之间，约魏本经文，皆出一疑，龙外皆云“何人能信疑”，云云。

能信深法疑，今秦经既无其文，疏亦不叙而解。今见近本秦文，皆有此段，乃于钞中略要叙释，名为“所说既深无信疑”。论云：“若言诸佛说法者，是无所说。无说不离法身，法身无相。有何等人，能信如是甚深法界？”断之。经云：

【经】**尔时慧命须菩提白佛言：世尊，颇有众生，于未来世闻说是法，生信心不？**

【记】此疑甚深无信以问也。解空第一，智慧圆通，以慧为命，故称“慧命”。“生信心”者，生大乘正信心也。不信一切法，方为正信，此信与圣性相应。故《起信》云：“如是信心成就得发心者，入正定聚，毕竟不退，名住如来种中正因相应。”

【经】**佛言须菩提：彼非众生，非不众生。**

【记】次拣圣性有人以酬。“须菩提”下，合云：实有众生，能信此法。彼能信者，非是凡夫众生，非不是圣性众生也。论云：“非众生者，非凡夫体故。非不众生者，以有圣体故，非不是圣体众生。”偈云：“非众生众生，非圣非不圣。”此中“圣体”者，佛之知见也，以是信之根本故。

【经】**何以故？须菩提，众生众生者，如来说非众生，是名众生。**

【记】次征是非生信以释。征者，以何义故，说非众生，又名众生耶？“众生众生者”，此牒也，于非众生中说为众生者。“如来说非众生，是名众生”。“非众生”者，非愚小异生也。“是名众生”者，结成能信之人有圣体也。偈云：“所说说者深，非无能信者。”此上经文，魏译则有，秦本则无。既二论皆释此文，后人添入，亦无所失。况有冥报之缘，宜亦可信也。

△十九、断无法如何修证疑二：初、随章叙疑，二、依经断疑。

△初、随章叙疑

【疏】论云：“如来不得一法，云何离上上证，转转得阿耨菩提？为断此疑，示现非证法，名为阿耨菩提。”

【记】初句指疑起处，此从第三、第十二、第十三中来，以彼文中皆言无法得菩提故。“云何”下，结成疑也。“离上上”者。如初地，并于地前名上，未离二地之上。乃至等觉，亦未免于妙觉之上。唯佛极证，更无上位之上，故云“离上上”。是则凡夫离下下，诸佛离上上，余之中流不离上下。“转转”等者，谓转舍二障，转得二果，转舍转得，故云“转转”。意云：既若转得菩提，云何不得一法？故成疑也。“为断”下，预指断疑之意也。指示显现，故云“示现”。

△二、依经断疑三：初、以无法为正觉，二、以平等为正觉，三、以正助修正觉。

△初、以无法为正觉

**【经】须菩提白佛言：世尊，佛得阿耨多罗三藐三菩提，为无所得耶？佛言：如是如是，须菩提，我于阿耨多罗三藐三菩提，乃至无有少法可得，是名阿耨多罗三藐三菩提。**

【疏】偈云：“彼处无少法，知菩提无上。”论云：“彼菩提处，无有一法可证，名为阿耨菩提。”

【记】“彼处”等者，此明无有一法，可名为上。如须弥至大，微尘至小，尽未免于上，以皆有故。如虚空无故，得名无上也。“菩提处”者，菩提即所证处也。“无一法”等者，但妄尽觉满，名曰菩提，离此宁有菩提可得？

△二、以平等为正觉

【经】**复次须菩提，是法平等，无有高下，是名阿耨多罗三藐三菩提。**

【疏】偈云："法界不增减。"论云："是法平等，是故名无上，以更无上上故。"

【记】不增减者，即释经中"无有高下"。谓在圣不增，故无高。居凡不减，故无下。斯则平等之义也。平等名无上者，夫上以待下得名，下既不立，上岂存耶？"更无"下，转释"无上"义。然此问答之中，有三种"无上"义。初问中，言无上头之上，约修证说。次则无法为上，故名无上，约空寂说。后则无对下之上，故名无上，约凡圣同体说。后二是答中意也。

△三、以正助修正觉

【经】**以无我、无人、无众生、无寿者，修一切善法，则得阿耨多罗三藐三菩提。须菩提，所言善法者，如来说即非善法，是名善法。**

【记】意云：然虽无法，然虽平等，非谓不修得成正觉，应以无我等心，修诸善法，然后得成。然此善法，约胜义则无，约世谛则有。天亲异此，详之。

【疏】"无我"等，是了因，即正道也。"修一切善法"，是缘因，即助道也。"即得阿耨菩提"，是正觉也。"所言善法者"，标指也。"即非"等者，论云："彼法无有漏法故，名非善法。以有无漏法故，名为善法。"

【记】了因者，了有二义：一、了断义，以般若能了烦恼空故。二、显了义，能显法身故。今“无我”等，即是此义。亦名正因，正由此慧除妄得法身故。今云“正道”，“道”即“因”义。

缘因者，即施、戒等五，与彼般若为资缘故。助即资也，资彼正因之力，断烦恼，成菩提也。犹灯能破暗显空，必借芯油为助缘也。

是正觉者，以梵语“三菩提”，此云“正觉”，即所证之果。

无漏善者。问：有漏之中，亦有善法，何故偏局无漏耶？答：以无我等相所修，故唯无漏也。又以有漏之善，非菩提因，今为菩提，故须无漏。

问：上三段中，前二无得，后一有证。义既矛盾，云何两存？

答：所言修者，但是断除我、法，显自真理，竟无一法可得。由此，二义宛相符顺。

问：第三、第十二、第十三，兼此一段，前后四处，皆说不得菩提，如何辨异耶？

答：前后文虽相似，义意不同。以第三疑释迦得果，第十二疑善慧成因，十三疑无法无佛，十九疑有修有证。兹义迢然，请无相滥。

△二十、断所说无记非因疑二：初、随章叙疑，二、依经断疑。

△初、随章叙疑

【疏】论云：“若修一切善法，得阿耨菩提者，则所说法，不能得菩提，以是无记法故。”

【记】初二句，指疑起处，此从十九中来。“则所说”下，形对前之数段，结成疑也。意云：既言修一切善法得菩提，云何前来频言持说得菩提耶？“以是”下，成立持说不得菩提之理。以名、句、文三，无记性摄。无记性法中无因果故，岂感菩提耶？

△二、依经断疑

【经】**须菩提，若三千大千世界中，所有诸须弥山王，如是等七宝聚，有人持用布施。若人以此《般若波罗蜜经》，乃至四句偈等，受持读诵，为他人说，于前福德，百分不及一，百千万亿分，乃至算数譬喻所不能及。**

【记】经之比较，如文可知。

【疏】偈云：“虽言无记法，而说是彼因。是故一法宝，胜无量珍宝。”论云：“以离所说法，不能得大菩提故，此法能为菩提因。又言汝法是无记，而我法是记，是故胜舍无量七宝。”

【记】“虽言”等者，许为无记也。“而说”等者，不许非因也。“是故”下，出经意。能为佛因，故胜宝施。

“论云”下，转释为因之由。以经诠真理，因之悟解，依解起行，方得菩提。若无教门，安知所入？故《法华》云：“以佛教门，出三界苦。”

“又言”下，论之别意。汝法无记，谓小乘萨婆多宗说，声通善恶，名句文身唯无记性。“我法是记”者，谓大乘宗地上菩萨，于后得智中所变名等，唯是善性，非无记性。“是故”等者，意云：只就无记，尚得为因。况是无漏善性所摄，而不得菩提耶？

问：此与第九疑何别？

答：彼约有为无体难，此约无记非因难。又彼唯据持说难，此则兼对善法难。迢然不同也。

△二十一、断平等云何度生疑二：初、随章叙疑，二、依经断疑。

△初、随章叙疑

【疏】论云：“若法平等，无高下者，云何如来度众生？”

【记】初句指疑起处，此从十九中来。“云何”下，结成疑也。既度众生，即有高下，高下即不平等，故成疑也。

△二、依经断疑四：初、遮其错解，二、示其正见，三、反释所以，四、展转拂迹。

△初、遮其错解

【经】**须菩提，于意云何，汝等勿谓如来作是念，我当度众生。须菩提，莫作是念。**

【记】文中初正遮，二再诫，可知。

△二、示其正见

【经】**何以故？实无有众生如来度者。**

【记】征意云：以何义故，令不作是念？释意云：以实无众生为如来所度故。

【疏】偈云："平等真法界，佛不度众生，以名共彼阴，不离于法界。"论云："众生假名，与五阴共，不离法界。"

【记】偈中前两句，立其义宗。后两句，释其所以。"论云"下，转释后二句也。"假名"者，但有众生之名，而无众生之体，故云假也。"与五阴共"者，谓于五蕴和合之处，说言众生，不即不离，故云共也。"不离法界"者，佛是极证之人，已全是法界，众生虽未能证，缘生无体，亦同法界。岂将法界度于法界？是故偈云"平等"等也。

△三、反释所以

【经】**若有众生如来度者，如来则有我、人、众生、寿者。**

【记】经文反显。若顺言之，应云：以佛无我、人等相，故不见有众生为所度也。

【疏】论云："若如来有如是心，五阴中有众生可度者，此是取相过。"无著云："如来如尔炎而知，是故若有众生想，则为有我取。”

【记】“取相过”等者，以无谓有故，不如法界故，不了缘生故，便成有念故。“尔炎”，梵语，此有两义：一谓智母，已如前说。二谓境界，然是定中境界，今取此义。意云：佛智称境而知。真如是有，作有知。众生是无，作无知也。若作智母释者，即根本智证平等理，无有分别，今观众生，亦复如是也。

△四、展转拂迹

【经】**须菩提，如来说有我者，则非有我，而凡夫之人以为有我。须菩提，凡夫者，如来说则非凡夫。**

【记】意云：佛虽说我，原来无我。执有我者，盖是凡夫。虽言凡夫，亦无凡夫。如梦人见虎，虎与梦人皆不可得。法中亦尔，以凡夫执我，故云非我。恐执凡夫，故云非凡夫。迤逦除遣执情，故云展转拂迹。

然前正答问中，及第十一、十四，兼此一段，前后四处，皆说度生无度。虽文同而意异，谓最初令离我度生，十一疑能度者是我，十四疑无我而谁度，二十一疑真界平等，不合度生，故同异昭然也。

△二十二、断以相比知真佛疑二：初、随章叙疑，二、依经断疑。

△初、随章叙疑

【疏】论云："虽相成就，不可得见如来。而以见相成就比智，则知如来法身。"

【记】此从十七中来。"虽相"等者，以前文云"即非具足色身"、"即非诸相具足"。"具足"即"成就"义，秦、魏经异也。"而以"等者，以前文云"是名具足色身"、"是名诸相具足"。彼中意者，法身毕竟非相好，相好亦非不佛，由无相故现相，不离法身。所以疑云：既无相故方能现相，则但见于相，便知无相也。如远见烟，定知有火，以离于火必无烟故。

△二、依经断疑五：初、问以相表佛，二、答因苗识根，三、难凡圣不分，四、悟佛非相见，五、印见闻不及。

△初、问以相表佛

【经】**须菩提，于意云何，可以三十二相观如来不？**

【记】意云：可以相比观无相法身如来不？

△二、答因苗识根

【经】**须菩提言：如是如是，以三十二相观如来。**

【记】意云：实可以相比观法身如来。

【疏】大云云："前悟色身，今迷法身，意谓法身既流出相身，即由此相知佛证得无相法身。"

【记】"悟色身"者，知应化非真义也。"迷法身"者，不知法身毕竟非色相义。"意谓"下，出答意也。意云：但见法身之相好，则知相好之法身。如见草木之苗，必知其根。由是科文约喻而立。

△三、难凡圣不分

【经】**佛言：须菩提，若以三十二相观如来者，转轮圣王则是如来。**

【记】意云：轮王亦有此相，应是如来。

【疏】偈云："非是色身相，可比知如来。诸佛唯法身，转轮王非佛。"

【记】"偈云"等者，意云：但约本望末则定，若约末望本则不定。且如轮王，与佛色相虽同，相之所依，二各有异。佛相即法身所现，王相依业因而生，凡圣云泥，复何准的？况依法身，有自他受用，复有大小随类化等，各各不同。如苗与根，事亦不定。初栽之树，则有苗无根。所接之树，则根苗各异故也。

△四、悟佛非相见

【经】**须菩提白佛言：世尊，如我解佛所说义，不应以三十二相观如来。**

【记】意云：缘闻依真现假，假不离真。及乎约假求真，真不由假。实德不在相，令色鲜矣仁。以貌取者，失之子羽。而今以后，焉敢不识。

△五、印见闻不及

【经】**尔时世尊而说偈言：若以色见我，以音声求我，是人行邪道，不能见如来。**

【记】经文可见。然恐空生更约说法比知如来，故言音声求之不得。此疑即从第十八中来，今预遮防，故无后说。

【疏】魏加后偈云："彼如来妙体，即法身诸佛。法身不可见，彼识不能知。"偈云："唯见色闻声，是人不知佛。以真如法身，非是识境故。"无著云："以彼法，真如相故，非如言说而知，唯自证知故。"

【记】魏偈者，明见闻不及之由也。秦经则但明见闻不及。

"偈云"等者，弥勒偈也。于中半释秦偈，半释魏偈。意云：见闻是识，但能缘于色身。佛非色身，故不可知。

"彼法"者，法身也。"真如相"者，即离一切相，是真如相。"非如言说知"者，以真如法离言说故，但是真智之境，唯证相应，故云"自证"。

然第一、第七、第十七，及此一段，皆云不以相见如来者，义意皆别。初以对果疑因，次明感果离相，次说依真现假，后明约假求真，故不同也。

金刚般若经疏论纂要刊定记会编第九卷终

# 金刚般若经疏论纂要刊定记会编卷第十

△二十三、断佛果非关福相疑二：初、随章叙疑，二、依经断疑。

△初、随章叙疑

【疏】由前相比法身是失，又闻以色见声求是邪，遂作念云：佛果一向无相无为，若尔，则修福德之因，但成相果。相果既非佛果，佛果则不以具相而得，故佛果毕竟不关福相。故论云："有人起如是心，若不依福德，得大菩提。如是诸菩萨则失福德，及失果报。"

【记】初二句，指疑起处，此从二十二中来。"遂作"下，作一向离相解，便是指起疑之宗也。"若尔"下，结成疑也。意云：福但成相果，相既非佛，修福何益？"故佛果"下，结成疑名也。"论云"下，引证。失福者，非菩提因故。失果者，非菩提果故。

△二、依经断疑四：初、遮毁相之念，二、出毁相之过，三、明福相不失，四、明不失所以。

△初、遮毁相之念

**【经】须菩提，汝若作是念，如来不以具足相故，得阿耨**

**多罗三藐三菩提须菩提。莫作是念，如来不以具足相故，得阿耨多罗三藐三菩提。**

【记】意云：汝若谓如来不以具足相故得菩提，莫作是念。文势似重，意实不重，但前叙后遮也。

【疏】《华严经》云："色身非是佛，音声亦复然。亦不离色声，见佛神通力。"肇云："不偏在色声，故言非。非不身相，故复言是。"大云云："若言如来不以相具，断灭见矣，故佛止云莫作是念。"

【记】《华严》偈中，前半属前文，后半属此段。以文意钩锁，故就一处而引。既言不离色声，岂合一向毁相？毁相非理，故此遮之。"肇云"下，亦前后相半耳。"不偏"等者，相不定故，如轮王非佛。"非不"等者，应机即现，不离法身故，如释迦是佛。"断灭见"者，义在次文。

△二、出毁相之过

**【经】须菩提，汝若作是念，发阿耨多罗三藐三菩提心者，说诸法断灭，莫作是念。**

【疏】毁相则堕断灭，断灭是损减之过，断见、边见之过。

【记】"损减"等者，谓执有是增益过，执无是损减过。今既一向离相，正当此句。斯则于果损福德庄严，于因损五度之行，坏俗谛也。断见者，《中论》云："定有则着常，定无则着断。"今既一向作无相解，正当断见。边见者，空、有、断、常，皆是着边邪之见，并非正见，故云过也。

△三、明福相不失

【经】**何以故？发阿耨多罗三藐三菩提心者，于法不说断灭相。**

【记】征意云：以何义故，令不作此念？释意云：但发菩提心者，皆不作此念，故知作此念者，岂非过欤？

【疏】无著云："于法不说断灭者，谓如所住法而通达，不断一切生死影像法，于涅槃自在，行利益众生事。此中为遮一向寂静，故显示不住涅槃。"偈云："不失功德因，及彼胜果报。"论云："虽不依福德得真菩提，而不失福德及彼果报，以能成就智慧庄严、功德庄严。"

【记】"如所住法"者，所住之法，即大菩提心。菩提心者，即悲智愿也。一切菩萨，皆安住此心，行菩萨行。有大智故，不住生死。有大悲故，不住涅槃。今令离于断常二见，即是不住生死、涅槃，故云如所住法。即七最胜中，依止最胜。

"不断"等者，意云：生死本空，犹如影像。影像不有，复何断焉？今言不断者，非谓固留，但了性不有，了相不无，随顺俗谛，故云不断，此即通达之义。"于涅槃"等者。若被寂所缚，即不自在。今寂而常用，用而常寂，是自在义。

"此中"下，显偏说之意。然据不断生死，利益众生，但成大悲，不住涅槃。如其具论，亦须不住生死，方成如所住法。"一向"下，即出偏说之意。遮寂者，即二乘人灰身灭智，拨丧无余，被涅槃所拘，是不自在。今以不具相发心，正堕于此。为对治故，偏示一门。下文“菩萨不受福德”，即不住生死，义则圆矣。

“偈云”下，引证。“论云”下，释偈。“虽不依”下，纵也。法身真佛，是真菩提，正由智了为因，故不依彼。“而不失”下，夺也。福德是因，即五度。果报是果，即三十二相。相非不佛，故言不失。既不失果，即不失因。“以能”下，明不失之由，谓真菩提必须具足二庄严故。智慧即真身，福德即应身。故论云：“法身者，智相身。福相者，异相身。”以诸如来皆合具此二种相故。故《法华》云：“如其所得法，定慧力庄严，以此度众生，自证无上道。”

△四、明不失所以二：初、明得忍故不失，二、明不受故不失。

△初、明得忍故不失

**【经】须菩提，若菩萨以满恒河沙等世界七宝持用布施。若复有人，知一切法无我，得成于忍，此菩萨胜前菩萨所得功德。**

【记】意云：菩萨于无我心中所修福德，胜彼有我心中所修福德，以庄严法身，究竟不失故。

【疏】论云：“有人起如是心，诸菩萨得出世智，失彼福德，及以果报，为遮此故。”偈云：“得胜忍不失，以得无垢果。”无我者，二种无我也。

【记】“有人”等者，先叙所遣之念。念云：若出世无分别智，正是佛因，即所修福德尽皆失也。何以故？福非因故。为遮此故者，引起能遣之文。“得胜忍不失”者，正明不失义，谓若心住相，修诸福德，堕于有漏，此福则失。若心离相，修诸福德，成于无漏，此福不失也。“以得”下，出不失之由。斯则以果验因，成不失义。无垢，即清净无漏，是佛身矣。二无我者，人、法也。得此二空之智，名之为忍。

△二、明不受故不失二：初、正明，二、征释。

△初、正明

【经】**何以故？须菩提，以诸菩萨不受福德故。**

【记】征意云：以何义故，言无我所修之福为胜耶？释意云：只由菩萨不受福故。

【疏】论云：“彼福德得有漏果报，故可诃也。”无著云：“此显示不着生死故。若住生死，即受福德。”

【记】“可诃”等者，明不受之由，亦是以果验因，成不受义。意云：果若有漏，则知受福，是可诃责。果既无漏，则知不受，云何可诃？“无著”下，显对前文“不住涅槃”，前后相望，共成悲智之义耳。“若住”下，反明。

△二、征释

【经】**须菩提白佛言：世尊，云何菩萨不受福德？须菩提，菩萨所作福德，不应贪着，是故说不受福德。**

【记】意云：菩萨作福，若生贪着，则成有漏。因既有漏，果亦有漏，得三十二相，但同轮王，不名为佛。此则因果俱失，成其所疑。今既作福不生贪着，则因成无漏。因既无漏，果亦复然，所得三十二相庄严法身，名之为佛。云何疑其失因及果？

△二十四、断化身出现受福疑二：初、随章叙疑，二、依经断疑。

△初、随章叙疑

【疏】论云："若诸菩萨不受福德，云何诸菩萨福德，众生受用？"

【记】初句指疑起处，即从次前文来。论中即云："若菩萨不受彼果报"等。"云何"下，结成疑也。"众生受用"者，据佛寿量，合满百年，至八十便入涅槃，意留二十年福，与后代弟子受用。又于佛供养承事，能令众生获福无量，斯亦佛福众生受用也。

问：前云菩萨不受，今何难佛受用？又前言受是取义，今疑受是用义。文义既异，何以成疑？

答：此皆以果验因也。因中若不受取，果中焉合受用？果中尚自受用，因中岂无受取耶？

△二、依经断疑二：初、斥错解，二、示正见。

△初、斥错解

**【经】须菩提，若有人言，如来若来若去，若坐若卧，是**

**人不解我所说义。**

【记】意云：若人言如来，出现来，入灭去，住世间，皆不解我所说义。

【疏】偈云："是福德应报，为化诸众生，自然如是业，诸佛现十方。"

【记】"是福"等者，是彼无漏福德之应报，即无垢果也，果中无有色相。故论云："佛果无有色相，迭相见故。"又论云："佛果无别色声，唯如如及如如智独存，故无来去等。"

"为化"下，或问曰：既佛果无别色声来去等，何以出现受福，为众生受用耶？故此释之。意说众生根熟，为能感缘。以佛无缘大悲，无量劫来利他善根，熏净法界，以成善习，有感即应，任运无心。如一月不下降，百水不上升。慈善根力，法尔如是。正是断疑之意。若果中有心受用，则因中亦有心受取。果中既是自然，因中足明无着也。

△二、示正见

【经】**何以故？如来者，无所从来，亦无所去，故名如来。**

【记】征意云：以何义故，名为如来？既名为来，亦表其去，何言错解？释意云：以真佛本来无来去故。

【疏】偈云："去来化身佛，如来常不动。"大云云："众生心水若清净，则见佛来，来无所从。浊则见双林示灭，则云佛去，去无可至。”肇云：“解极会如，体无方所。缘至物现，来无所从。感毕为隐，亦何所去。”

【记】“偈云”等者，标真化异也。如来即是法身，本来不动，犹若虚空，故不同化身随机来去，此非异而异也。

“大云”下，释。此约机心染净，遂见佛有来去，名为化身。来无所从，去无所至，即是不动，名为法身。斯则机见有佛来去，佛实不动，云云自彼，于我何为？此中略举水喻众生心，则知月喻法身，影喻化体，清浊喻染净也。水清月现，月亦不来。水浊月隐，亦非月去。但是水有清浊，非谓月有升沉。法中亦尔，心净见佛，非是佛来。心垢不见，亦非佛去。但是众生垢净，非谓诸佛隐显。

“解极”等者，谓解极则心绝，心绝则会如。如体本周，故无方所。此明即应之真。“缘至”下，明即真之应也，意同大云隐显。

断疑意者，诸佛本无来去，众生妄见去来，尚无出现之佛，宁有受福之事耶？

△二十五、断法身化身一异疑二：初、随章叙疑，二、依经断疑。

△初、随章叙疑

【疏】据前不可以化相比知法身，法身无去来坐卧，即似真化异。据遮断灭之念，又显不失福相，即似真化一。故成疑也。此约微尘世界，委释非一非异义，以断此疑。

【记】论文于此不别叙疑，而义意合有也。“据前”等者，指疑起处。此从三处来：“不可以化”下，第二十二也，滥于轮王故；“法身无去”下，二十四也，斥为错解故；“据遮”下，二十三也。“不失”等者，《弥勒颂》云：“得胜忍不失。”一异相反，难为存去，故成疑也。“此约”下，悬指断疑之意。彼约一异双存而难，此据一异俱非而通也。

△二、依经断疑二：初、约尘界破一异，二、约止观破我法。

△初、约尘界破一异五：初、细末方便破粗色，二、不念方便破微尘，三、不念方便破世界，四、俱约尘界破和合，五、佛印无中妄执有。

△初、细末方便破粗色

【经】**须菩提，若善男子、善女人，以三千大千世界碎为微尘，于意云何，是微尘众，宁为多不？甚多，世尊。**

【记】问答如文可知。

△疏三：初、引天亲约断疑，二、引无著破执法，三、引大云示破相。

△初、引天亲明断疑

【疏】偈云：“于是法界处，非一亦非异。”论云：“彼诸佛如来，于真如法界中，非一处住，亦非异处住。为示此义，故说世界碎为微尘。”故偈云：“世界作微尘，此喻示彼义。”

【记】“偈云”下，标也。“论云”下，释也。一真法界，数量消灭，非一异故。诸佛证此，亦非一异。而言处住者，以非此二义可住着故。“为示”下，正显住意。意以界喻真身，尘喻化身也。尘因界碎，故非异，喻从真起应也。尘细界粗，故非一，喻真实应假也。“故偈云”下，引证，可知。

△二、引无著破执法

【疏】无著云：“为破名色身故，说界尘等。于中细末方便，及无所见方便。尘甚多者，是细末方便。”

【记】此别是一义，非断疑也。名身即受等四蕴，色身即地等四大。“于中”下，以细末破色身，以无所见破名身。无所见，即不念也。此段说尘甚多，正是初方便也。

△三、引大云示破相

【疏】大云云：“即是析尘至于细末，以此方便破粗色矣。此言微尘，依大乘宗，于一抟色，假想分析，至极略色为尘，非小乘宗实尘矣。”

【记】“即是”等者，明方便之相。以能破是细末，所破是粗色，能所合之，故成科名。“此言”下，拣异大小。大乘用观，假想分别，起其慧数，破析彼色，一一分析，至于极微，二乘天眼所不能见。此则细末之极，不可破析，名极略色。“非小乘”等者，以彼宗迷唯识理，不达诸法即空，计此微尘以为实有，故说积诸微尘以成世界。故《俱舍论》云：

“极微微金水，兔羊牛隙尘，蚤虱麦指节，彼后增七倍”等。今此拣去，故云非实尘也。

△二、不念方便破微尘

【经】**何以故？若是微尘众实有者，佛则不说是微塵众。所以者何？佛说微尘众，则非微尘众，是名微尘众。**

【记】征意云：以何义故，说微尘耶？释意云：以无实体故。又征意云：所以说微尘空，又说微尘者，何谓也？释意云：佛所说者，非实微尘，是空微尘也。

△疏二：初、约断疑释，二、约破法释。

△初、约断疑释

【疏】论云：“尘碎为末，故非一处。尘众聚故，故非异处。如是佛住法界中，非一处住，非异处住。”

【记】 “尘碎”等者，喻说。尘是碎世界为末也，故界粗而尘细，是非一也。“尘众聚”者，世界是众尘成，故尘界非异也。“如是”下，法合。谓应现十方故非一，同依一体故非异。又依法起化故非一，离法无化故非异。

△二、约破法释

【疏】又若尘众实有者，世间凡夫悉亦自知，何须佛说？只为不知体不成就，故佛说矣。故无著云：“世尊说非者，以此聚体不成就故。若异此者，佛虽不说，亦自知是聚。”

【记】亦是约喻。法说者，若化是实，亦不用佛说，只为是虚，余人不知，故佛说矣。“无著”下，引证，同此。

△三、不念方便破世界

【经】**世尊，如来所说三千大千世界，则非世界，是名世界。**

【记】意云：非唯所起微尘，是空微尘，抑亦能起世界，亦是空世界。

【疏】本论破世界不实之义，可知。无著云："此破名身。世界者，众生世界。"

【记】"本论"等者，如次文所说。"众生世界"者，有情世间也。以心法无质，不可分析，故但以不念方便破之。念之则有，不念则无故。《起信》云："心生则法生，心灭则法灭"等也。

△四、俱约尘界破和合

【经】**何以故？若世界实有者，则是一合相。如来说一合相，则非一合相，是名一合相。**

【记】征意云：以何义故，说世界耶？释意云：世界若实，则是一合。佛说一合者，非实有之一合，是空无之一合。

△疏二：初、引天亲解，二、引无著解。

△初、引天亲解

【疏】论云："若实有一世界，如来则不说三千界。"大云云："若实有一世界，冥然是一，一和合矣，是则不合有多差别。今既佛说三千，明非冥然一矣，故约三千破一界也。"

【记】初引论，标。"大云"下，释。冥，合也，冥然合为一也。一即和合，故云一合矣。“三千破一”者，既言三千，则非一义。此乃通明五蕴无一合义也。

△二、引无著解

【疏】无著云：“为并说若世界、若微尘界，故有二种抟取，谓一抟取，及差别抟取。”大云云：“此明尘众，及众生类，俱名世界。一合相者，即是抟取。抟取为一，故云和合。故此一合，有二抟取。一者一抟取，即是世界，和合为一。二、差别抟取，即是微尘，有众多极微，名为差别。非一合者，第一义中，二界无实故。”

【记】“并说”等者，情器双明也。“故有”下，且标二抟取。“大云”下，显明情器俱名世界，谓尘众则器世界，众生则有情世界。“抟取为一”等者，谓情器不分，为一世界也。此一合有二抟取，于五蕴中分色心故。本以合二为一，今则开一成二。然和合、抟取，盖是一义，但秦、魏译异耳。一抟取者，是名身。众生、世界，义不可分，但有一义故。差别抟取者，是器世界。聚多微尘，成一世界故。故无著论云：“众生世界有者，此为一抟取。微尘有者，此为差别抟取。”“二界无实”等者，故《心经》云：“是故空中无色，无受、想、行、识，无眼、耳、鼻、舌、身、意，无色、声、香、味、触、法”等。经“是名一合相”者，约俗谛说有，明在次文。

△五、佛印无中妄执有

**【经】须菩提，一合相者，则是不可说，但凡夫之人贪着其事。**

【记】意云：此一合相，无体可说，但为凡夫妄生贪着。

【疏】论云："以彼聚集，无物可取，虚妄分别，故云妄取。若有实者，即是正见。"无著云："世谛说抟取，第一义不可说。彼小儿凡夫，如言说取。"大云云："执见五蕴，取其和合，是贪着事，迷于事法，起烦恼矣。"

【记】"以彼"等者，释经中"不可说"也。五蕴和合，无实体故。斯则界归于尘，则无界可取。尘归唯识，则无尘可取。四蕴离念，则无心可取也。众生取着，皆由虚妄分别。故《起信》云："一切境界，唯依妄念而有差别。"此明经中"但凡夫"以下文。"若有"下，反显也。以世界体若是实有，不名虚妄分别，合是正见。

"世谛说"者，即前"是名"也，同论云"以彼聚集"。第一义不可说，即前"即非"也，同前"无物可取"。"小儿"等者。世谛虽说，但是假有。凡夫不敏，执之为实。犹彼小儿，如言执物。

见五蕴者，不了法空，是法执也。取和合者，不达众法，即我执也。二执不亡，故名"贪着其事"也。迷于事法，所知障也。烦恼可知，是依二执起于二障也。

△二、约止观破我法二：初、除我执，二、除法执。

【记】破我法者，前破我法所缘之境，令知不实，今破能缘我法见心。见心乃是所起分别，今即破之，令亡分别，入圣道也。故偈云："非无二得道，远离于我法。"

△初、除我执二：初、斥错解，二、遣言执。

△初、斥错解

【经】**须菩提，若人言佛说我见、人见、众生见、寿者见。须菩提，于意云何，是人解我所说义不？不也，世尊，是人不解如来所说义。**

【记】问答并可知。但不解必错解也。

△二、遣言执

【经】**何以故？世尊说我见、人见、众生见、寿者见，即非我见、人见、众生见、寿者见，是名我见、人见、众生见、寿者见。**

【记】征意云：以何义故，说为不解？释意云：佛说我、人等见，非实我、人等见，是假名我、人等见。众生不解，谓之为实，所以前科判云错矣。

【疏】论云："我见虚妄分别，佛说即是不见。"无著云："此显示如所不分别。云何显示？如外道说我，如来说为我见故，安置人无我。又为说有此我见故，安置法无我。如是观察，菩萨入相应三昧时，不复分别，即此观察为入方便。"

【记】"虚妄"等者，见有我故，名为我见。体实无故，乃云虚妄。虚妄无实，原是不见。如绳处见蛇，岂是实见？

"如所"下，两意：一以真如为所，如彼真如，不分别故；二以我法为所，我法本无，如所知故。“云何”下，征。“如外道”下，释。“人无我”等者，一法界中，无我，无无我。今对有我，说于无我。权说假言，故云安置。“法无我”等者，以见是心心所法，执有此见，名为法执。心法不实，故言安置。此文破法我者，是连带引之，非谓正意也。“相应”等者，入地证如也。不分别者，离分别障也。“即此”等者，若存我法，即分别无穷。但了二空，则自无分别。即此二空观，为入理之方便也。

△二、除法执二：初、除分别，二、显本寂。

△初、除分别

【经】**须菩提，发阿耨多罗三藐三菩提心者，于一切法，应如是知，如是见，如是信解，不生法相。**

【记】意云：发菩提心者，于一切法，应如是知见信解，不生法相。

△疏二：初、明无分别所依，二、正显无分别理。

△初、明无分别所依二：初、总征三法，二、别释第三。

△初、总征三法

【疏】无著云：“此显示何人无分别，于何法不分别，何方便不分别。”

【记】“显示”下，节节以疏征起，以经答之。“何人”等者，即经中“发菩提心者”。“于何法”者，即经中“一切法”。“何方便”者，即经中“应如是知、见、信解”也。

△二、别释第三二：初、总标，二、别释。

△初、总标

【疏】此显示增上心、增上智故，于无分别中，知、见、胜解。

【记】增上心，即定也。增上智，即慧也。皆是增胜上法，故云增上。知、见、胜解者，定慧之后位也。

△二、别释二：初、总彰三义，二、转释后义。

△初、总彰三义

【疏】于中，若智依止奢摩他故知，依止毗钵舍那故见，此二依止三摩提故胜解。

【记】“于中”者，于彼三事之中也。“若智等”者，明此三种，体即是智，但依止方便不同，故立三名也。“奢摩他”，此云“止”，止即是定。智依此定，并息万缘，唯心独存，故云“知”也。“毗钵舍那”，此云“观”，观即是慧。依此慧故，观察一切，委细推求，历历分明，故名为“见”。此二者，知见也。“三摩提”，此云“等持”。但以定慧等处，名三摩提。依此义故，名为“胜解”。言“依止”者，名依义立也。

△二、转释后义

【疏】以三摩提自在故解。内攀缘影像，彼名胜解。

【记】“自在”者，定慧无阂故。“内缘”等者，既未证真，但缘影像，以真如法离心缘故，今既变影缘如，但名胜解，从此能引根本正智，无分别中为近方便故。

△二、正显无分别理

【疏】云何无分别？此正显无分别。大云云："前之方便，是加行智。今不分别，是根本智。即亲证真如，离能所取，名不分别。"

【记】"云何"等者，即论释经中"不生法相"也。初句征起，次句正显。"大云"下，约位释论。"前方便"等者，即知、见、胜解，此当地前四加行位。"今不分别"者，即不生法相，通在十地及佛地也。虽满、分不同，皆用根本无分别智，亲证谛理也。如《唯识》见道颂云："若时于所缘，智都无所得，尔时住唯识，离二取相故。"

△二、显本寂

【经】**须菩提，所言法相者，如来说即非法相，是名法相。**

【记】意云：所言法相，非实有之法相，是本无之法相。

【疏】无著云："此显示法相中不共义，及相应义，如前已说。"

【记】不共者，非法相也。胜义谛中，不容他故。离性离相，非和合故。相应者，是名法相也。性起为相，不离性故。如前金中无器，不离金也。

△二十六、断化身说法无福疑二：初、随章叙疑，二、依

经断疑。

【记】论文于此，不言断别疑，故云外二疏，皆摄入前段合疏。详文合有，是故开之。

△初、随章叙疑

【疏】因闻真化非一非异，意云：若就非一，化唯虚假。若就非异，又唯冥合，归一法身。即化身终无自体。若尔，即所说法，受持演说无福。

【记】初句指疑起处，此从二十五中来。“意云”下，立理。“即化身”下，指无化体。“若尔”下，结成疑也。意云：能说之佛既虚，所说之教岂实？持说不实之教，宁有福耶？

△二、依经断疑二：初、明说法功德，二、明说法不染。

△初、明说法功德

**【经】须菩提，若有人以满无量阿僧祇世界七宝，持用布施。若有善男子、善女人，发菩萨心者，持于此经，乃至四句偈等，受持读诵，为人演说，其福胜彼。**

【记】经之校量可解。“阿僧祇”，此云“无数”。发菩萨心者，拣余人。

【疏】偈云：“化身示现福，非无无尽福。”论云：“虽诸佛自然，化身作业。而彼诸佛化身说法，有无量无尽无漏功德。”

【记】“偈云”下，标。“论云”下，释。先牒疑纵之，

“而彼”下，据理夺之。“无量”下，拣有量等，斯则三重显于持说之胜也。

△二、明说法不染

【经】**云何为人演说？不取于相，如如不动。**

【记】征意云：云何演说便获如是功德？释文可见。前云“发菩萨心者”，意在于此。若非菩萨，焉能如是？

△疏二：初、引无著解，二、引大云解。

△初、引无著解二：初、申经意，二、消经文。

△初、申经意

【疏】无著云：“为说法不染故。以有如是大利益故，决定演说，如是演说，即无所染。”

【记】既说法之心，如彼真如，无有分别，不取能所说相，所获功德，利益至矣，故决定说也。无所染者，即无分别，不取不动也。此则正是断疑之意，谓佛所有说，皆如真实。传授之人，要皆如是。既如其法，福乃无边，何疑持说无功德耶？又如偈云：“诸佛说法时，不言是化身。以不如是说，是故彼说正。”意云：若言是化，则人无敬心。所说之法，宁肯信受？由不说故，人皆宗奉。所说之教，咸悉受持。无漏之福，自然无量等。

△二、消经文

【疏】 云何演说等者，显示不可言说故。若异此者，则为染说，以颠倒义故。又说时不求信敬等，亦为无染说法。

【记】“不可”等者，此明离于说相，非全不说。前云：“无法可说。”《净名》：“无说无示，是名说法。”故魏经云：“如不演说。”“若异”下，反明。以取相故，有分别故，不如如故。既不如如，即成颠倒。“又说时”下，约事明无染。前约不称理，今约不称事。夫说法者，本为利生。今为名利，岂非染说？

△二、引大云解

【疏】大云云：“若能不以生灭心行，说实相法，则如彼真如，故曰如如。又心如境如，故曰如如。不动者，则无染义。”

【记】生灭心行，即有所得，分别取相。今既不以，即与如合，故曰如如。上“如”即“似”义，下“如”即真如。似于真如，故曰如如。心境如者，即两皆真如，无“似”义也。“则无染”者，谓拟心即差，便名为染。故论云：“动即有苦，果不离因。”此则微细念虑，尽名为染，不必贪欲也。

△二十七、断入寂如何说法疑二：初、随章叙疑，二、依经断疑。

△初、随章叙疑

【疏】论云：“若诸佛如来，常为众生说法，云何言如来入涅槃？”

【记】初二句，指疑起处，此从二十六中来，以化身如来常说法故。前虽无文，而有此意。“云何”下，结成疑也。涅槃即是不动无为义，如前文云：若人言如来若来去坐卧，即不解所说义。如来者，无所从来，亦无所去，故名如来。斯则佛入涅槃也。意云：涅槃寂静，说法喧动，动寂相乖，云何两存？

△二、依经断疑

【经】**何以故？一切有为法，如梦幻泡影，如露亦如电，应作如是观**。

【记】征意云：以何义故，佛常说而不阂涅槃？如论所叙。释意云：由佛有妙智，观诸法空，如梦幻等。虽现说法，似有为相，而常住涅槃无作之理，复何疑哉？若于论外，不作断疑释者，此文但责说法不染。征意云：以何义故，说法之时，不取于相，得合真如，不动不染耶？释意云：但观诸有为相，犹如梦幻等，自然于说不取不着，契合真如，无有动摇分别等也。

△疏二：初、开章指文，二、随章辨释。

△初、开章指文

【疏】释此文为三：初约两论，释魏本中九喻。魏本云：“一切有为法，如星翳灯幻，露泡梦电云，应作如是观。”

【记】魏本等者，以彼此二经皆说譬喻，就中彼广此略，今则标广以释也。

△二、随章辨释三：初、约两论释九喻，二、约诸经显喻

意，三、会通秦译经本。

△初、约两论释九喻二：初、约本论断疑，二、兼无著释相。

△初、约本论断疑

【疏】偈云：“非有为非离，诸如来涅槃。九种有为法，妙智正观故。”论云：“诸佛得涅槃，化身说法，故非有为，非离有为。何故示现世间，而不住有为？由妙智正观，有为如九喻虚假故。”

【记】“偈云”下，标。“论云”下，释。初释前二句。真化不一，故非有为。真化不异，故不离有为。言“诸佛”者，拣小乘涅槃，一向寂灭。如来涅槃，悲智兼运，名无住处。“何故”下，蹑前征起，释后二句。征意可知。“由妙智”等者，妙智拣二乘粗智，正观拣凡夫倒见。既以妙智，正观有为诸法如梦幻等，故涉有而不住有，观空而不住空，用而常寂，寂而常用，故终日说法，终日涅槃。如《华严疏》云：“寂寥于万化之域，动用于一虚之中”也。故知若不涉有，岂名大乘涅槃？若不证如，何名无染说法？言虽似反，意乃相符。善现约极违以申疑，如来据极顺以通释。理实深妙，光兹末篇。

△二、兼无著释相：初、据论分文，二、随文正释。

△初、据论分文

【疏】无著云：“此偈显示四有为相。”

【记】此偈者，魏经文也。四有为者，即下自性等四。

△二、随文正释四：初、自性相，二、着所住味相，三、随顺过失相，四、随顺出离相。

△初、自性相二：初、释章意，二、别解文。

△初、释章意

【疏】此见、相二用，识为体，生死根本故。

【记】“此见”等者，谓见、相二分，以自证分为体。然此三法是生死之自性，一切生死从此而生，故名此三为根本矣。此通八识也。

△二、别解文三：初、星喻见，二、翳喻相，三、灯喻识。

△初、星喻见

【疏】无著云：“无智暗中，有彼光故。有智明中，无彼光故。”

【记】此中见分者，大云云第六识也。计度分别，缘共相境。世间诸智，尽在其中。故以星光况于此识。此约执计强盛，故独指第六，非不通八也。

“无智”等者，此中法、喻相兼。文犹阙略，若具配属，即法、喻四对，谓以日喻智，以星喻识，以明喻悟，以暗喻迷。且如喻中意云，无日暗中，有星光故；有日明中，无星光故。法中，无智迷中，有识用故；有智悟中，无分别故。其犹昏夜，日光黯然，唯星独存，略辨南北。杲日才现，星光自沉。法中亦尔，生死迷中，本智未显，意识分别，似有鉴觉。若智显彰，光明遍照，分别念虑泯然无余。

“无彼光”者，此约分喻。喻中但无星光，而不无星体。法中融同一智，无别识心故。

△二、翳喻相

【疏】论云：“如目有翳，则见毛轮等色。观有为法亦尔，以颠倒见故。”无著云：“人法我见如翳，以取无义故。”

【记】“如目”等者，意云：翳若在眼，则见毛轮。执若在意，见实我法。若正配法、喻，即翳喻第七识，毛轮等喻所见分。今标翳喻所见分者，此有三意：一、密配第七识。谓若但取毛轮，则唯喻所见。第七意识，无因可收。故此密配，无所遗也。二、交互影略。以喻上举能，法中言所，自然影略，统收所余。三、显示毛月无有体性，意虽在所，今却举能以显所从能生，足知无体也。“以颠倒见”者，出无体所以，于无见有，故云颠倒。“取无义”者，情有理无故。

△三、灯喻识

【疏】灯约膏油，相续不绝。识依贪爱，生死无休。

【记】灯喻识者，理则虽通，义当前五。以六、七、八识，各有配故。“灯约”等者，以膏油喻贪爱，以灯喻识。若无膏油，则灯光不起。若无贪爱，则识念不生。故论云：“依止贪爱法住。”

然此上三喻，皆是能熏，染污根本，故通名自性相。其所熏第八识持种引心，配属云喻，如下所明。或可星喻见分，翳目所见毛月喻相分，灯喻自证分。自证分即第八识。其后云喻，但况识中种子为未来法。

△二、着所住味相

【疏】论云："幻喻所依住处，以器世间种种差别，无一体实故。"无著云："味着颠倒境故。"大云云："幻出城郭诳人，识变山河不实故。"

【记】"着所住味"者，即是味着所住。"幻喻"等者，即约所幻境说。如结巾为兔，结草为马，乃至变现种种境界。"以器"下，所喻法也。六尘境界不一，故云"种种"。"无著"下，会释科文。大云释意可知。能变之识，尚犹不实。所变之境，岂得有体？故《起信》云："一切境界，唯依妄念而有差别。若离心念，则无一切境界之相。"

△三、随顺过失相二：初、释章意，二、正解文。

△初、释章意

【疏】自身及受用是过失，观此无常是名随顺。又解云：随顺身受，即是过失。

【记】"自身"等者，明身受当体是过失。"观此"等者，随顺出离也。"又解"等者，执着身受，是随顺过失也。所谓执身为常，执受为乐，即是颠倒，颠倒即过失也。

△二、正解文二：初、露喻身，二、泡喻受。

△初、露喻身

【疏】论云："身亦如是，少时住故。"

【记】"少时住"者，如草上之露，日出即晞。众生妄身，亦复如是。然有三意：一、命修短，有才生即死故；二、比于上界，时极促故；三、念念迁谢，即生即灭故。有斯三意，故云少时。

△二、泡喻受

【疏】论云："所受用事，亦复如是。以受想因，三法不定故。"无著云："显示随顺苦体，以受如泡故。"功德施云："观察寿如水泡，或始生未成体，或才生，或暂停住，即归散灭。"

【记】"受用事"者，受能领纳，即此领纳，是受之用，即此受用，便名为事。"受想"等者，因即是触，受之因故，想能助受故。《俱舍》云："受同饮食，想同助味。""三法不定"者，有三释：一则苦、乐、舍三受不定也；二则受想因，于三法而不定，三法即违顺等三境也；三则受、想、触为三，三皆不定也，以一不定，余皆不定故。然此虽说想触，意明于受。如风水相投，即有泡起。触想和合，则有受生。是故以泡喻于受也。故大云云："水上之泡，出没不定。心中之受，苦乐不常。"

"苦体"等者，受是苦体。苦谓三苦。彼苦身中有苦生故，是苦苦；破灭是坏苦；不相离是行苦。逐境住情，妄生乐想，故名随顺。

“功德施”下，意说寿命，不同前义。喻则可知。法中，“始生”等者，托蕴腹中名生，形体未成，即有死者。才生者，生下即死也。暂停住者，五岁、十岁，乃至百岁，通名暂住。初天所见，人间半百，尚同昼夜。况圣智乎？故《正法念经》云：“有于胎藏中死，有生而已命终，有能行便亡，有能走便卒。虽修短之异，皆归死处。”故《净名》云：“是身虚伪，假以澡浴衣食，必归磨灭”也。

△四、随顺出离相三：初、释章意，二、正解文，三、总结示。

△初、释章意

【疏】无著云：“随顺人法无我，故得出离。”

【记】“随顺人法”等者。二空真智，能出二死。方便观察，名为随顺。

△二、正解文三：初、梦喻过去，二、电喻现在，三、云喻未来。

△初、梦喻过去

【疏】无著云：“彼过去行，以所念处故如梦。”论云：“应观过去所有集造，同于梦境，但唯念性故。”功德施云：“观察作者如梦中，随见闻之境，以念分别熏习住故，虽无作者，种种境界分明现前。如是众生无始时来，有诸烦恼，善不善业，熏习而住。虽无我是能作者，而现无涯生死等事。”

【记】如梦者，人之神游也。以过去所作见闻事业，皆是所念之处，与夜来梦无有差别，忆之可说，掬之不见。如经云：“如寤时人，说梦中事。心纵精明，欲何因缘，取梦中物？”

“唯念性”者，以念为体性故，念之似有，不念全无。

“观察”等者，谓白日见闻境界所熏，梦中宛然还见，虽即无人造作，境界分明现前。“如是”下，法合。过去业因所熏，感招现在果报，虽则无人造作，不免生死轮回。故《净名》云：“无我无造无受者，善恶之业亦不亡。”若梦寤时，则梦所见事，一无所有。若迷觉已，则生死轮回，杜绝踪迹。故《起信》云：“应观过去所念诸法，恍惚如梦。”

△二、电喻现在

【疏】论云：“以刹那不住故。”功德施云：“观察心如电，生时即灭。”

【记】不住、生灭，文异义同。凡是有为，即生即灭，无异时也，以无性故，体虚妄故。经云：“因缘和合，虚妄有生。因缘别离，虚妄名灭。”《楞伽经》云：“初生即有灭，不为愚者说。”《起信》云：“应观现在所念之法，犹如电光。”

△三、云喻未来

【疏】论云：“以于子时，阿梨耶识与一切法为种子根本。”无著云：“彼粗恶种子似虚空，引心出故如云。”

【记】子时者，在种子位时。“根本”等者，应云：阿梨耶识在种子位时，为一切法作种子根本，以一切诸法从种子生故。

粗恶种者，有漏种也。以无漏种子为细妙故。似空者，喻多也。《华严》云：“若此恶业有体相者，尽虚空界不能容受。”如云者，空喻种子，云喻未来所起现行之法，以云依空，忽然起故。故《起信》云：“应观未来所现诸法，犹如于云，忽尔而起。”

△三、总结示

【疏】无著云：“如是知三世行，则达无我，此显示随顺出离相。”大云云：“过未无体，现又不住，则三世空，达无我矣。”

【记】此通明三事，结释科文。“大云”下，显无著科意。三世既空，凭何有我？执我既不出离，达无我者必出离也。故偈云：“观根及受用，观于三世事，于有为法中，得无垢自在。”

△二、约诸经显喻意

【疏】二约诸经显诸虚假喻之大意。佛说一切法空。疑云：“云何现见一切境界？”故说如幻，幻法虽无，分明可见。又疑云：“幻法既无，人何爱着？”故说如阳焰，渴鹿谓之水，爱着奔趣。又疑云：“渴鹿毕竟不得水，贪者如何皆得受用？”故说如梦，梦中所见，亦得受用。又疑云：“梦造善恶，寤无业报。梦打尊长，寤无忧惧。”故说如影如响。虽全无体，明镜对色，空谷对声，妍媸高低，一一皆应，必无杂乱，必无参差。又疑云：“若都无实，菩萨何以作利乐事？”故说如化，谓变化者，虽知不实，而作化事。

【记】“诸经”等者，谓如来说法，多以梦幻虚假之事，况诸法空义，或广或略，散在诸经、诸论。随何经论，宗趣虽殊，大意皆破众生遍计情执。或情执多者，不达法者，约喻生疑。病既连绵，药还逦迤，以悟为限，法、喻重重。今约《华严·十忍品》疏文，兼《摄大乘论》意势，显诸喻意，令无混滥也。

“一切法空”者，此是义宗。若是上根，闻之便解。中根之类，一喻即明。下根之流，展转生惑，更以诸喻，如下所辨。

“现见”等者，难曰：诸法若不见，任说法皆空，现见历然在，因何得是空？“故说如幻”下，以喻释喻也，下皆准此。

“爱着”等者，难曰：众生不爱着，任说法如幻。既生爱着心，云何得如幻？“故说如焰”下，释也。

“不得水”者，难曰：贪求若不得，任说法如焰。求者皆遂心，云何得如焰？“故说如梦”下，释也。

“梦造”等者，难曰：善恶无果报，任说法如梦。因果事昭然，云何得如梦？“故说如影”下，释也。妍，美好也，媸，丑陋也，此说对镜之色。高低者，此说对谷之声也。一一应者，无一像而不应色，无一响而不应声。“无杂乱”等者，必不对美现丑，对高应低故。

“利乐”等者，难曰：菩萨不化生，任说如影响。菩萨既化生，云何如影响？“故说如化”下，释也。作化事者，不可谓作化事便言为实，不可谓度众生便谓众生实有。良为众生即空，迷故不觉，为说令觉。若实有体，化之何益？故《净名》云：“观众生如幻化，如水月镜像，如龟毛兔角”等。文殊问云：“若然者，菩萨云何行慈？”维摩诘言：“为众生说如是法，是真实慈也。”

上来五重征释，皆显法空。盖因喻生迷，遂展转训晓，极兹后位，喻尽法彰，疑冰自释。然诸经中，或说乾城、水月、机鬼、绳蛇、翳目、空花、龟毛、兔角等，皆随机随说，引令得出，必不依次有是五重也。

△三、会秦经明广略二：初、指喻显法，二、正会广略。

△初、指喻显法

【疏】梦、幻、泡、影，空理全彰。露、电二喻，无常足显。悟真空则不住诸相，观生灭则警策修行。妙符破相之宗，巧示亡情之观。

【记】梦、幻等者，以梦等四事，皆无体性。若观有为诸法，如其梦等，则空理易明。露、电二事，暂有即无。若观诸法如其露、电，则无常自显。

“悟真空”下，显益。不住相者，凡夫迷真空既住相，当知悟真空即不住相也。住即执取、染着之义。又凡夫颠倒，不了无常，故恋世间，不务修进。当知达彼一切悉无常性，念念迁谢，不住不久，由是怖畏生死，乐趣涅槃，如救头燃，寸阴是竞。所以佛于涅槃会中，偏赞此观，以为第一。然二句中，各有解行，配释可知。

“妙符”下，结叹。“符破相宗”者，叹前四喻也。然佛一代教门，就大乘中，宗途有三：一、法相宗，谓《解深密》等经，《瑜伽》、《唯识》等论；二、破相宗，谓《般若》等经，《中》、《百》、《门》等论；三、法性宗，谓《法华》、《涅槃》等经，《起信》、《宝性》等论。既《般若》宗于破相，今说有为，喻以梦、幻、泡、影，则妙符宗旨也。“示亡情观”者，叹后二喻。若观世间诸法，如露、电等，自不系情于身、命、财而生常解。又由前四喻，故慧解亡情。由后二喻，故习定亡情。又前亡执有之情，后亡计常之情。若不觉空、无常，即系情于身、命、资具。今既悟此空无常理，则情念沮坏，真智现前。斯则上合经宗故云妙，下契物情故云巧也。

△二、正会广略。

【疏】魏译九喻，秦本略者，以星、灯有体，云、种含生，恐难契空心，潜滋相想。取意之译，妙在兹焉，

【记】“魏译”等者，牒问也。或问曰：魏译九喻，秦经

略三者何也？今此牒之。“以星”下，释通。“有体”者，虽星不如日，灯藉膏油，未是全空，故云有体。“云、种”者，法、喻双举。云能含雨，种必生芽，故云含生。

“难契”等者，本为执情坚固，不了即空，由是设喻，以荡分别。若观有体之物，便同析色，难悟即空，空观不成，故云难契。“潜滋”等者，既不了无常，唯于境相而生常想，不能舍离，纵不故意，任运生情，不觉而起，故曰潜也。

“取意”等者，先德皆云：“敌对唐梵，则奘称能。取意译经，则什为最。”然云等三喻，则直下翦除。于余六中，又换一喻，谓以影代翳也。所以换者，影并于翳，空义显故。

△三、流通分

【经】**佛说是经已，长老须菩提，及诸比丘、比丘尼、优婆塞、优婆夷，一切世间天、人、阿修罗，闻佛所说，皆大欢喜，信受奉行。**

【记】经文可见。“佛说是经已”者，本为空生致问，故佛答降、住、修行，答问既终，便合经毕，仍以蹑迹起疑，连环二十七段，洎乎此文，疑念冰释，既善吉无问，故能仁杜宣。一卷经内，虽兼有师资，以其就胜，故但云佛说。“长老”等义，如前所解。

△疏二：初、随经文别释，二、引论疏赞释。

△初、随经文别释

【疏】“尼”者，此云“女”也。“优婆塞”，此云“近事男”。“优婆夷”，此云“近事女”。亲近比丘、比丘尼，而承事故。“阿修罗”，此云“非天”。“皆大”等者，《文殊所问经》云：“有三种义，欢喜奉行。一、说者清净，不为取着利养所染；二、所说清净，以如实知法体；三、得果清净。”

【记】近事男女者，标释可知。亦云“近住男”、“清信男”等，并可知。“非天”者，亦“非人”也，谓非天人趣之所摄故，亦云“无酒”。如实等者，说理如理，说事如事故。果净者，依解起行，得无漏故。

△二、引论疏赞释

【疏】无著云：“若闻如是义，于大乘无觉，我念过于石，究竟无因故。”天亲云：“诸佛稀有总持法，不可称量深句义，从尊者闻及广说，回此功德施群生。”大云云：“大圣说经，妙理斯毕。二空圆极，四众奉行。”肇云：“同听齐悟，法喜荡心。服玩遵式，永崇不朽。”资圣云：“般若深经，三世佛母。闻经四句，以超恶趣之因。一念净持，必获菩提之记。故人天异类，莫不虔受奉行矣。”

【记】“无觉”者，不发二空智也。二执牢固，如石之坚。石犹可磨可琢，闻经不能无我而解，不啻如石，故云“过于”。诗云：“我心匪石，不可转也。”转，犹动也。磨、琢皆是动义。又论云：“下人于深法，不能觉及信。世人多如此，是故法荒废。”“无因”者，无大乘正因，不得菩提故。“总持法”者，秘密般若也。“深句义”者，显了般若也。或总持法是经文，深句义是本偈。“从尊者”，即弥勒、无著也。“广说”，即自指论文。“佛母”者，以能生诸佛及菩提法故。余文易知。

金刚般若经疏论纂要刊定记会编第十卷终

# 《宝镜三昧》本义

荆溪释行策述

《宝镜三昧》者，洞山亲印于云岩而密授曹山者也。洞下诸师恐属流布，但于室中密授，以定宗旨，以防渗漏。自朱世英得之老僧，始获传于世。文有三百六十言，于中“如《离》六爻，偏正回互”数语，为一篇之枢钮。然秘藏幽扃，难开物解，间有一二尊宿出其义意，又支离失旨，适以辱先宗而误后学。近见《人天眼目》一书，载五家宗旨，而洞宗讹舛滋多，岂非迷此本源三昧之故欤？

予友旅堂居士胡介，见而伤之，属予考正其义。既而居士谢世，予蕴诸怀者数年。一日偶因禅者劝请，遂阖户烧香，三复遗言，觉三昧精义于《重离》一卦中层见叠出。因抽绎其绪，作六种图说，以发明之。初一为总，后五为别。盖欲阐发幽微，非为世谛流布，知我罪我所不暇计也。予既慨古说纰缪，且不欲负旅堂之托，勉而述此，敢曰三昧本义果如是乎？惟具眼者辨之。

六种图说者：宝镜三昧图说、正偏回互图说、三叠分卦图说、五变成位图说、二喻显法图说、六爻摄义图说。

## 宝镜三昧图说

向上一窍，千圣不传。随义悉檀，故形文彩。此在儒乘，谓之“太极”。本不可名，强名“太极”。本不可状，强作此相。凡两仪、四象，以至六十四卦，皆从此相生，此相从无相生，无相无生无不生。今论此相，入我法中，有种种名。《华严》名此为一真法界，《法华》名此为一实相，《涅槃》名此为秘密藏。六道众生具此昧此，为第八阿赖耶识，名如来藏性。三世诸佛转此证此，为第九庵摩罗识，名大圆镜智。历代祖师悟此传此，为最上秘密宗旨，名《宝镜三昧》。一切教乘为能诠，此为所诠。一切宗乘为能标指，此为所标指。然此中却无能所，无名相，无言句，所谓混沌未分，黑白未兆。参玄上人，当先了此。若未了此，而说正说偏，说明说暗，犹如话月，岂能照境？故知乖明净之体，缺鉴照之用，虽终日宝镜中，而三昧叵得也。虽然，作此相时，已属染污，况复婆和，姑置勿论。

## 正偏回互图说

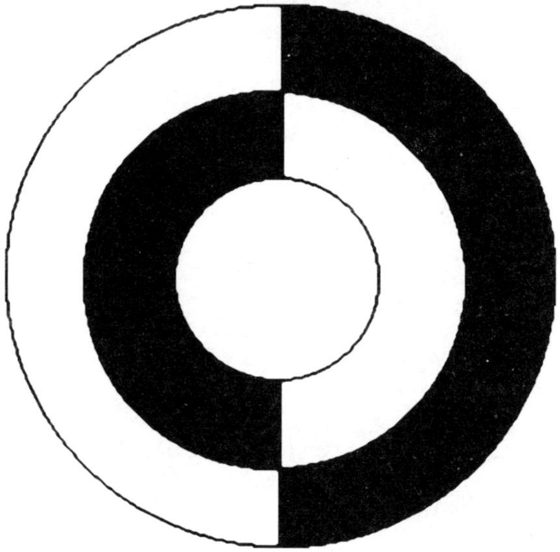

此图两仪既判，黑白已分。以黑表正，以白表偏，所谓正中有偏，偏中有正，回互之义本此。中间仍有一虚相者，表向上事，今亦隐于黑白间也。黑白是奇偶二数，即前太极相所生，为卦画、爻象之本。然论所表之法，不惟偏正。今略配名义，使不迷宗。

所谓黑者，于位表正，于相表暗，于时分表夜，于界处表内，于人伦表君父，于二家表主，于法界表理，于法门表体，于二德表性，于二严表智，于二智表实，于二门表本，于四十二位表果。

所谓白者，为偏位，为明相，为昼分，为外界，为臣子，为宾家，为事法界，为用门，为修德，为功动，为权智，为迹门，为因位。

此诸二法，虽各依位住，而飞伏隐显，互相涉入。虽互相涉入，而又各住本位，未尝混乱。此非意识之境，入此三昧，法如是故。

此回互之义，为一家之要旨，洞宗学者尤宜详之。

## 三叠分卦图说

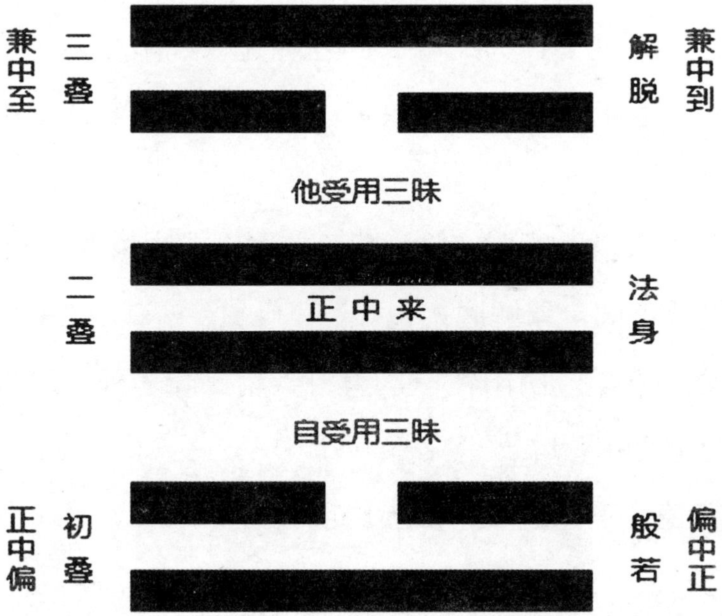

此图已略见大意。卦有六爻，统惟奇偶二数。先圣取其回互之象，以立宗旨。但其旨既幽秘，而形诸文者复引而不发，意欲学者于入道后深思而自得之耳。乃从上诸师异说纷纭，昧于“三叠五变”之言，向本卦外，别变五卦，支离配释，大非旨也。不知本文直云“如《离》六爻”，是取正偏回互之象，非取《离》为心火之卦义也。而本卦中，自具三叠五变，天成玄妙之趣。学者苟不向外求索，于此爻象谛观熟玩，思之思之，又重思之，则鬼神将为冥通，而祖意无余蕴矣。

今不攻异端，直出本义。

先将本卦六爻，分为三叠，以象三德，所谓“叠而为三”者也。

即初、二两爻，为初叠。洞上之宗，贵乎回互，故顺象正中偏，互象偏中正，与五变中初、二两变之爻正同，象般若德也。

以三、四两爻，为二叠。回互观之，纯阳无阴，但第四爻阳居阴位，是正偏妙协，故象正中来，即是三变之爻，象法身德也。

以五、六两爻，为三叠。互象兼中至，顺象兼中到，与四、五两变之爻正同，象解脱德也。

又内卦三爻，阴阳住位，为自受用三昧。外卦三爻，阴阳易位，为他受用三昧。

其三德、三昧之义，后当广明。

## 五变成位图说

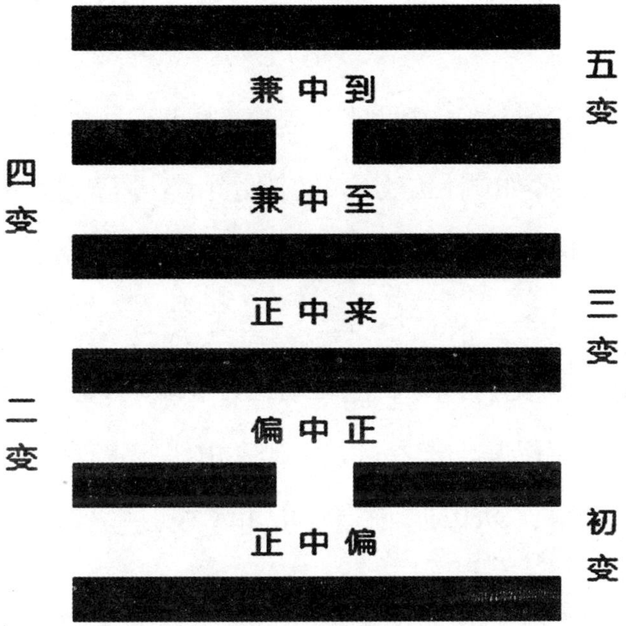


此即三叠六爻，变为五位，以尽一卦理趣，所谓“变尽成五”者也。就五位中，开之则有十爻，以更互取象，故仍不出本卦六爻之外，叠变之巧其在兹乎！然变有二义：一、变化义，二、变易义。今但取变易义。例如四十二位，因果互易，谓之“变易生死”是也。

既知“变”是“易”义，则易爻不易卦。若别出五卦，与五位名义无涉，况位次混乱，图相不合，亦不思之甚也。且明说“如《离》六爻，偏正回互”，奚取于多卦多爻？千古病根，只在错看“变尽成五”一句耳。洞山本意谓“易尽六爻，恰成五位”。既误“易尽”为“化尽”,又误“成五位”为“成五卦”,以故支离配释，愈出而愈谬也。略明五变竟。

复次，若欲配位，不须互取十爻。只就六爻，五位义足。今更悉之：

谓以初一爻为“正中偏”。盖全理即事，故此正中即有偏。但偏相不可见,譬如朔日之月,暗中明相不可言无。故《参同契》云“当暗中有明，勿以明相睹”是也。以是义故，不须互取第二阴爻也。

次以第二一爻为“偏中正”。盖全事即理,故此偏中即有正。但正相不可见,譬如望日之月,明中暗相决定是有。故《参同契》云“当明中有暗，勿以暗相遇”是也。以是义故，不须互取第三阳爻也。

次以三、四两爻为“正中来”。此位必须两爻互取,方成位义。后当别明。

次以第五一爻为“兼中至”，第六一爻为“兼中到”。盖此二位在正中妙协之后,故二图虽纯白、纯黑,一是妙协而发于用,为理事双彰;一是妙协而归于体,为理事双泯。曰“兼至”,曰“兼到”,“兼”即“互”义。以是义故，不须互取四、五两爻也。

既尔，何故叠变中皆取复不取单？盖以单爻义虽具而相不显，回互之象不得灼然昭著，且与“正中来”一位单复不等。以是义故，舍单用复。然则据实言之，位位回互，爻爻回互，单即具复，复即是单。单复、复单，弥显重重无尽之义也，思之。

## 二喻显法图说

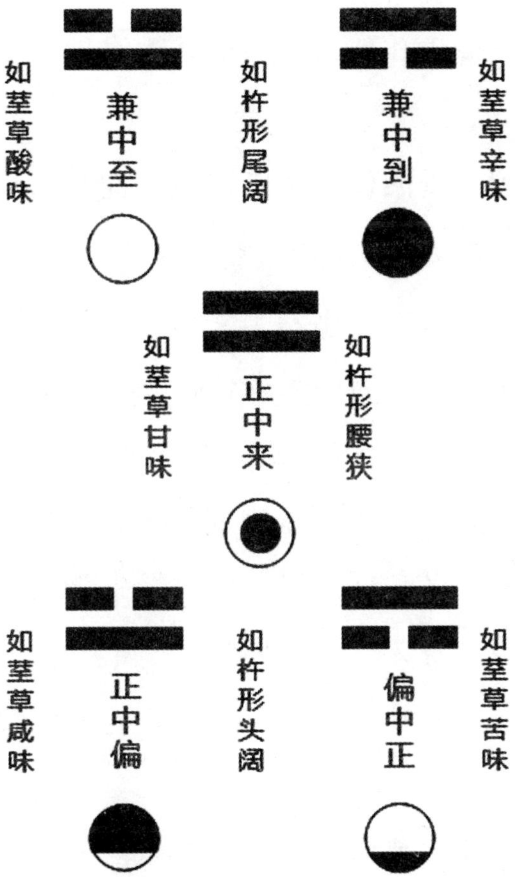


此图理趣较前愈妙。前约正偏、单复以配位，今约总别、阔狭以显法。总别是显法味，阔狭是显法相，所谓“如茎草味，如金刚杵”是也。以此二喻，双显五位之法，是谓“玄之又玄，众妙之门”也。

今先明总别者。喻中茎草为总，五味为别。法中《离卦》为总，五位为别。茎草即药中五味子，一物而具五味，喻一卦而具五位也。开一为五，合五成一。五一执亡，开合无碍。大意如此。

若次第说者。天一生水，是为初爻阳位。水曰润下，象初爻居一卦之下。润下作咸，故为咸味也。地二生火，是为二爻阴位。火曰炎上，象二爻自下而上。炎上作苦，故为苦味也。天三生木，是为五爻阳位。木曰曲直，曲与直反，象第五阴爻与阳位反。曲直作酸，故为酸味也。地四生金，是为六爻阴位。金曰从革，从与革反，象第六阳爻与阴位反。从革作辛，故为辛味也。天五生土，是为中阳之位。土爰稼穑，象果地能生诸功德。稼穑作甘，故为甘味也。

又水以濡湿为义，象"正中偏"之初沾理水。火以照暗为义，象"偏中正"之起行向果。木以发生为义，象"兼至"之发于用。金以退藏为义，象"兼到"之归于体。土以坚静为义，然有智震动，象"正中来"，以重阳坚实而有微动之意。故约五行配五位味也。

又此五行之中，水与火对，金与木对。而土独无对，位在中央，象"正中来"，妙挟前后四位，中正独居尊贵之位，不可有对。故洞山颂中，诫令学者无触当今之讳，所谓错然敬之则吉也。

又喻中随触一味，五味具足，以总是一物故。法中一位才举，五位俱该，以总属一心故。故借茎草以喻法味之妙也。

次明阔狭者。

喻中阔狭易知。金刚杵者，力士所执之宝杵，其形头尾阔而腰独狭，故取之以喻法相。

法中阔狭者。《重离》六爻，虽分五位，不违三法。故以初、二两位，合为一法。盖理与事对，智与行对，如鸟二翼，如车两轮，翼欲其比，轮欲其并，缺一则难翔空致远。是故爻位虽有次第，法相则无前后。二位并融，是真般若。是为法中头阔。

次以四、五两位，合为一法。盖体与用对，权与实对，如月有影，如灯有光，彰则双彰，泯则齐泯，离二则成狂见戏论。是故爻位虽有次第，法相亦无前后。二位同时，是真解脱。是为法中尾阔。

次以第三"正中来"位，自为一法。盖前两位是望此位造入者，后两位是从此位转出者。惟此位统前摄后，独一无侣。理事、智行、体用、权实，入此位中，皆悉如如，所谓一如无二如。无二如故，是真法身。是为法中腰狭。

又喻中宝杵，举头则腰尾连属，举腰则头尾俱来，举尾亦尔。此三处若一处坏，则不成宝杵。法中三法即是一法，名为秘藏。若约本名，自具法、喻，即名宝镜三昧。此中说正偏真般若，必具解脱、法身。说正中真法身，必具般若、解脱。说兼中真解脱亦尔。此三法若一法缺，则不成秘藏。又喻中宝杵是金刚，坚牢不坏故，究竟成阔狭之形。法中秘藏即宝镜三昧，圆净无缺故，究竟具阔狭之相。故借金刚杵以喻法相之妙也。

次复应知此三昧中开合之相。初分一卦为三叠，次变三叠成五位。今束五位为三法，又融三法还成一法。而此三昧，非一非三非五，即五即三即一。叠而为三，明一即三也。变尽成五，明一即五也。“如茎草味”，证五即一也。“如金刚杵”，证三即一也。乃至非开非合，非总非别，非阔非狭。即开即合，即总即别，即阔即狭。是为大三昧，是为甚深三昧，是为不思议三昧也。

又一卦五位，互取十爻。前后四位，象同义异。正、偏两位，则以下爻为主，上爻为互。至、到两位，则以上爻为主，下爻为互。此观象者所当悉也。

本义已彰，略攻异解。

觉范变《大过》、《中孚》、《巽》、《兑》、《重离》五卦，又改“兼中至”为“偏中至”，以对“正中来”，而以“兼到”一位独居。后大误学者，不可不辩。盖“正中来”一位，天然尊贵，为四位之枢钮，犹如五方之中、五行之土，岂容有对？况“正中来”图象是圈内黑相，“偏中至”是纯白之相，全不相对。又“兼中到”是纯黑之相，与“兼中至”纯白之相正相对。岂可谓“兼到”一位独在后而无对乎？又以“偏中至”对“正中来”，则中间有两位，乖杵形喻。又以五卦配五位，则五位非一卦中具，违茎草味喻。是则于五图、二喻，悉皆不合，全昧五位旨趣。觉范既谬出五卦，又谓古来老师大衲皆用“兼中至”。不晓其何义？所谓明眼人前有三尺暗，信乎！

又永觉和尚变《既济》、《未济》、《损》、《益》、《重离》五卦。虽所安五位，粗合法相，然以至、到两位居下，正、偏两位居上。

此由错变四卦，依卦定位，故头尾倒置，虽似是而实大非。

嗟乎！二老者所谓大老也，而于叠变之巧、二喻之妙，亦有所未知焉。自馀卑识劣解，无足论矣。

## 六爻摄义图说

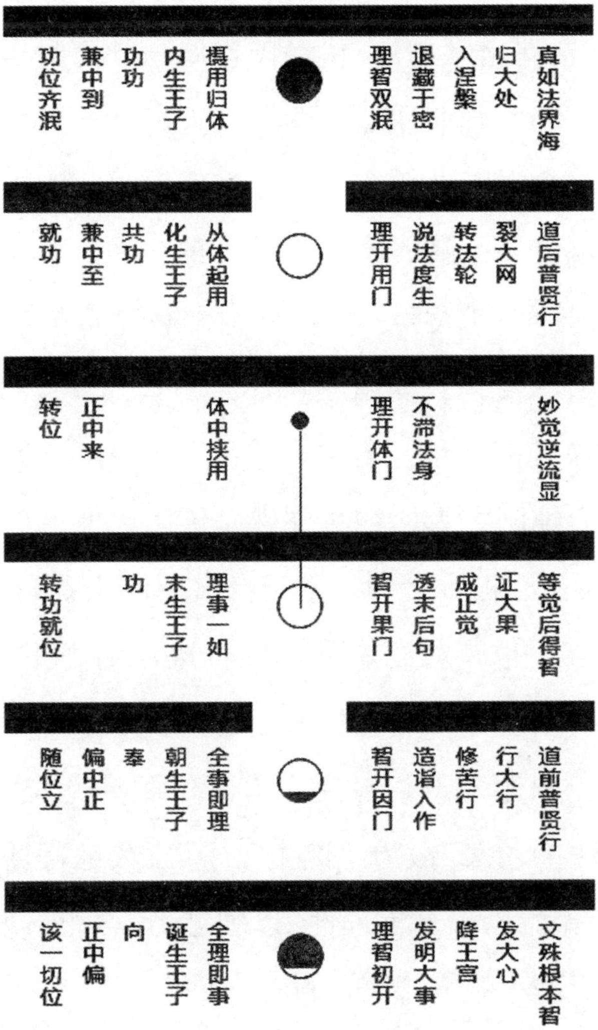

问：如上五种图说，发明三昧妙义足矣，此复何为而作耶？

答：有二意，一是开蒙，二是摄义。良以智识昧略之人，自谓不着言象，不求甚解，于此甚深义海不沾涓滴之味，意曰夫《重离》六爻，先圣偶然托喻耳，胡必精研而深索之？果尔，则《华严》为群经之王，何故处处表法？方山长者制《论》，动辄以八卦、五行、阴阳义理配释，岂皆出偶然耶？且河岂偶出《图》，洛岂偶出《书》，伏羲氏岂偶画卦而数，圣人者妄着言象而玩索之耶？既非偶然，即此《重离》一卦中，圆具世出世间一切法。若广摄义类，则诸佛教网、列祖纲宗，罄无不尽。今但略摄大纲，令未解者稍知六爻义理分齐。若神而明之，触类而长之，则存乎其人矣。所摄义类，略说如左。

先取内卦三爻为自受用三昧者：

盖初爻是纯阳之位，若参合教乘，象首创文殊根本智。如善财以童子为纯阳之人，初见文殊是纯阳之友，顿明本理，发菩提心，故为初心根本之智。于天台《摩诃止观》五章大意中，此当“发大心”也。若约本师一期化迹，则为王宫初降之相。若参学人，初始发心，痛念生死，遇真善知识开示，向身心世界未形以前，只眼豁开，顿明本有者，配属此位。若合诸祖，则此是初生法王之家，故为“诞生王子”。久远背觉，今始合觉，故为“向”。无始以来真常理性，以智慧力，今乍开发，故为“正中偏”也。所谓“颠倒想灭，肯心自许”。

第二爻是阴居阴位，象道前普贤广大行，摄五十二位功勋。

如善财自妙高峰证初住，后历一百十城，参五十三善知识，差别门庭一一透过，是谓涉大功勋。于《止观》五章中，此当“行大行”也。若约本师，为出家苦行之相。学人省悟后，践履此道，不以得少为足，就作家炉鞴多方煅炼，深明差别，日益玄奥者，配属此位。若合诸祖，此是遍历阶级而成大业，故为“朝生”。然与石霜颂意稍异，彼是臣种外绍而不就位，此是王种内绍而未就位者也。又位位进修不背，故为“奉”。位位以无住行，趋求极果，故为“偏中正”也。所谓“毫忽之差，不应律吕”。

即此二位，智行互资，功位迭进。智得行而繁兴大用，行得智而念念无为。一即二，二即一，不一不二，而一而二，故成般若德也。恐学人到此失照，故取初叠二爻，上下回互，以显因慧之妙。所谓“背触俱非，如大火聚”。

第三爻又是阳居阳位，象已证等觉后得智。承前位以根本智进修大行，已臻极果，故人位皆正也。合前二位，以象学人从凡入圣，遍游果海，中中流入，不退不住，至此则转功就位，自利行满，故为自受用三昧也。如善财南询，终至弥勒楼阁，不离当处而遍参，不出一心而行毕，一生圆证佛果，刹那顿越三祇，理事一如，体用皆正，是为到彼岸智。于《止观》五章中，说当“证大果”也。若约本师，为树下成道之相。学人直了一心，不存悟境，彻法源底，透末后牢关，所谓一生参学事毕者，配属此爻。若合诸祖，此是等觉最后之身，故为“末生”。

因涉大功勋而至，故为“功”，即就中功也。所谓“类之弗齐，混则知处”。

然此中“末生王子”，与洞山“正中来”不同。此乃久历功勋而方入位者，彼则已在正位而转身者。须知“正中来”一位，是于第三变互爻之中，意取次上第四一爻之象而立其名。以此三爻虽正，无“来”义故。“来”即“如来”之“来”，言乘真如而来。此则从正中妙协而来，故云“正中来”也。从中来故，不同“末生”。未离正故，亦非“兼至”。如洞山颂云：“无中有路隔尘埃。”无中是正有路，故来；尚未离位，故与尘埃相隔。不达者误作“出尘埃”，一字之差，便滥后位矣。洞山立言，明妙如此。而从上诸师或配同“末生”，或颂出功用，皆不得旨。古惟曹山一人亲承面禀，故《五位颂》得洞山之髓。其颂“正中来”云：“未离兜率界，乌鸡雪上行。”错会者曰：“乌鸡表正，雪表偏，是转位就功，向偏位上利生接物，故云雪上行也。”又以图相谬证云：“所以图为内黑外白，是乌鸡雪上之象。”审尔，则与“兼中至”何以别耶？且既云“未离兜率界”，何得在白雪上行耶？须知曹山颂意，以乌鸡表人，雪与兜率界同表正位。雪取一色义，不取白义。如颂“兼至”云：“焰里寒冰结。”焰取明义，表偏，不取赤色；冰取寒凝义，表正，亦不取白色也。疑者曰：“何以图相内黑外白，既五图皆以白表偏，此何意独表正？”不知此位图相，妙密难知。今不惜秘旨，更为明破。盖此图在外圆相，即是第三阳爻奇数所成，表正位也。在内黑相，即是第四阳爻奇数，以表正位中人。是取二阳奇数表法，非取圈内空白处也。然此五位图颂，惟始末二位无讹。中间三颂，与图位舛错。诸本互差，无人辨正，故今为出之于此。又见以君臣五位，如次配入此五位者，亦不可从。盖君臣虽具五位，开合不同，学者当细心体之。至如临济三玄、三要、四宾主、四料拣、四照用等，则皆“兼至”一位中事也。故知五位宗趣，最为广大，岂惟一家建立，无越于此哉！

次取外卦三爻为他受用三昧者：

盖第四爻乃阳居阴位，象妙觉逆流，回入生死海，将欲从体起用，分身于法界之中，随机普应。虽未入俗利生，已运大悲，已垂冥迹。与前爻不同，故寄阴位以表之。学人到前位已证法身，能不住法身边，不守枯桩处，不着无言说，不为自了汉，誓愿垂珍着敝，入泥入水，作大佛事者，配属此爻。若合祖意，以前三爻之阳是功穷位极之阳，此是转位就途之阳，两阳合观，一镇静，一暗动，故为“正中来”也，故谓“夜半正明，天晓不露”。至此二位，自利已满，天然尊贵，以法界法性为身，故成法身德也。恐学人到此坐着，故取中叠二爻，上下回互，以彰果德之妙，所谓“通宗通途，挟带挟路”。

第五爻是老阴居老阳之位，象道后普贤圆满行。以前位乘愿涉俗，随类化身，繁兴大用，弥纶法界，故体偏而位常，正是佛果后行，与《华严·离世间品》同旨。于《止观》五章中，此当“裂大网”也。若约本师，为转大法轮之相。学人福智已足，时节若至，得座披衣，横身为物，向玄门要路杀活擒纵，宾主君臣投机合道，箭锋相拄啐啄同时者，配属此位。若合诸祖，此是已透法身，为物作则，故为“化生”。果后不舍因门，故犹为王子。诸法并兴，万机齐赴，故为“共功”。妙协通途，敲唱双举，故为“兼中至”也。所谓“先圣悲之，为法檀度”。

第六爻是老阳居老阴之位，象究竟真如法界海，与四爻体同而用异。四爻是以体涉用。此是摄用归体，外不住万行，内不住一心，三际平等，十方坐断，心、佛、众生了不可得，是为秘密藏。于《止观》五章中，此当“归大处”也。若约本师，为入般涅槃之相。学人一则出世能事毕已，权实双收，万机寝息，退藏稳密，犹如羚羊挂角者，配属此位。若合诸祖，此是虚玄无着之宗，循复还之，与第一位同体，故为“内生”。无生可度，无世可兴，乃无功之极致，故为“功功”。行位齐泯，不落有无，极尽今时，还原合本，故为“兼中到”也。所谓“潜行密用，如愚若鲁”。

此上二位，展则行弥法界，收则足迹难寻。即展即收，绝思绝议。以其四句百非皆悉不到，故成解脱德也。恐学人到此，未得自在，故取第三叠二爻，上下回互，以尽隐显之妙。所谓“但能相续，名主中主”。又以前四爻是利他之愿，五爻是利他之行，至此六爻是利他行满，回途得妙。如《大涅槃经》云：“安置诸子秘密藏中，我亦不久自住其中。”故合此三爻，为他受用三昧也。

问：前内卦第三爻，既证极果，则已到涅槃彼岸，已住秘密藏中，返本穷源，更无升进。今此第六爻所到境界，与前第三，是同是别？若同，何分五位？若别，则应更深，此义云何？

答：真如性海，本无二源。但前是本门还源，今是迹门还源。又前是功穷位极，人位皆正。今是功亡位泯，人位皆无，故不同也。故知洞山立位，于中间尊贵一位，不取第三还源之爻，而取第四逆流之爻，以成位义，弥见祖意之妙。

又此《重离》六爻之象，究其起尽，循环无端。盖一真法界，浑无朕迹，无有能所，本不可说。

初开理、智二门，则理为所证，智为能证，故有初爻象生。其图为多黑少白，多黑处即理，少白处即智也。以此当初住位，初断一品无明理障，具一分智德故。

次智开因、果二门，故有第二、第三爻象生，二是因，三是果。二爻图为多白少黑，多白处即因，少黑处即果也。以此从二住去，位位中证一分真如果。故三爻图为圈内黑相，此是果海已极，因位已满，智与理冥，故但成圆相也。

次理开体、用二门，故有第四、第五爻象生。四是体，五是用。四爻体虽挟用，未离果海，故其图即前圈内黑相也。五爻不舍因行，大用现前，其图为纯白之相。此白相中有白有黑，以黑白双照，故成纯白也。若不照黑，非“兼至”义。

既至此已，展尽还收，摄体用为一理，泯因果为一智，双收理智，归一真法界，故有第六爻象生。其图为纯黑之相。此黑相中无黑无白，以黑白双亡，故成纯黑也。若黑不亡，亦非“兼到”之义。然此一真法界，究竟不可说，还与第一爻为体，原是最初理智未分以前个一着子。到此所谓“威音浑未晓，弥勒岂惺惺”。

故知一卦六爻，取要言之：初爻是理智初开，六爻是理智还泯。中开四爻，是因果、体用。周而复始，如大圆镜。学人于此一眼觑透，全身拶入，则谁为生，谁为佛？谁为宗乘，谁为教乘？又谁为洞上，谁为济上？四生六道一光中，一切圣贤同影像。是则熔瓶、盘、钗、钏之金，都卢成一个大圆镜，然后打破镜来，无物可得。《法华》所谓：“究竟涅槃常寂灭相，终归于空。”任他千圣出头来，广立纲宗，尽是鬼门贴卦。个中无元字脚，唤什么作宝镜三昧？所谓“但形文彩，即属染污”。

稽首净觉尊，宝镜大三昧，
洞上诸贤圣，及一切诸祖，
愿各垂冥印，令所说无违。
普愿参玄人，见闻同证入。

# 净土警语

菩萨苾刍行策截流

## 劝发真信

念佛三昧，其来尚矣。自远祖崛起庐山，肇兴莲社，六时净行，遂成千古芳规。虽曰功高易进，乃末世行人，罕获灵验。良由信愿不专，未能导其善行，以要归[①]净土故也。今既广邀善侣，同修净因，若非谛审发心，宁知出苦要道？凡我同人，与斯法会者，须具真实信心。苟无真信，虽念佛、持斋、放生、修福，只是世间善人，报生善处受乐。当受乐时，即造业，既造业已，必堕苦。正眼观之，较他一阐提、旃陀罗辈，仅差一间耳。如是信心，岂为真实？

所谓真信者，第一要信得心、佛、众生三无差别。我是未成之佛，弥陀是已成之佛，觉性无二。我虽昏迷倒惑，觉性未曾失。我虽积劫轮转，觉性未曾动。故曰：莫轻未悟，一念回光，便同本得也。

---

① 要归，归于、总归。

次要信得我是理性佛[①]、名字佛[②]，弥陀是究竟佛[③]，性虽无二，位乃天渊。若不专念彼佛，求生彼国，必至随业流转，受苦无量。所谓法身流转五道，不名为佛，名为众生矣。

次要信得我虽障深业重，久居苦域，是弥陀心内之众生。弥陀虽万德庄严，远在十万亿刹之外，是我心内之佛。既是心性无二，自然感应道交。我之苦切必能感，佛之慈悲必能应，如磁石吸铁，无可疑者。所谓佛念众生，如母忆子。子若忆母，如母忆时，母子历生不相违远。若众生心，忆佛念佛，现前、当来必定见佛，去佛不远也。

具如上真信者，虽一毫之善，一尘之福，皆可回向西方，庄严净土。何况持斋秉戒，放生布施，读诵大乘，供养三宝，种种善行，岂不足充净土资粮？唯其信处不真，遂乃沦于有漏。故今修行，别无要术，但于二六时中，加此三种真信，则一切行履，无烦改辙矣。倘欲舍此度门，别商玄妙工夫，则诸方宗匠如林，刹竿相望，正可随处问津，不须投足兹社。若果名心永尽，素愿攸同，时节因缘，幸常集会。依稀莲漏[④]，仿佛篮舆[⑤]，

---

① 理性佛，指一切众生皆有佛性，虽轮回六道，与觉体相背，然佛性功德依然具足。

② 名字佛，由阅读经卷、听闻佛法，而了知自心本具佛性，一切诸法皆是佛法。

③ 究竟佛，破尽无明，成就圆满佛果。

④ 莲漏，东晋慧远大师在庐山建立莲社，制莲花漏以计时，诵念不辍。

⑤ 篮舆，竹轿。晋陶渊明曾乘篮舆往来庐山，拜访慧远大师。

今古如斯，遗风未泯。庶他生为亲近之津梁，即此世为助发之资具，愿交勉焉！

## 申 劝

昔真歇和尚云："佛佛授手，祖祖相传，惟此一事，更无余事。"释迦老子住世七十九年，说法三百余会，独于净土之教，谆谆赞说而不已，得非以是为超凡入圣之捷径乎？

然此法门，诚易诚难。夫执持名号，修众福善，至心回向，即得往生。苟得往生，则横截五道，顿超三有，直阶不退，不历多祇，岂非简易？倘若娑婆事业，在在萦怀，一曝十寒，心不专笃。遇五欲时，如胶如漆。遭逢逆境，结怨衔恨。而欲命终，彼佛接引，又必不可得之数，岂非难事？由此观之，净土法门，药也；娑婆贪爱，忌也。众生业病，教奉医王，甫服其药，复饱食其忌，可乎？及乎临欲命终，重处偏坠，净因微弱，难脱苦轮，翻谓医王误人，佛法无验。悲夫！若辈颠倒极矣。曷不思匡庐法社十八高贤，暨百二十三人，俱留瑞应，具载方策。古今日月，古今山河，彼既丈夫，我岂不尔？当知不尔者，只是重处放舍不下故也。

凡我同会缁白老壮，宜各痛念娑婆险恶，早求出离。六道之匍匐，九品之逍遥，利害天渊，大须猛省。必也生大欣厌，舍秽取净，信此取舍与不取舍，原非异辙。毋骛虚名，毋执空见，毋受高帽禅和口头三昧惑乱，毋求旦夕速效，妄冀心外有佛来迎，动诸魔事。不论居家时，入社时，恒以念佛为正行，以勉修众善为助行。更于贪瞋习气，刻意揩磨，使重处得轻，生处渐熟，净念相继，愿行相资，自然千稳百当也。

其众行之中，则放生一事为最善。但应谛思，彼虽同性，犹属异类，尚须救之。况我同类之人，障深业重，有不久堕入恶趣者，有现在地狱受苦者。彼地狱苦，剧于世间刀火，奚啻十百千倍。何容于此置之膜外，不图拯救？然其拯救之法，亦惟在今日一心念佛，以速生安养，然后乘本愿轮，运大神力，兴无缘慈，扩同体悲。分身散影，于十方刹土诸恶趣中，寻声救苦，如观世音菩萨；誓空地狱，如地藏王菩萨。拔一切众生苦因苦果，与一切众生世出世乐，摄一切众生同觐弥陀慈父，到究竟安隐处。具如是志愿，方是丈夫汉。若不具如是志愿，则届期聚首，悠悠从事，虽念佛放生，亦只是寻常社会。岂曰无福？非衲所望于诸上善友也。幸审择之！

## 又申劝

净土法门，虽诸佛、诸祖共所赞扬，然当世士夫，一代时教曾未经目，苟非宿有灵根，焉得闻而深信？今为略举一二大经要论，以概其余，使知法门殊胜，易生信乐之心。

只如《华严》一经，教门广大，为诸经中王。譬如杲日当空，掩众星之彩。须弥横海，落群峰之高。其语世界也，不曰“恒河沙数”，而曰“不可说不可说佛刹极微尘数”。普贤菩萨以智通力，一眼普观无边香水海无边刹土，如掌中果。从近至远，随其方面，一一指陈名号、相状。极乐世界在毗卢遮那本刹中，刹有二十层，上广下狭，形如倒卓浮图[①]。娑婆与极乐，同在第十三层。此层内有十三佛刹微尘数世界围绕，极乐世界其一数耳。视本刹世界之多，犹如尽赡部洲百岁所收之谷，总为一聚，其中一粟相似。何况更视本刹外无边刹种[②]所有世界，尚可以言思计议哉？如是广大经文，于末后结束处，乃以十大愿王导归极乐，惟令生安养世界，惟愿见阿弥陀佛。其专切劝发，反复叮咛，具在《行愿品》中，兹不繁录。

又佛灭后六百年，西天第十二祖马鸣大士，应佛悬记，重兴正法。宗一百洛叉[③]大乘经典，造为一论，名曰《起信》，能令末世众生，发起大乘正信。譬如错众彩而为锦，酿百花而成蜜。其建言析理，穷微造极。既备陈一切法门，种种三昧，令修习正信已。复念一切法门，种种三昧，皆难修而易退。乃于末后，更示诸佛胜异方便曰：“复次，初学菩萨住此娑婆世界，或值寒热、风雨不时、饥馑等苦，或见不善可畏众生，三毒所缠，

---

① 倒卓浮图，倒立的塔。卓，直立。

② 刹种，又称世界种，是无尽佛刹微尘数世界的集合。

③ 洛叉，印度古代数量名称，相当于十万。这里是指大乘经典的偈数。

习行恶法。菩萨在中，心生怯弱，恐不能成就清净信心，生疑欲退者，应发誓愿，一心专念佛及菩萨，以生决定心故，于此命终，必得往生诸佛刹中，见佛菩萨，永离恶趣。如经中说：善男子、善女人，专念西方极乐世界阿弥陀佛，以诸善根，回向愿生，决定得生，常见彼佛，信心增长，永不退转，得入正位。”是知佛世时文殊、普贤，佛灭后马鸣、龙树，如是诸大士，咸劝往生，兼愿自往亲近弥陀。

他如《宝积》、《大集》等诸大部经中，称扬赞劝，未易悉举。

然十方诸佛净土无量，经论偏指归极乐者，略有三意：一为彼佛与此土人最有缘故。无贵贱，无贤愚，无幼艾，皆知阿弥陀佛号。若有苦屈，启口发声，无不称其名者。二为法藏比丘愿力胜故。摄二十一亿清净佛土诸庄严事，总为极乐世界一刹庄严。发四十八宏誓愿，广接十方念佛众生，来生其国。盖诸佛果德，虽实平等，因中愿力，任运摄生，无差别中有差别故。三为阿弥陀佛即法界藏身，极乐世界即莲华藏海，见一佛即是见无量佛，生一刹即是生无量刹，念一佛即是念一切佛，即为一切佛所护念，以法身不二故，生佛不二故，能念所念不二故也。

然诸经论虽广赞扬，此国众生，初无知者。唯晋远公崛起匡庐，肇兴莲社，一时名贤巨儒，不期自至，如刘遗民，及宗、雷等，皆服膺请教，道遂大振。继自唐、宋以来，禅学寖盛，士大夫有智识者，多雅慕宗门，趣尚高异。然上下千百年间，其真能见性者，不过杨亿侍郎、李遵勖驸马，及许式郎中辈数人而已，余皆游戏门庭者耳。遂令不思议胜异法门，委为愚夫愚妇勾当。中间虽有三、五尊宿，递相祖述，然未必多接高流，广度群品。延及明季，乃有云栖宏大师出，承宿悲愿，以醇儒脱俗，专宏净业。当世名贤，归信者固多，疑毁驳难者，亦复不少。大师以宏才妙辩，百战不屈，翻成法喜之乐。由是缁素悦服，几如远公复生，永明再世，净土之道，复得大振。是则起千余年已坠之法门，厥功不既伟欤！呜呼！乃今往矣，末法昏衢，众生垢重，险恶道中，失此良导，可不为长太息者哉！予生也晚，弗获亲炙大师，宝其遗言，奚啻圭璧，每一展读其书，辄不禁涕泗横流，心意勇发。

今住兹普仁以来，常得群贤聚首，六时行道，洽我素心。然每遇一友与会，不敢以俗士目之，私心窃计曰："莲花国土中，复增一胜侣矣！昔我释迦本师，悬记此土有六十七亿菩萨往生彼国，此必一数也。"虽知悠悠退堕者多，然既发意念佛，已入弥陀愿海，如人食少金刚，终竟不消，纵勤惰迟速不同，究竟必生彼国。既生彼国，究竟必获果证，八相成道，广度众生。故今于甫入会时，即以未来诸佛相期待，非为虚妄也。但不识众友自待何如？苟能如衲所期待以自期待，则凡现前善友，皆吾莲蕊连枝矣。

然吾观今之富贵利达者，或贪粗敝声色，不知苦本。或着蜗角勋名，不悟虚幻。或复爱殖货利，会计经营。现在碌碌一生，将来随业流转。彼佛刹中，依正庄严，无量胜妙乐事，不闻不知，从生至死，未曾发一念向往之心。反不如穷愚困厄之夫，多能念佛，从冥入明，转生胜处也。故今敬劝诸友，既各标名莲社，便是火宅优昙[①]。必也具真实愿，发忻厌心，视三界如牢狱，视家园如桎梏，视声色如鸩毒，视名利如缰锁，视数十年穷通际遇如同昨梦，视娑婆一期报命如在逆旅，信宿舍离，惟以归家为务。如意亦得，不如意亦得，舍得寸阴，一心念佛。果能如是，若不生净土者，诸佛皆成诳语矣。愿共勉之！

## 起三年长期示众

凡欲与期念佛，令功行不虚者，当发三种心，以为方便。

第一发痛惜光阴心。虽约三年，光阴无几。古人喻如连日疟发，三度寒热，期即告终。若非勤策身心，寸阴是竞，未免见以为长。若见以为长，则悠悠岁月，罔罔襟怀，疲厌易生，净功莫克，岂不大可惜哉？况命在呼吸，安保三年？纵越三年，岂能长久？所谓如囚趣市，如羊诣屠，但得前行，步步近死。直须孜孜昼夜，矻矻暑寒，一句洪名，无时间歇，不用弥陀接引，净土决定可生。凡我同行，慎勿锐始怠终，当视三年如一日、如一刹那可也。

第二发专求出离心。夫此三年功行，非但不求世间福报，

① 优昙，即优昙花，亦名优昙钵花，祥瑞灵异，甚为稀有。

亦并不求功德智慧，辩才悟解，与夫世世为僧，兴显佛法等愿。惟愿命终得生彼国，脱生死苦。此愿直须刻刻现前。如昔人被覆在千尺枯井中，受野狐诀，注视磨孔，一心欲出。视之既久，孔不加大，身不加小，任运飞出。念佛亦尔，专念彼佛，一心求生，念之既切，佛实不来，我实不去，自然得生。得此一愿，则见佛闻法，断惑证果，不假方便，自得心开，百千三昧，应念现前，不可说不可说微尘数大愿，同时具足。所贵谛信力行，惟专惟一，始克有济也。

第三发和顺守约心。堂中既无多众，早晚共住，称同行善知识。各宜防身护口，谦恭巽顺，互相砥砺，互为标榜。此三年内，例如掩关禁足，当以山门为界，不得出外行走。虽亲友病亡大故，亦不得破例而出，开他人效尤自便之端。每日恒课，不得懈怠废缺。惟除病患，不能饮食，然或坐或卧，亦须默默念佛，盖病患中，尤当急切也。恒课外有余晷[①]，须自检点，勿放身心空过。不得闲谈杂话，放逸戏笑，误己妨人。更不得披览外书[②]，吟咏诗偈，非唯唐丧光阴，亦乃辜负檀越。

本堂轮一人作监值，五日一换，挂牌交代。有不守约、不如法者，监值师即应劝谏。一谏辄听者善。若三谏不听者，白众议罚。若监值师徇情容隐，不谏不举者，随事量罚。若诸师

① 余晷，余暇。晷，时光。

② 外书，又称外典、世典，指佛教典籍以外的世间典籍。

自严自重，各精进不放逸，置规约于无用之地，则弥善也。勉旃勉旃！

## 起精进七期示众

七日持名，贵在一心不乱，无间无杂，非必以快念、多念为胜也。但不缓不急，密密持名，使心中佛号，历历分明。着衣吃饭，行住坐卧，一句洪名，绵密不断，犹如呼吸相似，既不散乱，亦不沉没。如是持名，可谓事上能一心精进者矣。

若是真正道流，直能体究万法皆如，无有二相。所谓生佛不二，自他不二，因果不二，依正不二，净秽不二，苦乐不二，忻厌不二，取舍不二，菩提烦恼不二，生死涅槃不二。是诸二法，皆同一相，一道清净。不用勉强差排，但自如实体究。体究之极，与自本心忽然契合。方知着衣吃饭，总是三昧。嬉笑怒骂，无非佛事。一心乱心，终成戏论。二六时中，觅毫发许异相不可得。虽则至心称念，亦同肆口诃骂。虽则精进修持，亦是梦中苦行。如是了达，方是真正学道人一心精进持名也。

前一心似难而易，后一心似易而难。但能前一心者，往生可必。兼能后一心者，上品可阶。然此两种一心，皆是博地凡夫边事，凡有心者，皆可修学。同堂缁素，切勿高推圣境，甘处下劣。各须勤策身心，近则七日内，远则一生中，常作如是信，常修如是行。纵不克证，为因亦强，花宫托品，必不在中下矣。

倘或七日之后，置若罔闻，熟处毕竟不生，生处依然难熟，无明业习，牵合交缠。仅欲邀功七日，而此七日又未曾到一心不乱田地，正所谓少善根福德因缘，安望往生彼国？致令金口诚言，翻疑狂妄，是谁之咎乎？同七净众，愿各自审而诚勉之。

## 料拣法门

念佛求生净土，释尊于无量法门中，特垂胜异方便。然念佛一法，仍有多门，约而计之，不出四种：一者念佛实相，即本觉理性，如《大集》等经所明是也。二者念佛法门，即种种三昧，如诸大乘经所明是也。三者念佛相好，即胜劣身相，如《十六观经》所明是也。此三种念佛，胜则胜矣，非异方便，盖必洞明事理，深达境观，上智犹难，钝根绝分故也。四者念佛名号,即一心持名,如小本《阿弥陀经》所明是也。惟此一门，借彼佛胜愿力故，不论有智无智，上中下根，但执持名号，一心不乱，七日乃至一日，即是多善根福德因缘，即蒙弥陀圣众接引，即为十方一切诸佛护念。又彼佛本誓：“若有众生，欲生我国，至心信乐，乃至十念，若不生者，不取正觉。”是为不思议异方便，惟其异，故胜也。

所生净土，亦有四种：一曰常寂光土，极果圣人所居，断无明惑尽方得生。二曰实报无障碍土，别圆地住[1]以上菩萨所居，断尘沙惑方得生。三曰方便有余土，四果圣人及别教三贤菩萨[2]、圆教十信菩萨所居，断见思惑方得生。此三种净土，胜则胜矣，非异方便，盖必断惑乃生，还同竖出三界故也。四曰凡圣同居土，权实圣贤与博地凡夫共居。惟此净土，仗诸佛摄受力，故不须断惑，兼复带业往生，但惟信愿前导，感应道交，浊障稍轻，苦轮斯脱。而又即此同居安养，竖彻方便、实报、寂光，故上智即能顿净四土，而下愚亦可三界横超，无烦九次第修，不俟三僧祇证。是为不思议异方便，惟其异，故胜也。

如此最胜独异法门，释迦善逝殷勤示劝于五竺遐邦，恒沙如来广舌赞扬于十方刹土，岂欺我哉？龙树《毗婆沙论》云："佛法有无量门，如世间行路，有难有易。徒步则难，乘船则易。欲易行疾至，应当念佛称阿弥陀佛名号，疾得阿耨菩提。"又智者《十疑论》云："在五浊恶世，求阿毗跋致，甚难可得。譬如跛人步行，一日不过数里。若信念佛三昧，乘彼佛愿力摄持，决定往生。如乘船遇顺风，须臾千里。又如劣夫从转轮王，一日一夜，周行四天下，非是自力，轮王力也。"

乃世之驾言直指者，多以西方为钝置[3]，谓此法门专摄钝

① 别圆地住，即别教初地、圆教初住。

② 三贤菩萨，即十住、十行、十回向位菩萨。

③ 钝置，禅门用语，迂回、磨蹭之意。

根劣器耳，苟能一超直入，何假他力？不思文殊、普贤、马鸣、龙树，及此土智者、智觉[①]，咸发愿往生，尽属钝根乎？世尊于宝积会上，劝父王净饭，并六万释种，皆生净土，尽是劣器乎？不假方便，自得心开，安有如斯曲径？甫育莲胎，便阶不退，奈何反属廉纤[②]？若夫已悟心宗，为垂警策，犹曰“生生不退，佛阶可期”者。其难易迟速，皎然可知矣。而世之学者，或疑或谤，或耻谈而不屑道。虽曰非愚非狂，吾不信也。

## 九品略辩

净土一门虽广摄诸根，咸登不退，而见佛久近，闻法大小，证果、授记迟速，不啻天渊悬绝。《大本经》略分三辈，不及《观经》九品为详。总而论之，上品以解悟为本；中品以戒善为本；下品纯恶无善，惟临终遇善友，一念信心，灭罪往生。

析而计之，上上生者，所谓“读诵大乘”，则宗说俱通；“修行六念”，则行解相应。故弹指即生，见佛闻法，悟无生忍，须臾历事十方诸佛，亲蒙授记。僧如远公、智者，俗如刘遗民、杨无为辈，足以当之。

上中生者，虽未及读诵大乘，而能解第一义，是于己躬亦有悟入，而行证未逮上上生者。故经宿花开见佛，因前宿习，

① 智觉，即永明延寿禅师。

② 廉纤，禅门用语，迂曲、琐碎之意。

普闻众声，皆说甚深第一义谛。七日于阿耨菩提得不退转。修诸三昧，经一小劫，得无生忍。

上下生者，虽未有悟入，而亦发无上道心，自欲明见本性，卒未遂志，以求生者。七日见佛，三七日始闻妙法。经三小劫，住欢喜地。

中上生者，乃在家净信男女，持戒求生者。临终见佛往生，莲花寻开，闻说四谛，应时即得阿罗汉道。以戒力专故，花开证果甚速。以未发无上道心故，所闻但四谛，所证但小果耳。

中中生者，乃出家男女，持戒求生者。曰“一日一夜持沙弥戒”、“持具足戒”者，显戒法殊胜，虽最促犹生，何况久持。然出家戒行精专，亦生中上，在家暂持斋戒，亦生中中，可互通也。临终见佛往生，七日花开闻法，得须陀洹果。经半劫，成阿罗汉。

中下生者，亦在俗男女，素未归向三宝，而天资仁孝，进道有阶，临终遇善知识开示，即获往生。七日见二大菩萨闻法，得须陀洹果。过十小劫，成阿罗汉。

下上生者，乃在俗恶人，临终遇善知识，教称佛名，灭罪往生。七七日[1]花开，见二大士，说甚深十二部经，发无上道心。经十小劫，得入初地。

---

① “七七日”，《卍续藏》本作“七日”，今据《观无量寿佛经》改。

下中生者，乃出家破戒恶人，临终遇善知识，称佛说法，一念往生。六劫花开，见二大士，闻大乘甚深经典，发无上道心。

下下生者，五逆十恶极恶之辈，兼僧俗二类，临终遇善知识，教称佛名，十念往生。十二劫花开，二大士为说诸法实相，即发菩提之心。后二生未言登地时数者，亦如下上生，发无上道心后十小劫也。

中三品虽以戒善求生，自度心坚，度他行缺，故终得大乘，而须暂登小果。下三品虽系极恶凡夫，以闻二大士说甚深法，即能发无上心，虽经多劫，直入圣位。然则一念大小，顿越权乘小果。一生精进，远超多劫。花胎大小迟速之间，发心策行者，当审所从事矣。

悟后求生者，借极乐境缘，结习易断，三昧易修，速成忍力，度诸众生也。未悟求生者，为亲近弥陀，易于见性，永明所谓“但见阿弥陀，何愁不开悟”是也。禅、净二门，各宜专务，不必兼修。但彼此相非，深昧佛旨。参禅者，无论悟与未悟，但获往生，皆跻上品。修净者，虽五逆十恶，忏悔犹预下生，而必曰“不谤大乘”，则谤者不生，可知矣。先悟后生者，如巨帆遇彼顺风。念佛谤禅者，如败种植乎腴壤。其优劣之相，得失之关，诚不可不辨也。

## 示夏子彝居士

《大阿弥陀经》云："娑婆世界修行一昼夜，胜于极乐世界行善百岁。"盖以此土难于进修，彼土易为功力故也。例此而言，则风尘世路中修行一日，胜于深山净刹修行百千日，无疑矣。是故帝乡可游也，红尘可入也，所谓净愿不可忘也，净行不可缺也。嗟乎！风尘亦何能染人？第恐人自染风尘耳。

居士善根深厚，信力专笃，久知选官不如选佛，此行盖非得已也。然选佛场开，是处可入，无论深山净刹，世路风尘。要须信作南车[①]，愿为前导。苟所向不乖，虽终日途中，何异家舍。长安、此地，不隔一尘。随伊冒暑冲寒，经州历县，操觚捉笔，执辔扬鞭。处处道场，时时佛事，净愿净行，常得现前。自然达清泰之上邦，面无量之寿圣，预九品之科目，极住、行、向、地之升进，候十方诸佛息化之大阙[②]。然后分身补处，发号施令，统理九法界人天，调熟七方便弟子。如是选官、选佛，岂不诚大丈夫哉！

然而说则易，行则难。深山净刹则易，风尘世路则难。吾愿居士为其难者，则他时异日，必有大得力处。当念流光如驶，

---

① 南车，即指南车。

② 即候补佛位。

衰老日侵，长途往还，勿虚度好时节。定课外有余晷，但只加持佛号。若《楞严咒》、《大悲咒》等，客路俱不必也。

## 示丁耕野居士

昔寂室和尚云："世人欲修净业，不可言我今忙迫，且待闲暇；我今贫乏，且待富足；我今少壮，且待老时。若分定[①]常忙，分定贫乏，分定夭折，即于净业无缘修习，忽尔丧亡，虽悔何及？何如趁身强健，努力修之。"至哉言乎！然今人无论信乐者少，纵能深信净土，而因循虚待，蹉过一生者，比比皆是也。

居士天姿醇谨，向见衲不久，即能警悟无常，长斋事佛，盖宿缘有在也。然居士家无恒产，岁以馆获得糈[②]。夫家无恒产，则不足可知矣。身有馆职，则不闲可知矣。年方半百，则未至衰老可知矣。乃一旦谢馆不赴，却诸门弟子，秉持满分优婆塞戒，楗户[③]终年，专力净业，至于资粮薪水，初无会计，非勇猛丈夫而能若是乎？且以斗室狭隘，半供经像，于中避嚣息影，锐意精修，一如夏屋[④]宽舒，泰然自足，惟虑其不能久久如斯也。嗟乎！夫人之居世，亦何定哉？窃尝论之，暇莫暇于不失

① 分（fèn）定，命中注定。

② 此指作塾师，以教书谋生。糈（xǔ），粮食，指薪酬。

③ 楗户，闭门。楗，竖插在门闩上的木条。

④ 夏屋，大屋，见于《诗经·秦风·权舆》。

时，富莫富于常知足，强莫强于勤精进。今居士兼三者而有焉，则虽举天下之闲者、富者、强有力者，与居士较，吾知其有名而无义矣。能如是，于生净土也何有[①]！

然更有一语，愿相告诫者。譬如万斛之舟，欲有所往，樯非不高也，舵非不正也，资具非不完备也，去志非不决也，乘风张帆，有瞬息千里之势。倘若船头一桩，未肯拔却，被一条缆索系住，虽种种推排，其能有济乎？今时净业人，终日念佛，忏罪发愿，而西方尚遥，往生弗保者，无他，爱桩未拔，情缆犹牢故也。若能将娑婆恩爱，视同嚼蜡，不管忙闲动静，苦乐忧喜，靠着一句佛号，如须弥山相似，一切境缘无能摇动。或时自觉疲懈，惑习现前，便奋起一念，如倚天长剑，使烦恼魔军逃窜无地，亦如红炉猛火，使无始情识销铄无余。此人虽现处五浊之乡，已浑身坐在莲花国里。又何待弥陀授手，观音劝驾，而始信其往生哉！

或曰：彼居士勇猛精进如是，岂复牵于情爱？不几于无病而授药乎？

予曰：不然。古人云："爱不重不生娑婆。"又云："道念若同情念，则成佛多时。"五通仙人，累劫精勤，尚以欲漏未除，隳其功行。故知未登圣果以还，鲜有不被其系累者。居士果世

① 何有，何难之有。

念轻微，道心勇锐，见欲避如火坑，忆佛如恋慈母，净斋清课，永矢弗渝[①]。又何妨以无病好人，常服良药，岂不起居轻利，转益强健乎？总之烦恼无尽，而生死根本，则唯贪爱，能漂溺行人，障往生法，是故先佛经中，处处诃责。但情爱一分疏淡，则净业一分成熟，于生死岸头，庶得解脱也。居士其勉之哉！

## 柬顾兆祯居士

末法浇漓，人趋诈伪。求其履道存诚，敦古反朴，如我老居士者，其人皆不啻披星捡月矣。然净友中得君家公臣，又得丁君耕野，复得翁君舜仪，皆属居士令亲，何祥麟瑞凤之以类而聚耶？就中翁君大孝遗身，所谓难行苦行。我所未曾为，亦所不能为，心焉钦服，非复笔舌所可赞述。读长歌允称其人，三复再复，弥见精丽。昔也知章[②]八十耽吟，邱为[③]九旬[④]工赋。居士年居邱、贺之间，而著作亦兼擅其美。所冀惜分寸之阴，淡笔墨之好，回此精力，唯以净业栖心，则慧芽增长，道种成熟，异日佛前莲花化生，便非邱、贺辈所可同年语矣。

---

① 永矢弗渝，立誓永不改变。

② 即唐代诗人贺知章。

③ 邱为，唐代诗人，年九十六岁。

④ 九旬，九十岁。

## 答顾兆祯居士

前有数行奉寄，想已尘览。顷接手书，乃有“尘业情缘，卒难销陨，何时得成妙观”等语，足知求道之切。然依鄙见，即此厌尘情、忻妙观，正坐学道内障。且避喧求静处，世未有其方，尘情果可绝乎？要知万法本闲，惟人自闹。善乎！蕅益大师之言曰：“虽曰六根幻驰，六情纷动。仔细推求，尘既不居其咎，根亦岂职其愆？根既不职其愆，情岂独当其罪？三科剖析，既无真主，纵使共合，哪有实法？而我辈于此虚妄法中，着我耽人，舍彼取此，犹如捏目，乱花发生，更欲分别花相孰妍孰丑，不亦谬乎！惟将身心世界全体放下，则智眼昭明，何处有尘情可厌？”然欲念佛求生净土，正不妨炽然起忻厌心。此忻厌心，着之则成惑病，了之则是方便，亦存乎其人耳。

所言妙观者，《观经》不云乎：“诸佛正遍知海，从心想生。众生心想佛时，是心即是三十二相、八十种好。是心作佛，是心是佛。”只此数语，便是念佛三昧秘要，一切观门无不从兹流出。盖知作而不知是，则堕在权小。知是而不知作，必落魔外。作，即空、假观。是，即中道观。全是而作，全作而是。作、是一念，三观圆融。故《大集经》偈云：“若人但念弥陀佛，是名无上深妙禅。至心想像见佛时，即是不生不灭法。”智觉禅师云：“一念相应一念佛，念念相应念念佛。”佛是本觉之理，念即始觉之智。故知正念佛时，始本会合，理智冥契，能所俱忘，自他不二。无念外之佛，为念所念。无佛外之念，能念于佛。超情越见，离句绝非。直捷圆顿，无过此者。除却念佛外，岂别有妙观可成耶？

窃尝论之：药无贵贱，起病为良。治本治标，宜随缓急。居士以耄期之年，回心向道，纵得百龄，余光有几？可不思束其功于至稳至易之途，而尚似探玄问妙，徘徊跂望于其间乎？衲前晤时，非唯不谈妙观，并为略去多种日课，仅以六字真言相劝勉者，此是海上奇方，能疗急病，抑又标本齐治，缓急咸宜，贵在深信力行。古人所谓："但见阿弥陀，何愁不开悟？"然则何尘情而不销陨，何三昧而不现前？然在今日，纵有百千法门，无量妙义，总置不用，唯此一味单方相赠。苟非斩钉截铁，并力专持，其何以自振拔哉！若必谓持名功效不及用观者，则彼佛所具身相微妙，经论所开观法深细，博地初心，恐不易成办，终不若依《小经》专一持名为稳当耳。但持名时，了达事理，一心不乱，即是观境，不须别求玄妙。念老居士十分诚悫，忘年齿之高，殷殷下问，故敢罄布愚直之私，而一无讳忌也，惟审之择之何如。

## 名字说与金水若居士

天台以“六佛[①]”拣滥，初曰“理性”，次曰“名字”。始闻圣教，乃至明心见性，皆未出“名字”位。故知“名字”，其时甚长，而其义亦甚深无量也。居士名“善”，字“水若”。达此名，识此字，于见性成佛之道，思过半矣。

告子[②]曰:“性犹湍水也，决诸东方则东流，决诸西方则西流。人性之无分于善不善也，犹水之无分于东西也。”异哉！告子之言性也，虽非儒宗中至义，乃翻有类乎如来之契经也。惜其屈于孟子之辩，而卒无以申明其说，是亦如虫御木[③]耳。

夫十法界本乎一心，则善不善法皆性具，明矣。所谓性中有染净种子，故世出世间无有一法而能外乎性。率性中净种子而起现行，则为君子之道，谓之修善。率性中染种子而起现行，则为小人之道，谓之修恶。《中庸》曰:“率性之谓道。”孔子曰:“道二，仁与不仁而已矣。”道无分于仁、不仁，即性无分于善、不善也。若性惟善，而无不善，则三途恶趣，非由心造，又岂得称为法界乎？是故一阐提人，虽断修善，不断性善。若断性

---

① 六佛，天台宗所立圆教菩萨由凡夫直至成佛的六种位次，即理即、名字即、观行即、相似即、分证即、究竟即。

② 告子，战国时人，曾与孟子讨论人性问题。

③ 如虫御木，指虫子啃食树木，偶尔也会咬出文字的形状来。

善，则终不成佛。诸佛圣人，但断修恶，不断性恶。若断性恶，则不能现秽恶世界，折伏众生。此性、修之关，所当洞达，既不能离性以起修，亦不得废修而言性也。

请以水言之。所谓性者，即湿而就下，东流、西流者也。所谓修者，即决之东方，决之西方者也。居士欲修净业，可不顾名思义，而审其所以修之之术乎？若其心念念趣贪瞋痴，日深月甚，挽之不回，引之不出，发于身口，多与恶相应，则所谓决之东方，终为震旦国中人物。若其心念念厌离五欲，系想阿弥陀佛，愿乐亲近，如子忆母，不为业境之所牵，不为他歧之所惑，则所谓决之西方，定于极乐世界莲花化生，见佛受记。由是观之，见性成佛，亦在乎决之而已。若能决之西方，而为西流之水，则必不入三途鼎沸之水，必不杂人天渴爱之水，不混凡夫之浊水，不沾魔外之恶水，不堕二乘之死水，不同权乘之客水，常得理水以润心田，智水以融万行，即此名字位中而圆合如来之性水。既得与性水合，则会归七宝池中，为澄净，为清冷，为甘美，为轻软，为润泽，为安和，为除患，为增益，而究竟成八功德之圣水矣。西流而极于此，真能尽水之性者欤！

然吾审居士之名与字，是从孟子义也，非告子义也。若夫决择善法，修习令满。决破不善法，修除令尽。则君子道长，小人道消，而终止于至善之地。是未尝不与告子合，未尝不与宣圣[①]合，亦未尝不与西方之大圣人合也。居士其力决之乎！

## 《首楞严经·势至圆通章》解

《首楞严》一经，说在《法华》之后，实为佛法堂奥。昔智者判教时，此经未来支那，故唯以《法华》、《涅槃》为后味[②]。若令一见，必广有疏释，且判属醍醐无疑矣。奈四依大士[③]已灭，古今疏主各兴异见，久如聚讼。后学不具择法眼，靡所适从，至欲尽废疏解，唯看经文，亦过激之论也。及乎以己智寻[④]经，又多不能达其旨趣，则终于昧昧而已。试平心论之，众解岂无长处？然不失之乖谬，即失之粗略。间有智识高超，出乎其类者，则又借此经发挥胸中创论[⑤]。有真能舍己从经，曲顺佛意，则西湖鉴[⑥]一疏之外，吾未见其能并美者，孰谓今人必不能迈古耶？或病其主张太过，讥其杜撰不无。纵未能无遗憾，要亦大有功于此经者矣。至于舍识用根、归重圆通之说，则诸佛诚言，谁

① 宣圣，即孔子。

② 天台以五时判教，而以五味配五时。后味，即醍醐味，喻指第五法华涅槃时。

③ 四依大士，指能令众生闻法开解，修行证果，而堪为依止的四种菩萨。其中五品、十信为初依，十住为二依，十行、十回向为三依，十地、等觉为四依。

④ 寻，探究。

⑤ 创论，独创见解。

⑥ 西湖鉴，明代真鉴法师，著有《楞严经正脉疏》十卷。

敢不信？此方教体，谁敢不遵从？而议之者，皆违经抗佛者也。

现前诸善友，既已标心净土，复欲研究此经，甚不易得。然始末无论，只此圆通文中，大有淆讹处，若非善读善会者，则所谓醍醐毒药，亦不甚远。岂不闻楞严会上选佛场开，观音登科，势至下第。修净土人，于此若不拣辨，何以发此经之密意，而坚后学之行愿耶？但势至法门非此经要义故，鉴师疏中亦引而不发。今则先辨法门，次彰密意。

辨法门者。当知此圣圆通，属七大中根大，以都摄六根故。依此六根而修念佛三昧，有三种不同：一者念自佛，二者念他佛，三者念自他佛。

若念自佛，则与诸圣圆通是同，以根性为所念法门，以旋湛[①]为能念方便。如《央崛经》云："所谓彼眼根，于诸如来常，具足无减修，了了分明见。"乃至"彼意根，于诸如来常，具足无减修，了了分明知"等。亦如此经，十方诸佛同告阿难："令汝速证安乐解脱、寂静妙常，唯汝六根，更非他物。"又如祖师云："在胎名身，处世为人。在眼曰见，在耳曰闻。在鼻辨香，在口谈论。在手执捉，在足运奔。识者知是佛性，不识唤作精魂。"从上诸祖，如斯指示甚多。此念自佛三昧，具摄一切教义、一切禅宗直指法门，罄无不尽也。

① 旋湛，使意识逐渐澄湛，见《楞严经·大目犍连圆通章》。

若念他佛，则与诸圣圆通有异，以六根为能念，以果佛为所念。法身虽复一体，我无二种庄严，诸佛福智圆满，成两足尊。念彼果德，不生疲厌。眼常瞻佛相，耳常闻佛教，鼻常触佛香，舌常称佛号，身常礼佛像，意常缘佛法。六根所注，无非佛境。如是相继，无间无杂。此念他佛三昧，具摄一切《弥陀》、《药师》、《弥勒上生》等经，及莲社一切业行、事想法门，罄无不尽也。

若念自他佛，则与诸圣圆通，同而复异。先须开圆顿解，了知生佛一如，心土不二。托彼依正，显我心性。既不迷性外有佛，亦不执彼土非心。此则开圆解处，与诸圣同。托他境处，与诸圣异。《十六观经》所谓“胜异方便”，今文谓“不假方便，自得心开”。以此方便最胜极异故，不更假余方便也。

只就圆顿教中三种念佛三昧，对四种净土，略辨摄生[1]大用。惟念自佛者，摄归实报、寂光二种净土，然但能竖入，不能横超；又但被利根，不能普摄；又则诸圣所同，不显此门独异，似非势至摄归本旨。今谓正摄念他佛及念自他佛二种行人，归于同居净土，兼复横超方便、实报、寂光，是故文中深明感应道交之益也。

次显经密意者。选择圆通法门，犹如国家用兵选将相似，或推作先锋，或压令殿后。殿后者为正选，余则各随常队而已。

① 摄生，摄受众生。

其推与压，要非无故而然。只如十八界中，必先根，次尘，后识，此常例也。今以六尘居先，而根次之。六尘中，必先色，次声，以及香、味、触、法。今以声最居先，而色次之。于六根中，仅列其五，抽出耳根置于二十四门之后，盖以此方真教体，清净在音闻故。以音尘开先，闻根殿后，而独详明之也。虽不显言其故，人已觉之。既归重耳门，一经要旨，排列圆通，法应如是。

然念佛法门，亦逗此方机宜，末世众生须依念佛得度。乃此经方令一门深入，直了自性。若复双选二门，则昧本经旨趣。若令念佛法门直尔混依常队，又失他经广赞之意。故今巧示推压，如军中密令，未许泄漏。盖前于十八界中，明抽耳根为重将矣。今乃于七大中，暗压根大为重将。而此根大，正属念佛法门。既不违他经广赞之宗，仍不乖此经用根之义，可谓至巧亦至密矣。夫七大次第，曰地、水、火、风、空、见[①]、识。见即是根。本应根先、识后，今移识居第六，而以根大殿后，亦如十八界中之耳门也。

又于前五大中，推火大作先锋，而以地、水、风、空次之，此有两意：一为当机堕淫起教故。以多淫召火，警多闻人

---

① 见大，见即眼根的见性，统指六根觉知之性，故又通称为根大。大势至菩萨都摄六根，修念佛三昧，而证入圆通，在二十五圆通中居第二十四，为七大之殿后，即所说“二重将”之一。

先除欲漏也。故文云："说多淫人，成猛火聚"，乃至"化多淫心，成智慧火。诸佛呼我，名为火头。我以火光三昧力故，成阿罗汉。愿为力士，亲伏魔怨"等，明以警之也。一切经律中皆以不杀为首戒，此经则以不淫为第一决定明诲；于三缘中，亦以欲贪先于杀、盗，均此意耳。二为末世对治重障，以烦恼虽多，惟淫欲为生死根本，最能障往生法故。令行人观凡夫身内淫火，即如来藏性空真火，循业发现。深观得悟，成智慧光。非唯不障往生，且能将送行人托上上品。所以《净名》赞淫怒痴，以其体即藏性，而染净功用在反掌间耳。故以火头居先，亦如十八界中之陈那也[①]。

今请历观诸圣，除此二先锋、二重将外，余皆一依常例，次第不紊。可见二十五圣起座之时，诸大弟子结集之际，一威一仪，一起一止，皆有深意，悉符教义。以粗心遇之，又安可得耶？然则观音虽独登科，势至岂全下第？但于观音则明选，于势至则暗选耳。良以圆根别入，故明选；诸根总摄，故暗选。此方教体，故明选；此土有缘，故暗选。通益当机时会现未众生，故明选；别益恶世法末时不见佛众生，故暗选。虎榜高题处，

① 火头，即乌刍瑟摩，因化多淫心成智慧火，得入圆通，在二十五圆通中居第十八，为七大之先。陈那，即憍陈那，又作憍陈如，因闻佛说四谛之法，以音声而证入圆通，在二十五圆通中居初，为十八界之先。此二种圆通，即所说"二先锋"。

人所共知。朱衣暗点时，人所不觉。故曰大有淆讹，须善读善会也。

或曰：既是密意，何得泄漏？

曰:《楞严》选佛场中，揭榜已二千余年矣。此时若不明破，密将焉用？

或又曰：诚如子言，则文殊说偈选择时，岂亦不知密意？何不遵前例，一概都拣耶？

曰：诸圣自陈，各说第一，故寄推压，巧示密机。若承敕正选时，一依前轨，何得成密[①]？然但声尘、火大准归常次，以此二门别意助显，非本所归重，故不更推出。至于势至法门，仍顺长行，置识大后，为二十四门之殿，未始不遵也。且既令专选一门，何得不拣势至？观其拣辞，仍与诸圣不同，但曰:“因果今殊感，云何获圆通？”意谓彼虽都摄六根，净念相继，而此相继之念，既属行蕴迁流，亦生灭法。以此为因，欲往生见佛，谁曰不可？今欲现证不生灭圆通，则因果不符，何能克获？此拣现获圆通为难，非拣往生后益也。其余诸圣，单念自佛，唯属现修现证，故拣则全拣，以不逗此土机宜，不合此方教体故也。

① 所说“前例”、“前轨”，即《楞严经》中二十五圣各述圆通的顺序。随后文殊菩萨奉佛嘱，对二十五种圆通选择取舍，作《选圆通偈》，偈中声尘居于色尘之后，火大居于地大、水大之后，与一般常例相同，而与前面二十五圣各述圆通的顺序有异，唯有六根中的耳根、七大中的根大，仍与前各述圆通的顺序相同，不依常例，因此说念佛圆通为“暗选”。

有志修证者，亦可以深长思矣！

然此为信力未坚者说，若果深信净土，纵令《楞严》独贬势至，亦自不疑。何以故？以他经广赞故，曰“不可思议功德”，曰“世间难信之法”，曰“一切佛护念”，曰“无上深妙禅”，曰“胜异方便”，曰“三昧中王”。多处极赞，既不生信。一处乍贬，何辄生疑？而况曾不独贬，而况复示暗选乎？奈末世众生读此经者，既不能依教从耳门深入，现证圆通，偏于念佛法门，好起疑惑，乃至破他净信，障他善行。薄福少智人，往往习气如是。故兹约法依经，曲为辩析，不自知其辞之丛沓也，岂得已哉！

## 旅三字说

《妙法华经》云："三界无安，犹如火宅"，"若贪着生爱，则为所烧"。故先佛世尊方便劝谕，引之令出，以此宅中众苦充满，难可安居也。蕅益大师《净信集》云："自寂光真性，翳于五住尘劳，而一切含识，鲜有恒居。虽四禅、四空，及方便土，亦属旅泊。"旅之时义大矣哉！

夫旅者，以行旅之人，次[①]于旅舍之谓也。旅必有伴，亦必有处，亦必有其本业。今旷观三界之中，同一旅也，而人异其业。业本既异，而处与伴亦殊焉。慨自有识以来，经尘沙劫

① 次，旅途中临时驻扎和停留。

波[1]，积骨逾于富罗[2]，饮乳过于溟渤，于中跉跰之状，飘泊之苦，有不可胜言者。时而与狱种为伴也，则恶逆为其本，有间、无间是其旅处。时而与鬼趣为伴也，则悭贪为其本，旷野、山泽是其旅处。时而与畜类为伴也，则愚痴为其本，水、陆、空界是其旅处。时而与修罗为伴也，则瞋慢为其本，须弥、大海是其旅处。时而与人道为伴也，则纲常为其本，四洲、诸国是其旅处。时而与欲天为伴也，则戒善为其本，地居、空居是其旅处。时而与色、无色界为伴也，则禅定为其本，四禅、四空是其旅处。方其旅也，随处而着，不知其旅也。嗟乎！故乡之梦，尚自朦胧。客次之居，岂为究竟？是非托安养以横超，悟寂光而上彻，又孰能外乎旅义也哉！

天都汪润生居士，法名“性净”，别字“旅三”。去家游学，有年矣。晚居琴川。有令嗣，长于才，夙柄家政，故居士得不为家累。虽厚栋华轩，可以逸老，以居士视之，萧然若寄也。居士恒长斋事佛，以淡泊无欲为养，以操修问道为兢兢。康熙乙卯岁，仲秋之朔，乃其七十揆辰。诸亲友故旧，争为文以祝之，诗以颂之。居士谢而弗视，视亦不审，曰：“徒周章乎耳目耳！与其谀言之来，以沽吾名，何若法言之及，以裨吾心？”爰以“旅

① “劫波”，“劫”的异译。

② 富罗，即毗富罗山。《涅槃经》云：“一一众生，一劫之中所积身骨，如王舍城毗富罗山。所饮乳汁，如四海水。”

三”之字，而请说于予。

予思居士既旅乎三界，是得其旅之大者也，岂天都、琴邑云乎哉？然吾窃观夫居士之邦人族士，类多操奇赢[①]，走四方。其于旅也，惟获其利，未尽其义也。今居士旅于斯，设有人焉，告之以猗生煮海之谋[②]，进之以郭氏治山之策[③]，吾知居士必掩耳而去之矣。独兹七旬介寿之期，乃能却朋樽而不顾，置性鼎而不御，访予于枯澹寂寞之滨，咨予以异世乖俗之旨，可谓真淳未散，大朴犹存。其几于道者乎？曰：犹未也。

夫既曰“旅三”，则一切法趣旅，更无有法过于旅者。所谓随处而着，不知其处，理性旅[④]也。了此三界，同为逆旅，本业处伴，各各差殊，名字旅也。知其非家，不住不着，于粗敝境，不生贪恋，观行旅也。客尘烦恼，方便折伏，悠悠旅梦，仿佛欲醒，相似旅也。不离法界，随寄尘寰，哀此旅人，尽力津济，分证旅也。是朽故宅，属于一人，我常在此说法教化，大火所烧，时我此土安隐，究竟旅也。苟不达此义，则于邮亭、传舍[⑤]，误认家乡，诸所谋求，无非火宅中事。又或畏此旅途

① 又作“操奇计赢”，指商人通过积储、贩卖奇异稀有之物以获利。

② 战国时鲁国人猗顿，以经营盐池致巨富。

③ 战国时赵国邯郸人郭纵，以冶铁成为巨富。

④ 理性旅，指天台“六即”中的“理即”。后文中的名字旅、观行旅、相似旅、分证旅、究竟旅，亦同此。

⑤ 邮亭，古时传递文书的人沿途休息的处所。传舍，古时供行人休息住宿的处所。

多诸苦难，归心孔亟，去不还来，将使六字同昏，四生奚赖？若此者，皆无当于旅义也。

然则居士之在今日，惟当以安养为归宿之地，毋终为堪忍之旅客。若夫花开见佛，获证真常，又当眷此娑婆，再来侨寓，将护众伴，诱掖群迷。更于异域殊方，分身应迹，往来三界，终不疲厌。斯为究竟旅人，庶不虚居士立字之意矣！

## 观佛毫相法

《观无量寿佛经》云，若欲生西方者，当观一丈六像，在池水上。又云，身相众多，不可遍观，须从一相好入，谓专观白毫一相，待观成熟，余相自然显现。毫长一丈五尺，周围五寸，外有八棱，中则虚通，仿佛如琉璃筒，在两眉中间，表中道也。右旋宛转，白如珂雪，莹净明彻，显映金躯。依此想时，令心坚住。心若昏散，制令明静。盖明则不昏，静则不散。当知明静是止观之效，定慧之体，亦即心之本体。止观是工夫，定慧是因行，明静是功效。明静之极，顿合本体，若至果上，即成福智二种庄严也。

今身心寂定，止也。观佛毫相，观也。毫相历然，明也。坚住不动，静也。所谓托彼身相，熏我心性，观智若成，自然显现，正此义耳。然欲修此观，须了万法唯心。经云："心如工画师，造种种五阴。一切世间中，莫不从心造。"故知弥陀毫相，自是我心本具。定中所现，亦是我心造出。是心作毫相，是心是毫相，不从他得，不向外来。如是了达，方名如法修观也。总之，能观观智为一心三观，所观毫相是一境三谛。何以故？定中毫相，虽现在前，皆想念因缘，无实性相。此因缘所生之法，法尔无自性、无他性、无共性、无无因性，四性皆空，故无实性。而此想念所生毫相，非惟性空，相亦叵得，如镜像、水月，故无实相也。性相无实，故即空即真。随念能见，故即假即俗。即假即俗，故非真空。即空即真，故非俗假。此则作是一念，遮照同时，离即离非，是即非即，故为三一圆融，不可思议中道观境也。全谛发观，观还照谛，境观不二，唯是一心。

故古德颂云："境为妙假观为空，境观双亡即是中。亡照何曾有前后，一心融绝了无踪。"此颂影略，须略释其意：言"境为妙假"，则空与中在其中矣。不具空、中，焉称妙假？言"观为空"，则妙空也，而中与假在其中矣。言"境观双亡"，则双照在其中矣。双亡即非空非假，双照是即空即假，二边不着，亦复不离，故即是中道。而下二句，即言亡照同时，一心融绝也。盖境虽具三，既属所观之境，但称妙假。观虽具三，既属能观之观，但名妙空。境、观虽各具三，既用双亡双照之妙观，冥合双非双即之妙境，但是妙中。由是举一即三，言三即一，三一非同，三三非异，不可以意识思量，不可以名言分别，故曰"亡照何曾有前后，一心融绝了无踪"也。境观圆融妙理，以四语总摄无遗，透此妙伽陀，胜读台宗书数百卷。然非明了一心，淹贯台教者，恐未易透也。

经云：“但闻白毫名字，灭无量罪。”何况如法系念？释迦如来金口垂示，天台智者劝令专修。近代唯幽溪大师，常修此观。今净业行人，苟能一心持名，往生可保。兼修妙观，则托品必高。利根上士，胡不勉而行之！

# 起一心精进念佛七期规式

虞山普仁院净业比丘行策定

## 事　例

择清净广厦，以为七堂。中奉弥陀圣像，悬诸花幡，燃灯烧香，七日不绝。但以香光庄严，如法供养，不用蔬果、赞吹等。堂中左右，各设长桌一张，亦用香炉、供具严饰之，桌外各设坐椅四张。中央向佛设长桌一张，与左右桌齐，两横离一二尺许，可通出入。桌上供疏文一道，大炉一座，花、烛、供具，须令相称。桌外放蒲墩四个，左右近壁。若无禅床，则多设坐位，以便随班退坐。

其同行净侣，定十二人，分为三班，每班四人。首位司引磬，记持佛号，以千声为度；次位司小鱼；后二位司巡察，见班中昏散者警之。中央面佛，为第一班，近西一人为班首，即是七主。右边东向，为第二班，近上一人为班首。左边西向，为第三班，近下一人为班首。佛前上下两长桌上，各置引磬、小鱼一副，用过随放桌上。

凡七堂施设，须于隔宿事事周备。同七缁素亦须隔日齐集，沐浴已，预请主七师，分班定位，教示演习。每班绕佛百声，即归位换班。于旋绕中间，蓦鸣大鱼六下，以代食梆。三班如法出堂，乃至斋堂旋念，止鱼接板，结板接佛，归堂旋坐。一一指教明白，令众委悉。以期中戒语，不便指授，故须预习也。习已，各自至诚礼佛，求佛加被，令七昼夜中所作成办，不起内外魔障。事毕早息，毋致疲劳。

第一日，五更报钟鸣，众起盥漱毕，用汤点。入堂，主七师鸣引磬，礼佛三拜，各依位立定。举《香赞》，诵《阿弥陀经》，声须和缓。《往生咒》三遍，起《赞佛偈》，即称佛名。中班鸣引磬二下，问讯旋绕。左右班，乃端坐默随。若昏散重者，当微动唇齿，庶免坐忘间断，并落昏沉无记性中。其神气清明者，当闭目静听，一心缘佛，使心中佛号，朗朗如贯珠，不杂不断。

首班旋绕毕，仍于下边立定，于“陀”字上，鸣引磬一下。次班即从座起，从容出位，于佛桌边，一行立定。首班复鸣引磬一下，又四、五声佛后，于“陀佛”二字上，连鸣两下，即止佛问讯，就右边空位坐。次班接佛问讯，旋绕如前。佛号毕，仍于上边立定，三鸣引磬。末班起座出位，于下边接佛旋绕，一如前式。次班复就左边空位而坐，默随佛号。

如是三班，周而复始，从旦至暮，佛声不绝。每称念一千，默随二千。旋行一千，安坐二千。庶几身口弗疲，劳逸均等。凡旋绕毕时，但看无小鱼桌边，方乃就立，则上下永无差误矣。十二人外，不论缁素多寡，亦分三班，行则随行，坐则退坐。

斋堂铺设圆位三面，长桌相接。唯下方中央少空，通行堂出入。四面近壁，皆可回绕（设位本方，而日圆者，取周匝回旋之义也）。三时粥饭外，午前加食一餐，蔬菜止二簋，两人共之。每食，行食毕，鸣梆六下（表“南无阿弥陀佛”）。堂中闻梆声，不论何班旋绕，如常旋念，至疏桌边，班首置数珠于桌上，取引磬鸣二下，问讯。（若佛声太急，即于此时改鱼缓念。）左右班起立，同声称念。班首带引磬，从中路向佛旋行，仍从中路出堂。若首班在前，余两班次第随行，须待本班缁素行尽，次班方可接行。若值中班在前，则末班随行，首班居后。若末班在前，则首班随行，次班居后，不得越乱。

到斋堂，右旋一匝，候末位到齐，班首即鸣引磬一下，止鱼停佛。缁素随所到处，就位坐定。不得推前逊后，不得抽身离位。随坐随食，不用问讯、念诵、出生等。旁悬板椎一副，预令沙弥立板椎边，候小鱼停止，接板念佛，每声鸣板二下。众等食时，一心缘佛，不可须臾放逸。食讫，班首于“南”字上，鸣引磬一下，沙弥即于“陀佛”二字上，连击二下。结板，众齐出位，亦不问讯，即起佛右绕归堂，一依前次。班首行至本立处，鸣引磬二下，问讯，置于桌上，仍取数珠绕佛。余班归原位坐。其左班西向者，须顺旋至桌边，从末位进，毋直归，毋逆行。凡归位、出班，及有事出入，并须安详徐步，毋得踉跄疾走。

入夜日光初暝，供疏桌上，亦燃长烛。此后约每班两回旋念六千佛竟，更俟下班接佛旋行时，七主出位，鸣引磬一下，堂众皆起，同声旋念，不复论三班缁素次序。但约旋念十数匝后，七主于下方中央，面佛立定，三鸣引磬，结小鱼一阵止佛。众皆面佛，鸣引磬，同念《发愿偈》云:“弟子众等，至心发愿。愿命终时神不乱，正念直往生安养，面奉弥陀值众圣，修行十地胜常乐。”

于末后三字，缓鸣引磬三下，即礼佛三拜，归单就寝。众等尔时尤宜防护三业，正念寝息。不得作余事，说余语，起余杂想，亦不得礼余佛，诵余经咒。纵有恒课，终身不缺者，亦皆停止，宁于七日后追补之。不然则未免间断夹杂，又乌得称为七日持名、一心不乱乎？

寝息后，两炷官香将尽，香灯师预通厨房，办面水、汤点，即鸣报钟。此后六日，入堂礼佛已，即起《赞佛偈》，不诵经咒，余皆如初日。

行持期中，请定护七师二人，为一期外护。凡缁素随喜，毋令入堂。唯专为念佛来者，乃导之使入，礼佛三拜已，即送随班旋念，或送左右班后，不得揖众共语。若未满期欲去，亦但礼佛而出，不用别众缁素。于七前预到，发愿终七者，必须终竟一期，不同随喜之例。倘年高有疾，力难支遣，可密启护七师，乞其写帖，转达七主，或旋行时少坐，或入夜后早息，当破格方便之。

次立监值师一人，众中有违约者，即登名记罚，不可放过。

次安香灯一人，行者二人。香灯司炉火、香烛之事，遇烛暗则剪，香尽则换，众赴斋则守堂不出，众就寝则看香定夜，须老成者充之。若疲乏时，憝与监值师，更换寝息，不可失事误众。行者司茶水、洗沐等事，午前行茶两次，午后不拘次数，入夜复行一次。每行毕，随收器荡涤，俟旋念班坐定，还须补行。凡盆水浣濯，众所需待者，皆当尽心供办。护七师须随时经理，毋令懈废。

满七之日，入夜六千佛竟，更俟下班接佛后，主七师如常鸣引磬，三班同起，旋念五百声佛。主七师于佛桌东首，向佛立定，鸣大磬一下，众皆面佛。鸣第三下时，随接钟鼓一通，鸣大鱼。跪称观音、势至、清净海众各十声，如晚课例。《小净土文》，回向，礼佛十二拜、菩萨三拜，三自归毕，随鸣大磬一下。众相向侧立，主七师至下方中央，展具礼佛长跪，众称“南无大乘常住三宝”。护七师宣疏毕，仍鸣小鱼，诵《往生咒》送疏，不拘遍数。结咒已，念《发愿偈》，问讯，回至佛前，众同展具作礼三拜，收具问讯。鸣引磬，引众出堂，诣主七师室中礼谢。主七师同众，至护七师处，及诸职事师处，巡寮叙谢讫，然后归堂圆礼，为一期事竟。

## 罚　例

罚有三等：上罚钱百文，中罚五十文，下罚十文。不论钱之贵贱，准此为式。堂中悬水牌一面，置笔砚一副，有应罚者，监值师随书牌上，书已，持示本人令知。俟期满，结算某某罚钱若干，仍令本人买香供佛，或放生命。若无钱者，罚持《往生咒》，每咒十遍，准钱一文。

期中第一禁止话语。不论堂内、堂外，未起佛前，已止佛后，但有犯者，一上罚，三犯者出堂。若有不得已事，必欲语，可密告护七师，一两语即止，若多语、高声语，罚同。

凡欲抽解，着衣等竟，自起身事毕速还。托事在外延缓者，一下罚。若私入寮舍，坐卧片时者，上罚。

有事欲出堂，须甲来乙去。甲若未还，乙须少待，或时事迫促，亦得两人并出。若四人中，两人已出，第三人复出者，一下罚。随班后坐者不拘。

旋绕未竟，不得越班而出，须待归位坐定，方可抽身。若越班出者，缁素同一中罚。

上班绕佛将毕，下班不得离位。若非时出堂，以致临班不到者，一中罚。

随班缁素当旋绕时，非年高有疾，禀白在前，辄自坐立者，一下罚。

若安坐时，性不耐坐，混入他班旋念者，一中罚。

数数出入者，一下罚。除有疾。

出班、归位，及出堂、入堂，并须威仪庠序。踉跄急遽者，一下罚。

堂中行动，左旋梗众者，一下罚。

冲班出入者，一下罚。

香灯师不在堂，遇烛暗香尽，左右班中首末四位，或后坐众，俱得暂起代行。唯旋行缁素，不得剪烛添香，伫立妨后，违者一下罚。

三班缁素中，有不善随鱼者，临班须默念，或低声念。若高声乱众者，一下罚。护七师当引至僻处，密启令知。

入夜止佛后，须随众安寝。若更礼佛持诵，作余功行者，一中罚。香灯师应劝止，若不听，方白监值师记罚。

食时赴斋堂，随行两班前后失次者，二班首各一中罚。

斋堂食毕，起身抽解者，一下罚。

定夜失时，致入堂后，三班旋念未满一回即天明者，香灯师一下罚。入堂辄晓者，一上罚。或昏睡失香，失之太早，致众疲乏者，一中罚。

监值师随时随处当为众勤察，依式登记。若屡犯不知，或虽知不记，罚同本人之例。

凡同七、护七诸师，于未起七前，并须熟《规式》。次将罚例录出，粘客堂前，有后到缁素，先令细览条约，方送入堂。或不解文义，当与摘要说知。若造次引送，以致入堂昧昧，动辄犯约者，护七师一下罚。

此三等罚，其计二十三条，今开明记罚式如左：

犯不语禁，一上罚。

多语，一上罚。

高声语，一上罚。

私入寮舍坐卧，一上罚。

定夜失时，一上罚。

越班出堂，一中罚。

非时出堂，一中罚。

乱班旋念，一中罚。

入夜别作功行，一中罚。

随班失次，一中罚。

定夜失时，一中罚。

托事久出，一下罚。

接踵出堂，一下罚。

临班坐立，一下罚。

数数出入，一下罚。

行动急遽，一下罚。

左旋梗众，一下罚。

冲班出入，一下罚。

伫立妨后，一下罚。

高声乱众，一下罚。

食毕先起，一下罚。

造次送人入堂，一下罚。

定夜失时，一下罚。

如上条例，事在必行。盖欲制止放逸，助成胜行，非好为烦刻也。行者当念一生倏忽，只此七日精进，各须激切奋勇，不惜躯命。无论行住坐卧、饮食便利，一句洪名，当如呼吸不断，不可斯须停止，俄顷夹杂。既欲一心不乱，大非寻常念佛可比也。思之勉之！

## 疏　文

封面写：念佛七期回向发愿疏

秉教修净主七沙门某甲具缄

伏以一心圆净，即五浊而不违清泰之乡。三界横超，虽九品而岂隔庸凡之位。融胜三昧王于性海，转第一义谛于口轮。道在人宏，佛随机应。大清国某省某府县某寺苾刍某甲等，即日熏沐，投诚稽首，归命娑婆教主本师释迦牟尼文佛、极乐世界接引导师阿弥陀佛、观音、势至、一切圣贤，同赐慈悲，俯垂证鉴。

切念弟子某甲，与现前众生等，生逢劫浊，报属凡躯。三业六根，既无罪而不造。五趣八难，亦无苦而不尝。暗识相传，曾未觉悟。死生浩漫，解脱何期？所幸宿植微因，得生正信，早入弥陀愿海，专修净土法门，祈宝域以栖神，托花轮而送想。用是依经立轨，准教崇修。谨于今月某日为始，启建一心精进念佛道场七永日。于中严饰堂仪，肃分班次。执持圣号，终食无违。存想洪名，须臾不离。以斯功德，回向往生。惟愿阿弥陀佛慈悲摄受，与诸圣众，亲垂接引，必令诸根寂静，正念昭彰，须摩境现于目前，金色花敷于舍报。如经所说，愿悉不虚。

又愿以此七日精进功德，普令众等，断七支恶，灭七遮罪，除七慢障，离七秽行，游七宝池，布七净花，具七辩才智，演七菩提分，超七方便位，证七常住果。

又愿以此三班净侣、十二僧伽，和合修持所生功德，普令众等，绝三恶道，转三重障，净三聚戒，历三乘位，越三界而长骛，冠三辈以高跻，深入三解脱门，圆发三如来藏。

又愿众等，得成佛已，坐道树下，三七思惟，为诸众生说三乘法，三转四谛十二行法轮，广说三世十二支因缘流转还灭逆顺法门，究竟同趣萨婆若海。

又愿于此七日之中，若缁若素，若远若近，若久若暂，若来若去，乃至执劳运力，随喜见闻，咸出苦轮，俱生乐国，共睹须弥毫相，同瞻法界藏身。

又愿众等，既得往生安养，亲近弥陀，乃至一切如来悉得承事，一切佛土悉往庄严，一切善友悉能随顺，一切法门悉得通达，一切众生悉蒙度脱，一切行愿悉获圆成。

虚空有尽，我愿无穷。仰愿三宝证知，令我等得如所愿，满菩提愿。

## 附：普仁七日念佛记

金善

丁巳春大士圣诞，虞山之北普仁禅院，依弥陀经教，起七日念佛新规。爰集净众，不拣道俗。其主则普仁大师，号截流道人者。其道场外护，则身叶师、古衲师也。其同行缁侣，则越海、在闲、慧如、湛月、慈宏、海目、德容、越祇、尚法、再应、可尊也。其遥闻法会，溯水来虞，则娄东两僧鸣谷、定慧也。其居士则汪旅三、翁凤蕤、顾公臣、金水若、陈千顷、赵存湖、翁子余、翁康成、沈诞先、夏子彝也。念佛为往生捷径，观音乃西方导师，故取诸二月十九也。

其法，则选僧十二，分三班，每班四人，各有所司。十二人外，不论缁素多寡，亦分三班，随其后。一班旋绕，则两班安坐。食时赴斋堂，依次无敢紊，坐定，佛声初歇，小沙弥击板念佛以继之，使一句洪名，不绝于心口耳间。夜分略睡，闻钟声鸣齐起。凡左行者罚，越位者罚，相语者倍罚，盖严若军令焉。

是日也，汪旅三等数人先在，予后至，闻堂中佛声琅琅。护坛师导之而入，但礼佛，不许揖众。辄随班行。已而退坐，或默随佛号，微动唇齿，或闭目静听，而以心随。余人后至者亦如之。

念佛之声，时而和缓悠扬，如一气呼吸，绵绵不断。至其声之振疾，则又如猛将追敌，不尽灭不止。使杂妄无间可乘，众魔无路可入。当其风雨晦冥，众音振响，不复知山头雾起，殿宇云封。及天朗气清，则松风谡谡，涧水潺潺，无不与念佛之声相应和。至若鸡声唱彻，灯火荧荧，曦旭方升，香烟缭绕，晓焉而念佛也。山光乍暝，林谷幽翳，众籁寂然，梵音独举，暮焉而念佛也。或则神意怡悦，一尘不染，四字孤存，此真能一心不乱者。其或矍然奋发，神若驰而心欲止，此期于一心不乱而未能者。更有信愿已坚，胜缘欣遇，尘事敦逼，魔障多端，暂尔依班，寻复离位，咨嗟悔恨，不获终斯七日者。我大师度生方便，慈诲真切。众等信西方之可至，幸日夕以追随，知洪号之难思，因称扬而感涕。

嗟乎！石火电光，人生百年，犹七日耳。以七日而供尘累，尘累何时了？以七日而要净土，净土必可期。况百年之内，其为七日也甚多。而刹那异世，其为百年也又绝少。人知百年之莫期，而不知此七日之难遘。又惟知百年之虚度，而不知彼七日之浪掷。悲夫！

# 行策大师传记文献六种

●清超永《五灯全书·普仁截流策禅师》：

举乾峰示众“举一不得举二，放过一着，落在第二”因缘。师拈曰：“二大老却似昆仑儿撞着波斯子，辊入大洋海里，一吞一吐，一出一没，手脚交加，甚生光怪。还有人鉴得出么？若鉴不出，只是个盲龟跛鳖。”

又举药山一日问饭头：“你在者里多少时？”头曰：“三年也。”山曰：“我总不识你。”其僧愤然而去。拈曰：“者僧三年苦行，劳而无功。药山一期慈悲，却成多事。虽然，心不负人，面无惭色。”（箬庵问嗣）

●清翁叔元《净土约说·后跋》：

净土法门自云栖灭度后，江浙间嗣响寥寥。常熟有普仁寺，陆吏部胥仲尊人所修葺也。金坛有净土寺，李户部肖岩昆季舍宅为院者也。卓锡于两地者，有截流、身叶、霞标、鹤臞四大师，皆具大弘愿，以念佛法门倡导后进，精勤勇猛，学者翕然宗之。

截公回首后，有孙状元扶桑先生之长君翰臣，为冥司勾摄，死去一昼夜，醒而言曰：“吾拘系阎罗殿下，黑暗中忽睹光明烛天，香花布空。阎罗伏地迎西归大师，即截公也。吾以师光明所照及，遂得放还。”同日有南关外吴氏子病死，逾夕复活，具言所见，亦如孙子言。

●清彭希涑《净土圣贤录》：

行策，字截流，姓蒋。父全昌，宜兴老儒也，与憨山清公为友。憨山既示寂之三年，为天启六年，一夕，全昌梦憨山入室而生子，因名之曰梦憨。及长，父母相继逝，发出世志。年二十三，投武林理安寺箬庵问公出家。胁不至席者五年，顿彻法原。问公化去，策住报恩寺，遇同参息庵瑛师，劝修净业。又遇钱塘樵石法师，引阅台教。乃同入净室，修法华三昧，宿慧顿通，穷彻教髓。康熙二年，结庵于杭州法华山西溪河渚间，专修净业，因名所居曰莲柎庵。九年，住虞山普仁院，倡兴莲社，学者翕然宗之。著《劝发真信文》曰：

念佛三昧，其来尚矣。虽曰功高易进，而末世行人，罕获灵验。良由信愿不专，未能导其善行，以要归净土故也。今既广邀善侣，同修净因，若非谛审发心，宁知出苦要道？凡我同人，预斯法会者，须具真实信心。苟无真信，虽念佛持斋，放生修福，只是世间善人，报生善处受乐。当受乐时，即造业，既造业已，必堕苦，正眼观之，较他一阐提、旃陀罗辈，仅差一步耳。如是信心，岂为真实？

所谓真信者，第一要信得心、佛、众生三无差别。

我是未成之佛，弥陀是已成之佛，觉性无二。我虽昏迷倒惑，觉性未曾失。我虽积劫轮转，觉性未曾动。故曰一念回光，便同本得也。次要信得我是理性佛、名字佛，弥陀是究竟佛。性虽无二，位乃天渊。若不专念彼佛，求生彼国，必至随业流转，受苦无量。所谓法身流转五道，不名为佛，名为众生矣。次要信得我虽障深业重，久居苦域，是弥陀心内之众生。弥陀虽万德庄严，远在十万亿刹之外，是我心内之佛。既是心性无二，自然感应道交。如磁石吸铁，无可疑者。所谓忆佛念佛，现前、当来必定见佛，去佛不远也。

具如上真信者，虽一毫之善，一尘之福，皆可回向西方，庄严净土。何况持斋秉戒，放生布施，读诵大乘，供养三宝，种种善行，岂不足充净土资粮？唯其信处不真，遂乃沦于有漏。故今修行，别无要术，但于二六时中，加此三种真信，则一切行履，功不唐捐矣。

又尝起精进七期，作文以示众曰：

七日持名，贵在一心不乱，无间无杂，非必以快念、多念为胜也。但不缓不急，密密持去，使心中一句佛号，历历分明。着衣吃饭，行住坐卧，一句洪名，绵密不断，如呼吸相似，既不散乱，亦不沉没。如是持名，可谓事上能一心精进者矣。

若能体究万法皆如，无有二相，所谓生佛不二，自他不二，因果不二，依正不二，净秽不二，苦乐不二，忻厌不二，取舍不二，菩提烦恼不二，生死涅槃不二。是诸二法，皆同一相，一道清净。不用勉强差排，但自如实体究。体究之极，与自本心，忽然契合。方知着衣吃饭，总是三昧。嬉笑怒骂，无非佛事。一心乱心，终成戏论。二六时中，觅毫发许异相不可得。如是了达，方是真正学道人，一心精进持名也。

前一心似难而易，后一心似易而难。但能前一心者，往生可必。兼能后一心者，上品可阶。然此两种一心，皆是博地凡夫边事，凡有心者，皆可修学。同堂缁素，各须勤策身心，近则七日内，远则一生中，常作如是信，常修如是行。纵不克证，为因亦强，花宫托品，必不在中下矣。

居普仁十三载。至康熙二十一年七月九日卒，年五十五。时有孙翰者，病死一昼夜，复苏，曰："吾为冥司勾摄，系阎罗殿下，黑暗中，忽睹光明烛天，香花布空，阎罗伏地，迎西归大师。问大师何人，云截流也。吾以师光所照，遂得放还。"同日，有吴氏子病死，逾夕复活，具言所见，亦如翰言。(《余学斋集》、《净土约说》)

●民国喻谦《新续高僧传·清虞山普仁院沙门释行策传》

释行策，字截流，姓蒋氏，宜兴人。父曰全昌，翎翎老儒，颇耽内典，与憨山清相友善。清已寂三年，昌复梦其杖锡而来，入室听然，俄而生子，小字梦憨。策既长，父母相继逝，始有志出世。年二十三，投武林理安寺，依箬庵问五载，胁不至席，顿彻法源。住报恩寺，遇息庵瑛，劝修净业。又遇钱塘樵石法师，引阅台教。乃同入净室，修法华三昧，宿慧淹通，穷究教义。康熙二年，结庵于杭州法华山西溪河渚间，专修净业，因名所居曰莲柎庵。九年，住虞山普仁院，倡兴莲社，学者翕然宗之。寂于康熙二十一年七月十九日。时有孙翰者，病死一昼夜，忽苏，语人曰："吾见阎罗伏迎西归大师，问之为截流。吾以光明所烛，遂得放还。"同日有吴氏子者，亦病死复活，具白所见，并如翰言。

●民国印光大师《莲宗十二祖赞颂·清十祖虞山普仁行策大师》：

阐扬净土，恳切少俦。以深信愿竭诚修，心佛两相投。万念俱休，决定出苦丘。

憨山宿愿尚未酬，故复示生作截流。呵斥修人天福者，直是阐提旃陀俦。佛我心性原不异，佛是已成我未修。欲得心佛两无差，当向忆佛念佛求。

●民国如岑《思归集》：

截流大师，莲宗十祖也，讳行策，蒋姓，宜兴人。廿三披剃，专修净业，常住杭州之西溪等处，大阐莲宗，弘化殊胜。复撰《莲藏集》、《净土法语》等书行世。康熙廿一年示寂，年五十五。时有孙翰臣，及吴姓子，同日病亡，一日夜，复苏，各曰：“吾为冥司勾去，系殿下，忽睹光明彻地，香花漫空，冥王伏地，迎西归大师，视之，即截公也。吾以光照，遂得放还。”

师云：“持名贵在一心不乱，无间无杂，非必以快念、多念为胜也。但不缓不急，密密持名，使心中佛号，历历分明。着衣吃饭，行住坐卧，一句洪名，绵密不断，犹如呼吸相似，既不散乱，亦不沉没。如是持名，可谓事上能一心精进者也。今时净业学人，终日念佛，忏罪发愿，而西方尚遥，往生不保者，无他，盖爱桩未拔，情缆犹牢故也。若能将娑婆恩爱，视同嚼蜡。不管闲忙动静，苦乐忧喜，靠着一句佛号，如须弥山相似，一切境缘，无能摇动。或时自觉疲懈，惑习现前，便奋起一念，如倚天长剑，使烦恼魔军逃窜无地，亦如红炉猛火，使无始情识销铄无余。此人虽现处五浊之乡，已浑身坐在莲花国里，又何待弥陀垂手，观音劝驾，而始信其往生哉！”

# 净土宗十一祖省庵大师

# 省庵法师遗书叙

省庵法师遗稿，向有流通本，其弟子际本所录，而正因刻之者也。其《净土诗》、《劝发菩提心文》、《涅槃会发愿文》，别为一录。余从吴趋龙兴寺，得一钞本，亦本公所录，中多诗偈，乃刻本所未及。寺僧安公，属余会三为一。稍有芟汰，择其切要者登之。既卒业，以授安公，刻行于世，而以师所注《云栖发愿文》、《东海若解》附之。

余读师《劝发菩提心文》，未尝不汗浃背、涕沾衣也。昔我世尊始成正觉，叹曰："奇哉奇哉！无一众生而不具有如来智慧，但以妄想颠倒执着，不能证得。若离妄想，一切智、自然智、无碍智，则得现前。"吾一不解此诸众生，于妄想执着，何苦而不离？于如来智慧，又何惮而不证？卒乃舍父逃逝，长劫漂流，甘为客作贱人，而不知返。此无他故，不觉而已矣。菩提心者，即觉之异名。才觉，则现前妄想执着，全是如来智慧。盖如来智慧无体，以众生妄想为体。众生妄想无体，以如来智慧为体。如水成波，全波是水。从本以来，毕竟常住无余涅槃故。然而觉与不觉之分，断不可以自瞒自昧者也。于此瞿然而思，砉然以解，则菩提心之发，自有沛然莫御者。此心既发，一切智、自然智、无碍智，又何用他求哉！师生当像季之余，因瞻舍利，顿发大心。其生平行在《梵网》，志在西方。发而为言，披肝露胆，一片血诚。救焚拯溺，不足为喻。真末法之精进幢也！昔善财童子遍参知识，首于文殊所，得根本智。继见德云，复闻念佛法门。其卒也，普贤以十大愿王导归极乐。观师之志事，抑何与华严大士不谋而合辙欤！

或言：菩提心者，遍一切处。何有智者，愿东愿西？

答：大心凡夫，初入法界，未证无生忍，一经胎狱，便昧夙因。何如托质莲台，永离分段，闻法得果，分身普应，上事诸佛，下度众生，直至泥洹，更无退转。其为利害，较若天渊矣。且汝谓菩提心者，遍一切处。然则自东而西，譬如一臂之伸屈。顾于一体之中，乐其屈，不乐其伸也，可谓智乎？

呜呼！师今往矣。虚空有尽，我愿无尽，师之心其何穷已矣！读斯录者，有能志师之志，行师之事者乎，即谓师现身说法可也。余当布发承足，以诸香花而散其处。

乾隆五十一年元日，净业学人彭际清谨撰。

# 杂 著

## 劝发菩提心文

不肖愚下凡夫僧实贤，泣血稽颡，哀告现前大众，及当世净信男女等，唯愿慈悲，少加听察。

尝闻入道要门，发心为首。修行急务，立愿居先。愿立则众生可度，心发则佛道堪成。苟不发广大心，立坚固愿，则纵经尘劫，依然还在轮回，虽有修行，总是徒劳辛苦。故《华严经》云："忘失菩提心，修诸善法，是名魔业。"忘失尚尔，况未发乎？故知欲学如来乘，必先具发菩萨愿，不可缓也。然心愿差别，其相乃多，若不指陈，如何趣向？今为大众，略而言之。相有其八，所谓邪、正、真、伪、大、小、偏、圆是也。

云何名为邪、正、真、伪、大、小、偏、圆耶？世有行人，一向修行，不究自心，但知外务，或求利养，或好名闻，或贪现世欲乐，或望未来果报。如是发心，名之为邪。既不求利养名闻，又不贪欲乐果报，唯为生死，为菩提。如是发心，名之为正。念念上求佛道，心心下化众生。闻佛道长远，不生退怯。观众生难度，不生厌倦。如登万仞之山，必穷其顶。如上九层之塔，必造其颠。如是发心，名之为真。有罪不忏，有过不除，内浊外清，始勤终怠。虽有好心，多为名利之所夹杂。虽有善法，复为罪业之所染污。如是发心，名之为伪。众生界尽，我愿方尽。菩提道成，我愿方成。如是发心，名之为大。观三界如牢狱，视生死如怨家，但期自度，不欲度人。如是发心，名之为小。若于心外见有众生及以佛道，愿度愿成，功勋不忘，知见不泯。如是发心，名之为偏。若知自性是众生，故愿度脱；自性是佛道，故愿成就。不见一法，离心别有。以虚空之心，发虚空之愿，行虚空之行，证虚空之果，亦无虚空之相可得。如是发心，名之为圆。

知此八种差别，则知审察。知审察，则知去取。知去取，则可发心。云何审察？谓我所发心，于此八中，为邪为正？为真为伪？为大为小？为偏为圆？云何去取？所谓去邪去伪，去小去偏，取正取真，取大取圆。如此发心，方得名为真正发菩提心也。

此菩提心，诸善中王。必有因缘，方得发起。今言因缘，略有十种。何等为十？一者念佛重恩故，二者念父母恩故，三者念师长恩故，四者念施主恩故，五者念众生恩故，六者念生死苦故，七者尊重己灵故，八者忏悔业障故，九者求生净土故，十者为令正法得久住故。

云何念佛重恩？谓我释迦如来，最初发心，为我等故，行菩萨道，经无量劫，备受诸苦。我造业时，佛则哀怜，方便教化，而我愚痴，不知信受。我堕地狱，佛复悲痛，欲代我苦，而我业重，不能救拔。我生人道，佛以方便，令种善根，世世生生，随逐于我，心无暂舍。佛初出世，我尚沉沦。今得人身，佛已灭度。何罪而生末法？何福而预出家？何障而不见金身？何幸而躬逢舍利？如是思惟，向使不种善根，何以得闻佛法？不闻佛法，焉知常受佛恩？此恩此德，丘山难喻。自非发广大心，行菩萨道，建立佛法，救度众生，纵使粉骨碎身，岂能酬答？是为发菩提心第一因缘也。

云何念父母恩？哀哀父母，生我劬劳。十月三年，怀胎乳哺，推干去湿，咽苦吐甘。才得成人，指望绍继门风，供承祭祀。今我等既已出家，滥称释子，忝号沙门。甘旨不供，祭扫不给。生不能养其口体，死不能导其神灵。于世间则为大损，于出世又无实益，两途既失，重罪难逃。如是思惟，唯有百劫千生，常行佛道；十方三世，普度众生。则不唯一生父母，生生父母，俱蒙拔济。不唯一人父母，人人父母，尽可超升。是为发菩提心第二因缘也。

云何念师长恩？父母虽能生育我身，若无世间师长，则不知礼义。若无出世师长，则不解佛法。不知礼义，则同于异类。不解佛法，则何异俗人？今我等粗知礼义，略解佛法，袈裟被体，戒品沾身。此之重恩，从师长得。若求小果，仅能自利。今为大乘，普愿利人，则世、出世间二种师长，俱蒙利益。是为发菩提心第三因缘也。

云何念施主恩？谓我等今者，日用所资，并非己有。三时粥饭，四季衣裳，疾病所须，身口所费，此皆出自他力，将为我用。彼则竭力躬耕，尚难糊口。我则安坐受食，犹不称心。彼则纺织不已，犹自艰难。我则安服有余，宁知爱惜。彼则荜门蓬户，扰攘终身。我则广宇闲庭，悠游卒岁。以彼劳而供我逸，于心安乎？将他利而润己身，于理顺乎？自非悲智双运，福慧二严，檀信沾恩，众生受赐，则粒米寸丝，酬偿有分，恶报难逃。是为发菩提心第四因缘也。

云何念众生恩？谓我与众生，从旷劫来，世世生生，互为父母，彼此有恩。今虽隔世昏迷，互不相识，以理推之，岂无报效？今之披毛带角，安知非昔为其子乎？今之蠕动蜎飞，安知不曾为我父乎？每见幼离父母，长而容貌都忘。何况宿世亲缘，今则张王难记。彼其号呼于地狱之下，宛转于饿鬼之中，苦痛谁知？饥虚安诉？我虽不见不闻，彼必求拯求济。非经不能陈此事，非佛不能道此言。彼邪见人，何足以知此？是故菩萨观于蝼蚁，皆是过去父母、未来诸佛，常思利益，念报其恩。是为发菩提心第五因缘也。

云何念生死苦？谓我与众生，从旷劫来，常在生死，未得解脱。人间天上，此界他方，出没万端，升沉片刻。俄焉而天，俄焉而人，俄焉而地狱、畜生、饿鬼。黑门朝出而暮还，铁窟暂离而又入。登刀山也，则举体无完肤。攀剑树也，则方寸皆割裂。热铁不除饥，吞之则肝肠尽烂。洋铜难疗渴，饮之则骨肉都糜。利锯解之，则断而复续。巧风吹之，则死已还生。猛火城中，忍听叫嗥之惨。煎熬盘里，但闻苦痛之声。冰冻始凝，则状似青莲蕊结。血肉既裂，则身如红藕花开。一夜死生，地下每经万遍。一朝苦痛，人间已过百年。频烦狱卒疲劳，谁信阎翁教诫。受时知苦，虽悔恨以何追？脱已还忘，其作业也如故。鞭驴出血，谁知吾母之悲？牵豕就屠，焉识乃翁之痛？食其子而不知，文王尚尔。啖其亲而未识，凡类皆然。当年恩爱，今作怨家。昔日寇仇，今成骨肉。昔为母而今为妇，旧是翁而新作夫。宿命知之，则可羞可耻。天眼视之，则可笑可怜。粪秽丛中，十月包藏难过。脓血道里，一时倒下可怜。少也何知，东西莫辨。长而有识，贪欲便生。须臾而老病相寻，迅速而无常又至。风火交煎，神识于中溃乱。精血既竭，皮肉自外干枯。无一毛而不被针钻，有一窍而皆从刀割。龟之将烹，其脱壳也犹易。神之欲谢，其去体也倍难。心无常主，类商贾而处处奔驰。身无定形，似房屋而频频迁徙。大千尘点，难穷往返之身。四海波涛，孰计别离之泪。峨峨积骨，过彼崇山。莽莽横尸，多于大地。向使不闻佛语，此事谁见谁闻？未睹佛经，此理焉知焉觉？其或依前贪恋，仍旧痴迷，只恐万劫千生，一错百错。人身难得而易失，良时易往而难追。道路冥冥，别离长久，三途恶报，还自受之，痛不可言，谁当相代？兴言及此，能不寒心！是故宜应断生死流，出爱欲海，自他兼济，彼岸同登。旷劫殊勋，在此一举。是为发菩提心第六因缘也。

云何尊重己灵？谓我现前一心，直下与释迦如来无二无别。云何世尊无量劫来早成正觉，而我等昏迷颠倒，尚做凡夫？又佛世尊则具有无量神通智慧、功德庄严，而我等则但有无量业系烦恼、生死缠缚。心性是一，迷悟天渊，静言思之，岂不可耻？譬如无价宝珠，没在淤泥，视同瓦砾，不加爱重。是故宜应以无量善法，对治烦恼。修德有功，则性德方显。如珠被濯，悬在高幢，洞达光明，映蔽一切。可谓不辜佛化，不负己灵。是为发菩提心第七因缘也。

云何忏悔业障？经言："犯一吉罗，如四天王寿五百岁堕泥犁中。"吉罗小罪，尚获此报。何况重罪，其报难言。今我等日用之中，一举一动，恒违戒律。一餐一水，频犯尸罗。一日所犯，亦应无量。何况终身历劫，所起之罪，更不可言矣。且以五戒言之，十人九犯，少露多藏。五戒名为优婆塞戒，尚不具足。何况沙弥、比丘、菩萨等戒，又不必言矣。问其名，则曰我比丘也。问其实，则尚不足为优婆塞也。岂不可愧哉？当知佛戒不受则已，受则不可毁犯。不犯则已，犯则终必堕落。若非自愍愍他，自伤伤他，身口并切，声泪俱下，普与众生，求哀忏悔，则千生万劫，恶报难逃。是为发菩提心第八因缘也。

云何求生净土？谓在此土修行，其进道也难。彼土往生，其成佛也易。易故一生可致，难故累劫未成。是以往圣前贤，人人趣向。千经万论，处处指归。末世修行，无越于此。然经称少善不生，多福乃致。言多福，则莫若执持名号。言多善，则莫若发广大心。是以暂持圣号，胜于布施百年。一发大心，超过修行历劫。盖念佛本期作佛，大心不发，则虽念奚为？发心原为修行，净土不生，则虽发易退。是则下菩提种，耕以念佛之犁，道果自然增长。乘大愿船，入于净土之海，西方决定往生。是为发菩提心第九因缘也。

云何令正法久住？谓我世尊无量劫来，为我等故，修菩提道，难行能行，难忍能忍，因圆果满，遂致成佛。既成佛已，化缘周讫，入于涅槃。正法、像法，皆已灭尽，仅存末法，有教无人。邪正不分，是非莫辨，竞争人我，尽逐利名，举目滔滔，天下皆是。不知佛是何人，法是何义，僧是何名。衰残至此，殆不忍言，每一思及，不觉泪下。我为佛子，不能报恩，内无益于己，外无益于人，生无益于时，死无益于后。天虽高，不能覆我。地虽厚，不能载我。极重罪人，非我而谁？由是痛不可忍，计无所出，顿忘鄙陋，忽发大心。虽不能挽回末运于此时，决当图护持正法于来世。是故偕诸善友，同到道场，述为忏摩，建兹法会。发四十八之大愿，愿愿度生。期百千劫之深心，心心作佛。从于今日，尽未来际，毕此一形，誓归安养。既登九品，回入娑婆，俾得佛日重辉，法门再阐。僧海澄清于此界，人民被化于东方。劫运为之更延，正法得以久住。此则区区真实苦心，是为发菩提心第十因缘也。

如是十缘备识，八法周知，则趣向有门，开发有地。相与得此人身，居于华夏，六根无恙，四大轻安，具有信心，幸无魔障。

况今我等又得出家，又受具戒，又遇道场，又闻佛法，又瞻舍利，又修忏法，又值善友，又具胜缘。不于今日发此大心，更待何日？唯愿大众，愍我愚诚，怜我苦志，同立此愿，同发是心。未发者今发，已发者增长，已增长者今令相续。勿畏难而退怯，勿视易而轻浮。勿欲速而不久长，勿懈怠而无勇猛。勿委靡而不振起，勿因循而更期待。勿因愚钝而一向无心，勿以根浅而自鄙无分。譬诸种树，种久则根浅而日深。又如磨刀，磨久则刀钝而成利。岂可因浅勿种，任其自枯；因钝弗磨，置之无用。又若以修行为苦，则不知懈怠尤苦。修行则勤劳暂时，安乐永劫。懈怠则偷安一世，受苦多生。况乎以净土为舟航，则何愁退转。又得无生为忍力，则何虑艰难。当知地狱罪人，尚发菩提于往劫。岂可人伦佛子，不立大愿于今生？无始昏迷，往者既不可谏，而今觉悟，将来犹尚可追。然迷而未悟，固可哀怜，苟知而不行，尤为痛惜。若惧地狱之苦，则精进自生。若念无常之速，则懈怠不起。又须以佛法为鞭策，善友为提携，造次弗离，终身依赖，则无退失之虞矣。勿言一念轻微，勿谓虚愿无益。心真则事实，愿广则行深。虚空非大，心王为大。金刚非坚，愿力最坚。大众诚能不弃我语，则菩提眷属，从此联姻；莲社宗盟，自今缔好。所愿同生净土，同见弥陀，同化众生，同成正觉。则安知未来三十二相、百福庄严，不从今日发心立愿而始也。愿与大众共勉之，幸甚幸甚！

## 涅槃会发愿文

仰白十方三宝、释迦本师、弥陀慈父、观音、势至、涅槃会上一切圣贤，唯愿慈悲，证明发愿。

比丘某与现前大众，建立此会，并发大心，有十种因缘。何等为十？一者念佛重恩难报故；二者念父母恩故；三者念生死苦故；四者自伤不见佛故；五者睹佛法欲灭，众生可愍故；六者舍利难值，自欣得值故；七者涅槃难遇，生悲恋心故；八者令诸众生未种善根令得下种，已种善根令增长故；九者令诸众生归佛法僧，远离邪见故；十者与现前大众同发誓愿，求生净土故。即于佛前，合掌恭敬，而发誓言：

第一愿者，愿我过去父母、历劫亲缘，承三宝力，速离恶趣，得生人天，渐次修行，悉得成佛。

第二愿者，愿我无始以来诸不善业，悉皆消灭，永尽无余。

第三愿者，愿我无始以来贪爱烦恼，永尽无余，亦令众生皆得断除一切贪爱。

第四愿者，愿我无始以来瞋恚烦恼，永尽无余，亦令众生皆得断除一切瞋恚。

第五愿者，愿我无始以来邪见烦恼，永尽无余，亦令众生皆得断除一切邪见。

第六愿者，愿我现生之内，一切魔事皆悉远离，一切恶报悉皆不受。至得无生忍时，以我色身代诸众生受无量苦，令其皆得一切安乐。

第七愿者，愿我速证念佛三昧，心心无间，念念相应，于佛菩提永无退转。

第八愿者，愿我得大智慧，悉皆通达一切佛法。

第九愿者，愿我得大辩才，阐扬净土法门，令无量人咸生彼国。

第十愿者，愿得闻持陀罗尼门，自然记忆一切经典，为人演说，而无疲倦。

第十一愿者，愿我得大忍力，具大观智，不为名闻利养之所劫夺，不为爱憎毁誉之所伤害，于五浊世，善化众生。

第十二愿者，愿我大小律仪，性业、遮业，悉得清净，安住梵行，成就众生。

第十三愿者，愿我临命终时，预知时至，身心自在，正念分明。弥陀圣众，持金莲花，来迎接我，如一念顷，生极乐国。令诸闻见，咸发信心，皆得修行，生彼国土。

第十四愿者，愿我生净土后，悟无生忍，还来化度一切众生，同生极乐。

第十五愿者，愿我诸佛出世，长得值遇，亲近供养。佛初成道，劝转法轮。佛入涅槃，请久住世。法欲灭时，护持正法，令得久住。无佛法处，兴显佛法，开示众生。

第十六愿者，愿我生净土后，速入娑婆，以神通愿力，令释迦佛法，延至弥勒出时，不使断绝。

第十七愿者，愿我来世，宏阐毗尼，建立正法，先以戒律摄诸众生，后以定慧而成就之。

第十八愿者，愿我来世，具足智慧辩才力故，令一切外道所有议论，皆悉破坏，一切邪见，同归正见。

第十九愿者，愿我来世，具足神通天眼，见有众生应折伏则折伏，应摄受则摄受，令其增长善根，调伏恶念。

第二十愿者，愿我来世化度众生，知诸众生欲行恶法未成就者，我现恶相而恐怖之，令其恶事皆悉不成。

第二十一愿者，若有众生欲行善法未成就者，我现善相而喜悦之，令其善事皆速成就。

第二十二愿者，若有众生已作之罪，有惭愧心，欲忏悔者，闻我名号，乃至十恶五逆，无不消灭。

第二十三愿者，若诸众生现在作善，有懈怠心，欲退失者，闻我名号，乃至一毫之善，永无退转，复更勤修一切善法。

第二十四愿者，愿我来世化度众生，于贫穷者，令得伏藏。于病苦者，令得良药。饥渴众生，令得饮食。裸形众生，令得衣服。厄难众生，解脱众苦。失道众生，示以正道。愚痴众生，令得智慧。乃至一切所须，皆令果遂。使诸众生，先得世乐，后得出世无上法乐。

第二十五愿者，愿我来世，于刀兵劫，现为良将，殄灭干戈。于疾疫世，现作药草，救疗众病。于饥馑世，现作稻粮。于热恼处，现作凉风。于枯槁处，现为甘雨。于险阻处，现作津梁。于昏暗处，现为灯火。随诸众生所欲得者，皆现作之。令诸众生，若行若住，若坐若卧，咸得安乐，发菩提心。

第二十六愿者，愿我来世拥护佛法，于阎浮提现作国王、大臣，威德自在，化导人民，令行佛法。于其国界，永断杀业，不行恶事。诸有不信，谤三宝者，即以势力而摧伏之。

第二十七愿者，我于来世救度众生，现作摩竭大鱼，以自身肉，施与众生，随取随生，不可穷尽。或复现作金翅鸟王、龙王、马王、牛王、象王、诸鸟兽王等，一一类中，威德势力超胜一切，化诸同类，舍离恶道，发菩提心。

第二十八愿者，或有众生愚痴无智，虽有信乐，不解佛法；虽修道行，不达法相；虽欲读诵，不能记忆；虽欲坐禅，不除昏掉；乃至起心作善，便生障碍，或为恶魔、恶友之所摄者。我以神力，令其智慧开明，了达法相，一切魔事皆悉远离，一切善法皆速成就。

第二十九愿者，或有众生不具信根，无恶不造。我于是人倍生怜愍，方便教化，随逐不舍，经无量劫，此人若不发菩提心，我终不舍，慈悲救济。

第三十愿者，我于来世，佛法欲灭，邪魔炽盛，诸不善法聚集之时，愿以大悲神力，随有恶魔止住之处，我现极恐怖相而恐怖之，使其意欲破法，心即迷闷；口欲谤法，舌不能动；身欲作恶，足不得举；徒党破散，恶魔消灭。

第三十一愿者，我以度救众生故，入于地狱，代受众苦，其中所有一切苦事，皆集我身，令彼众生发菩提心，生入天界。

第三十二愿者，若有饿鬼，猛火炽燃，求索饮食而不得者。我以大悲神力，手出香乳，皆令饱满，身心安乐，发菩提心。

第三十三愿者，一切畜生，以恶业故，当受刀砧宰割，种种诸苦。我以大悲神力，为其代受，或复示入其中，令行杀者改悔修善，发菩提心。

第三十四愿者，有诸天众，以天福故，骄慢放逸。我现天身而警诫之，令其觉悟无常，速出三界。

第三十五愿者，若有众生，欲求声闻、缘觉乘者，我以方便，令其先证小果，即便回心，入菩萨乘。

第三十六愿者，或有众生乐着小法，毁谤大乘；复有众生执着权教，不信圆顿；或复执空谤有，执有谤空，执着空有，毁谤中道，乃至于佛法中生种种异见者。我以智慧辩才力故，破诸异论，悉灭无余，建立一乘无上佛法，咸令众生于正法中永无疑惑。

第三十七愿者，我为化度行恶众生，示同其类，不染恶法，令诸同类信服随从，凡所言说，悉皆听受，渐舍恶行，修行善法。

第三十八愿者，我为化度诸比丘等，示现种种方便。于比丘众中，有盗三宝物，破斋犯戒，种种邪见，不信因果者，此人以是因缘，当堕地狱。我为现作执金刚神、诸鬼神等，或复现作地狱之相，显示目前，种种境界，而恐怖之。使其已作之罪，发露忏悔。未作之罪，不敢复作。离地狱因，修出世业。

第三十九愿者，愿得无量三昧神通智慧，悉能受持一切佛法。

第四十愿者，凡我所修布施、持戒一切功德，悉皆回向一切众生。一一众生受我施已，所有愿求，悉皆果遂；所不愿者，咸皆舍离。

第四十一愿者，一切菩萨所有无量难行苦行，我皆修学，尽未来际，无有疲厌。

第四十二愿者，一切菩萨所有慈悲誓愿、功德智慧，我皆摄取，无有遗余。

第四十三愿者，愿我往诣十方世界供养诸佛，以一切花，一切香，一切灯，一切果，一切饮食衣服、幢幡宝盖、伎乐歌舞，皆悉出过诸天所有，奉上诸佛。诸佛为我说法之时，悉皆听受，乃至一文一句，无有遗忘。

第四十四愿者，愿我生生世世不忘本愿，常在此土，救苦众生。

第四十五愿者，愿我弥勒出世，最先值遇，闻法得果。彼佛临涅槃时，我当奉献最后供养。如是乃至楼至如来出世，亦复如是。

第四十六愿者，众生未尽，地狱未空，业海未干，苦轮未息，我终未愿先成佛道。

第四十七愿者，愿我竖历尘劫，横周沙界，以无量身业，无量口业，无量意业，供养诸佛，化度众生。

第四十八愿者，我若成佛，世界广博，无量佛土为一佛土，佛身常住，佛法不灭。所有国界最极庄严，超过一切恒沙佛国。亦无正法、像法，亦无地狱、饿鬼、畜生、阿修罗等，及诸魔、魔民。虽有天人，皆大菩萨。彼佛色身不可思议，所有相好不可思议，所放光明不可思议，所有眷属不可思议，所化众生不可思议。以要言之，若依若正，若主若伴，皆不可思议。此愿不满，终不作佛。

发是愿已，复与现前大众，异口同音，而说偈言：

稽首释迦文，真身舍利塔；
甚深微妙法，《大般涅槃经》；
一切诸菩萨，缘觉声闻众。
我以至诚心，发此真实愿，
愿我先父母，累劫众亲缘，
彼此尽超升，自他俱解脱。
贪瞋痴永断，戒定慧常修，
不起杀盗淫，及以诸邪见，
已生恶永灭，未生更不生。
过去诸恶业，当受地狱苦，
逮得无生忍，千万倍偿还，
愿于现世中，魔障皆消灭。

又以念佛心，速证王三昧，
心心无间断，念念得相应，
于无上菩提，更不生退转。
又愿得智慧，通达一切法，
具无碍辩才，阐扬念佛门，
得大陀罗尼，受持诸佛法。
又愿得忍力，具修诸观行，
裂开憎爱网，斩断名利根，
毁誉树头风，好丑空中迹。
又愿具威仪，通达毗尼藏，
大乘及小乘，性业并遮业，
一切悉清净，成就诸众生。
愿我命终时，正念心无乱，
弥陀及圣众，垂手共提携，
见闻皆发心，同生极乐国。
见佛复闻法，获得无生忍，
还来此土中，化度于一切，
供养于诸佛，护持诸佛法。
释迦法灭时，我以誓愿力，
及以神通力，令法久住世，
延至弥勒时，中间无断绝。
又愿未来世，建立佛正法，

以律摄众生，后令得定慧，
以大辩才力，破坏诸邪见。
又以他心智，具知众生心，
折伏及摄受，二俱得自在，
令其得利益，调伏诸恶念。
恶法悉不成，善业速成就，
有罪欲忏悔，闻名俱解脱，
善根欲退时，皆令得增长。
贫者得伏藏，病者得良药，
饥寒逼迫人，悉令得衣食，
厄难得解脱，愚痴得智慧。
刀兵劫起时，愿我为良将，
饥馑疾疫世，愿化作稻粱，
及以诸药草，遍救诸众生。
愿于阎浮界，现作大国王，
以法化众生，令断诸杀业，
或现鸟兽王，摄化诸同类。
具信及少信，乃至无信等，
咸以诸方便，渐渐令调伏，
诸魔悉退散，徒党尽消灭。
地狱鬼畜生，上至诸天众，
我现入其中，皆令得解脱，

三途离众苦，人天出三界。
声闻及缘觉，回心入大乘，
权教诸菩萨，同入一圆顿。
诸行恶众生，舍恶趣善法，
末法比丘僧，种种诸邪见，
我以善巧力，令其生信心。
三昧悉通达，善法皆回向，
菩萨悲智力，种种功德力，
愿我皆摄取，供养十方佛，
所有诸供具，愿我皆具足。
我及诸大众，皆同是愿力，
生生为伴侣，处处化众生。
龙华三会中，最先蒙佛记，
彼佛涅槃时，我当施饮食。
众生界未尽，成佛终无期，
一切成佛时，然后登正觉。

## 《舍利忏》叙

盖闻法身无象，因万物以赋形；道体无方，随众生而应迹。爰自双林示寂，中夜还原，玉毫敛影于人间，宝相潜辉于宇内。所遗舍利，三分攸分。乃造浮图，八国是奉。属当五天之地，经历一百余年，爰有圣君，厥名阿育，乘铁轮而应世，受佛记以为王，志在福田，心存佛法，甫闻舍利，始事请求。于是塞恒水之刀轮，机关不转；开世王之宝箧，油火才干。（《育王经》云：阿阇世王取佛舍利，藏恒河中，作千岁灯供养。中安金箧，用盛舍利。外置刀轮，四面旋转，流水激之，轮无停晷。阿育王欲取之，殆不能得。有莲花比丘，教以掷柰塞之，轮即不转。乃下取舍利，才开金箧，油尽火灭矣。）乃役鬼神之智力，载求罗汉之神通。集众香以成泥，碎七宝而为末。八万四千之佛塔，中夜造成。三千三百之人寰，即时分布。百神奋足，争驰五指之光。万鬼昂头，齐睹半空之臂。（《育王志》云：阿育王取佛舍利，令诸鬼神，以香泥、七宝，一夜造成八万四千塔。请耶舍尊者舒指放光八万四千道，诸鬼神各随一光尽处，安置一塔。尊者于虚空中以手障日，诸鬼神望之，普天之内，一日之中同时下塔。）塔庙于焉始盛，佛法由是大兴。彼居中夏，数乃众多。此属东方，处唯十九。阿育造塔之岁，则是周厉王之共和年也。自余诸处，圣迹罕存。唯兹四明，灵踪尚著。

昔在西晋，年曰太康，有并州刘萨诃者，利宾菩萨也。愍众生之造业，示同类以化人，罹罪而入幽冥，惧苦而求救拔。梵僧指示，舍利是求。觉而发心，寻即改业。出身应世，暂为畋猎之民。大士出家，还作比丘之相。于是北背并汾，南游江浙，慕浮图而顾盼，念舍利以追寻。万里关山，岂惮驰驱之苦。数年道路，焉知跋涉之劳。由是登陟鄮峰，徘徊玉几，钟韵忽闻于地下，塔婆高涌于岩头。一片青山，显出千年之圣迹。数重磐石，长留万古之神踪。从兹建塔度僧，藉僧守塔，地号东南佛国，僧称累代人龙。迨乎有梁启运，兹山之额号始彰。大宗肇兴，厥寺之篇题重焕。嘉祥屡发，灵异叠生。或垂相好于塔中，或放光明于松顶。或数旬礼拜，慈亲离冥报之殃。或频月熏修，尊者获印文之瑞。乃至或燃一臂，神归净土九莲。或舍全身，亲证念佛三昧。

实贤自悲生晚，不能亲睹佛身。幸喜缘深，犹得躬逢圣迹。于己亥夏，特申瞻礼，恭诣此山，三月安居，六时悔过。但以凡诚浅劣，难叩慈悲。宿业深沉，未蒙感应。是以重述行仪，再申恳到。终身从事，毕命为期。不唯自省过愆，亦与人同忏悔。沉疴未起，每怜同病之人。浪子不归，频下思亲之泪。文无足观，义或可取。所冀障山翻倒，转成功德之山。业海干枯，化为智慧之海。六根都摄，修净业于此身。三昧早成，见弥陀于即世。凡我同志，毋忘此心，同垂愿力于千生，共报佛恩于万劫云尔。

## 《涅槃会约》叙

尝读《涅槃经》，佛临涅槃，人天献供，大众悲哀，举身血现，如波罗奢花。至有不忍见佛入灭，先取灭度者。呜呼！何其悲哀恋慕一至于此。今去佛日远，时当末法，出家之众，于佛涅槃日，莫知献供，罔有悲哀，并不知是日为佛灭度之辰。噫！

为佛弟子，岂宜如是耶？

夫佛涅槃日，犹父母忌辰。为人子而不知其亲之忌日，可谓孝乎？于是日而不思致祭，可谓敬乎？世间、出世虽有不同，所以致其孝敬之心则一也。盖世间父母，生我色身，养我报命。虽是重恩，有时而尽。虽然慈爱，亦有偏颇。虽复劬劳，亦有休息。出世父母则不如是，生我法身，养我慧命。推我以人天之干，去我以三途之湿。咽我以无常之苦，吐我以常住之甘。哺我以定慧之乳，覆我以惭愧之衣。保持爱护，靡所不尽。昼夜殷勤，抚育其子。经无量劫，未尝休息，亦不念劳苦，唯知爱子为念，不顾于他。方其幼稚，则忧其堕落。及其成立，又忧其夭丧。所以慈悲爱念，无有已时。又不于善子而生爱，于恶子而生憎，心常平等，覆护无偏。但以诸子愚痴，误服毒药。慈父于此，设为方便，留药远出，遣使还告："汝父已死。"而实不死也。毒者何？烦恼之谓也。药者何？佛法之谓也。方便者何？涅槃之谓也。遣使者何？舍利之谓也。当知如来怜悯我等故，方便示现入于涅槃，实不灭度也。佛于众生有此恩德，而诸众生冥然不知，可不哀耶！

夫如来舍利，震旦国中虽有一十九处，圣迹罕存。唯鄮峰一处，至今尚在，灵异非一。岂非四明之人，夙植善根，于末世中，得睹如来应化之事。虽诸佛法身遍一切处，而应身摄化，盖有其方。舍利所在，则为佛在。是故当知，虽居末世，有信则长奉慈颜；纵遇佛兴，无信则还同不见。是则我等之所当策勤精进，而生庆幸难遭之想者也。

实贤根机下劣，德薄垢重，于现世中不获见谛。今与众等建立斯会，每年一举，毕世为期。顶礼七日之忏摩，奉献百味之饮食。敢云最后之供？实表恋慕之诚。所作功德，不为自利，普施众生。不求人天，但期净土。庶几为未来得度因缘，作往生见佛方便，用报佛恩于万一耳。然有始鲜终，圣人所诫。初勤后息，人之常情。不以誓愿自要，何以保其永久？不以轨则为准，何以约束身心？于是斟酌事宜，设为《规约》，以告大众。如或事可通行，愿共相保守。如其不可，幸有以教之。(《规约》别载《涅槃忏》后)

## 《涅槃会约》第二叙

余自幼出家，每于大僧众中叩诸长老曰："如来涅槃为在何时？"众皆罔对。或有指陈，进退无据，心窃疑焉。又频见僧俗营斋供佛，多不如法，往往以人所不堪食者，陈列几筵，以为供养。非唯无福，且招慢佛之过，恒用慨然。及长，游历讲肆，按览藏文，间读《涅槃经》，始知如来于二月十五日，日初出时，放光集众，自言今日当般涅槃。大众蒙光，一时普集。当此之时，献供如云，挥泪如雨，幢幡际天，肴膳布地，尽世间之六味，极天上之五尘，无一不备矣。呜呼！何其盛耶。又尝读净觉法师《礼赞文》，见其偈赞，次第摹写如来涅槃相貌，如在目前，备极恋慕之意。则知古人亦有同吾心者，第近世罕有举行之耳。

己亥春，从西泠渡江，恭诣四明阿育王山，瞻礼释迦如来真身舍利，遂即其处度夏礼塔。安居既竟，燃一指供佛，心犹歉然未足也。既而往永福水陆期中，偶与同辈论及供佛之事，一时发心者即有数人。寻往苏杭买供，采访百味，贸易香花。次年春，复还此山，于佛涅槃日，鸠集数子，首创斯会。盖主于为佛忌日，追远报恩，以申恋慕之意。供虽不丰，务存精洁。食须三德，不干不湿。菜须六味，非生非冷。果须珍异，非贱非粗。于中首日供佛，依《礼赞文》。次日礼忏，则自述仪轨。至第七日，忏事既毕，以念佛回向终焉。众皆叹曰："此未曾有也！四明天下胜地，舍利吾佛真身，今四方善友一时来会，成此胜举，是非小缘。此不可以辄已也，今而后当每年一举，毕世为期。此为佛弟子分内所必当为之事，不得与寻常应期礼忏、受施讽经同日而论也。"

余告众曰："此会难事有三：如求舍利，震旦国中虽有一十九处，岁月既远，圣迹湮没，唯鄮阴一处至今现存，旷劫有缘，幸得瞻仰，一难也。如来灭度二千余载，涅槃献供，在古则有，在今罕闻。今与众等宿缘所追，千里相值，四方来会，七日同修，此世界中，岂非稀有？二难也。诸方结社起期，所在皆有，然佛家弟子，但闻礼忏得财，未闻舍财礼忏，道念未生，利心先起。今则不然，诚敬发于心中，财物舍诸身外，惭惶不暇，敢厌勤劳？报答未能，实怀恋慕。如此心念，非佛不知，三难也。”

言未既，有难于傍者曰：“吾闻诸佛法身遍一切处，本无出世及以涅槃。既无涅槃，安有忌日？至于禅宗门下，单提正令，佛祖尚无安立，焉有所谓扫塔献供之事乎？今乃于无生灭中，妄见生灭。罗百味以供之，集四众以礼之。又不于所居庵院致献尊仪，而必远诣鄮峰，偏崇舍利。岂非舍近求远，着境迷心，不达理性耶？”

余曰：“子之所言，理也。今吾以事问子，子以实答之，可乎？”

对曰：“可。”

因问之曰：“子有二亲在否？”

曰：“少也不幸，早从见背，久失恃怙矣。”

曰：“子父母身亡，神其亡否？”

曰：“神则未尝亡也。”

又问曰：“神有定所否？”

对曰：“神既无形，又安有定所乎！”

曰：“然则岁时致祭，亦上父母坟墓否？”

曰：“某虽不孝，于兹礼数，尚不敢阙。”

余曰：“子过矣。子父母而神在，则未尝死也。未尝死而祭之，是灭其神也。祭已灭之神，谁为受飨者？又神既无形，无有定所，则不局坟墓中。一念至诚，必能通格。何必近离家室，远赴坟庐，仆仆道途，舟车往返，以为祭扫之规乎？”

对曰："虽知父母神在而形骸不存，故飨其神，神虽不食，犹食也。譬如梦中得食，饥饱宛然，不亦类是乎？虽神无定所，必有依凭，故为之坟墓以祭扫之，所以慰死者之神，而尽生人之道也。"

余曰："如知此，则子之所难通矣，盖亦思之哉！子知法身常住，而不知应迹云亡。知法体遍周，而不知应迹有所。不有应迹，安显法身？不有舍利，谁知应迹？既言法身常住，岂有间于应身？既曰法体遍周，宁独隔于舍利？子欲拨事求理，弃有谈空，事相尚迷，况通理性耶？昔大迦叶将入鸡足山待弥勒佛，必往天上、龙宫，及于世间，遍礼诸塔后方入定。夫迦叶，宗门之鼻祖也，岂其不达理性而然耶？当知如来涅槃，不可思议，非常非断，离有离无，不应以偏见而生分别。以子所执法身常住，不达如来善权方便利益众生之事，良由不深明理教而致然耳。如经所说，譬如婴儿，母常在侧，于母不生难遭之想，母方去时，便生渴仰思恋之心。如来涅槃，意盖如是，吾子其知之耶？"

或曰："子之所言是矣。然吾闻孔子曰：'二簋可用享'，'禴祭胜于杀牛'。奚取于百味乎？"

曰："孔子之言，盖昭明德为重，不以厚祭为尊，非谓定于二簋也。如赞武王、周公之孝，曰：'春秋修其祖庙，陈其宗器，设其裳衣，荐其时食。'言时食，谓四时之食各有其物，则非二簋明矣。又赞大禹曰：'菲饮食而致孝乎鬼神。'观夫致孝之言，则自奉虽俭，祭神必丰，又可知矣。至若菩萨供佛，则尽世甘美，犹不为多，况区区百味乎哉！”

或又曰：“《普贤行愿》云：‘诸供养中，法供养最。’今我子不修法供，专事有为，岂菩萨用心乎？”

余曰：“子又错解经旨矣。经意以为香花供养，一一皆从菩萨大悲大愿之所流出，大行大力之所成就。盖是即财论法，事理圆融，故称法供。如子所解，则普贤种种庄严供养，皆是有为，则为自毁矣，岂经意乎？当知敬佛虽主内心，亦兼外物。必若有心无力，则物虽轻而亦重。如其有力无心，则物虽重而犹轻。与其有力无心，宁贵有心无力。必心力两尽，内外交资，则事理双融，然后为得也。今也内无诚敬，外又吝财，浪说唯心，心将安在？大抵末世人情，贵俗贱真，重人轻佛。待宾客则广设嘉肴，供圣贤则略陈粗馔。其自奉也，朝朝每择肥鲜。其事佛也，旦旦不存甘旨。言香则只要心香，不须苏合。言果则唯尊道果，岂重庵罗。法供为上，何必世财。禅悦自资，奚须段食。悭囊固塞，借佛语以饰凡情。善种薄栽，立慢幢而增见刺。又或见贵人，则趋走逢迎。对佛像，则倚卧不起。暂时闻法，则便起昏沉。终日剧谈，则曾无懈倦。嬉游杂务，百忙中尽有工夫。供佛烧香，片刻间略无闲暇。贪名逐利，则频年道路，不惮驱驰。礼忏诵经，则暂入坛场，便生劳倦。才念佛，则曰口酸。适礼拜，又云腰痛。此皆举世之通病，我辈所当深思而痛戒者也。予不肖，不能克践古人，担荷斯道，为法门之罪人，无所逃责。今建斯会，窃欲上报佛恩，下救时弊，而人微德薄，不自知其不可也。吾子尚不以人废言，幸加察焉。”

于是难者悚然自失，赧然自愧，曰：“我过矣，我过矣。今而后，吾不敢复议矣。”复再拜稽首曰：“子既善其始，当图善其终。不有规约，何以行诸久远乎？”

因徇社友之请，略陈条例如左，并论次其语弁诸简端，以为后来者告云。

## 重建涅槃忏会叙

盖闻觉王西逝，乃当周穆之年。像教东流，爰在汉明之世。由迦维而达震旦，计其道路，仅云十万八千。从正、像以逮今时，算以春秋，几见二千七百。痛哉末世，孰挽颓风。伤矣吾徒，罔遵遗诲。仲春方届，畴兴鹤树之悲？白月既圆，谁效纯陀之供？

实贤少慕尊仪，长思圣范。对金容而垂泪，读遗教以兴哀。曾于阿育王山，启建涅槃胜会。十年礼忏，频瞻我佛之真身。百味香馐，屡奉世尊之宝塔。兹念四方善信，跋涉唯艰。千里道途，间关莫致。以法从人则易，将人就法则难。由是舍难就易，取近置遥。人无劳苦之心，财省往来之费。兹约来岁仲春二月既望，恭就仙林讲寺菩萨戒坛，顶礼十日之忏摩，供献百味之饮食。续开佳会，移创法筵。

伏望若缁若素，同到道场。乃释乃儒，咸臻胜地。摧邪辅正，必存外护之人。起弊扶衰，是在同袍之士。发心胜，则因果殊常。作事真，则人天感格。修行径路，舍净土则我将安归？改过法门，匪忏摩则人无自洗。应起难遭之想，勿存轻慢之心。所愿二忏同修，事观与理观双运。三身并念，他佛与己佛齐彰。无始昏迷，长风起而阴霾绝点。多生罪障，太阳出而冰雪俱消。三昧成于现身，九品生于后世。然后再兴悲愿，回入尘劳。挽既倒之狂澜，重归大海。捧已沉之佛日，复照高山。此诚不肖之愚意，愿与诸贤共勉云尔。

## 祷灵鳗菩萨文

唯康熙壬辰六月十七日，苾刍实贤谨赍香烛之仪，致祷于阿育王山金沙井护塔灵鳗菩萨曰：

我闻大士拥护佛法，作大龙王，覆庇一方，保安万姓。在昔为国献功，为民降泽，解三军之焦渴，力运清泉，润大地之干枯，普施甘雨。故使先朝降敕，宣封尊号，并令有司岁杀一家致祭，以报功泽。苾刍实贤今来此山，顶礼佛塔，已及两度。亲睹宰杀之事，哀声彻耳，殆不忍闻，悲痛切心，宁能自已？是以投书潭中，哀告大士。

大士护持佛法，救世安民，功德溥矣，利益深矣。令有司宰杀，虽国家之命，非大士之心。然业之所造，盖有其因。罪之所归，岂无其主？不归大士，将安归耶？大士既护佛法，当体佛心。佛心非他，即众生是。离众生无佛，离佛无众生。奈何使未来诸佛，长受苦恼，而不思救济耶？且夫大士神通，能消枯渴于三军，不能免苦痛于一家耶？能施甘雨于天下，不能全性命于众生耶？人何幸而蒙庇，豕何辜而弗恤耶？将毋贪着口腹，假手于屠人，而受馨香之味耶？夫大士尚不爱自己身命，况贪众生之血肉耶？今欲安乐众生，岂反加之杀害耶？我为佛遗教弟子，持佛禁戒，当以佛语宣示于人，此而不言，孰可言者？今为大士陈其过失，略有十种，唯神察之：

夫大士度生，慈悲为本，苟无此心，则非菩萨。大士既称菩萨，奈何不断杀生？杀生不断，是则无慈悲心，其过一也。

大士视人犹己，视物犹人。今虽济人，尚不及物，是则乖平等心，其过二也。

既为佛弟子，岂可不持佛戒？纵不受五戒，杀戒须持。大士不持，是则违佛律仪，其过三也。

十不善业，杀业居先。大士虽非自作，故是教他。既不禁止，任其宰杀，非教他而何？是谓现作恶因，其过四也。

因必有果，所谓三恶道，及多病、短命二种果报。如此果报，皆由杀生。是则当招恶果，其过五也。

僧伽蓝地，凡圣同居。佛塔所存，护法诸天长来供养。今使血涂蔓草，腥污坛场。天神见之，必生瞋怒。僧众居之，亦所不安。是则污伽蓝地，其过六也。

累年宰杀，当有人生不信心，谓:“灵鳗若是菩萨，不应食肉。舍利威神若有灵者，应不使其杀害众生。是故当知佛无灵验，鱼非菩萨。”如此之言，过由大士。是则使人毁谤，其过七也。

大士既堕龙身，当勤修善业，速离恶趣。今造此业，何时当脱此身耶？是则难离恶趣，其过八也。

如经中说，娑竭龙王告金翅鸟曰：“我自生此海中，未尝触害水性众生。舍此身后，当生西方极乐世界。”大士今为杀业，云何当得往生？是谓难生净土，其过九也。

大士修因，本期佛果。不断杀业，云何当得无上果报？是则难成佛道，其过十也。

一杀而具十过，罪孰大焉。反此十过，则成十德。大士何为甘造杂业，不修纯善耶？为大士计，以神力致梦于朝廷，明以告曰：“我为佛弟子，持不杀戒，今而后无杀生见祭。”朝廷知之，必寻改先朝旧例。虽猪豚之死，未必能逃，而死不由于大士矣。

如上所陈，非为众生，乃为大士。大士若能改革，则为自救，非救众生。大士尤宜忏悔故业，勿造新殃。发菩提心，修持净戒。如此则众生可度，佛道可成，菩萨之名不为虚得矣。大士若能见听，何善如之。如不见听，或恣其宿习，逞其暴怒，即震雷激电，摧灭我身，亦所弗惜也。唯神图之！

## 与茅静远居士书

前三月下旬返自四明，过访居士，适遇他出，怅然而去。寻归回龙，兹又一月余矣。因数子相劝，欲讲《法华》，特到杭请经，因得致书于足下。

居士造桥事毕，可谓莫大之功。然居士之心，好善无倦，一善甫完，复作一善。美则美矣，其如生死大事何？苟不以生死大事为急，而孜孜为善，所作善事如须弥山，皆生死业缘，有何了日？善事弥多，生死弥广，一念爱心，万劫缠缚，可不惧耶？

居士世间公案，久已参透，西方净业，久已修习。然而生死心不切，家缘撇不下，人情谢不去，念佛心不专，何也？将名根不断耶？抑爱念牵缠耶？于此二者，宜加审察。苟不把家缘世事一刀斩断，六字洪名尽力提起，欲望娑婆之脱，安养之生，难矣。不生安养而欲脱生死，不脱生死而欲免堕落，抑又难矣。纵一生两生不失人身，济得甚么事？

嗟乎！居士慧心如此明利，家缘如此丰足，继嗣如此贤能，事事适意，尚不能放下万缘，一心念佛，为天负人耶？为人负天耶？不以念佛为急，而以世间小善为急，不以生死大事为先，而以人天福报为先，是不知先后也。居士虽不求福而常作福，虽欲出生死而反入生死，皆由不知所缓在彼，所急在此，致使北辕适越，却步求前也。

居士今日要务，唯当谢绝人事，一心念佛。加以斋戒二字，尤为尽美。大抵西方佛国，非悠悠散善所能致。万劫生死，非因循怠惰所能脱。无常迅速，旦暮即至，安得不为之早办耶？衲所知识者甚寡，知识之中，求可以语此事者尤寡，舍居士一人，而深以期望者谁哉？倘不以人废言，幸加努力。若曰吾不能也，则亦无可奈何矣。

## 应赴说

或问曰："应赴之说，始于何时？"

余曰："古未之闻也。昔白起为秦将，坑长平降卒四十万，死入地狱。至梁武帝时，致梦于帝，乞所以济拔之方。帝觉而谋诸志公，公曰：'闻《大藏》中有《水陆仪文》一卷，如法行持，可以济拔。'于是集天下高僧，建水陆道场七昼夜，一时名僧咸赴其请。应赴之说，盖自此始。昔佛在世时，为法施主，以法教化众生，人间、天上，莫不以五时八教，次第调停而成熟之。诸弟子亦各分化一方，恢宏其道。迨佛灭度后，阿难等结集三藏，流通法宝。至汉明帝时，佛法始入震旦。正法、像法，渐入浇漓。奈何后世取以博衣食之资，使法王大宝为贩卖之具，嗟乎异哉！"

或曰："佛法本以济人，人来求法，我应其请，彼以财施，我以法施，何不可之有？设使人人高蹈绝俗，不通应赴，则是杜众生求法之路，塞亡灵济苦之门，岂菩萨之本心，诸佛之遗意耶？”

余曰：“度生一事，诚非多事。自既未度，焉能度人？譬如从井救人，人俱陷溺。故经云：‘不能自度，而能度人者，无有是处。’且夫施者，与而取之之谓也。今我以法与人，人以财与我，是之谓贸易，何以为施？况本无法与人乎？纵有虔诚之功，不赎贪求财利之过。又况未必虔诚，而得人利养，是之谓盗施主物，又谓之负债用。律有明文，呵责非细。今夫农夫竭其股肱之力，行人殚其手足之劳，粒米百工，汗多食少，以彼血汗，为我饮食。我僧人十指不点水，百事不干怀，诵经则曰口酸，礼忏则曰腰痛，无恭敬心，无惭愧意。彼亡者在地狱中，望汝度脱。施主在家室内，望汝延生。汝何为安坐受食，略不思念，其为罪何如耶！不坐铁床而饮洋铜，无有是处。自身堕落之不暇，又安能济度众生耶？”

或曰：“然则应赴一事，不可为欤？”

余曰：“非谓其不可为，正言其不易也。古有瑜伽一事，乃登地菩萨利生之事，非初心凡夫所宜。”

或曰：“然则如之何而可？”

余曰：“必不得已，则有一说。应其请，生难遭想。入其家，生道场想。对经典，如对佛想。诵其文，思其义，行其事，践其实。必使身与口合，口与心合，不昏沉，不散乱，不懈怠，不厌不倦，不贪求，不计利，知因知果，知惭知愧。兢兢焉，业业焉，若涉大川而履薄冰也。如是则不期度生而自度，不期利益而自利益。孔子曰：‘禄在其中矣。’自既得度，他亦复然。若夫鼓橐籥而为经，舂杵碓而成礼，身对尊像而目视他方，口诵佛言而心存妄念。吾见其口食信施，即同铁丸。身着袈裟，即同铁鍱。如是则不待身后堕落，即今早已堕落。不待未来受苦，即今已受无量大苦。《宝梁经》云：‘比丘不修比丘法，大千无唾处。’明文灼然，可为诫训。慎之哉！”

问者惭服而退。

余因录其语，为《应赴说》。

## 燃指问辩

客有问于省庵曰：“燃指一法，起于释氏。从上诸师，或赞或毁，好恶不一，是非莫定。愿吾子一言以决其疑。”

省庵曰：“善哉问也！斯固有关于佛教，而人情之所易惑者也。不克论其所以然，则是非邪正，何由决了。好恶赞毁，未免偏颇。今为子统括古今，备陈差别，略有六种，唯吾子察焉。所谓六种差别者，一、内外邪正差别，二、儒释立教差别，三、大小开遮差别，四、诸师宗趣差别，五、圣凡因果差别，六、心行是非差别。知此六种差别，则是非邪正，皎如指掌，不复生疑惑矣。

“夫迷缘起之正理，执断常之邪见，投灰事火，五热炙身。用此苦因，冀招乐果，外道所以为邪也。内修理观为正行，外假苦行为助缘。或爇一香，或燃一指，以此坚其誓愿，大其心志。身见既破，我执亦忘，内教所以为正也。

“儒教主乎治身，身为父母遗体，固宜全受全归，一有毁伤，便名不孝。释教主乎治心，心为万物之主，身乃四大假合。以之供佛，则破执灭罪。保此偷安，则虚生浪死。此儒释立教之所以差别也。

“小乘律中，燃指犯吉罗。大乘明若不烧身臂指供养诸佛，非出家菩萨。盖小乘但期自利，故须奉法全身。大乘贵在利人，是以忘身为法。此大小开遮所以差别也。

“南山律师依大乘宗，深加赞叹。义净三藏据小乘宗，横生贬斥。至若荆溪、永明、慈云、法智，或辩论阐扬，或躬行履践，后学取信良无惑焉。唯近世云栖大师，独不许可，盖恐末流狂妄，易流邪僻，故为权说以救之。一抑一扬，各有所以，此诸师宗趣所以差别也。

“《法华》明一切众生喜见菩萨，顿舍一身，复烧两臂，发誓愿竟，两臂还复，此得忍大士之现果也。《梵网》明新学菩萨千里远来，师应如法开示苦行，若不烧身臂指供养诸佛，非出家菩萨，此初心受戒之远因也。此圣凡因果之所以差别也。

“今人果能内发大心，外缘三宝，期心破障，刻志菩提，则罪灭福生，功无浪费。如其内负我人，外贪名利，以之鼓惑庸愚，招致供养，则有过无功，不可不慎。人固有事同而心异者，不可不察也。此心行是非所以差别也。”

客曰：“如此差别，可得融通否？”

曰：“可。夫由外以知内，则外为内助。因邪而入正，则邪为正缘。经云：‘外道所说，皆是佛语。’是以遍行、胜热，为善财师。调达、善星，皆如来伴。如此邪正融通，奚不可之有？儒释两教，观其迹则异，论其理则同。是以泰伯断发，孔子称其至德。比干剖心，《鲁论》美其为仁。则儒释未始不同也。大小三乘，均佛所说，随机不同，或开或制。然小从大出，权自实开。非实则权何所开，无大则小不自立，理无二致，正不待融通也。宗趣不同，自是人师异见，何关理教差殊也？如二人见月，一东一西，各随人去。月无二向，见有东西耳。圣凡虽有差别，然因该果海，果彻因原，因果本自融通，亦何差别之可论哉？至于心正则事正，心邪则法邪，邪正在心，非由事相。然翻掌覆掌，初无异手。得念失念，岂有二心？正不必融通也。如上所陈同异，不可偏执。苟执其异，则适起诤端。苟执其同，则漫无分别。然则如之何则可？必也知同异皆由一心，一心本非同异。虽非同异，同异宛然。夫是之谓正解，愿吾子究心焉。”

客曰：“快哉论也，闻所未闻。然尚有余疑，望为解释。吾闻烧身臂指，乃得忍大士所为，非初心境界，则如之何？”

答曰：“《梵网》所明行法，本为初心，故经中但云新学菩萨，不云得忍。盖新学大士，誓愿未坚，心志未广，故藉师长为开道，苦行为鞭策，以成受戒增上缘因耳。若必期之得忍大士，则出家受戒者鲜矣。今人受戒，莫不燃香供佛，盖本诸《梵网》。以燃香、燃指，同一苦行，第小大不同耳。若初心不许燃指，则亦不许燃香、不许受戒矣，有是理乎？”

客曰：“如上所论，谨闻命矣。未审出家之士宜何所先？为当必烧，为复可缓？设使不烧，是犯戒否？”

答曰：“出家之士，宜先明理观，后及事行，则趣向有方，功无虚弃。若理观不明，但行苦行，欲冀功勋，终无实益。烧与不烧，各随人意。经虽劝人，亦不结罪。但不可故违佛语，自生异见，致使妨碍行门，阻人胜善。初心之士，又不可不知也。”

客于是再拜而退。

## 念佛着魔辩

或问省庵曰：“参禅一门，全仗己力，故每多魔事。念佛则仗他力，故承佛护念，魔事不生，有诸否乎？”

省庵曰：“唯唯，否否。夫参禅、念佛，论其难易，固有自力、他力之分。若论魔事，二俱不免。”

或者曰：“敢问何谓也？”

曰：“魔事之来，其由有三：一者教理未明，二者不遇善友，三者自不觉察。今夫人适千里之路，苟不按舆图，又不逢引导，复不识前路通塞，莽莽然而进，吾知其难免于错误之患矣。参禅、念佛，譬如行路。经教如舆图，善友如引导，觉察之心如识路通塞。虽两条途路，夷险不同，俱不免错误之患。

“参禅且置，只如念佛。或有厌平坦而好奇特者，或有舍直截而求纡曲者。或两路兼行，两路俱失者。或以途中为家舍，平地为高山者。如是错误，不可胜举，皆教理未明之过也。

“念佛一门，极圆极顿，至易至难。只如《弥陀经》中‘一心不乱’四字，浅言之，愚夫愚妇皆可为；深言之，大圣大贤终不能过。今初心行人，或暂得轻安，自谓已得事一心者。初开浅解，复自谓得理一心者。或粗念不生，细念犹生者。或勇猛过分，精进倍常，不知外心无佛，速求取证，不达善巧方便，急欲舍身，魔鬼因之遂入其体，为疯为狂，都不觉知。此善友不遇之过也。

“夫众生生死，以我见为本，我见不除，修行无益。然我见之生，根深蒂固，其萌芽发干，无处不有。是故见地高则我见俱高，工夫进则我见亦进。若不时时检点，刻刻提撕，则念念发生，心心增长，随逐行人，虽死不离。是故学人心不虚，则自不觉察。不觉察故，我见增长。少有所得，则生骄慢，讥嫌同学，诽谤行人。虽有修行，终成魔事。此自不觉察之过也。”

或曰：“参禅须近明师，若无明师，须看经教。念佛只贵深信力行，既能深信力行，则决定往生，何藉善友、经教？”

省庵曰：“是何言欤？世间小技，尚不可无师。况念佛为出生死要门，若无善友、经教，从何开发，谁为引导？《观经》

下三品，皆是临终善友开发，故得往生。其上中品则不必言矣。须知从凡至圣，由易至难，莫不以善友、经教为根本。汝不因经教，何由而知净土法门，而生信向耶？”

或曰：“若因经教而知念佛，则《弥陀》一经足矣，奚以多为？”

曰：“上根则可，中下根人，须遍阅净土诸书，备识信行愿三差别之相，加之善友警策，内以虚心觉照，庶几免于魔事，而后念佛之功可日进焉。否则不为魔事，终成增上慢人，一念不觉，遂成沦坠，其祸可胜言哉？”

或曰：“行人心既念佛，佛岂不垂护念？如其护念，魔事何从？”

省庵曰：“念佛人果得一心不乱，则佛护念不虚。如其未得一心，或有以轻安为禅定，浅解为深悟者，随有所得，生增上慢，此则自取过愆，非如来咎。是故吾言善友、经教、觉察之心，三者缺一不可。而觉察之心尤为最要，不可须臾暂离。若一念不觉，则一念颠倒。念念不觉，则念念颠倒。颠倒既起，魔事兴焉。毕世工夫，一朝唐丧，可不畏欤！《净土文》云：‘身无病苦，心不颠倒。’当知身无病苦，则求在于佛。心不颠倒，则求在于我。在于佛者，非我敢必。在于我者，安可不自勉焉？设使临终一念颠倒，非唯九品不生，抑亦三途难免。佛虽大慈，救我不得，奈何奈何？是故修净业人，不可一念远离善友，亦不可一念生颠倒心也。”

## 梅芳法师往生传

师讳明宏，杭州人。幼年父母为纳妇，逃之出门，其母哭之失明。父母亡，出家剃发于绍兴河桥之弥陀庵，寻事参访，习天台教观，坐禅苦行，颇有省发。后阅藏于天台万年寺，昼夜翻阅，久之两目俱盲。乃曰："此吾害亲之报也。"自是一心念佛，寒暑无间。尝语人曰："我因失明，得大利益。"居无常处，囊无长物，所得赊施，随施贫乏。讲经不用注疏，纵口任心，诙谐间出，得意者善之。

岁丁未九月，余于梵天寺起念佛七。师适寓广严庵，因招之入社。时师患痢，日数十遍，然念佛未尝少懈。七期毕，师往无锡斋僧馆，病转剧。忽一日遍告檀越，期以明日将行。众如期而至，师即起坐念佛，合掌而逝。

赞曰：师与余知交最久，余尝断师必生西方。何以知之？盖师具三真，谓真解脱、真干净、真精进故也。然虽言之，尚未有验。丁未冬，一元师从吴地来，述其坐化之事。因喜曰："余言验矣！"

## 圣眼上人往生传

师讳明德，海宁人，俗姓马。四岁出家梵天寺，十六剃发。自幼性情孤僻，不好世务，唯读书吟咏，所居一室，萧然无长物。年三十六，将往律堂求戒，忽得喘疾，遂不起。有徒孙一苇，延余及数友在寺结社，开净业堂。堂之左，即师卧室，日闻钟鱼念佛之声，恒默随之。逮病笃，自知时至，乃命徒孙延众师至床前，高声念佛。少顷命止之，向余曰："愿师为我开示。"余告曰："汝当尽舍万缘，一心念佛。万劫死生，只今脱去，急宜着力。"师遂同众念佛，复发四宏誓愿，语极恳切。至夜分，佛声方毕，才举观音圣号，即转身张目[①]而逝。时雍正七年腊月二十六日也。

赞曰：昔东坡临终，径山禅师告曰："端明莫忘西方。"坡曰："西方不无，但个里用力不得。"今师乃能用力如此，可不谓难乎？人皆谓师年方强壮，有志未遂而死，莫不惜之。岂知一生净土，无志不遂，无愿不获，非唯不应惜，实所当贺。呜呼，贤矣哉！

## 念佛规约

夫生死海深，非念佛莫能济度。菩提路远，非净土孰可依凭。然苟非精进，念佛无自成功。未得一心，净土何由可到。今则三七为期，六时无间，四方善友俱集，一时胜会宏开。第恐懈怠易生，精勤难致。若无约束，何以策我身心？不有规模，何

① 扬州藏经院光绪年本、卍续藏本均作"张目"，《净土圣贤录》作"垂目"。

以生他敬信？谨酌事宜，略陈条列如左：

● 五更闻钟声，一齐下单，洗面后齐集大殿念佛。无得晏卧不起，避懒偷安。

● 明相既出，即用粥。粥后嚼杨枝毕，即入堂持佛名。候一寸香过，起身经行，打大木鱼，至香余一寸，即归位坐，默然而止。少顷，用茶毕，打小鱼子两下，方可起身抽解。

● 粥后三枝香，用小食。四枝香，用午饭。克定时候，不宜错误。

● 坐香过一寸，二人起身行幡巡香。少顷，鸣鱼、引磬二人亦起身巡香。有昏沉者，即持幡与之，令其行香执幡遣睡。如是展转，递相警策。至香余一寸，鱼、磬二人先归本位，次行幡者至佛前问讯收幡，然后各归本位。

● 佐食菜蔬，以四菜一汤为准。

● 午饭后六枝香，用晚粥。明相既没，念佛六枝香。俟第六枝香将半，即向上长跪，称观音、势至、清净海众，各满百声。诵《小净土文》，礼佛十二拜，归单养息。余日例此。至第七夜，诵《西方发愿文》，礼佛四十八拜。余日二七亦例此。

● 临睡入观，称佛千声，即默念佛名而卧。

● 经行、趺坐时，睡眠时，及大小便利时，不宜杂话。

● 坐香过二寸香，不归堂者，即移蒲团在佛前，跪香一枝。

● 昏沉时，行幡至，不起身者，跪香一枝。

● 不得出外闲游、归寮养息，及交头接耳、杂话戏笑，有犯者跪香一枝。

● 会中有老病者，自应方便随顺，不拘常例。或随喜念佛，暂来即去者，亦不在此例。

● 设有病缘，当告假，不得随意自便。

● 众中或有去就乖角、语言相争、搅群乱众者，即移单出堂。

● 每一七完，养息半日。或静坐，或睡眠，俱默念佛名，切忌闲游杂话。

● 每日巡照师，各寮巡察放逸。每夜击板念佛，以警策睡眠。

以上条约，有犯者，悦众师应举。举而不服者罚，知而不举者同罚，跪香一枝。

## 净业堂规约

夫生死海深，非念佛畴能济度？菩提路远，非净土孰可依凭？然苟非精进，三昧无以成功。未得一心，九品安能自致？今以三年为限，数子同居，但专持乎六字洪名，唯致力乎一心不乱。第恐时长行久，懈怠易生，实丧名存，劬劳徒设。不加鞭策，无以约束身心。必有条章，方能齐一彼此。幸相规而相劝，无争我以争人。俾净业速成，花台早就。见弥陀于现在，证三昧于此生。诚如是，则所愿不虚矣。谨立规约如左：

● 每日课程，十时念佛，九时作观，一时礼忏。虽大寒、大热，无得暂亏。

● 黑白半月，诵《菩萨戒本》。朔望日，讽《梵网经》。经毕，长跪诵《发愿文》回向。

● 凡遇佛降生日、成道日、涅槃日，及僧自恣日，俱宜设供献佛，随力为之。

● 每年新正，起念佛七，祝延圣寿。腊月起七，以济年终被杀众生。

● 每夜黄昏候，到大殿施食，持《变食真言》四十九遍，念佛千声，以济鬼神。

● 每日念佛、受斋，俱搭衣。朔望日午饭，应持钵。非时食戒，佛制最严，宜并持之。

● 宜禁止游行，不得出寺观望，入城闲走。除为父母师长看病因缘，或可暂时告假，余俱不可。

● 告假须克定日期，若过期还者，罚跪香。或托事延缓，久假不归者，各宜自便。

● 宜谢绝迎送。尊客相看，略叙道话数语。寸香之外，念佛而已。若有问法因缘，不在此例。

● 宜屏弃杂务，凡经书、笔墨、诗偈、文字，一切置之高阁，不应重理。

● 不得应酬人间佛事，纵施主到山讽诵经呗，不宜辄许。设不得已，只可礼《弥陀忏》，念佛而已。

● 堂中除念佛外，一切不应杂话。纵有要事问答，亦宜低声。

● 念佛昏沉时，用小幡一首巡香，互相警策。

● 昏沉时，行幡至，不起身者罚香。有过不忏悔，屡谏不止者罚香。动气发粗，彼此斗争者同罚。一人忍，一人瞋，瞋者罚香。

● 凡有过，宜互相规谏，设有违诤，即应忏悔，不得隔日、隔夜、隔时。

● 无故闯寮聚谈杂话者罚香。非要事，止静不归堂者罚香。

● 朝暮课毕回堂，维那合掌厉声念《呵责铭》，以诫策我。我当长跪佛前，合掌承受。

# 赞 铭

## 释迦如来舍利宝塔赞

我佛降迹，于彼中天，
示现入灭，经于百年。
有阿育王，造舍利塔，
众香为泥，七宝为末。
役彼鬼神，终夜告成，
八万四千，遍四海滨。
此震旦国，处有十九，
唯兹四明，灵踪仅覩。
西晋之世，地在并州，
有一猎师，厥姓曰刘。
示入地狱，大士告语：
汝若忏悔，可求舍利。
醒而出家，易名慧达，
远来四明，寻求宝塔。
忽闻钟声，从地而来，

顶礼七日，山岩自开。
千年圣迹，于兹显现，
遂令有缘，佛身亲见。
至今鄮峰，灵异非常，
四方瞻仰，见相见光。
图之刻之，以传四方，
我作赞词，稽首法王。

## 阿弥陀佛像赞

南无阿弥陀，何人不知念，
虽念不相应，母子难相见。
行住及坐卧，时将此心敛，
念念自相续，念来成一片。
如此念弥陀，弥陀自然现，
西方决定生，终身无退转。

## 观音大士像赞

大士法身，非男非女。
身尚非身，复何所倚？
以慈悲力，顶现化佛。
以禅观力，手执如意。

示现威德，身乘怒猊。
折摄并运，慈忍双垂。
普告佛子，不应取相。
菩萨是汝，非画非像。
又复应知，自他不二。
能如是观，真不思议。

## 示现观音像赞（并叙）

南郭顾善人家素事佛，丙申六月十九日，大士现像于竹帘上，仪容俨然，观者如堵。无何，有娆之者，相忽不见。善人追慕之，乃倩工绘其像，以申供养焉。

大士示迹，俯应群生，
寒潭印月，空谷传声。
众生本觉，皆观自在，
逐色寻声，流转苦海。
以苦为机，乃可得度，
策之以信，驱之以悟。
故我大士，游戏神通，
于帘幕间，俨睹圣容。
圣容非小，帘幕非大，
片片真身，尘尘法界。

此方之人，靡不惕虔，
香花是奉，灯火恒燃。
应缘而来，缘尽则去，
其应唯何？唯诚斯致。
乃绘水墨，以申供养，
爰作赞词，以传无量。

## 药山大师书空图赞

太虚空中，了无形相，
举笔作书，是何模样？
字既无迹，笔亦非真，
反求书者，复是何人？
离纸无画，离画无纸，
是纸是画，为一为二？
拈此一义，以问药公，
怡然不语，笑破虚空。

## 血书文殊像赞

子以血为墨，画出文殊相，
我以笔为舌，赞叹申供养。
搁笔试问子：何者是文殊？

为是血与纸，为复二俱非？
子乃俯而答：文殊孰非是？
笔笔皆文殊，纵横盈素纸。
顶中现化佛，变化乘狮子，
毫端入三昧，笔墨非游戏。
呜呼吾与子，二者俱颠倒，
若遇真文殊，哑然当一笑。

## 净业堂铭

堂名净业，其义唯何？
唯精唯一，专念弥陀。
心苟不一，业则不净，
唯昏与散，适生厥病。
咨尔众等，出入斯户，
宜时检察，为勤为惰？
惰宜发愤，勤宜进步，
尽此一生，弥陀决睹。

## 寸香斋铭

尊客相逢，勿谈世谛，
寸香为期，唯道是语。

不近人情，不拘俗礼，
知我罪我，听之而已。

## 斋堂铭

粒米茎菜，皆从施得，
分别未忘，一口难食。
擎盂举箸，唯佛是忆，
吃着真味，方能酬德。

## 东　铭

父母生汝，师友成汝，
汝今负恩，不孝不悌。
佛念未纯，妄心未制，
汝即地狱，地狱即汝。

## 西　铭

施主造堂，檀那供食，
资汝念佛，宜自尽力。
切莫间断，最忌夹杂，
策汝身心，慎勿放逸。

## 看经铭

佛固当崇，法尤宜解，
匪佛畴师，匪法奚范。
是经所在，则为佛在，
克敬克诚，勿昏勿怠。
一念稍失，众魔纷然，
散风动地，昏雾迷天。
制之何由，念力是强，
唯坚唯勇，昏散斯降。
心原湛然，究竟清净，
佛法双忘，非药非病。

## 浴室铭

四大本空，将何为洗，
一心叵得，念从何起。
念尚不有，佛复何存，
能如是念，决睹慈尊。

## 厕室铭

大小便时，毋忘正念，
九孔常流，此身可厌。
何当弃舍，莲胎转变，
念念弥陀，西方定现。

## 卧室铭

昔人报怨，卧薪尝胆，
廿载辛勤，大事斯办。
生死为冤，受害已深，
如何睡眠，纵恣身心。
三界无安，不宜久住，
勤修正观，早求出世。
莲花佛国，其乐洋洋，
归去来兮，无忘故乡！

# 偈 颂

## 回向偈（并叙）

盖闻修行前导，莫尚乎发心；众善指归，莫要于回向。良由无始迷此一心，不知诸法本空、四大非有，竞执我人之见，横生憎爱之心。所修善法，但为己身。所得功勋，唯归眷属。是以徒增业果，不断漏因。三界岂离，四生难免。我今依教，发回向心。近将七日功勋，远洎多生善法，但有利益，悉施众生。舍兹有所得心，向彼真如实际。运此无生妙观，唯求无上菩提。相与胡跪合掌，作如是言：

稽首三界尊，释迦牟尼佛，
十方三世佛，菩萨及声闻，
唯愿大慈悲，共垂哀摄受。
我今依佛教，普发回向心，
舍兹有相心，趋向无生路。
愿我无始劫，乃至于今生，
所有三业善，悉皆用回向。
愿一切众生，身口恒清净，

意常缘善法，不起贪恚心。
愿以忏悔力，及诸誓愿力，
请佛久住世，复请转法轮。
随喜诸善根，悉施于众生，
愿诸众生类，三障悉消除，
生生常见佛，处处恒闻法，
常生欢喜心，不起憎嫉念。
又以香供佛，愿一切众生，
常焚持戒香，普熏于法会。
又以花奉献，愿一切众生，
禅定如花敷，见者咸欣悦。
又以灯施佛，愿一切众生，
同燃智慧灯，普照于法界。
以香涂佛塔，愿一切众生，
忍辱如涂香，不起于憎嫉。
又以果奉献，愿一切众生，
圆满佛菩提，同归无上果。
以食施诸佛，愿一切众生，
常餐法喜食，及以禅悦食，
身心遍安乐，欢喜悉充满。
以幡供养佛，愿一切众生，
翻转贪瞋痴，咸成戒定慧。

复以盖奉献，愿一切众生，
同以无缘慈，盖覆于一切。
又以幢奉献，愿一切众生，
同竖最胜幢，高出于三界。
以财施诸佛，愿一切众生，
同具七圣财，法宝咸充满。
又愿为众生，代修回向法：
权教诸菩萨，同归圆顿门；
无着四沙门，咸趋无上慧；
人天有漏善，皆成无漏因，
回彼世间心，同归正觉道，
深知三界苦，勿生贪着心；
阿修罗众等，舍离骄慢心，
所有胜善业，悉回向佛道；
龙神夜叉众，乾达紧那罗，
八部诸众生，所有微善业，
若多若少等，悉回向佛道；
人道诸众生，所有微毫福，
今世若过世，尽回向佛道；
地狱鬼畜生，众苦逼迫时，
若起一念善，所有微毫福，

我皆代回向，同归正觉道。
以此回向善，复施诸众生，
普与众冤亲，一时成佛道。

## 念佛偈

念佛一声，漱口三日。
一句弥陀，众罪消灭。
两家公案，是同是别？
拟议思量，八万亿劫。

## 念佛开示

楼上念弥陀，楼下弥陀念，
东房鱼子响，西房佛声现。
吃饭与穿衣，涕唾大小便，
一句阿弥陀，打教成一片，
现在即西方，何必临终见。

## 示禅者念佛偈

一句弥陀，头则公案，
无别商量，直下便判。

如大火聚，触之则烧，
如太阿剑，撄之则烂。
八万四千法藏，六字全收，
一千七百公案，一刀斩断。
任他佛不喜闻，我自心心忆念，
请君不必多言，只要一心不乱。

## 念佛警策

生生难脱，轮回难避，
净念难纯，妄心难制。
勿学虚头，勿谈杂语，
奉劝诸人，切莫容易。

## 示吕居士偈

念佛无难事，所难在一心，
一心亦无难，难在断爱根。
当观此身体，臭秽难具论，
内外及中间，无一清净物。
己身既如此，他身亦复然，
深生厌恶心，慎勿生贪着。
当观极乐国，纯是莲花生，

不假父母胎，寿命原无量。

一念念佛时，莲花即化生，

若能无间断，决定生安养。

## 警世偈

茫茫大梦中，长夜谁能寤，

反恋梦中欢，将醒还重做。

做得不如前，一错是百错，

做得胜如前，依然空懡罗。

造了梦中业，从苦又入苦，

劝君早回头，直走西方路。

万缘都放下，勤修净业课，

日夜望还乡，一心求觉悟。

豁然心地空，即是真净土，

弥陀忽现前，原来是这个。

## 不净观颂一

佛为贪欲众生说不净观，观之既久，贪欲即除，可以越爱河而超苦海。余闲居阅《大智度论》，因取意而为之颂，以此自警，并以警世云。

## 死 想

（先作此想，为下九想张本）

有爱皆归尽，此身宁久长？
替他空堕泪，谁解返思量。

## 胀 想

记得秾华态，俄成膖胀躯，
眼前年少者，容貌竟何如？

## 青瘀想

红白分明相，青黄瘀烂身，
请君开眼看，不是两般人。

## 坏 想

皮肉既堕落，五脏于中现，
凭君彻底看，何处堪留恋？

## 血涂想

无复朱颜在，空余殷血涂，
欲寻妍丑相，形质渐模糊。

### 脓烂想

腐烂应难睹，腥臊不可闻，
岂知脓溃处，兰麝昔曾熏。

### 啖　想

羊犬食人肉，人曾食犬羊，
不知人与畜，谁臭复谁香。

### 散　想

形骸一已散，手足渐移置，
谛观妩媚姿，毕竟归何处？

### 骨　想

本是骷髅骨，曾将诳惑人，
昔时看是假，今日睹方真。

### 烧　想

火势既猛烈，残骸忽无有，
试看烟焰中，着得贪心否？

## 不净观颂二

前诗粗示端绪，尚未谛审观察，复作五言律以广之。

### 死想

所爱竟长别，凄凉不忍看。
识才离故体，尸已下空棺。
夜火虚堂冷，秋风素幔寒。
劝君身在日，先作死时观。

### 胀想

风大鼓其内，须臾膖胀加。
身如盛水袋，腹似断藤瓜。
垢腻深涂炭，蝇蛆乱聚沙。
曾因薄皮诳，翻悔昔年差。

### 青瘀想

风日久吹炙，青黄殊可怜。
皮干初烂橘，骨朽半枯椽。
耳鼻缺还在，筋骸断复连。
石人虽不语，对此亦潸然。

## 坏 想

肌肤才脱落，形质便遭伤。
瓜裂半开肉，蛇钻欲出肠。
枯藤缠乱发，湿藓烂衣裳。
寄语婵娟子，休将画粪囊。

## 血涂想

一片无情血，千秋不起人。
淋漓涂宿草，狼藉污埃尘。
莫辨妍媸相，安知男女身。
哀哉痴肉眼，错认假为真。

## 脓烂想

薄皮糊破纸，烂肉弃陈羹。
脓血从中溃，蝇蛆自外争。
食猪肠易呕，洗狗水难清。
不是深憎恶，何由断妄情。

## 啖想

尸骸遭啖食，方寸少完全。
不饱饥乌腹，难干馋狗涎。
当年空自爱，此日有谁怜？
不若猪羊肉，犹堪值几钱。

## 散想

四体忽分散，一身何所从。
岂唯姿态失，兼亦姓名空。
长短看秋草，秾纤问晚风。
请君高着眼，此事细推穷。

## 骨想

皮肉已销铄，唯余骨尚存。
雨添苔藓色，水浸土沙痕。
牵挽多虫蚁，收藏少子孙。
风流何处去，愁杀未归魂。

## 烧想

烈焰凭枯骨，须臾方炽燃。

红飞天际火，黑透树头烟。
妄念同灰尽，真心并日悬。
欲超生死路，此观要精研。

## 四念处颂

佛垂涅槃，嘱诸比丘，依四念处住，如佛无异。今时丁末法，正念者少，顾此法门，何人修学？岂唯不思其义，抑亦未识其名，可胜叹耶！余山居无事，读《涅槃·遗教品》，因取其意以入声律。俾歌咏者正念增长，妄心息灭，置诸座隅，日以自警，并不忘遗诫云。

### 观身不净

一兴颠倒想，遂有幻缘身。
脓血常交凑，腥臊每具陈。
纸黏皮裹肉，藤绊骨缠筋。
毛覆丛丛草，虫居比比邻。
内藏唯臭秽，外饰但衣巾。
四大原无实，诸根岂有真。
语言风自响，动转气相循。
强号为男女，虚名立主宾。
百年三尺土，万古一堆尘。

贵贱空回首，贤愚共怆神。
徒生复徒死，谁识本来人？

## 观受是苦

众苦从何起，深知受者情。
顺违才领纳，取舍便纵横。
有盛衰还至，无荣辱不成。
怨从亲里出，哀是乐中生。
王谢家何在，曹刘国已倾。
悲欢几场梦，胜败一棋枰。
事与心违背，贫将病合并。
钱神呼不至，穷鬼送难行。
戚戚终何益，悱悱漫不平。
无求卑亦贵，知足欠还盈。
若悟真空理，忧欣何处萌？

## 观心无常

妄心无住处，体相竟如何。
闪闪风中烛，摇摇水上波。
一家门户别①，六个弟兄多②。
扰扰各驰竞③，纷纷总不和④。
青黄俄改换⑤，动静屡迁讹⑥。
臭别香随到⑦，甜来淡又过⑧。
炎凉易翻覆⑨，好恶每偏颇⑩。
境灭心安寄，情忘智亦孤。
掀翻五欲窟，捣尽六根窝。
劫贼归王化，飞禽出网罗。
何当悟常住，诸妄尽消磨。

---

① 六根。
② 六识。
③ 如眼逐色、耳逐声等。
④ 如眼不与声和、耳不与色和等。
⑤ 眼识无常。
⑥ 耳识无常。
⑦ 鼻识无常。
⑧ 舌识无常。
⑨ 身识无常。
⑩ 意识无常。

## 观法无我

诸法从缘起，初无我主张。
因缘有生灭，念虑遂低昂。
欲得翻成失，求闲反遇忙。
畏寒冬不辍，苦热夏偏长。
贫忆富时乐，老追年壮强。
有谁憎顺适，若个好危亡[①]？
自在方为主，迁流岂是常？
离根念何起，无识境还忘。
内外无些子，中间有底藏。
六窗虚寂寂，一室露堂堂。
但得尘劳尽，居然大觉王。

① 得失、闲忙、冷热等皆从缘生，不因我有。

# 诗 歌

## 劝修净土诗

实贤谫劣庸僧，褊卑陋器。本无大力，仰承前辈宗风。时有好怀，独结西方净愿。虽躬行不逮，原无实得于自心。而兼济未忘，乃有愚衷于此世。原夫净土一门，理极顿圆，事诚简易。在因强而得果疾，用力少而成功多。浅之则夫妇与知，深之则圣贤莫测。三根普被，万类均收。捞漉苦海之鱼，信为巨网。挽回末法之症，的是奇方。离斯捷径，出生死以奚从？舍此法门，脱轮回而何日？但今时泛念者多，深信者少。或有诃为着相，贬作小乘。并由不读教文，只是任凭胸臆。岂知中天调御，开金色口以叮咛。十方如来，出广长舌而赞叹。文殊、普贤，尚有求生之偈。马鸣、龙树，亦有愿往之文。至于智者、永明之辈，中峰、天如之流，并是教祖禅宗，莫不垂文著论，阐明至理，深劝后人。奈何末代凡夫，钝根浅识，乃欲远胜古人，置之弗屑耶？

实贤因此感慨，尝欲发挥论议，解释疑情。于乙未秋，著诗三十首，一时草草付工刊版。惜乎理未周圆，事多疏漏。每欲从事添削，不遑下手。戊戌夏，依绍昙老人于隆兴精舍，学律安居，听经坐腊。自恣既竟，同学摄兄，踊跃赞叹，怂恿卒业。由是芟其繁芿，补其阙略。理随事广，语逐文多，不觉信笔任心，盈编成册。于中铺陈依正，描写庄严。广破群疑，深彰一理。指示工夫，以知操守。分张品类，以劝修行。于是总陈三教，别派众流，所谓仕、隐、工、商、渔、樵、耕、读，乃至苦、乐、闲、忙之辈，生、老、病、死之人，莫不皆导以念佛，示其往生。凡一日二六时中，每年十二月内，无时非念佛之时，无月不思归之月，所以一其念，专其志也。夫信是道原，故首标依正以起信。疑为信障，故次释人情以破疑。疑障既除，信心堪发。信心既发，正行斯遵，故授之以工夫途路。非徒自善，尤宜利他，语贵随机，事须逗巧，故分之以品第人伦。然有行无愿，终不往生。有念无观，亦难见佛。故授之以恒时运想，频月致怀。末则总叹娑婆之苦，同归净土之乐，伸明信愿，结劝往生。盖净土法门，不出信、行、愿三，故为次第如此。

诗成，新旧共得一百八首，虽非法海之全珠，亦是义山之片石。文诚粗疏，语颇切实。伏乞观者，知我苦心，鉴兹不逮，略其词而察其意，行其事以践其途，庶几同脱苦轮，尽超乐土。幸勿因人废言，徇名弃实，是所至望。

我教原开无量门，就中念佛最为尊。
都融妄念归真念，总摄诸根在一根。

不用三祇修福慧，但将六字出乾坤。
如来金口无虚语，历历明文尚具存。

一入西方境自融，双眸顿觉翳销熔。
无边刹土光中现，遍界真身象外逢。
花衬玉栏红隐隐，树含金殿碧重重。
色空泯合浑无寄，镜像分明绝点踪。

境胜由来道易修，多生习气一朝休。
盘中甘露珠圆转，树上摩尼水倒流。
碧玉莲台承足稳，真金花瓣衬身柔。
三车已息驰求念，露地安然坐白牛。

琉璃地上绝尘埃，宴坐经行亦快哉。
锦绣织成行树叶，丹青画出众楼台。
漫空花雨诸天下，遍界香云大士来。
何处忽生新佛子，芙蓉又见一枝开。

土净能令心自空，无边妙色现其中。
千灯互照身光映，十镜交辉佛土融。
珠网重重悬宝树，天童历历在花宫。
龟龄鹤算浑闲事，直得虚空寿量同。

称性庄严非外得，天然果报自无穷。
一尘遍入诸尘里，万法全收一法中。
花映玉池人倒影，身游佛国地俱空。
色心依正原无碍，但得情忘境自融。

琼枝瑶草色长新，别有乾坤世外春。
红蔼花藏金砌鸭，绿珠帘映玉楼人。
尘沙莫计声闻辈，海水难量大士伦。
博地亦能容入会，何时得与圣贤亲。

寂静身心自偶谐，寻常历览兴无涯。
金幢倒映琉璃地，玉砌平铺玛瑙阶。
自有好花堪供佛，更无尘事可干怀。
何时得遂平生志，坐对鸳鸯水上排。

我佛慈悲相好身，随机应现不同伦。
尽虚空界原同体，极一微尘总是真。
叠叠髻螺山顶绿，弯弯眉相月钩新。
七重树下金莲上，处处追陪二大人。

相好凡夫皆具足，六通无碍异常伦。

直将果用为吾用，不改凡身作佛身[①]。
周顾十方同指掌，遍游诸国似比邻。
回观此土修行者，龌龊生涯太苦人。

彼方殊胜事无穷，依正由来总不同。
铲尽青山铺碧玉，收干沧海出虚空。
法音自演风柯里，妙义频宣水鸟中。
诸佛众生同一体，互相周遍尽圆融。

净土因何独指西，要令心念有归栖。
一门入后门门入，初步迷时步步迷。
直就下凡阶上圣，不离烦恼证菩提。
莲花胜友应相待，何日归来手共携。

如来本愿非虚诳，称我名皆到此中[②]。
莫患棘墙[③]无客住，只愁枷锁[④]几时空[⑤]。

---

① 净土一生成佛，更无中阴入胎之事，唯除愿力欲往他方世界度众生者。

② 《大弥陀经》云："设我得佛，十方众生，志心信乐，欲生我国，乃至十念，若不生者，不取正觉。"

③ 三界。

④ 贪爱。

⑤ 或曰："若世间人皆往西方，则此方谁住？"故以此喻晓之。

百川归海水宁溢，万国朝王地岂穷[①]。
易往无人真可惜，不知何事恋樊笼！

人传天竺是西方[②]，天竺支那在足傍[③]。
莫向泥途分净秽[④]，休从火宅辨炎凉[⑤]。
三千世界非吾土[⑥]，万亿乾坤是故乡[⑦]。
去去莫愁途路远，不劳弹指见空王[⑧]。

莫说西方为譬喻[⑨]，须知名与实相应。
譬甜似蜜非无蜜，喻冷如冰却有冰。
槐国阿谁招客去，蜃楼何处劝人登？
如来大圣成虚妄，谤法愆尤忏未曾？

---

① 或曰：“若世间人皆往生，则众生甚多，彼国如何容受？”故以此释之。

② 世传西方去此十万八千里，是错认五天竺国为西方也。

③ 天竺人呼东土为支那，天竺、支那同在南赡部洲，足迹可到。

④ 同居五浊，宁分净秽？

⑤ 同居三界，奚别苦乐？

⑥ 四大部洲、须弥山、六欲天各满一千，名小千世界。千个小千世界，名中千世界。千个中千世界，名大千世界。总此三千大千世界，名为娑婆世界，皆释迦牟尼一佛所化之境也。

⑦ 极乐去此十万亿三千大千世界。

⑧ 天台云：“临终在定之心，即净土受生之心，动念即是生净土时。”

⑨ 有人云：“西方是譬喻之说，乃诱引凡愚为善，非实事也。”

人言肃杀是西方，死后身空堕渺茫[①]。
身毒应无生博望[②]，岐山哪有活文王[③]？
众诸侯各朝天子[④]，四大洲殊睹日光[⑤]。
但得往生休恐怖，应知寿命实难量[⑥]。

都言念佛是愚夫，得作愚夫亦已夫。
龙树辩才还拙否[⑦]，文殊智慧是虚无[⑧]？
主人底事凭居易[⑨]，公据何人问大苏[⑩]？

---

① 有人云："西方是肃杀之气，人死归空，生气殄灭，即是西方，岂真有西方可生乎？"

② 身毒即天竺国，汉博望候张骞曾至其地。

③ 岐山在西夷，文王所生之地。

④ 问：何故极乐在西？答：极乐非定在西，但对东言西。譬如天子所都，名曰长安。诸侯朝天子，四方来者不一。东方来者，则曰长安在西。西方来者，则曰长安在东。长安定有东西乎？弥陀所都，名为极乐，十方菩萨皆愿往生。东方生者，即言极乐在西。西方生者，即言极乐在东。极乐定有东西乎？

⑤ 四大洲，谓东胜身洲、南赡部洲、西牛货洲、北俱卢洲。殊睹者，日月环绕须弥山，照四大洲，东洲日没，南洲日中，西洲日出，北洲半夜。四洲人并指日出处为东，日没处为西。则南洲西方，即是西洲之南。北洲之东，东洲之北矣。方位宁有定乎？

⑥ 《大弥陀经》云："我刹中人，寿命皆无央数劫。"

⑦ 龙树菩萨造《毗婆沙论》，发愿往生。

⑧ 文殊菩萨往生偈云："愿我命终时，尽除诸障碍，面见阿弥陀，往生安乐国。"

⑨ 东坡诗云："乐天不是蓬莱客，凭仗西方作主人。"

⑩ 东坡南行，唯带阿弥陀佛一轴，曰："此轼西方公据也。"

寄语聪明宜念佛，阎君应不爱之乎。

六字真经堪读诵，谁言名字假非因[①]？
即名显体方称妙，托境观心易入真[②]。
蜾蠃祝儿终肖父[③]，蛣蜣丸粪亦遗尘。
劝君早发西归愿，臭秽何容恋此身！

娑婆魔外事纵横，寂灭无如安养城。
苦乐双忘名极乐[④]，死生俱尽说无生[⑤]。
佛无彼此皆同体[⑥]，地有东西是假名。
何事劝人生彼国，只缘此土道难成。

① 有人言："名字属假，非成佛因，岂有念假名而成真佛？"

② 六字洪名为境，四性叵得为观。

③ 蜾蠃衔桑虫于穴中，呼祝七日，则还肖其父。众生念弥陀于心内，持名一世，安得不肖佛？

④ 或谓："求生西方，是自贪快乐，非为了道。"不知言极乐者，苦乐两忘，方名极乐。若对苦说乐，是人天之乐，不名为极。

⑤ 问：既说往生，即有生死，云何言无生？答：谓达生体本空，故生即无生。又接引初机，权说往生。生已亲证，始知无生。

⑥ 又问：何不念释迦，而反念弥陀？不念十方诸佛，而念一佛？答：念弥陀，即是念释迦。念一佛，即念十方诸佛。以佛佛道同故，顺本师教故，心得专一故，又弥陀与此土众生偏有因缘故。

若执往生为妄想[①]，岂言住此便成真[②]？
东西不着尤非理[③]，净秽双忘亦是尘[④]。
生本无生生四土，见犹离见见三身。
须知真妄原同体，迷悟由来总在人。

才劝往生言着相，尽思贪恋却迷蒙。
无生毕竟有生在[⑤]，离相依然住相中[⑥]。
念与佛融方是即[⑦]，心将境异不知空[⑧]。
会须心佛双忘后，日照山川处处通。

---

① 或谓：“念佛是摄妄想一法，若求生西方，翻成妄想。”

② 若言生西是妄想，则住着娑婆，妄想尤甚。

③ 若言：“我今不求生彼，亦不住此，二俱不着，随意受生。”此尤非理。何者？既非法身大士，又非应化圣人，欲爱未除，业缘未断，若不生西方，定生此土。既生此土，则仍在轮回。业力所牵，三途有分，安能随意受生耶？

④ 只此净秽双忘一念，亦是情计，尚属法尘所摄。若真双忘，则何碍求生？

⑤ 有执断见者言：“死后永灭，都无生处。”不知业牵识走，毕竟复入胞胎。除却念佛往生，更无有脱离处。

⑥ 若言：“死后永灭，不求往生，名不着相。”是则离缘起相，生断灭相。断灭相者，是邪见法。

⑦ 荆溪云：“体不二故，方名为即。”近世聪明之士，皆言即心即佛。及劝念佛，便言着相。不知念佛、念心，本来一体。但执念心，不信念佛，则心佛是二，何名为即？

⑧ 即事显理，名为真空。拨事求理，名恶取空。近世聪明之士，亦知心净土净。语以净土，便言着相。不知心外无土，土外无心。但执唯心，不信净土，则心与土划而为二。此恶取空，非真空也。

都言净土唯心是，十万余程是外求。
但执妄心居在内①，不知真性体全收②。
弥陀诸佛镜中影，极乐娑婆水上沤。
取舍厌欣无挂碍，自家屋里任优游③。

尽说厌欣为障道，谁知净业善资成。
厌离未切终难去，欣爱非深岂易生。
何处安居能徙宅，谁人无事肯登程？
铁围山外莲花国，掣断情缠始放行。

人疑念佛恐成魔，魔佛相争不较多。
了境唯心无挂碍④，将心取境便淆讹⑤。
国君愦愦民方扰，室主惺惺盗敢过⑥？
须信佛心常护念⑦，波旬束手更谁何。

---

① 若言十万亿佛国之西方是外求者，则认方寸妄心居内，便同阿难所计七处之一。

② 《楞严经》云："当知虚空生汝心内，犹如片云点太清里，况诸世界在虚空耶？"

③ 欣自心之净，故取。厌自心之秽，故舍。一取一舍，不碍唯心，何外之有？

④ 但了佛从心现，外境本空，则虽魔即佛。

⑤ 不知境自心生，取着为有，则虽佛即魔。

⑥ 一念取着，则魔得其便。妄心不起，则鬼不奈何。

⑦ 《弥陀经》云：念佛之人，一切诸佛之所护念。

都言处处是西方，平地高山总不妨[①]。
入厕岂宜还塞鼻，冲泥何事尚褰裳[②]？
病来哪得心无苦，梦里焉知身在床。
莫话空言违实行，好凭落日望还乡。

尽说西方是小乘，小乘原自不相应[③]。
须知念佛还成佛[④]，大胜为僧又作僧[⑤]。
白社远公咸愿往[⑥]，华严大士亦求登[⑦]。
攀龙附凤知何限，底事吾侪不愿升？

---

① 古云："高山平地总西方。"此是真实到家之语。若未到家，便成戏论。

② 塞鼻、褰裳，即是秽相未空。处处西方，岂非妄语？

③《法华经·信解品》，迦叶等四大弟子白佛言："但念空、无相、无作。于菩萨法，游戏神通，净佛国土，成就众生，心不喜乐。"故知净土法门，是菩萨所行，非小乘事。盖如来在小乘教中，不说有他方佛土。唯大乘方等经中，广谈十方佛国，而谆谆唯指归西方净土一门。故西域禀小乘教者，都不信有弥陀佛国往生之事。学大乘者，多修此法。今人反谓净土是小乘法，大乘所不为，岂不大颠倒耶？

④ 云栖云："念佛成佛，是亲种子，故《华严》十地文，地地不离念佛。"

⑤ 大智律师云："近见禅讲宗师，有发愿来生童真出家者。尝试语言：汝今已得男子出家，合求出离。何乃复求男子，再愿出家，略无胜进乎？"

⑥ 晋慧远法师，于庐山集众念佛。刻木为莲，具十二叶，引流泉入池，每度一时，水激莲开一叶。昼夜六时，禅诵不辍。与会诸贤，往生甚众。

⑦《华严·行愿品》普贤菩萨偈云："愿我临欲命终时，尽除一切诸障碍，面见彼佛阿弥陀，即得往生安乐刹。"

余教修行歧路曲，此门直入坦途平。
三祇行远终难就，十念功成便往生①。
大石载舟还不没②，苍蝇附骥始堪行。
扬帆顺水因风便，何惮迢迢十万程。

休言极乐苦难生，才说难生是障门③。
佛力自能除业力，信根端可拔疑根④。
深逃私债藏王府⑤，现受官刑遇圣恩⑥。
早晚相从裹粮去，此生终不负慈尊。

---

① 藏教修行，要经三祇百劫方成佛道。圆教念佛，但凭十念一念便得往生。此则教门顿渐不同，自他功力有异。盖余法修行，多凭自力。念佛一门，兼借他力。他力易就，故十念即生。自力难成，故三祇尚滞。有谓西方极乐，非一生可到，须经多世展转修行，方得往生。此不知教门殊胜，佛力难思也。

② 《那先经》云：如持百枚大石，置于船上，因船力故，石不没水。若无其船，小石亦没。大石喻重罪，船喻佛力，不没喻不堕三途。无船喻无佛力，小石喻轻罪。

③ 障门有三：一疑业力深重，二疑福力轻微，三疑修行日浅。有此三疑，不得往生。

④ 须信弥陀愿力深重，尚不弃五逆十恶，何况善人？尚收功于十念一念，况复多念？

⑤ 一入西方，怨业不能违害。

⑥ 亲蒙佛力，冥府不得勾牵。

莫执《坛经》排净土[①]，祖机佛语并圆融。
因言荐理彰吾教，得意忘言显本宗。
十善齐修焉造罪，群贤共会岂还蒙。
他方此土何来去，法界明明在眼中。

念佛若言真漱口[②]，诵经应不用开唇。
药能医病还成病，火本温身反炙身[③]。
佛见未生除甚么[④]，凡情尚在断何因？
劝君莫漫闲言语，只要今生出苦轮。

① 《坛经》云："东方人造罪，念佛求生西方。西方人造罪，念佛求生何土？"此意正劝人修善，不言无净土，亦非谓西方实有造罪之人。当以意逆志，不可以辞害意。

② 赵州云："念佛一声，漱口三日。"今人便谓不必念佛，莫错会好！

③ 天台云："般若如大火聚，四边不可触。触则被烧，不触则温身熟食。"古人一时遣着之语，今人执之，作实法会，岂非被烧乎？

④ 赵州云："佛之一字，吾不喜闻。"古人真实证到这个田地，方开大口。今人口谈禅理，心轻实行。尚未除恶见，何况善见？尚未起三乘见，何况佛见？尚未起佛见，云何而除佛见？

念佛圆通摄六根，耳根谁谓独超伦①？
音闻既是圆常体，名字原非生灭因②。
以念念名名固切，将闻闻佛佛还亲。
由来二圣皆昆仲，同作弥陀辅弼臣。

不信西方不愿生，都由执计未能清。
持冰唤水须融水③，指木为楹岂是楹④？
己佛还从他佛显，正因须借了因明。
殷勤苦口缘何事，只为娑婆是火坑。

---

① 人知《楞严》圆通，耳根殊胜，不知念佛即摄耳根。

② 问曰：经言："诸行是无常，念性原生灭。"念性尚是生灭，况名字耶？答曰：经文为顺此方机，于诸门拣择一门，令初心入道，故有抑扬。实则二十五圣，皆具圆通常义，故曰："圣性无不通，顺逆皆方便。"言"无不通"，则知无不圆常，岂名字独成生灭耶？又问：圣性虽无不通，初心入道，岂无迟速优劣？答：别论虽尔，通论不然。念佛既摄耳根，则同是一门，何分优劣？又念佛主意根，遍摄五根。耳根唯属耳，不兼余根。耳根从一门深入，念佛则根根可入。当知耳根不摄念佛，念佛能摄耳根。故此一门，三根普被。

③ 或谓："即心是佛，何须更见弥陀？"今释曰：言即心是佛者，如持冰唤水。冰虽是水，结滞未融，须假太阳，方能和解。心虽是佛，全体在迷，须假佛日，方能开悟。岂可固执迷心，而不愿见佛乎？

④ 或谓："即心净土，何以更生净土？"今释曰：言即心净土者，如指木为楹。木虽可以为楹，而不即是楹。心虽能造净土，而非即是净土。今试自问，十二时中，于一切境缘上，还起一毫杂念染污心否？若有一毫杂念染污，即是秽相未空，云何言即心净土？如是之言，皆为自欺。故知若不往生，唯心净土终不得显。

悟后莫言休见佛，应知悟后正求生[①]。
童蒙未可离师学，稚子犹宜傍母行。
喆老后身休更蹈[②]，青公覆辙岂堪成[③]？
会须亲证无生后，回入娑婆度有情。

借问往生何计策，须凭信行愿俱全。
信根先向心田种，行足还加愿力坚。
路乏资粮终不到[④]，马无缰御孰能前[⑤]？
但将三事为符契，携手同登九品莲。

念佛休嫌妄想多，试观妄想起于何？
无心收摄固成病，着意遣除亦是魔。
救火抱薪添烈焰，开堤引水作长河。
直须字字分明念，念极情忘有甚么！

---

① 天如云：“汝若悟心，则净土往生，万牛不能挽矣。”

② 宋喆老，住京师大刹，四十年不睡，坐禅精苦。坐化后，纸袄亦烧出舍利。后生大富贵处，一生多受忧苦。

③ 宋青草堂，后身作曾鲁公。

④ 有信愿无行。

⑤ 有信行无愿。

佛声易可除昏散，出口还收入耳来。
蓦地乱茅随火尽，蔽天浓雾逐风开。
通身是佛谁为念，遍界生莲不用栽。
何待临终生极乐，即今端坐玉楼台。

弥陀四字绝商量，只贵专持不暂忘。
若厌平常终隔断，才求玄妙便乖张。
粗尝橄榄宁知味，细嚼盐齑始见香。
念到身心空寂处，不劳开口问西方。

念弥陀佛贵专精，念到功深念自纯。
念念圆明真性体，声声唤醒本来人。
婴儿堕水频呼母，荡子还家始见亲。
却话从前离别事，翻令呜咽泪沾巾。

欲得工夫无间断，直须精进始相应。
暂时失念云霾日，瞥尔生心蛾掩灯。
小水长流终贯石，沸汤停火亦成冰。
往生作佛浑闲事，只在当人念力能。

念佛欲知端的处，个中殊不计功程。
尘消古镜光逾远，风定寒潭水自平。

四性本空心历历，三身叵得佛明明。
一门具足诸方便，止观匪从渐次成。

行时正好念弥陀，一步还随一佛过。
足下时时游净土，心头念念绝娑婆。
傍花随柳须回顾，临水登山勿放他。
等得阿侬生极乐，十方来去任如何。

住时念佛好观身，四大之中哪一真？
我与弥陀非两个，影兼明月恰三人。
空房渐朽应难住，腐栋将颓岂易蹲。
何日如蝉新脱壳，莲花胎里独栖神。

坐时观佛足跏趺，身在莲台花正敷。
毫相分明随念见，金容映现与心符。
事如梦幻原空寂，理到圆融非有无。
何日池头捧双足，亲蒙顶上灌醍醐？

卧时念佛莫开声，鼻息之中好系名。
一枕清风秋万里，半床明月夜三更。
更无尘累心难断，唯有莲花梦易成。
睡眼朦胧诸佛现，觉来追记尚分明。

僧宜念佛痛加鞭，得预莲池清净缘。
亲听法非徒对本，顿明心不用参禅。
明师岂若弥陀好，善友谁居补处前。
一念遍游诸佛国，笑他行脚困山川。（僧）

此方正教在儒宗，但尽今形后世空。
仁义躬行虽切实，死生才话却朦胧。
好寻归路思安养，莫认邮亭作故宫。
净土原从忠孝得，金台上品奏元功。（儒）

道家炼运为延龄，用力偏多功少成。
要识神仙非不死①，须知净土始长生②。
持金作钏终无变，弄泡成珠但有名③。

---

① 《楞严经》云："复有从人，不依正觉，修三摩地，别修妄念，存想固形。游于山林，人不及处。有十种仙，寿千万岁。斯亦轮回，妄想流转。报尽还来，散入诸趣。"

② 后魏昙鸾法师，初受陶隐居《仙经》十卷，专事修炼。后遇菩提流支，问曰："佛道有长生乎？"支曰："长生不死，我佛道也。"遂以《十六观经》与之，曰："学此则三界无复生，六道无复往。其为寿，不可穷也。"鸾于是遂焚《仙经》，而专修《观经》。

③ 或问：我学仙，则现世便得长生。汝念佛，则现身便死，长生何在？答曰：汝执幻身为坚固，如弄泡成珠，有名无实。我知心性为真常，如持金作钏，终无变易。又神仙寿命，千年易尽，如弄泡成珠。西方寿命，劫石难量，如持金作钏。

寄语学仙宜念佛，莲池端的胜蓬瀛。（道）

求官常恨做官卑，官愈高时势愈危。
太璞不完惭美玉，泥途曳尾羡灵龟。
已知仕宦空无味，试看弥陀念是谁。
案牍虽忙姑少置，朝朝十念不宜亏①。（仕）

处士逃名远市阛，此身清隐翠微间。
平分岭上半边月，高枕床头一片山。
白屋安贫终暂计，夕阳归路岂知还？
莲花佛国深深处，出世芳踪不可攀。（隐）

百工居肆易成功，业有专门各不同。
旋转化工归手内，挽回造物在胸中。
从来命不由人做，只有心堪自己攻。
随分妻孥且安乐，团圞头念佛丛丛。（工）

商客经年道路行，舟车迅速每兼程。
利深不觉风涛险，物重翻将性命轻。

① 十念者，每日清晨，向西正立合掌，连声称阿弥陀佛，尽一气为一念。如是十气，名为十念。尽此一生，不得一日暂废。若能如是，决定往生。

长恨货多难长价，焉知身死不重生。
劝君念佛归西去，利比娑婆万倍赢。（商）

渔人活计在扁舟，南北东西任去留。
劈破月华沉棹底，移来山色上船头。
常教妻子张罗网，谁识阎翁下钓钩。
苦海无边休陷溺，早凭佛力忏深尤。（渔）

樵夫家住碧山垠，斤斧声中倒乱薪。
斫断云根穿地脉，凿开石齿露峰唇。
但看旧冢埋枯骨，不见新坟起死人。
及早回头寻出路，莲花胎里好藏身。（樵）

农人念佛好殷勤，旋种新秧手自分。
片笠冲开杨柳雨，一犁耕破杏花云。
曲肱饱饭欣秋熟，回首思乡望夕曛。
一片琉璃田地美，天然殊不用耕耘。（耕）

世间万事总浮尘，只有诗书差可人。
千卷西窗残月夜，数编东阁乱山春。
吟声未若佛声好，书味何如道味真？
识得自心清净土，文章糟粕不堪陈。（读）

一等世人修福业，希图来世作公卿。
假饶位极五侯贵，何似身居下品生。
施水但滋贪种子[①]，善芽翻长业根茎[②]。
愿回有漏成无漏[③]，早注花间第一名[④]。（营福）

一心差处路歧逢，自造经书立本宗[⑤]。
两扇门边传秘诀，三家村里聚群蒙。
乐邦有路原平直，佛法无私本至公。
奉劝回头归正教，弥陀念念见真空。（外道）

尼师念佛好随缘，莫向深闺处处穿。
自守清贫为服药，休营痴福更招愆[⑥]。
情根断似枯丝藕，戒体芬如出水莲。
他日神栖安养国，七珍池上礼金仙。（尼师）

① 因贪富贵而行布施。
② 因布施而招富贵，因富贵而造业，因造业而复堕三途。
③ 以此福业，回向西方，即成无漏。
④ 此方念佛，西方七宝池中即生莲花一朵，标名其上，身后托生其中。
⑤ 即今五部六册之类，皆偷窃佛经，杂以鄙语，以成己典。
⑥ 古人云："有为之功，多诸过咎，天堂未就，地狱先成。"

贫人念佛莫踌躇，寒饿肠中爱易除。
灶脚日斜烟未起，屋头露落被还虚。
深知此界为囚槛，极厌残骸是溃疽。
无限天衣诸化食，他年极乐任安居。（贫）

家道休夸堪敌国，从来贵德贱金铜。
无双富莫如原宪，第一贫唯是石崇。
徒有千箱遗子息，难将一物见阎翁。
何如念佛生安养，自性财源用不穷。（富）

贵人虽贵未为欣，死后还他一个坟。
三谢园亭空燕子，五侯门户但寒云。
身登上品方为贵，心悟真如始立勋。
却到莲池更回首，世间蝼蚁尽纷纷。（贵）

宿业今招下贱身，从来眉眼未曾伸。
频年辛苦恒随主，毕世勤劳敢怨人？
好向己躬勤念佛，偏宜净土独栖神。
他时得预莲池会，入圣超凡贵绝伦。（贱）

智人业识每弯环，好把从前念尽删。
六个字中无计较，一声佛外绝机关。

物情料破宁知死，世事多能只欠闲。
毕竟往生为上策，早寻归路自知还。（智）

慧业文人道易成，休夸才思负聪明。
数篇未足充饥饿，半字何曾敌死生？
绮语化为真实语，吟声翻作苦空声。
乐邦大有佳章在，水鸟风枝尽会赓。（慧）

愚夫造罪恣贪瞋，肯信从来果与因？
只道现生无后世，可知今日有明晨[①]？
新移宅舍犹迷向，才换衣裳不识人。
生死关头真痛切，劝君念佛莫辞频。（愚）

痴人垂老不知休，唤杀朦胧未转头。
毒病偏将医作恶，沉疴翻与药为仇。
爱绳易缚禽投槛，欲饵能牵鱼上钩。
奉劝世缘宜早悟，莲池种子尚堪投。（痴）

---

① 或问曰：明晨可见，后世何人能见？答曰：天眼能见，汝既无天眼，又不信佛语，是以不见后世。又问：天眼能见，其相云何？答曰：如见人从一房出，复入一房，死此生彼，亦复如是。

世间唯有苦人多，自造新殃可奈何。
满地蓬蒿春不到，一身枷锁夜难过。
称怨莫更呼天地，叫痛应须念佛陀。
三界从来是牢狱，劝君及早出娑婆。（苦）

莫道人间乐事稠，由来乐极转生忧。
满城花柳携佳客，彻夜笙歌醉画楼。
但觉酒来人面上，哪知死在脚跟头。
西方净土真为乐，但念弥陀便往游。（乐）

闲人念佛正优游，莫把光阴空里投。
老有音书头渐白，死无官贴命难留。
身前预把资粮办，眼底休为儿女愁。
家在乐邦归去好，自然衣食不须谋。（闲）

劝君念佛未能闲，等得闲来病现前。
心到乱时须着眼，念从忙处要加鞭。
千军队里单刀入，百沸汤中勺水传。
佛不碍忙忙自碍，便从今日奉金仙。（忙）

少年念佛正精神，莫待衰迟始问津。
青草半埋红粉骨，黄泉多见黑头人。

献珠龙女疾成佛，访道善财还证真。
一旦无常音信至，此时追悔欲何因？（少）

暮年光景苦无多，电影沤花一刹那。
黄叶渐凋真老矣，秋风将至奈愁何。
无心不用贪浮世，有口唯应念佛陀。
珍重临行须努力，莫教万劫自蹉跎。（老）

疾病由来即药方，深知生死是无常。
重刑受过悲牢狱，剧苦尝来厌革囊。
念念弥陀休背觉，心心极乐愿还乡。
何时得受清虚体，寿极河沙不可量。（病）

死时莫漫自惊惶①，系念殷勤向彼方。
脓血渐抛皮袋子，腥臊将脱垢衣裳。
多生烦恼真痾瘵，一句弥陀是药王。
苦海深沉但求出，莫愁佛不驾慈航。（死）

① 念佛人第一切忌怕死，怕死则不得往生。多有一生念佛，临终唯务服药求医，都不说着往生之事，此怕死之过也。

平旦寅时天气清，东方晓色已初生。
法身未显仍居暗，慧眼才开始见明。
安得乐邦今日去，都将妄习一时平。
遥思供佛诸贤辈，衣裓盛花手自擎。（寅时）

卯时日出气苍茫，万象明明不覆藏。
香雾丛中花影乱，红尘队里马蹄忙。
想成处处青莲萼，念熟时时大觉王。
直待无生生净土，遍周沙界是毫光。（卯时）

食时万户起炊烟，贫富由来事太悬。
茅屋糟糠犹不继，朱门酒肉尚憎嫌。
梦中苦乐原无实，觉后身心始不迁。
安养此时应坐食，遥知百味现其前。（辰时）

巳时日影在禺中，恰恰还差分寸工。
正念觉来犹有觉，妄心空处未忘空。
边邪哪个非中正，偏曲何人不至公？
摄受三根归净土，直教万派尽朝宗。（巳时）

日轮当午正中天，普见高低物像全。
阿鼻狱中真净土，蛣蜣身里紫金仙。

迷家荡子殊堪愍，背父痴儿信可怜。
今日始知归故里，劫初田地尚依然。（午时）

未时窗外日初斜，花影阑珊上碧纱。
三分光阴还过二,百年身世岂无涯?
暂居此地非吾土，遥忆西方是我家。
极乐人民无量寿，不将日月计年华。（未时）

晡时薄晚正逢申，业识茫茫丧本真。
赡部洲中多苦事，娑婆界内少闲人。
食中置毒焉知避，痒后搔疮岂厌频。
日暮飘零不归去，空劳望断倚门亲。（申时）

酉时忆佛甚悬悬，独倚楼头耸两肩。
眼逐浮云凝碧落，心随白日下青天。
更无人去乾坤外，哪有书来鸿雁边。
坐久不知天已暮，却疑身在玉池莲。（酉时）

戌时万事且休论，要把无常念念存。
大限忽来真黑夜，幽关不晓是黄昏。
持珠易念生前佛，剪纸难招死后魂。
预办资粮早归去，莫教前路悔无门。（戌时）

亥时人定绝喧嚣，痛策身心莫漫骄。
斩断妄心青草死，推开昏暗黑山高。
泪因忆佛浑难制，愁为思乡不易消。
遥想白莲花萼上，定知名字已曾标。（亥时）

夜半子时群动息，阴阳往复互回旋。
一轮孤月千家梦，几点残星万里天。
土自想成宁有外，佛从心现本无边。
何时永灭迁流苦，花里藏身出盖缠。（子时）

丑时后夜晓鸡鸣，起坐披衣忆想清。
一念未生真佛现，万缘才动假名成。
知缘不实名何碍，达妄无依念自平。
安得身心归极乐，真空幻有总无生。（丑时）

春王正月是新年，贺岁家家设酒筵。
万户笙歌行乐地，满街华月上灯天。
目前景物难长好，劫外风光自不迁。
安养故乡无蜡烛，枝枝相照玉池莲。（正月）

时当二月景堪夸，好念弥陀玩物华。

浅白梨花初破朵，淡黄杨柳乍抽芽。
轻烟薄雾莺儿店，细雨微风燕子家。
争似故乡佳丽地，七重行树语频伽。（二月）

三月清明瞥眼过，伤心无那是愁何。
满城风雨歌声少，十里山坟哭响多。
早趁在生修净业，莫教临死怨阎罗。
故乡春色还长在，想见芙蓉出绿波。（三月）

山林四月少尘埃，自念弥陀不用陪。
新脱素衣摧粉箨，乱抛金弹落黄梅。
穷途作客真为苦，荡子思乡最可哀。
料得慈尊应念我，朝朝垂手望归来。（四月）

五月端阳景物偏，龙舟竞渡古今传。
数茎蒲叶剑刻砺，一树榴花火欲燃。
苦海无边何日出，乐邦有路几时还？
玉池流水洄漩处，阵阵香风泛白莲。（五月）

六月人间暑气高，炎炎火宅被焚烧。
一林树影藏高阁，十里荷花映画桥。
念佛声悲频有泪，思乡心切更无聊。

清凉池上何时返，涤尽烦襟水自饶。（六月）

新秋七月气初凉，溽暑将收夜渐长。
四壁暗风鸣蟋蟀，一池衰草语寒螿。
深宵倚槛窥残月，薄暮推窗望夕阳。
客路羚娉久漂泊，苦求佛力早还乡。（七月）

中秋八月有微寒，零露瀼瀼被草菅。
一树桂花香漏泄，万家明月影团圞。
长思故国无音信，几欲高飞少羽翰。
行树重重含佛土，何时亲倚玉栏看？（八月）

重阳九日景偏赊，自采茱萸且泛茶。
红锦妆成千树叶，黄金开尽一篱花。
每登山顶瞻乡国，却上楼头望故家。
想见七珍池沼内，枝枝菡萏大如车。（九月）

十月由来是小春，桃红初破一枝新。
长看旧冢添新冢，每见新人送旧人。
万劫死生谁动念，百年身世独伤神。
回头便是西方路，只要当人愿力真。（十月）

天涯又见一阳生，六管飞灰气乍更。
粒粒寒椒梅渐破，尖尖嫩玉柳将萌。
夜长易得还乡梦，岁暮难为作客情。
十万余程安养国，寸心耿耿挂长庚。（十一月）

岁尽时穷最可愁，阴云惨惨日悠悠。
风刿万木皆枯骨，雪覆千山尽白头。
但见过年忙似箭，有谁离苦急如仇。
哪堪尚滞娑婆国，梦里光阴又一周。（十二月）

一自娑婆系业因，多生流转实酸辛。
须臾出屋又投屋，迅速舍身还受身。
曾作王侯争国邑，几为蝼蚁丧埃尘。
这回若不思归去，依旧从前受苦轮。

弥陀慈父愿门开，摄受群生等一孩。
脓血团中离臭秽，莲花香里受胞胎。
但凭净愿为良导，只有狐疑是弃材。
浊恶娑婆难久住，早同善友赋归来。

业风吹识入胞胎，狱户深藏实可哀。
每遇饥虚倒悬下，频惊粗食压山来。

声闻到此心犹昧，菩萨于中慧未开。
誓割爱缘生极乐，花中产取玉婴孩。（生苦）

万事输人已退藏，形骸自愧少康庄。
朱颜一去杳无迹，华发新来渐有霜。
流泪暗思童稚乐，见人空话壮年强。
宁知净土春长在，不使身心昼夜忙。（老苦）

四大因时偶暂乖，此身无计可安排。
残灯留影不成梦，夜雨滴愁空满街。
自昔欢娱何处去，只今苦痛有谁怀？
岂知极乐清虚体，自在游行白玉阶。（病苦）

识神将尽忽无常，四大分离难主张。
脱壳生龟真痛绝，落汤螃蟹漫慞惶。
甘心狱户为囚侣，束手幽关事鬼王。
何似花开亲见佛，无生无灭寿难量。（死苦）

生离死别最堪伤，每语令人欲断肠。
虞氏帐中辞项羽，明妃马上谢君王。
泪深江海犹嫌浅，恨远乾坤未是长。
诸上善人俱会处，愿教旷劫莫分张。（爱别离苦）

苦事人情皆欲避，谁知夙业自相招。
有钱难买阎翁赦，无计能求狱卒饶。
兵败张巡思作鬼，身亡萧氏愿为猫。
何时得预莲池会，积劫怨仇好共消。（怨憎会苦）

穷达由来有夙因，转生希望转因循。
扬帆屡见沉舟客，挂榜偏伤落第人。
毕世耕耘难果腹，频年纺织尚悬鹑。
乐邦衣食天然好，不用区区更苦辛。（求不得苦）

逼迫身心苦事多，哀声无地可号呼。
肝肠断处情难断，血泪枯时恨未枯。
临海廿年持使节，过关一夜白头颅。
何当净土修禅观，寂照同时离有无。（五阴炽盛苦[①]）

稽首释迦文，娑婆说法主。
皈依无量寿，净土之导师。
我今承佛力，阐扬净土教。

① 色、受、想、行、识为五阴。色阴是身，四阴是心。炽盛者，炽然增盛也。

诗成百八章，章各有八句。
为顺此方机，故以诗演说。
若我所说语，违背于诸佛，
欺罔世人者，应受地狱苦，
百千万亿劫，犹故不能尽。
如其不然者，幸各生谛信，
慎勿怀疑惑，而生增上慢，及以卑劣慢，
由斯二种心，自致失善利。
伏愿见闻者，展转递相劝。
若有劝一人，乃至于多人，
功德不思议，譬喻莫能尽。
愿以此功德，普及于一切，
我等与众生，同生极乐国。（发愿偈）

## 种树叹

有树始封殖，枝叶方欣欣，
主人爱佳种，溉灌殊殷勤，
长养既有年，日望陵烟云。
土浅根未固，摇荡风雨干，
一朝遂倾倒，根荄不复存。
嗟哉复嗟哉，徒增主人叹。

## 题蓝田叔画《莲花佛国图》

莲花佛国花为宫，彼国人民相貌同，
父弥陀兮兄大士，不由乳养生花中。
花之大兮如其体，或一二里至百里，
光明中有妙香生，自然清净无伦比。
慧为食兮定为饮，法身无老亦无病，
德水充兮宝地平，何用耕田与凿井。
彼佛愿力独超卓，不遗五逆并十恶，
信愿持名苟不亏，他年定向莲花托。
蓝君妙得丹青理，佛境重重笔端启，
法界收藏片纸间，不觉恢恢有余地。
我观净土是真画，为君一一分明话，
弥陀相好是画佛，七宝庄严是画土，
九品众生画里人，四色莲花画中座。
画境森罗在目前，求其实法无处所，
画人画法既无实，观与观者亦如是，
妙观无非空假中，非一非三又非二。
与君同见画弥陀，共诣西方入画图，
亲证唯心安乐土，还来度脱苦娑婆。

## 舍身祈雨歌（有叙）

居士宋魁先者，明州人，家郡南门，平居奉佛甚诚谨。辛丑夏大旱，郡县祈祷俱不应。出语人曰：“我当致之。”乃往天井山龙潭，投身而下，须臾雨大沛，旬日乃止，民赖以安。初居士之舍身也，问道于天井寺僧，僧目送之，见有云自空起，少顷雨即四注。僧疑而往探之，乃见居士趺坐水上，俨然不动，遂报其家，取其尸归葬焉。噫！亦奇矣。昔我世尊行菩萨道，舍身无数，救度众生，遂致成佛。今观居士之事，颇亦类是，不谓之菩萨，吾不信也。乃作长歌以纪之。

辛丑之夏旱魃骄，亢阳作虐如焚烧，
乾坤为炉日为炭，煅炼万物皆枯焦。
金乌烁烁毛羽烂，火云焰焰无时消，
自夏徂秋五十日，点滴不闻润稻苗。
田畴土地尽开坼，江河溪涧扬尘嚣，
井底之蛙尚不足以自偷活，池鱼性命焉能逃？
农夫哀告声嗷嗷，呼天不闻怨天高，
布裈当尽留赤肉，田禾枯死无蓬蒿。
是时郡县计无出，为民祈雨心忉忉，
呼神遣鬼莫能应，方士咒术无功劳。

奇哉大士为众生，径往龙宫唤睡蛟，
老龙当午睡不足，惊起平地翻波涛。
龙潭之水何滔滔，其下鼋鼍常怒号，
投身直下千万丈，忽然涌出水面如浮瓢。
一雨旬日始休息，村原城市皆周遭，
死者复苏枯者润，垂垂禾黍翻江郊。
野航不觉入城市，柔橹忽到门前摇，
劳者得休病者起，乡人相贺邻相邀。
吁嗟乎！大士寻常人不测，儿童妇女恒嘲调。
一朝救世舍身命，直视四大同沤泡。
众生之苦即我苦，物我宁间于秋毫，
但期一切得安乐，身虽苦痛心陶陶。
我闻人固有一死，或重泰山轻鸿毛。
此雨不从龙王降，亦非江海潮，
直从大士悲心出，滴滴点点化为众生血肉性命之脂膏，
能使寒者衣，饥者食，乱者治，逆者韬。
黄金未为贵，白玉何足高。
大士不受功，此功何处标？
我作歌诗纪其事，留与千古万古长歌谣。

## 赠东阿居士二首

城南静者居，高枕一床书，
世事吾何有，斋心只宴如。
折腰休乞米，弹铗不求鱼，
日夕相过从，秋风满敝庐。

高蹈谢时辈，翛然远市阛，
分泉聊灌菊，补画当看山。
有爱皆成癖，无求始自闲，
不须随物转，当处悟无还。

## 将赴浙中留别朔方居士

远公社里旧遗民，世外相逢说往因，
千里关山两芒屩，半瓢风月一闲身。
扁舟细雨孤灯夜，残雪寒梅古寺春，
准拟明年修白业，与君同作种莲人。

## 漉水囊

护生方便最为难，细行宜修莫自宽，

性命由来无大小，死生从此有交关。
一毛去体犹知痛，满盏充肠岂忍餐？
奉劝行人须仔细，朝朝虫水要勤看。

## 礼塔纪事八首（并叙）

己亥春三月，余从西泠渡江，诣四明阿育王山，瞻礼释迦如来真身舍利宝塔。有德见师者，在寺礼塔，期满八万四千之数，留余同礼。余欣然就之，乃即其处度夏。月余，闻兹大师亦至，同时礼塔。课诵之余，三人谈论佛法，相得甚欢，恨相见之晚。安居既竟，余燃一指供佛，因作诗纪其事，以见一时之胜概云。

迦文灭度二千年，舍利于今尚灿然，
自庆宿生何善利，得瞻光相塔门前。

一颗如珠缀小钟，青黄赤白现何穷，
自心还见自心相，不是如来色不同。

佛身本自无生灭，舍利原从何处来？
真佛现前当面错，妄将分别自惊猜。

殿含宝塔塔含空，刹刹尘尘本自融，

八万非多一非少，毫端应现宝王宫。

我佛三祇修福慧，功成万古见遗勋，
自家一颗光明种，久被尘埋直到今。

六时注想礼空王，忏悔殷勤不暂忘，
月上塔尖人睡起，却疑舍利放毫光。

医王虽去药还留，惭愧痴儿病未瘳，
读罢《涅槃遗教品》，伤心不觉泪长流。

夏终供佛为何事，一指持将当烛烧，
犹有无明烧未得，不随残焰一时消。

## 寸香斋诗

庚戌春三月，余禁足于梵天寺之西院右偏，额其室曰“寸香斋”。尊客相见，略叙道话数语，寸香之外，念佛而已。作诗以见志，并告众云。

省公鬻产构禅房，古寺重开净业堂，
尽扫万缘如涕唾，凭将四字作资粮。

同人共结三年社，对客空余一寸香，
三昧未成功未熟，此生终不到城隍。

## 偶成四首

无能只合住深山，一室萧然独掩关，
寄语世人休见召，此生终不到人间。

百八轮珠六字经，消磨岁月度光阴，
平生只有西归愿，肯为他缘负此心？

为善初勤鲜克终，愿精一戒毕吾躬，
从今日影过中后，粒米休将入口中。

破舟救溺理无由，抵死须撑到岸头，
等得篙师登陆后，更移新棹入中流。

## 念佛述怀

六字中间无剩法，等闲觑破祖师关，
赵州不喜吾偏喜，公案从今要再翻。

## 辞 世

身在花中佛现前，佛光来照紫金莲，
心随诸佛往生去，无去来中事宛然。

# 注解

## 《西方发愿文注》叙

或有问于余曰：诸经所载《净土文》，总有三篇，其间词致咸可宗尚，而师独于云栖所作极口赞叹。又其文义不为难解，云栖略注已自显然，而师复为之注释者何也？

余曰：余文虽可宗尚，而词义未周。独此愿文，义周词备。请申言之。此一愿文，大章有六：一曰发菩提心，二曰忏悔三障，三曰立四弘誓，四曰求生净土，五曰回入娑婆，六曰总申回向。如此六章，始终备足。何者？盖念佛法门，菩提最要，大心不发，净土难期，故首之以发菩提心。心志虽立，惑业尚缠，果报一来，何从得免？故继之以忏悔三障。烦惑既净，业累都蠲，弘誓不坚，修行易退，故申之以四弘誓愿。心愿并发，惑业双销，则三昧可成，九莲易往，故要之以求生净土。但期自利，是名小乘，普愿利他，方名大士，故次之以回入娑婆。自他、因果、事理俱圆，故以总申回向终焉。此之六法，一不可缺。缺一则为人天小果，缺二则受三途恶报，缺三则懈怠易生，缺四则轮回难免，缺五则声闻独善，缺六则因果非圆。余《净土文》，但有求生之愿，而无回入之文，发心、立誓既未彰明，忏悔、回向亦无陈述，故言词义未周也。

然此愿文，云栖虽解，一往但明大意，其中理致则蕴而未发，初心钝根尚难开解。是以不惮繁文，复为注释。盖此法门属于圆教，不明圆理，岂是圆人？苟非圆人，则安发圆愿，安修圆行耶？故此注文，言四弘则必归无作，言回向则举必具三，无事而非即理，有愿皆从称性。又恐末世行人少谙教义，故诸名相不敢备述，但取其意，变换其文，只逗初机，敢闻宿学？其有因此少文，略通片义，然后而求大乘经典、诸祖著述，方知菩萨修行法门，诸佛成道因果，无不在是，又岂别有一法出于愿文之外者哉！余之所以赞叹而注释者以此。

问者唯唯而退。余因遂理前言而为之叙。

雍正四年岁次丙午嘉平月之既望，东吴虞山沙弥实贤，书于海南蛟门之海云精舍。

# 《西方发愿文》注

云栖莲池大师作

后学沙弥实贤注

△释此愿文，大分为二：初、题目，二、入文。

△今初

**【西方发愿文】**

题目五字，有通有别。“西方发愿”是别名，“文”之一字是通名。

就别名中，“西方”二字是所发，“愿”之一字为能发，“发”字具兼能所。又“西方”是所愿之处，“愿”是能发之心。言“西方”，则该依报、正报。言“发愿”，则摄自利、利他。

依报则七宝庄严，圆融四土。正报则弥陀圣众，一体三身。四土者，一、常寂光土，二、实报庄严土，三、方便有余土，四、凡圣同居土。三身者，法身、报身、应身。应有胜劣，胜则巍巍堂堂，劣则丈六八尺。

问：只一西方，何分四土？又只是一佛，何有三身？得无割裂分张耶？

答：如只是一月，而有光、影不同。又如只是一镜，而有影像、光明不同。何曾割裂光、影，分张镜、像耶？法身如月，报身如光，化身如影。寂光如镜体，实报如镜光，方便、同居如镜影像。在佛则唯一法性身、寂光土，为众生故，现起二身，应下三土。为十地、三十心菩萨（十住、十行、十回向，名三十心），现圆满报身，居实报土。为声闻菩萨，现胜劣二身，居方便土。为凡夫初发心菩萨，现劣应身，居同居土。（此中身土被机，只约圆教一往而论。若具明四教，其相千差，恐烦不引。）

问：此之四土，为同一处，为各异耶？

答：亦同亦异。同则譬如一水，天、人、鱼、鬼，四见差别。异则各各境界，所处不同。然上能知下，下不知上。应化亦尔。（菩萨能应同居、方便。声闻能应同居。凡夫但在同居，不能诣上。故云亦尔。）

弥陀究竟三身，圣众分得三身，凡夫但有理具而无事用。

此之身土，但约机见差别，故有不同。实则依正不二，体用无差，故曰圆融一体也。

自利则现生断惑，后世往生。利他亦尔。

又言“发”者，以激动为义。“愿”者，以希求为义。激动则如箭离弦，势不中止。希求则如好美色，如谋重利。乃有始焉发愿往生，少焉退惰者，此非“发”也。又有口谈净土，心恋娑婆者，亦非“愿”也。又“愿”之一字，具该信、行。信则自、他、因、果、事、理不虚。（信得自心是佛，他人亦然。念佛为因，往生作佛为果实也。西方是事，唯心本性是理。一一真实，故云不虚。）行则专事持名，不杂不散。愿则心心好乐，念念希求。如此三事，缺一不可。有信、行而无愿者有矣，未有有愿而无信、行者也。

问:有人闻说西方净土，心生好乐，然不念佛，得往生否?

答：若果心生好乐，定起希求。若起希求，必然念佛。好乐不希求，定非好乐。希求不念佛，岂是希求？好乐、希求、念佛，而不往生者，未之有也。

问：有人于此，亦好亦求亦念，但世间心重，贪恋尘劳，得往生否?

答：只要将猛，不怕贼强。若果希求心切，系念心专，则贪恋虽重，自然渐渐轻微，亦当往生。如舍银取金，舍鱼取熊掌，则亦何难之有？第恐愿力不敌爱力，佛念不胜欲念，悠悠忽忽，半信半疑，则吾末如之何也已矣。

又问：为善生天，作恶入地狱，本不发愿。念佛往生，亦复如是，何须待愿而后生耶?

答：三界因果，随业所感，固不待愿而成。求生西方，出世正因，若无大愿要期，纵然念佛，决不成就。譬如牛行熟路，虽无御者，亦知归宿。如行生路，决无趋向，必须御者手执绳头，复加鞭策，然后方行。众生心性如牛，三界如熟路，西方如生路。愿如御者，信如手，念似绳头，誓如鞭策。往生如行路，无愿不生，如牛无御。故必以发愿为要也。

问：信、行、愿三，既闻命矣。但十方皆有佛国，何须独愿西方?

答：以彼土中阿弥陀佛与此土众生深有因缘，诸佛不尔，是以专求彼国，不愿余方。又彼土中依报、正报，超过十方，诸佛所赞。不唯凡夫愿往，菩萨亦然。不唯此方愿往，余方皆然。既无八难、三途，亦无三毒、八苦，衣食自然，寿命无量，水鸟、树林皆能说法，声闻、大士其数甚多，诸上善人俱会一处。所以《弥陀经》中，释迦如来苦口叮咛："汝等众生，应当发愿，愿生彼国"也。

又问：祖师云："智者知心是佛，愚人乐往西方。"由是而言，则愚人只好念佛，智者固宜参禅。若概劝往生，恐违祖意，非通论也。

答：若言往生是愚，则从上诸祖、莲社高贤，乃至马鸣、龙树、文殊、普贤，亦皆愚耶？亦不知心耶？当知尽理而言，唯佛一人称为智者，余皆是愚。若就事论，乃有千差，谈何容易。呜呼！祖师破人执有，故发此言。今汝执空，因药致病，不知有病易遣，空病难除，天下至愚，非汝而谁？

又问：古有发愿来生生逢中国，长遇明师，正信出家，童真入道者，此复云何？

答：在昔像教方隆，人根尚利，明师易得，入道非难。纵现世未明，来生可望，故发此愿也。今则不然，佛法愈衰，人根愈钝。邪多正少，退易进难。内障外魔，无人不具。明师善友，稀世难逢。但见出家满地，未闻得道何人。累劫未成，后生宁致？青公、喆老，败辙昭然。《大集》悬记，可为诚证。(《大集经》云："后五百岁中，亿亿人修行，无有一人得道，唯依念佛法门得度生死。”）乃有不知利害，妄效古人，仍发此愿者，过矣。且言中国，则孰如安养？言明师，则孰愈弥陀？言出家，则孰若横超三界？言入道，则孰若花开见佛，悟无生忍？不是之愿而愿娑婆，我信是人诚为愚执。

问：求生西方固所愿也，但我下劣凡夫，罪业深重，福善轻微，如何容易得生安养？

答：余门学道，须赖行人自力。念佛往生，全赖弥陀愿力。自力难，故累劫未成。他力易，故一生可致。是以一日七日，便得往生。十念一念，亦能见佛。纵十恶罪人，佛亦不弃。况十善凡夫，一生发愿念佛，而不得往生乎？且一称洪名，灭罪八十亿劫，何疑业重？暂持圣号，胜于布施百年，何虑福轻？但办信心，决不相赚。

又问：兜率内院，近在此界，又有补处菩萨于中说法。亦可上升亲近大士，何须近越此方，远超他土？

答：西方净土，是仗弥陀愿力接引往生，故虽远而易届。兜率内院，要赖行人定力方得上升，故虽近而难生。苟无禅定，是无翅欲飞，求升反坠矣。且彼天欲乐，初心尚迷，西域三人可为殷鉴。（《西域记》云：无著、世亲、师子觉，兄弟三人，发愿同生兜率，见弥勒佛，约以先去上生，必来相报。后师子觉先逝，杳无消息。世亲继殁，复隔一年，方来报语。无著问曰：“生兜率否？”答曰：“已生，亲见弥勒。”又问：“师子觉何在？”

答曰："彼生外院，耽着欲乐，不见菩萨，是以不来相报。"故知小菩萨尚尔，何况凡夫，安可不知利害？）

又问：东方药师佛国，依正庄严，与西方无异。又有八大菩萨，临终示路。亦可往生，何须定愿西方净土？

答：《药师》一经，主于消灾延寿，不专劝往生。其言菩萨示路，是为一类不定善根众生，欲随方受生，供佛闻法者。此人福慧具足，所愿皆得，故闻药师佛名，随念即生彼国。八大菩萨特为示路，指归其处耳，亦非一定往生彼国也。故曰："或有因此生于天上，及生人间，为轮王而摄四洲，安四民于十善。"此非福慧具足而能之乎？今弥陀佛国，专劝往生。诸经广谈，十方咸往。弥陀、圣众垂手提携，释迦、诸佛赞叹护念。而乃舍通途而行局路，执暂语以废常谈。东、西既无定向，持念又复不一。既无福慧，又鲜神通。未得随生，翻成莽荡。可弗审欤？

今欲一其志念，专其趣向，不归安养，将安归耶？专其趣向，故曰"西方"。一其志念，故曰"发愿"。"文"者，能诠章句也。

又愿有通、别，通则四弘誓愿，别则随心所发种种誓愿。又通则皆名为愿，别则菩提名发心，四弘名发誓，求生西方名发愿。又回向亦名为愿，如《华严》"十回向文"，一一皆云"愿众生"等是也。

又求生西方，总摄一切菩提、誓愿，及十方三世一切佛法，无有遗余，故以此题而冠篇首也。

然此愿文，事理周备，行愿深广。诸有智者当味其言，力行其事，庶几自他俱利，因果皆成，不徒为文字语言、音声唱和而已。

初释题目竟。

△二、入文为二：初、归命请加，二、发愿回向。

△今初

**【稽首西方安乐国，接引众生大导师。我今发愿愿往生，唯愿慈悲哀摄受。】**

偈文初二句是归命，后二句是请加。

发愿之始，必先归命于佛者，所以求证此心也。

稽首者，礼佛之仪式，谓以头着地，稽留少顷而起，故名稽首，表敬之极也。

西方安乐国，是依报。接引众生大导师，是正报。

言“安乐国”者，无八苦故名安，无三毒故名乐，法王所统名为国。

言“接引”者，众生没在苦海，佛以智手接之令出；着于五欲，佛以种种乐事诱之令离，故曰接引。

言“导师”者，导人以正道也。众生颠倒，以苦为乐，以邪为正，不知出要。佛为分别娑婆是苦，西方是乐，令起欣厌，发愿往生，故名导师。

外道不知邪正，妄立宗徒，是师非导。声闻能出三界，不化众生，是导非师。菩萨能化众生，虽是导师，不名为大。唯有弥陀世尊，乘大愿船，入生死海，不着此岸，不居彼岸，不住中流，而导众生到于彼岸。如是利益，遍于十方，尽于三世，无暂休息，是故独称为大导师也。

我今愿往，是自述已怀。唯愿摄受，是请求加护。爱念名慈，怜悯名悲。如母念子，心无舍离，是名摄受。

初归命请加竟。

△二、发愿回向二：初、发愿，二、回向。

△初又三：初、自利，二、利他，三、总结。

△初又三：初、发心持名，二、忏悔三障，三、发愿。

△今初

**【弟子某甲，普为四恩三有、法界众生，求于诸佛一乘无上菩提道故，专心持念阿弥陀佛万德洪名，期生净土。】**

“普为四恩”等，是所缘之境。“求于诸佛”等，是能发之心。“专心持念”等，是所念之佛。“期生净土”，是所望之处。

盖发菩提心，必先缘境。若无此境，则心无所依，亦无所发。然境有广、狭、远、近不同。“四恩”狭而最近，“三有”居中，“法界众生”则远而复广。境既如此，心亦复然，必先从亲至疏，由近及远也。

言“四恩”者，在家则天、地、君、亲、师，出家则父母、师僧、国王、檀越。

言“三有”者，即是三界，谓欲界、色界、无色界。隔历不同曰界，因果不亡曰有。此三界中，即六道四生住处，举依报以该正报也。

“法界众生”，即十方无量世界一切众生，亦即九法界众生。

非二非三，故名“一”。运载众生，故名“乘”。“无上”非有上。“菩提”者，能觉之智也。言不但专为自利，乃欲普为四恩。又不但为四恩，亦欲普度六道四生。又复不为一三界六道四生，乃是普为十方无量世界一切众生，欲令度脱，使其皆得一乘无上菩提之道，故发此心也。

专心者，不杂余事。持念者，受而不忘。一名而具万德，故云万德洪名。期者，望也。无有五浊，故名净土。盖念佛而不发大菩提心，不与弥陀本愿相应，终不往生。虽发菩提心，不专念佛，亦不往生。故必以发菩提心为正因，念佛为助缘，而后期生净土。修净业者，不可不知。

△二、忏悔三障

**【又以业重福轻，障深慧浅，染心易炽，净德难成。今于佛前，翘勤五体，披沥一心，投诚忏悔。我及众生，旷劫至今，迷本净心，纵贪瞋痴。染秽三业，无量无边。所作罪垢，无量无边。所结冤业，愿悉消灭。】**

“又以”下，明忏悔之因。“今于”下，明忏悔之法。“我及众生”下，正陈忏悔。

此一段文，承上文言。虽然念佛发心，期生净土。而我罪业厚重，福善轻微。障缘既深，智慧复浅。染污心识，如火炽然。清净功德，一无成就。兴言及此，焉不悲伤？盖末世凡夫，钝置如此。如此罪障，能障行人，不得往生，将如之何？此忏悔之宜急务也。

言“业重福轻”者，业即十恶，福即十善。言十恶者，身有三，谓杀、盗、淫；口有四，谓妄言、绮语、两舌、恶口；意有三，谓贪、瞋、痴。翻此十恶，则名十善。言重，则十恶具造。言轻，则一善单修。又上品十恶名业重，下品十善名福轻。（如十恶业，杀生则以父母、师僧为上，余人为中，畜生、微细昆虫为下。余皆例此可知。十善，反此可以意得。）又炽然作恶名业重，泛然行善名福轻。乃有瞋他则咒其速灭，杖彼则立使随亡，此业重也。又或方才念佛便谓口酸，适遇礼拜又言腰痛，此福轻也。

言“障深慧浅”者。障有二种，一者外障，二者内障。外障有二，一者尘缘逼迫，二者魔外牵缠。内障复二，一者疾病夭殇，二者愚痴颠倒。慧有二种，一者方便慧，二者真实慧。闻、思、修为方便，见道为真实。见道有二，一者小乘，二者大乘。大乘所见复有二种，一者空、假，二者中道。中道复二，一者但中，二者圆中。若就诸慧论深浅者，闻慧为浅，思慧为深，乃至但中为浅，圆中为深，转转互论可知。言障深，则内外交攻。言慧浅，则闻熏薄解。乃有甫欲修行，便生恶疾，才能向道，适遇邪师，此障深也。又有未得内凡，便谓已超佛地，稍通世智，自言已入悟门，此慧浅也。

贪、瞋、痴，名染心。戒、定、慧，名净德。言“易炽”者，瞋如火焰，触干草而展转增高；爱似藕丝，割钝刀而牵连不断；痴则密织见网，愈缚愈缠，深种邪根，弥生弥广。言“难成”者，戒则律仪篇聚，持少犯多；定则大小禅那，造修无地；慧则权实妙智，证悟无门。乃有一毫染着，累月牵怀，片语不投，终身结怨者，此易炽也。其或才登戒品，已破浮囊，一入禅堂，但增昏掉者，此难成也。自非深生惭愧，痛自克责，恳到忏悔，则纵经尘劫，灭罪良难。

次忏悔法中。翘勤五体，表外仪恭。披沥一心，明内心敬。两肘、两膝及额，名为五体。披沥谓开发洗荡也。以我之诚，归投于佛，故曰投诚。忏悔者，断相续心也。由昔身行恶法，故今五体翘勤。复由意起贪瞋，故用一心披沥。又由舌谈恶语，故今口陈忏悔。又昔无始身业猛利，故用翘勤而忏。意业秽污，故用披沥而忏。口业粗犷，故用陈词急切而忏也。

次正陈忏悔中。“我”者，行人自谓。“众生”即四恩三有、六道四生。谓我与法界众生，自从旷劫直至今生，常常起惑造业，未曾休息，非是一人独造，亦非一生一处所造。非是一人，故云“我及众生”。非是一生，故云“旷劫至今”。非是一处，故云“无量无边”。盖由众生从无始来，世世生生互为眷属，更相主伴，更相佐助，罪业方成。造业既同，忏悔亦尔，故须遍缘法界众生为其忏悔也。

问：旷劫罪业，应已受报，云何直至今生犹未灭耶？若已受报，则不须忏。若犹不灭，则忏亦无益。

答：众生造业受报有三：一者现报，二者生报，三者后报。（现报一生即受，生报次生方受，后报经无量劫乃受。）复有二种：一者定业，二者不定。若过去业属现报者，则亦已受。若生报、后报，正在将来，岂可不殷勤忏悔耶？又若是定业，则不可忏。若不定者，忏则除灭，何谓无益耶？（小乘所明有定、不定业，大乘所明一切不定。）

“迷本净心”二句，是忏烦恼障。“染秽三业”四句，是忏业障。“所结冤业”二句，是忏报障。

又“迷本净心”，是根本惑。“纵贪瞋痴”，是枝叶惑。言“迷”，则如云覆月，光明不现。言“纵”，则养贼为子，自劫家珍。身、口、意三，与烦恼相应，名为“染秽”。造作十恶五逆，名为“罪垢”。三业为能造，罪垢为所造。罪垢既成，必招冤业，冤必有报，故名报障也。

言“无量无边”，略有五意：一、约心，一念尘劳，具有八万，何况相续。二、约境，一处所作，已自无量，何况十方。三、约事，一业若成，罪无边际，何况诸业。四、约时，一生所作，亦应无量，何况旷劫。五、约人，一人所作，已自无边，何况众生。所以业若有形，虚空难受也。

冤业有三：如云人死为羊，羊死为人，死死生生，递相吞啖，此名杀冤。汝负我命，我还汝债，经百千劫，常在生死，此名盗冤。汝爱我心，我怜汝色，经百千劫，常在缠缚，此名淫冤。（问：

淫则彼此无怨，何亦名冤？答：杀、盗二业，名为怒冤，淫名喜冤。喜怒俱冤，无非是业。众生颠倒，以怨为亲，良由于此。）

“愿悉消灭”者，谓三障俱灭也。

△、三发愿二：初、总愿，二、别愿。

△今初

**【从于今日，立深誓愿。远离恶法，誓不更造。勤修圣道，誓不退惰。誓成正觉，誓度众生。】**

此即四弘誓愿也。修行若无誓愿，则有退失，故以此四法自制其心，则不生懈怠也。此之四弘，依于圆教无作四谛而发，名深誓愿。愿不依谛，名为狂愿。若非无作，亦不名深。言无作者，谓本性具足，四皆无所造作也。

天台大师云：“由迷理故，涅槃是生死，名为苦谛；菩提是烦恼，名为集谛。由悟理故，生死即涅槃，名为灭谛；烦恼即菩提，名为道谛。”今略释之：生死、烦恼，是众生因果。菩提、涅槃，是诸佛因果。然众生、诸佛，但有名字。生死、烦恼、菩提、涅槃，亦但有名字。究极而言，只是一心。以由无始，迷此一心，全以菩提、涅槃，而为烦恼、生死。故于今日，悟此一心，即以烦恼、生死，而为菩提、涅槃。名虽有二，体则无二，如水成冰，冰还成水，此即无作四谛也。

问：众生、诸佛，但有名字，则诚然矣。生死、烦恼是染秽法，菩提、涅槃是清净法，升沉迥异，优劣天渊，云何言亦但有名字耶？

答：若就事论，诚如所说。若约理论，一一皆无实法。喻如梨园子弟，扮作贫儿，身行丐食，意起希求。须臾又扮帝王，身登九五，意生欢悦。有智慧者，不应于是而生实想，谓有贵贱高卑之异。生死、烦恼，菩提、涅槃，亦复如是。凡夫谓实，诸佛、圣人知其非真。

又问：生死、烦恼不实可也，若菩提、涅槃亦非真实，何须辛苦修证耶？

答：所言非真，但破执着，不言修证亦无。若执非真，反成邪见矣。乃有身犯律仪，口谈玄妙，以念佛为愚夫，以修持为着相。此末世聪明人参禅大病，不可不知。

今言“远离恶法，誓不更造”，即是“烦恼无尽誓愿断”，此依集谛发心，勤修圣道。“誓不退惰”，即是“法门无量誓愿学”，此依道谛发心。“誓成正觉”，即是“佛道无上誓愿成”，此依灭谛发心。“誓度众生”，即是“众生无边誓愿度”，此依苦谛发心。文虽不次，义无二也。

云何依于苦谛发心？谓观众生为生、老、病、死之所逼迫，生大苦恼。以是因缘，发誓愿云：“我当早度生死，亦度无量众生得出生死。”生死即所观苦谛，因观生死，故愿度脱，是名依苦谛发心。

云何依于集谛发心？谓观众生为贪欲、瞋恚、愚痴、邪见之所恼害，不能自拔。以是因缘，发誓愿云：“我当自断烦恼，亦断众生无量烦恼，令得解脱。”烦恼即所观集谛，因观烦恼过患，故欲断除，是名依集谛发心。

云何依于灭谛发心？谓观诸佛已灭烦恼，得解脱乐，具有无量神通自在，而诸众生不觉不知，妄受诸苦。以是因缘，发誓愿云：“我当勤修方便，得大涅槃寂灭之乐，亦令众生同得此乐。”涅槃佛果即所观灭谛，因观佛果，故有希求，是名依灭谛发心。

云何依于道谛发心？谓观六度万行，恒沙法门，具有无量称性法乐，而诸众生不习不修，妄造诸业。以是因缘，发誓愿云：“我当精勤修学无量法门，亦令众生修学是法。”法门即所观道谛，因观法门，故愿修学，是名依道谛发心也。

然此只是事相，若知理性具足，则四皆无作。云何无作？谓众生是假名，度无所度；烦恼无实性，断无所断；法门原具足，学无所学；佛道本现成，成无所成。此名无作四弘誓愿，依于无作四谛而发也。

△二、别愿二：初、求佛护念，二、正发愿。

△今初

**【阿弥陀佛，以慈悲愿力，当证知我，当哀愍我，当加被我。愿禅观之中，梦寐之际，得见阿弥陀佛金色之身，得历阿弥陀佛宝严之土，得蒙阿弥陀佛甘露灌顶，光明照身，手摩我头，衣覆我体。】**

“阿弥陀佛”下五句，明护念之心。“愿禅观”下，明护念之事。

诸佛心者，是大慈悲。以慈悲故，则有誓愿。以誓愿力，则当证知。由证知故，复当哀愍。以哀愍故，必应加被。此弥陀护念之心也。

“禅观”谓十六观，始从日观，乃至九品往生。或具观十六，或专一观。言一观者，且指总观。谓观己身坐莲花中，作莲花开合想。莲花开时，弥陀、圣众俱放光明，来照我身，水鸟、树林皆演妙法，此名总观。或但观丈六佛像在池水上，垂手提携，己身胡跪花中，亦可。

问：今既专持名号，云何复令观想？

答：终日持名，暂时观想，以观助念，念则不散。纵令心粗境细，亦可托像而观，复何碍乎？禅观是醒时，梦寐是睡时。或醒或睡，皆得见佛。若不观想，则见佛为难。

问：观中见佛，得无魔事否？

答：参禅人本不念佛，而佛忽现，此则心境相违，名为魔事。念佛人本自观佛，佛随相现，此名感应道交，非魔事也。然须了知，所见之佛如水中月，非有非无，不可取着。若生取着，则恐反成魔事。切宜慎之。

“金色身”是正报，“宝严土”是依报，“历”是经历。“宝严”者，七宝庄严也。余文可解。

△二、正发愿三：初、现生愿，二、临终愿，三、往生愿。

△今初

**【使我宿障自除，善根增长。疾空烦恼，顿破无明。圆觉妙心，廓然开悟。寂光真境，常得现前。】**

由甘露灌顶，故宿障除。由光明照身，故善根长。由手摩我头，故烦恼、无明顿破。由衣覆我体，故妙心、真境现前。

宿障指惑、业、苦三障，善根即戒、定、慧根。昏烦之法，恼乱心神，名为烦恼，指见思惑。于第一义谛不了，名曰无明，指根本惑。由此二惑，故妙心、真境不能显现。今二惑顿空，故开悟现前也。圆觉是能证智，寂光是所证理。现前者，洞然明白也。

△二、临终愿

**【至于临欲命终，预知时至。身无一切病苦厄难，心无一切贪恋迷惑。诸根悦豫，正念分明。舍报安详，如入禅定。阿弥陀佛，与观音、势至、诸圣贤众，放光接引，垂手提携。楼阁幢幡，异香天乐，西方圣境，昭示目前。令诸众生，见者闻者，欢喜感叹，发菩提心。】**

临命终时，第八识将去时也。三日、七日，为预知。四大不调，名病苦。水、火、刀兵、毒药等，名厄难。

贪恋有四：一、终岁持斋，一朝食肉；二、长年念佛，此日贪生；三、恩爱牵缠，难割难舍；四、许愿保禳，求神服药。迷惑有三：一疑罪业深重，二疑功行浅薄，三疑佛不来迎。

“诸根”即眼等五根。“正念”是意根。无病无难，故悦豫。无贪无惑，故分明。舍所受身，名舍报。不忙不乱，故安详。坐脱立亡，故云“如入禅定”。

“阿弥陀佛”下，明感应道交。“令诸众生”下，明见闻利益。如文可知。

△三、往生愿

**【我于尔时，乘金刚台，随从佛后，如弹指顷，生极乐国，七宝池内，胜莲花中。花开见佛，见诸菩萨，闻妙法音，获无生忍。于须臾间，承事诸佛，亲蒙授记。得授记已，三身四智，五眼六通，无量百千陀罗尼门，一切功德，皆悉成就。】**

“金刚台”，即莲花座，其座金刚所成，故名金刚台。又花内莲房，亦名为台。上品上生，乃有此台。“如弹指顷”，言往生之速也。“胜莲花”，即金刚台上之花。

无生忍者，一切诸法本自不生不灭，众生颠倒，妄见生灭，今以智慧而了达之，故云“获无生忍”。得此忍已，便登初住，大用现前。“承事诸佛”下，正明其相。

三身者，法身、报身、化身。四智者，一、大圆镜智，二、平等性智，三、妙观察智，四、成所作智。五眼者，肉眼、天眼、慧眼、法眼、佛眼。六通者，天眼、天耳、他心、宿命、神足、漏尽也。“陀罗尼”，翻“总持”，谓总一切法，持无量义也。

“一切功德”句，总结上文。“皆悉成就”者，是初住分成就，非究竟成就也。

初自利竟。

△二、利他

**【然后不违安养，回入娑婆。分身无数，遍十方刹。以不可思议自在神力，种种方便，度脱众生。咸令离染，还得净心。同生西方，入不退地。】**

问：菩萨化他，不于净土，而于秽土者何也？

答：以净土中人，有善无恶，化度则易。秽土恶多善少，化度则难。难故大悲增长，行愿坚牢。易故悲心不深，行愿不广。《大弥陀经》云，此土修行一日，胜于西方净土修行一劫者，盖谓此也。又此娑婆是本昔受生之处，有缘必多，化度宜急。所以生净土后，必先回入。

又问：径在此土化导，有何不可？何须舍此趋彼，然后回入？

答：若不舍此，则堕落有分，化导何从？若不往彼，则自利未能，利他安保？喻如贫人，未见帝王，未蒙官职，则自尚饥寒冻馁之不暇，又焉能周给邻里乡党乎？故知不愿度生则已，愿则必求西方。不生西方则已，生则必须回入。

又问：适欲往生，又欲回入，得无进退踌躇，志不决定耶？

答：先期自利，故愿往生。后愿利他，故须回入。发心虽在一时，行事则有先后。若不先发此意，一生净土，回入则难，其如四恩三有何？故知未得往生，决无复入胞胎之念。既生安养，决无不来化导之心。此正明决定，何谓不定耶？

言“不违安养”者，法身不动也。言“回入娑婆”者，化身应现也。如一月千江，不升不降。从体起用，亦复如是。非独一国，亦遍十方。种、熟、脱三，番番不息。

小乘、外道，作意神通，名可思议。一心作一，不能作多，名不自在。菩萨不尔，不消作意，化化无穷，故名“不可思议自在神力”也。悭贪者以财施摄，刚强者以爱语摄，为善者以利益摄，行恶者以同事摄，故名“种种方便”。使其三惑不起，名为“离染”。三德圆证，名为“净心”。见思、尘沙、无明为三惑。法身、般若、解脱为三德。“咸令离染”二句，是现世益。“同生西方”二句，是后世益。

不退有三：一、位不退，终不退为凡夫、二乘；二、行不退，决无退失所修行业；三、念不退，决无一念忘失错误。又一入西方，纵在疑城边地、下品下生，终不退入三途，故总名不退也。

问：西方不退，设使回入娑婆，还有退否？

答：如上所明三身四智，种种现前，加以弥陀护念、诸佛摄受，焉有退失之理？喻如衣锦还乡，顺风摇橹，无求不利，无往不前。菩萨度生，所以必欲求生西方，而后回入者，良由于此。

△三、总结二愿

**【如是大愿，世界无尽，众生无尽，业及烦恼，一切无尽，我愿无尽。】**

“如是大愿”，总结前文。“世界无尽”等是举例。“我愿”句总显无尽。如云：世界不可尽，我愿不可尽。众生不可尽，业及烦恼不可尽，我愿不可尽。若四种可尽，我愿乃可尽。

问：何故发此无尽大愿耶？

答：以由心无尽故，随心所发誓愿，亦无有尽。又世界等四，并由心具，纵然成佛，亦无可尽之理。

又问：愿既无尽，成佛何时？

答：所言成佛，只是识得自心究竟不生耳。至于三十二相，方便施为，本非真实。尚何成与不成之可论哉？

初发愿竟。

△次、回向

**【愿今礼佛、发愿、修持功德，回施有情。四恩总报，三有齐资。法界众生，同圆种智。】**

菩萨修行，必先回向者，以若不回向，则是人天果报。若能回向，则成出世正因故也。

回向有三：一、回己向他，二、回因向果，三、回事向理。

云何回己向他？以由众生无始时来，所修善业，并为己身，及己眷属。今回此心，向于众生，以己所修，悉施于彼，愿他得利，不求自乐，是名回己向他。

云何回因向果？以无始来，但为人天福报，不求出世实果。今回此心，向于无上菩提，所修善业，悉用庄严佛果，是名回因向果。

云何回事向理？若见有众生、诸佛、善法、回向，种种差别，则事不空。今回此心，向于实际，能修所修，能向所向，二俱寂灭，是名回事向理。

今言恩有齐资，是回己向他。同圆种智，是回因向果。此二并是事相，理在事中，故三皆具足。种智者，佛之智慧也，谓能知诸法一相，亦能知种种相无二无别，故名种智也。

问：所修善业，虽有若无，名不住相。今一事甫毕，汲汲回向，不已着乎？

答：汝言善不住相，为有后报否？若无，则堕断灭。若有，则虽不求福，福还随汝。人天果报，固未免离，云何无着？今以此福，回施众生，及以诸佛，则成无漏胜因，何着之有？

问：回施众生，众生实得利益否？若无利益，则成虚妄。若有利益，则我作他受，焉有此理？

答：菩萨福德，与众生共。现在虽无利益，未来成佛，则众生受赐。如弥陀佛国，凡未生者，即同佛受用。并由世尊因地作福，回施我等，是故今日得其果报。如父财子用，孰曰不可乎？

问：回向与不回向，功有胜劣、事有得失否？

答：回向则少福成多，如一滴投海，不可分别。不回向则多福转少，如水灌漏卮，须臾即尽。又若能回向，则心能转福，径往西方。若不回向，则心被福牵，还生三界。是以修净业人，凡有一善，必先回向西方者，盖以此也。

问：回向西方，则自求快乐。回向佛果，则自求尊胜。由来为己，何与众生？

答：苟不为人，则何须作佛？如不因治乱，焉用求王。当知利人，必先自利。成己即是成他。尚何彼此分别之有哉？

问：众生本空，菩提非有，不见善法，将何回向？

答：虽知三事俱空，而众生不解，妄造诸业，妄受诸苦。是故菩萨以善法而回向之，又欲成佛而度脱之，不废修持、因果耳。若执俱空，则反成偏见，堕入二乘断灭深坑矣。是知具足三种回向，是菩萨修行要行，不可不知。

略释愿文竟。

# 《东海若》解

唐柳子厚著

清释实贤解

《东海若》者，昔有唐名儒柳子厚，愍学佛者知见不同，于净土法门信毁不一，其间利害，不啻天渊，欲令知所去取，以造乎心性之极致，故作此文也。第习儒者既以佛理而置之弗究，学佛者又以文字而漫不经心，间有聪明之士，多阙信根，设具信根，复无智慧，致使深文奥义，韬晦于残编断简中，莫之通达，岂不惜哉！因申明其义，以为解释，庶几为初机劝发之一助云。

**【东海若陆游，登孟诸之阿，得二瓠焉，刳而振其犀以嬉，取海水，杂粪壤、蛲蛔而实之，臭不可当也，窒以密石，举而投之海。逾时焉而过之，曰："是故弃粪耶？"】**

东海若，海神名，喻宏法大士。盖海神主海，犹大士主法，故以此喻之也。陆游者，谓离净土海，到娑婆岸，犹海神离海而游陆也。孟诸，地名。曲阜曰阿，高下不平之处，以喻三界险道。谓自既出生死，复入三界度苦众生，故曰"登孟诸之阿"也。

二瓠，喻信、毁二机。众生五阴，名之为“瓠”。因缘会遇，故言“得”。“剞而振其犀以嬉”，谓大士游戏神通，不取众生相也。剞，空也。振，去也。犀，籽也。言空去其籽，以瓠芦为嬉。正喻离众生相，以度生为游戏也。

“取海水”者，为说法也。“杂粪壤”者，众生闻法，智慧与无明杂也。粪壤，喻烦恼。蛲蛔，喻生死。烦恼因果，不出五浊。生死种类，不离十二。臭，犹苦也。生死烦恼，其苦难忍，故言“臭不可当”。

密石，喻根本无明。一念不了，故曰窒。投海，喻入生死。众生过去虽曾闻法，种少善根，但以无明所覆，长在生死，不得解脱。纵遇知识劝导，其根生熟不同，亦有发不发者。发则顺教修行，不发则违教执理，故取二瓠为喻也。

然大士度生，如父母教子，不以孝子而偏教，不以逆子而置之。故虽不信，亦为说法，又常伺察其机而开发之。“逾时焉而过之”者，此伺机也。久经轮转，故曰逾时。夙缘相值，故名曰过。曰：“是故弃粪耶？”此开发之辞也，谓汝于过去曾种善根，今犹遗弃生死耶？意欲令其发心念佛，故问之也。

**【其一彻声而呼曰：“我，大海也！”】**

此喻违教执理之人。“彻声而呼”，即惊疑不信之状。“我，大海也”，即执理废事之言。

**【东海若呀然笑曰：“怪矣！今夫大海，其东无东，其西无西，其北无北，其南无南。旦则浴日而出之。夜则滔列星，涵太阴，扬阴火、珠宝之光以为明。其尘霾之杂不处也，必泊之西澨。故其大也，深也，洁也，光明也，无我若者。”】**

此喻大士为说佛真性海，以显真谛也。呀然，张口貌。怪矣，是责之也。“今夫”下，具示正理。

夫性海无涯，故无东西南北。性海光明，故外涵日月星辰，内具众宝。外涵是神通，内具是智慧，所谓万德悉圆也。又日喻应身，星、月喻随类化身。应身出世名旦，涅槃名夜。应迹虽有生灭，法体常自湛然。众生机熟，则现佛身而度脱之。缘尽入灭，则又现随类化身而引导之。虽种种示现，总皆不出性海之外，是外涵也。阴火，喻神通。珠宝，喻定慧。三皆全性发生，是内具也。性海清净，故尘霾不处。尘霾，指五住烦恼。所谓诸恶都尽也。太阴是月。大海之中，火光常起，名为阴火。澨，水涯也。谓大海不与尘霾同处，必漂之涯岸。犹佛智慧海，不与烦恼同住，必断之令尽而后已耳。

深、大、光、洁四字，总结上文。无四方是深、大，外涵内具是光，无尘是洁。“无我若”者，是赞辞，谓除佛已还，皆未得此深、大、光、洁之用者，即有之，是少分而已，非究竟也。

**【“今汝，海之弃滴也，而与粪壤同体，臭朽之与曹，蜣蜖**

**之与居。其狭，咫也，又冥暗若是，而同之海，不亦羞而可怜哉？子欲之乎？吾将为汝抉石破瓠，荡群秽于大荒之岛，而同子于向之所陈者可乎！”】**

此喻斥其偏见，而示以正修行路也。夫众生与佛虽同一心，但众生迷倒，弃海认沤，指沤为海，闻说真海，反以为非，是则名为可怜愍者。今夫执空之人，计五阴身中方寸妄心，谓是本来面目，与佛无二。如瓠中粪水，计为大海，与海无别。不知心体广大，含裹十方虚空世界，众生、诸佛，一念遍收，不局在方寸内，如大海不局瓠芦内。闻说西方净土、弥陀性海，计为心外，反生疑谤。如闻真海，反以为非。弥陀虽不舍众生，众生自弃耳。如大海不拒一滴，一滴自弃大海，故曰“海之弃滴”。众生五阴，烦恼为体，故云“粪壤同体”。

臭，即是苦。朽，即无常。曹，伍也。言此身者，无常众苦之为伴侣，非真实也。

蛲蛔，身中虫也，喻十二类。言此身者，十二类之所同住，非解脱也。

蕞尔六尺，故言“咫”。蒙然无智，故言“暗”。执此方寸妄心、六尺妄身，谓同佛妙用，非颠倒耶？故斥之曰“羞而可怜”。

问：经云：“诸佛解脱，当于众生心行中求。”又云：“观身实相，观佛亦然。”岂非众生身心，与佛无别。而子乃欲分迷分悟，论圣论凡，得无眼见空花耶？

答：如经所云，盖是即妄观真，不执妄以为真。如将一滴观海，不执一滴是海。且如一滴之水，与大海水，湿性何别？然既离大海，又与粪壤交杂，岂得谓之即是海耶？即妄观真而不执，意亦如是。故知水性无别，而求归海之计，则可也。若守定一滴，谓为大海，则不可也。请试思之。

“子欲之乎”以下，略示修行利益以劝之。言“吾将为汝”者，非是为彼修行，盖谓化功归己，利及他人也。抉石，喻断根本无明。破瓠，喻出三界。荡秽，喻离五浊。大荒，喻寂光真境，恢廓无际。岛，喻同居极乐，高出十方。“向之所陈”，即诸佛深、大、光、洁之用。知其不信，而复强为说法者，盖大士悲心太切，现虽无益，亦为未来得度因缘也。

**【粪水泊然不悦曰：“我固同矣。吾又何求于若？吾之性也，亦若是而已矣。秽者自秽，不足以害吾洁。狭者自狭，不足以害吾广。幽者自幽，不足以害吾明。而秽亦海也，狭、幽亦海也，突然而往，于然而来，孰非海者？子去矣，无乱我。”】**

此喻闻教不信，执辞以拒也。博地凡夫，虽有小慧，不断烦恼，故名“粪水”。闻教不信，故云“不悦”。“我固同矣”，此执理之言。克论理体，生佛不二，故曰固同。“吾又何求于若”，此自足之语。前文所陈，乃诸佛境界，盖是以修德而显性德。今执理者谬解，单言性德，而废修德，故曰：“吾之性也，亦若是而已矣。”谓我心亦具深、大、光、洁之用，曾无欠少。不知说食画饼，无益饥肠，徒劳身口。

下文具出偏空之见。秽不害洁，言性体清净，不为生死所污也。狭不害广，言性体广大，不为形器所局也。幽不害明，谓性体光明，不为烦恼所覆也。秽、狭、幽暗，即具海之全体，无二无别，故云“亦”也。“突然”、“于然”，往来貌，以喻出没生死。皆本性妙理，故云“孰非海者”。

问曰：如上所陈，未尝不是。何子过之深也？

答曰：诚如所问。其言虽是，其意则非。只如三不害，大乘经论中亦有此语，然诸佛菩萨未尝拨弃修行，单言理性。今谬人守定秽狭幽暗，自谓光洁广大。不知烦恼现前，洁斯害矣；量不容物，广斯害矣；颠倒是非，明斯害矣。现前一念，尚不能保其无害，况未来生死，安能自知？虽曰不害，乃所以为大害也。如诸佛菩萨有时化度众生，示现烦恼，而心无分别，斯真秽不害洁矣；刀割香涂，等无憎爱，罗云、调达，并济均慈，斯真狭不害广矣；行于非道，通达佛道，斯真幽不害明矣。而今乃以凡夫小智，滥同佛智，自取愆尤，岂非谬之甚者耶？

“子去矣，无乱我”，是拒绝之辞。盖宗门执理之士，乍闻教理，辄大拂其心，故云然也。

**【其一闻若之言，号而祈曰：“吾毒是久矣，吾以为是固然不可异也。今子告我以海之大，又目我以故海之弃粪也，吾愈急焉。涌吾沫，不足以发其窒。旋吾波，不足以穴瓠之腹也。就能之，穷岁月耳。愿若幸而哀我哉！”】**

此喻顺教修行之士，初闻佛法，生大悔悟，心期解脱，故号泣而祈求焉。

“吾毒是久矣”。毒，害也。生死烦恼，丧我法身，亡我慧命，名之曰毒。沉沦多劫，故曰久矣。又言久者，谓常有厌苦之心，未得出离之路，所谓善根将熟，机欲发动也。

“固然”，真实貌。未闻教前，意谓生死烦恼，真实不可变异，徒厌无益。今闻佛功德海，广大难量，则知生可作佛，故曰“告我以海之大”。又知夙曾下种，与佛结缘，我自迷背于佛，遗弃生死，故曰“目我以故海弃粪”。是则出离有路，解脱有方。求之厌之，当复弥切，故云“愈急”。

下皆自知分量之辞。涌沫，喻小慧分别。发窒，喻破无明。旋波，喻微功转动。穴腹，喻出三界。“就能之”，是假借之辞。“穷岁月”，是迁延旷劫。“幸而哀我”，是求佛摄受。

**【东海若乃抉石破瓠，投之孟诸之陆，荡其秽于大荒之岛，而水复于海，尽得向之所陈者焉。】**

此喻顺教修行之利。无明顿破，如抉石。生死永亡，如破瓠。三界长揖，故曰“投之孟诸”。九莲亲到，故曰“大荒之岛”。即凡心而见佛心，故云“水复于海”。

**【而向之一者，终与臭腐处而不变也。】**

此喻违教执空之害。向执瓠芦之水与大海无别，不知石未去而秽未除。水未归于海，水虽无二，宽狭净秽乃殊。又执秽狭皆海，不知终于臭腐而不能变化，岂不哀哉！今夫执理者，谓："我心是佛，何须更见弥陀？即心净土，岂必更生极乐？"不知无明生死，业相炽然，虽有妙心，尚未亲证，未得佛之大用。又执生死烦恼皆是菩提涅槃，谁非佛法。不知生死现前，依旧茫然无据，何处当有涅槃？无明瞥起，仍复颠倒是非，谁是菩提觉者？一期浪语，长劫沉沦，能不为之痛心哉！

**【今有为佛者二人，同出于毗卢遮那之海，而汩于五浊之粪，而幽于三有之瓠，而窒于无明之石，杂于十二类之蛲蛔。人有问焉，其一人曰："我，佛也。毗卢遮那、五浊、三有、无明、十二类，皆空也。一切无善无恶，无因无果，无修无证，无佛无众生，皆无焉。吾何求也！"】**

此合上文之譬也。同是学佛，知见不同，故皆言"为佛者"。二人，即信、毁二机。

"毗卢遮那"，此云"遍一切处"，是佛法身，亦名真如性海。此之法身，生佛同体，故言"同出"。

五浊者，一劫浊，乃至五命浊。此五皆以染污为义，故喻之如粪。三有，即三界，谓欲、色、无色。隔历不同，故名界。因果不无，故称有。三有区局众生，故喻如瓠。四大区局六识，义亦如是，并得名焉。无明窒碍法性，故喻如石。十二类不离三界，如蛲蛔不离人腹。

“人有问焉”,“人”即四依大士。“一人”,即违教执空之人。“我,佛也”,合上“我,大海也”。一切皆空,正是所执。“五浊空”,合上“秽不足以害洁”。“三有空”,合上“狭不足以害广”。“无明、十二类空”,合上“幽不足以害明”。

善是人天,恶是三途。因果修证,通乎四圣。此执空之人,乃有两种:一者心自开解,二者从他闻说。心自解者,病则难治。从他闻者,后或可医。

**【问者曰:“子之所言,性也。有事焉。夫性与事,一而二,二而一者也。若守一而定,则大患者至矣。”其人曰:“子去矣,无乱我。”】**

此示以正解,而使知过患也。言“性”,有三义,谓空义、假义、中义。如向所陈,但得空义,不知中、假。又空有三种,谓偏空、断空、真空。向论只是偏空,及以断空,尚未得真空之理,岂知性者哉?若悟真空,自不拨无万法,是故知其未解也。

“有事焉”以下,正是对病发药之语。性即理也,谓理与事,一而常二,二而常一。圆融则大功斯立,守一则大患乃生。得失在人,非关佛法。

问:何谓一而二,二而一?

答:如祖师云:“修证即不无,染污即不得。”斯言是也。夫修证即不无,事也。染污即不得,理也。二句义理,互具互融,不可偏废。上句具下义故,无修证而论修证。下句具上义故,非染净而说染净。此事理不二之旨也。若单执有修证，即同二乘权教。单执无染污，即同自然外道。又同权教，则唯尚功勋，此过则浅。同外道，则拨无因果，此害乃深，故曰“大患者至矣”。现在则失进修之利，未来则招堕落之殃，可不惧哉！又祖师言句，有言偏意圆者，往往小慧之流，随语生解，致使醍醐反成毒药，良可悲痛。

问：云何名为言偏意圆？

答：如志公云：“五欲贪瞋是佛，地狱即是天堂。智者知心是佛，愚人乐往西方。”是则名为言偏意圆也。今当释之，谓若人能观五欲境界，及贪瞋痴，如虚空花，不生分别。当知此人，即名为佛，故云“五欲贪瞋是佛”。又观地狱、天堂，苦乐之相，如梦中事，不于天堂而生爱着，不于地狱而生惊怖，二俱平等，故云“地狱即是天堂”。“智者知心是佛，愚人乐往西方”，此二句重在“知心”二字，谓若知心是佛，此人念佛，即是智者；不知，则虽乐往西方，亦是愚人。智者指上上品，愚人谓下下品。此二语与净土之旨，初无悖戾，而谬人执此，乃谓念佛是愚人所为。岂西方只有下下品，而无上上品耶？又下品者，其在此土虽是愚人，若生净土，则入不退地，便不可谓之愚矣。不知己愚，反谓他愚，谓之何哉？故贵在得意，忌在执文。举一例诸，思之可见。

**【其一人曰:“嘻！吾毒之久矣。吾尽吾力，而不足以去无明。**

**穷吾智，而不足以超三有，离五浊，而异夫十二类也。就能之，其大小劫之多，不可知也。若之何？”】**

此明顺教修行之士，知力不足，自审之辞也。时丁末法，人根转钝，心胆转粗。大概而论，有二种人，谓一愚二狂。愚者茫然无解，固不待论矣。狂者妄意高远，常欲躐等，视此念佛法门，不啻草芥，尚生鄙耻，况肯修行？此无他，不自知也。古人云:“知人则智，自知则明。”盖当今之世，自知者亦已鲜矣。

文中合譬，一一可知。言“大小劫”者，人寿一增一减为一小劫；积此小劫，至八十番，名一大劫；又积此大小劫，至不可数，名一阿僧祇劫。言“不可知”，即是不可数。藏教菩萨，要经三无数劫修行，方得成佛，然退转者多，增进者少。此明自力之难能也。盖一切法门，皆自力出生死，故难。唯念佛一门，兼仗他力，故易。易故一生可办，难故旷劫未成。利害得失，其机在此。是故知难易，则知利害。知利害，则知去取。否则前途失足，错路者多矣。正、像之世，容有自力出生死者。末法之世，罕闻此人。今既自力不能，欲求他力，故问“若何”。

**【问者乃为陈西方之事，使修念佛三昧，一空有之说。于是圣人怜之，接而致之极乐之境，而得以去群恶，集万行，居圣者之地，同佛知见矣。】**

此明念佛之利也。梵语“三昧”，此云“正受”，谓正念现前，不受诸受故。得此三昧者，现前、当来，决定见佛。“一空有”者，谓无念而念，无生而生也。

问:空则一法不立，有则万法纷然。二者乖角，云何名一?

答：昔天衣怀禅师开示净土，其言曰:“生则决定生，去则实不去。”此一空有之旨也。夫生则决定生，有也。去则实不去，空也。言虽有二，意未尝二也。师又曰:“譬如雁过长空，影沉寒水。雁绝遗踪之意，水无留影之心。”此自释上文之辞也，请以此喻分解之，意自明矣。

夫行人五阴，名之为“雁”。现前念佛之心，本自竖穷横遍，故喻之以“长空”。一期之身，不久即灭，故称为“过”。幻质虽有生灭，念性原无生灭，故名“雁过长空”也。清凉国土，离诸热恼，故名“寒水”。此方念佛，彼土花开，勤惰才分，荣枯顿异，故曰“影沉”也。又此土阴灭名“雁过”，彼土阴生名“影沉”。此灭彼生，曾无前后，故得以喻之。此二句，释上“生则决定生”也。

“雁绝遗踪之意”，此明众生不往。“水无留影之心”，此明诸佛不来。何以故？若有去者，即有程途。有程途，即有时分。云何此灭彼生，间不容发？若有来者，即有足迹。有足迹，则此有彼无，不能周遍。云何十方应现，接引同时？当知法性如是，非有非无，岂容思议于其间哉！此二句，释上“去则实不去”也。但法中单明不去，喻中兼显不来，是带说耳。

问：既云众生不往，又云诸佛不来。则生西方者，为复即在此处，为复本无方所？得非如梦所见，非真实耶？

答：不观上"影沉寒水"之句乎？言"影沉寒水"，则显西方实有化生之身。但以求其往来之相，本不可得，故言不去不来。子何迷闷之甚耶！

去群恶，是断德。集万行，是智德。居圣地，是四十一位真因。同佛知见，是开示悟入之理。

**【向之一人者，终与十二类同而不变也。】**

此明不念佛之害。言十二类者，谓卵、胎、湿、化、有色、无色，乃至非有想、非无想，如《楞严》所明。此之十二，皆众生数摄。若证四果，出三界，则非十二类所能摄矣。

问：参禅、念佛，均之为了生死。吾人只患心性未明，心性苟明，则孰非净土？三界本空，何出之有？十二类非实，何同之有？佛尚不可得，何况众生？

答：如汝所言，皆有名无义，但取一时快论，并不知利害也。吾试问子，汝证四果耶？

曰：未也。

曰：既未证四果，则是凡夫。尽此一生，必受后有。若受后有，不在人、天，则在三途，终不出十二类。汝尚不能超欲界，何况能出色、无色界？尚不能超三途，况能超佛？

问：声闻证四果，此身尚在，岂非十二类摄？

答：声闻证四果，身虽未灭，不久即灭，灭则受法性身，居方便土，出三界外。譬如旅舍寄客，不久出门，其家眷属不得以家人目之。声闻暂寄三界，亦复如是。

问：诸佛菩萨有时化度众生，示现世间，必假胞胎父母，岂非亦是胎生，当何所摄？

答：诸佛度生，示现胞胎父母。既云示现，则虽有非实，岂得实判众生，收归十二类耶？其寂光、实报二土，是佛菩萨本所住处，此乃暂现耳。

问：若尔，何故经论中，十法界总名众生？

答：此乃通论。盖三乘人出三界，尚有变易生死，佛亦有常住五阴，故得名焉。今乃舍通从别，只论分段生死，不论变易及以常住，故不可以彼难此。

问：西方净土亦有化生，岂非十二类摄？

答：净土虽有化生，然身非分段，纯一化生，故无十二类。（分是分限，段是形段。以彼土寿命无量，故无分限。形体无方，变化不一，若有若无，故非形段。）况生彼土，便入圣流，直至成佛，更不受身，岂得名为十二类耶？

问：禅宗悟达之士，见性已彻。其于三界，不出不入。于十二类，不舍不受。随缘寄寓，方便度生，有何不可？

答：悟达之士，虽有见地，不断惑业。若生三界，一入胞胎，便成隔阴。从前所悟，寻复忘失。毕世工夫，一朝唐丧。可不惜哉！更有业焉，牵入异类，汝又安能自主，而不被恶报之所障耶？若生彼土，亲近导师，一入圣阶，便登佛地。较之浮沉三界，出入胞胎，孰得孰失，宜自思之。故知不悟则已，悟则求生西方，当愈急焉。如人得宝，须觅善地藏之，方得受用，否则终致散失。悟达往生，亦复如是。当知欲超生死，无过净土一门。若在此土，而能出离，断无是处。愿无争口舌，幸平气而思之。

**【夫二人之相违也，不若二瓠之水哉？今不知去一而取一，甚矣！】**

此总结前文，以明去取也。夫像季之世，岂唯宗、教之士，宗趣相违，如二瓠之水。即同一法门，同一师学，知见不同，其类非一。盖正见之难遇，邪徒之易亲，亦已久矣。今论去取，宜知利害。如上所陈，信毁得失，利害皎然。何有智者，而不知去取？呜呼！今人莫不求利，而常失利。亦莫不避害，而常遇害。何哉？大抵心不虚，行不实，知见不正故也。是故修心之士，务虚其心，实其行，端其知见，以圣教为明镜，以师友为鞭策，自始至终，战兢惕厉，庶几无大害矣。否则终身受害，恬然不知，及其将死，尚不自悟，以至空过一生，遗恨千古者多矣，是皆不知去取也。“甚矣”，是责辞，言智不如归海瓠芦之水也，可胜叹哉！

# 省庵大师传记文献四种

●清律然《省庵法师传》：

师讳实贤，字思齐，一号省庵。常熟时氏子，世业儒。师生即不茹荤，总角时有出尘志。父既早殁，母张氏知其夙具善根，命为释氏子。七岁礼清凉庵僧容选为师，聪慧爽朗，经典过目不忘。十五薙染，兼通世典，能诗，善书法，前辈钱玉友、许旸谷，皆执节与交，然未尝顷刻忘生死大事也。性笃孝，母亡，于佛前跪讽《报恩经》七七日。岁时伏腊，必设像修供。他日，至普仁寺，见一僧死仆地，师瞿然悟世无常，益加鞭策。年二十四，圆尸罗于昭庆。严习毗尼，不离衣钵，日止一食，胁不帖席，率以为常。

庚寅，依渠成法师，听讲《法华》圆义。谒绍昙法师，听《唯识》、《楞严》、《止观》诸部。昼夜研穷，未三夏，三观十乘之旨，性相之学，无不通贯。昙师即授记莂，传灵峰四世天台正宗焉。甲午，叩灵鹫和尚于崇福，参"念佛是谁"话，操持严密，四月，恍然契悟，曰："我梦觉矣。"自是应机无碍，才辩纵横。鹫欲付以衣拂，弗受，辞去。爰禁足于真寂寺，日阅三藏梵筴，夕课西方佛名。三年期满，寺众请讲《法华》，师升座开演，河悬泉涌，沛然莫御。戊戌首春，止杭之隆兴寺。绍昙法师命师代讲经律，每击节称善。

己亥春，诣四明阿育王山瞻礼舍利，先后五燃指香供佛。每年佛涅槃日，讲演《遗教》、《弥陀》二经，示是心是佛之旨。三根普摄，法化洋溢，江浙黑白，倾心归仰。历有十载，法筵之盛，甲于诸方。又尝应永福、普庆、海云诸禅席，每进院，模范一新，清规肃穆。日讲《法华》、《楞严》诸部，执经问难者翕集座下。未几，退隐杭城仙林寺，不出户庭，力修净业。

己酉冬，杭人茅静远、叶升、皇甫子仪、李执玉，监院师省躬、一苇等，请主凤山梵天讲寺。于是摒绝诸缘，纯提净土。结长期，严立规约，昼夜六时，互相策励。人皆谓永明再来也。先后主刹十余载，得度弟子，及乞戒、归依者，凡数百人。间有学诗文者，师痛戒曰："人命在呼吸间，哪有闲工夫学世谛文字？稍一错过，便成他世，欲望出离难矣哉！"

至癸丑佛成道日，谓弟子曰："我于明年四月十四日长往矣。"自此掩关寸香斋，限昼夜课佛十万声。明年甲寅四月二日出关，十二日，告众曰："吾十日前见西方三圣降临虚空，今再见矣，吾其生净土乎。"随嘱付院事，遍辞城中诸外护。侍者以偈请，师书云："身在花中佛现前，佛光来照紫金莲。心随诸佛往生去，无去来中事宛然。"书讫曰："我十四日定往生矣，尔等为我集众念佛。"十三日，断饮食，敛目危坐。五更，具浴更衣，面西趺坐。至巳时，远近坌集，雪涕膜拜，曰："愿师住世度人。”师复启目曰：“我去即来！生死事大，各自净心念佛。”言讫，合掌称佛名而寂。少顷，鼻筋下垂，颜色明润，迄封龛，色不变。虞山上首无住师，以是岁腊月八日，函灵骨，塔于琴川拂水岩之西。乾隆七年二月十五日，鄮山诸缁素怀师道行，迎骨去，重建塔育王寺之右，其旧塔以藏衣钵云。

师生于康熙二十四年[①]八月初八日，春秋四十九，腊二十五。著《净土诗》一百八首，注《西方发愿文》,《续往生传》,《东海若解》,《舍利》、《涅槃》诸忏，并行于世。

乾隆十年岁次乙丑重阳日，同学西庵律然，述于三峰寂照堂之右轩。

●清彭希涑《净土圣贤录》：

实贤，字思齐，号省庵，常熟时氏子也。自少不茹荤。出家后，参念佛者是谁，有省，曰：“吾梦觉矣。”掩关真寂寺三年，昼览藏文，晚课佛号。诣鄮山礼阿育王塔，尝以佛涅槃日，大合缁白，广修供养。燃指佛前，发四十八大愿，卒感舍利放光。作《劝发菩提心文》，以激厉四众，诵者多为涕下。（中略）

晚居杭州仙林寺。雍正七年，结莲社，为文誓众，以毕命为期。判日课为二十分，十分持名，九分作观，一分礼忏。其

① 扬州藏经院光绪年本、卍续藏本均作“康熙二十四年”，疑应为“康熙二十五年”。

示禅者念佛偈曰："一句弥陀，头则公案。无别商量，直下便判。如大火聚，触之则烧。如太阿剑，撄之则烂。八万四千法藏，六字全收。千七百只葛藤，一刀齐断。任他佛不喜闻，我自心心忆念。请君不必多言，只要一心不乱。"十一年腊月八日，告弟子曰："明年四月，吾其去矣。"遂掩关一室，日课佛名十万声。明年四月十二日，告众曰："月朔以来，再见西方三圣，其将往生乎。"遂书偈辞众。明日，断食饮，敛目危坐。五更，具浴更衣。十四日，将午，面西寂然。送者麇至，忽张目曰："吾去即来！生死事大，各自净心念佛可矣。"合掌连称佛名，遂逝，年四十九。(《思齐大师遗稿》、僧素风述)

●民国喻谦《新续高僧传·清鄮山阿育王寺沙门释实贤传》

释实贤，字思齐，号省庵，姓时氏，常熟人。少甘蔬食。出家后，参念佛是谁，有省，曰："吾梦觉矣。"掩关真寂寺三年，昼览藏文，晚课佛号。诣鄮山礼阿育王塔，大合缁白，广修供养，发四十八愿，卒感舍利生辉。作《劝发菩提心文》，激厉四众，诵者多为涕下。雍正十一年腊月八日，告弟子曰："明年四月，吾其去矣。"独闭一室，日课佛名十万声。至期，书偈辞众，断食，敛目危坐。五鼓，具浴更衣，面西寂然。送者麇至，忽张目曰："吾去即来！生死事大，各净乃心。"连声诵佛，少焉即瞑，雍正十二年四月十四日也。

●民国印光大师《莲宗十二祖赞颂·清十一祖杭州梵天实贤大师》：

四十八愿，仰效弥陀。百八首诗胜楚歌，闻者厌娑婆。振起蹉跎，证波罗蜜多。

深入经藏难亲证，彻悟心源力弘净。欲使世人知所以，作文作诗示佛令。发菩提心为前导，真信愿行为后劲。若能具此殊胜法，即生超凡而入圣。

# 省庵法师年谱

张景岗居士撰

**清康熙二十五年·丙寅**（公元 1686 年）　**一岁**

是年八月初八日，大师生。俗姓时，江苏常熟人，世代习儒，为书香之家。

**康熙三十一年·壬申**（公元 1692 年）　**七岁**

大师生来即不茹荤，幼年时便有出尘之志。出生不久，父亲即早逝。母亲张氏知大师夙具善根，命为释氏子。

是年，大师礼清凉庵僧人容选为师。聪慧异常，经典过目不忘。

**康熙三十九年·庚辰**（公元 1700 年）　**十五岁**

是年剃度出家，法名实贤，字思齐，号省庵。

由于大师兼通儒家典籍，诗文和书法都很出色，当时的前辈名流钱玉友、许旸谷，都执礼与他相交。但大师从未忘怀生死大事，一次到普仁寺，亲见一僧仆地而死，师瞿然悟世无常，益加鞭策。

**康熙四十八年·己丑**（公元1709年） **二十四岁**

是年于昭庆寺受比丘戒。

大师严持戒律，不离衣钵，日止一食，胁不至席，终生不懈。

大师天性笃孝，母亲去世时，在佛前跪诵《报恩经》四十九日。以后每年忌日，大师都要设像修供。

按：其母亡故年份不详。

**康熙四十九年·庚寅**（公元1710年） **二十五岁**

依渠成法师，听讲《法华》圆义。

谒绍昙法师，听《唯识》、《楞严》、《止观》诸部经义，昼夜研穷。

**康熙五十年·辛卯**（公元1711年） **二十六岁**

依绍昙法师研教。

**康熙五十一年·壬辰**（公元1712年） **二十七岁**

依绍昙法师研教。

夏，至阿育王山，顶礼释迦牟尼佛真身舍利宝塔。遇官府按旧例杀豕致祭金沙井灵鳗龙王，师亲睹宰杀之事，作《祷灵鳗菩萨文》，陈述不断杀业的十种过失。于六月十七日，备香烛之仪，投书潭中，劝灵鳗以神力致梦朝廷，从此戒杀。此文是师现存最早的文字著述，文中所陈不断杀业之第九种过失为

“难生净土”，而言：“如经中说，娑竭龙王告金翅鸟曰：‘我自生此海中，未尝触害水性众生。舍此身后，当生西方极乐世界。’大士今为杀业，云何当得往生？”是知大师其时已归心净土法门。

按：《佛祖统纪》记钱武肃王迎请阿育王舍利塔至钱唐，梦见一位菩萨，首戴结缨华冠，两掖挟蟹，云：“是育王圣井灵鳗，来护塔耳。”赞宁有《护塔灵鳗菩萨传》一卷记其事。

**康熙五十二年·癸巳**（公元1713年） **二十八岁**

依绍昙法师深研经教，已近三年，于三观十乘之旨，性相之学，无不通贯。绍昙法师为授记莂，传灵峰四世天台正宗。

**康熙五十三年·甲午**（公元1714年） **二十九岁**

叩灵鹫和尚于崇福寺，参“念佛是谁”话头。禅修精进，操持严密，历四月，恍然契悟，言：“我梦觉矣！”自此之后，应机无碍，才辩纵横。灵鹫和尚欲传法嗣，付以衣拂。大师未受，不久便告辞而去。

参禅开悟后，随即于真寂寺禁足，闭关三年，白天阅藏，晚上专持阿弥陀佛名号。

按：师有诗《赠东阿居士二首》，写作日期不详，谨录于此，以见大师闭关清修之襟怀。其一：“城南静者居，高枕一床书，世事吾何有，斋心只宴如。折腰休乞米，弹铗不求鱼，日夕相过从，秋风满敝庐。”其二：“高蹈谢时辈，翛然远市阛，分泉聊灌菊，补画当看山。有爱皆成癖，无求始自闲，不须随物转，当处悟无还。”

大师作有《念佛偈》，可以见其悟后对禅、净二门的基本态度：“念佛一声，漱口三日；一句弥陀，众罪消灭。两家公案，是同是别？拟议思量，八万亿劫。”又有《念佛述怀》：“六字中间无剩法，等闲觑破祖师关。赵州不喜吾偏喜，公案从今要再翻。”所言“六字”，即“南无阿弥陀佛”。

**康熙五十四年·乙未**（公元 1715 年） **三十岁**

在真寂寺闭关。

秋，作净土诗三十首，付工刊版。

按：师于《劝修净土诗序》，言此年诗作，云：“一时草草付工刊版，惜乎理未周圆，事多疏漏。”知师时专研净土一法，而尚未圆彻。

**康熙五十五年·丙申**（公元 1716 年） **三十一岁**

在真寂寺闭关。

六月十九日为观世音菩萨成道日，观音大士在南郭顾善人家竹帘上现像，仪容庄严，清晰可辨，观者如堵。作《示现观音像赞》。

**康熙五十六年·丁酉**（公元 1717 年）　**三十二岁**

在真寂寺闭关三年期满。寺众请讲《法华经》,师升座开演，河悬泉涌，沛然莫御。

**康熙五十七年·戊戌**（公元 1718 年）　**三十三岁**

春，至杭州隆兴寺。绍昙法师在寺中开设讲席，命师代讲经律，对师所作讲解十分赞叹，为之击节称善。

夏，于隆兴寺学律安居，听经坐腊。安居结束后，同学摄兄看到大师在真寂寺闭关期间所作的净土诗，踊跃赞叹，怂恿大师继续补充完善。大师对于自己在真寂寺闭关时所作的净土诗三十首，一直不太满意，认为诗中理未周圆，事多疏漏，总想重加添削修订，此次因同修劝请，便着手修订。

秋，着手重订净土诗作，删繁补缺，不觉信笔任心，盈编成册。新旧共得一百零八首，总名《劝修净土诗》，刊版流通。集中描写西方净土依正庄严，广破群疑，指示工夫，结劝往生。诗中带有自注，阐释净土事理。诗后有《发愿偈》一首云："我今承佛力,阐扬净土教。诗成百八章,章各有八句。为顺此方机,故以诗演说。"

按：《劝修净土诗》的增订完成，是省庵法师净土思想成熟的重要标志。其后如启建涅槃会期间所作《劝发菩提心文》、《涅槃会发愿文》、《回向偈》等，均以西方净土为指归。而《西方发愿文注》、《东海若解》等净土专著中，关于禅与净、自力与他力、持名与观想等的重要阐释，均已见于诗中。

《劝修净土诗》流传甚广，民国印光大师重订《净土十要》，即将全诗收入第五册“附本”，《莲花世界诗》后。

**康熙五十八年·己亥**（公元1719年） **三十四岁**

春三月，大师从西泠渡江，再次前往四明阿育王山，瞻礼舍利塔。当时有一位德见师，正在阿育王寺礼塔，发心要拜满八万四千之数，与省庵大师一见投缘，便恳切挽留大师一起礼塔。大师欣然同意，便在德见师的居处度夏安居，一起礼拜佛舍利塔。过了一个多月，闻兹大师也到山上礼塔。三人同时礼塔，于课诵之余谈论佛法，相得甚欢，恨相见之晚。

三个月的安居结束后，大师在舍利塔前燃一指供佛，并作《礼塔纪事》诗八首纪其事。其一述其礼塔期间感得舍利放光之瑞：“迦文灭度二千年，舍利于今尚灿然。自庆宿生何善利，得瞻光相塔门前。”其八述其燃指供佛事：“夏终供佛为何事，一指持将当烛烧。犹有无明烧未得，不随残焰一时消。”大师一生共先后五次燃指、燃香供佛，并作有《燃指问辩》一文以释疑。

大师燃指供佛后，心里仍觉歉然未足。他想起自己幼年刚出家时，常在僧众中向长老请教释迦牟尼佛涅槃的日期，却无人能够准确回答，心里感到很困惑。后读《涅槃经》，才知道佛入灭的日期为二月十五日。师看到末法出家众，在佛涅槃日既不悲哀，也不知献供，甚至连佛灭度的日期都不知道，心中有无限的感慨，发心要在来年的佛涅槃日举行供佛的法会，以答谢佛陀对一切众生的无尽深恩。

秋，大师赴永福寺水陆法会。法会期间偶与同辈谈起供佛之事，即有数人发心，共同协助大师办理供佛法会。师于是前往苏杭，采办百味饮食及香花等营斋供品。

**康熙五十九年·庚子**（公元1720年） **三十五岁**

春，返回阿育王山，为启建涅槃法会做最后的准备。作《舍利忏》仪文，及《舍利忏叙》。又作《涅槃会发愿文》，立四十八大愿，并作《回向偈》等。

二月十五日为佛涅槃日，大师在阿育王山率领大众，正式启建为期七天的涅槃法会。所备供品力求精洁，食须三德，不干不湿；菜须六味，非生非冷；果须珍异，非贱非粗。法会首日供佛，依净觉法师所撰《释迦如来涅槃礼赞文》行仪。次日礼忏，则依照大师自述仪轨。至第七日，忏事圆满，以念佛回向结束。

在法会进行期间，大师写下了著名的《劝发菩提心文》，阐释发心的八种差别和十种因缘，勉励四众同发菩提心，住持如来正法，云："我为佛子，不能报恩，内无益于己，外无益于人，生无益于时，死无益于后。天虽高，不能覆我。地虽厚，不能载我。极重罪人，非我而谁？由是痛不可忍，计无所出，顿忘鄙陋，忽发大心。虽不能挽回末运于此时，决当图护持正法于来世。是故偕诸善友，同到道场，述为忏摩，建兹法会。发四十八之大愿，愿愿度生。”又云：“今我等又得出家，又受具戒，又遇道场，又闻佛法，又瞻舍利，又修忏法，又值善友，又具胜缘。不于今日发此大心，更待何日？”又云:“虚空非大，心王为大。金刚非坚，愿力最坚。大众诚能不弃我语，则菩提眷属，从此联姻。莲社宗盟，自今缔好。所愿同生净土，同见弥陀，同化众生，同成正觉。”闻者无不感动。

法会圆满结束，与会大众皆欢喜无量，叹未曾有。一致约定每年的佛涅槃日，都要在阿育王山如期举行同一法会，供佛礼忏。并请大师斟酌事宜，设立规约，以垂永久。师为撰《涅槃会规约》，并作《涅槃会约叙》和《涅槃会约第二叙》，以述其缘起。

**康熙六十年·辛丑**（公元1721年）　**三十六岁**

从上年启建涅槃会开始，大师连续十年在阿育王山如期举办同样的法会，并为众讲演《佛遗教经》、《阿弥陀经》等，示是心是佛之旨，三根普摄，法化洋溢。江浙一带的缁素弟子倾心归仰，法筵盛况超过诸方。

夏秋之际，宁波一带大旱，田禾枯死，农夫哀告，郡县祈祷俱不应。宋魁先居士舍身祈雨，感得天降大雨，旱情解除。师为作长诗《舍身祈雨歌》，云:“昔我世尊行菩萨道，舍身无数，救度众生，遂致成佛。今观居士之事，颇亦类是，不谓之菩萨，吾不信也。”

**康熙六十一年·壬寅**（公元 1722 年） **三十七岁**

二月，于阿育王山举办涅槃法会。

**雍正元年·癸卯**（公元 1723 年） **三十八岁**

二月，于阿育王山举办涅槃法会。

**雍正二年·甲辰**（公元 1724 年） **三十九岁**

二月，于阿育王山举办涅槃法会。

**雍正三年·乙巳**（公元 1725 年） **四十岁**

二月，于阿育王山举办涅槃法会。

大师与杭州茅静远居士、皇甫子仪居士等有方外之交。约在本年三月下旬，师由四明到杭州，拜访茅静远居士，适遇居士外出。师归，居回龙。众人请讲《法华经》，师于五月间又到杭州请经，作《与茅静远居士书》。书信中针对茅静远居士专力于世间善事，警醒他应以念佛求生净土为急务，云：“苟不以生死大事为急，而孜孜为善，所作善事如须弥山，皆生死业缘，有何了日？善事弥多，生死弥广，一念爱心，万劫缠缚，可不惧耶？居士世间公案，久已参透，西方净业，久已修习。

然而生死心不切，家缘撇不下，人情谢不去，念佛心不专，何也？将名根不断耶？抑爱念牵缠耶？于此二者，宜加审察。”又云：“居士今日要务，惟当谢绝人事，一心念佛，加以斋戒二字，尤为尽美。大抵西方佛国，非悠悠散善所能致。万劫生死，非因循怠惰所能脱。无常迅速，旦暮即至，安得不为之早办耶！”

按：《与茅静远居士书》无年份，但言“三月下旬返自四明”，则应在辛丑年后。又据书信，其年五、六月间在回龙寺启讲《法华经》。而师于丙午年居海云寺，冬作《西方发愿文注》。丁未年九月，于杭州梵天寺主持佛七。其后退隐仙林寺，至己酉冬入主梵天寺。讲经事最晚应在本年。又师之入主梵天寺，茅静远居士为主要迎请人之一，因缘所系，则师之返杭，访茅居士并作书，亦非远事，故记于是年。

**雍正四年·丙午**（公元1726年） **四十一岁**

二月，于阿育王山举办涅槃法会。

冬，大师在宁波以东的蛟门山海云精舍，作《西方发愿文注》，以大乘圆教义理对莲池大师《西方发愿文》详加注释。卷前叙文作于本年嘉平月之既望，即十二月十六日。

师在《西方发愿文注》中，阐释修行法门自力与他力的难易：“余门学道，须赖行人自力。念佛往生，全赖弥陀愿力。自力难，故累劫未成。他力易，故一生可致。”并强调发菩提心的重要性：“念佛而不发大菩提心，不与弥陀本愿相应，终不往生。虽发菩提心，不专念佛，亦不往生。故必以发菩提心为正因，念佛为助缘，而后期生净土。修净业者，不可不知。”主张以持名为主，兼修十六观，言“以观助念，念则不散”。认为平时若不修观想一法，则于定中、梦中不易见佛。

在卷前叙中，师赞叹《西方发愿文》义周词备，并说：“菩萨修行法门，诸佛成道因果，无不在是，又岂别有一法出于愿文之外者哉！”将《西方发愿文》提纲挈领分为发菩提心、忏悔三障、立四弘誓、求生净土、回入娑婆、总申回向六章，对于准确理解文义甚为有益。

按：印光大师也十分推崇莲池大师的《西方发愿文》，言：“此文词理周到，为古今冠。”并言：“《省庵语录》下卷，有此愿文注解，阅之自知其妙。”

值得注意的是，今本《西方发愿文注》题下署名“后学沙弥实贤注”，叙后署名“东吴虞山沙弥实贤书于海南蛟门之海云精舍”。省庵大师于二十四岁受比丘戒，已有十七年。此年自居沙弥，具体情形难以考证，或与蕅益大师退戒事相仿，体现了对戒律的高度尊重。（蕅益大师曾于佛前拈阄，退作菩萨沙弥，后依占察行法礼佛，获清净轮相，而复比丘戒，事见《灵峰宗论》。省庵大师在《劝发菩提心文》中曾言：“今我等日用之中，一举一动，恒违戒律。一餐一水，频犯尸罗。一日所犯，亦应无量。何况终身历劫，所起之罪，更不可言矣。且以五戒言之，十人九犯，少露多藏。五戒名为优婆塞戒，尚不具足。

何况沙弥、比丘、菩萨等戒，又不必言矣。问其名，则曰我比丘也。问其实，则尚不足为优婆塞也。岂不可愧哉？”可以略知梗概。）

**雍正五年·丁未**（公元1727年） **四十二岁**

二月，于阿育王山举办涅槃法会。

九月，于杭州梵天寺起念佛七。梅芳法师时在广严庵，大师请他一起参加佛七。梅芳法师与大师知交最久，大师认为他具备“三真”，即真解脱、真干净、真精进，曾断言他必生西方。当时梅芳法师正患痢疾，每天要发病数十次，但念佛始终没有懈怠。佛七结束后，梅芳法师前往无锡斋僧馆，到那里后，病得更加严重。后有一天，法师遍告护法居士，说自己明天就要往生。第二天，众人如期而至，法师即起坐念佛，合掌而逝。

冬，一元师从吴地来，向大师讲述了梅芳法师临终坐化往生的情形。大师听后说：“余言验矣！”作《梅芳法师往生传》。

按：大师有《佛七念佛规约》，见《省庵法师语录》。

**雍正六年·戊申**（公元1728年） **四十三岁**

二月，于阿育王山举办涅槃法会。

前后数年间，大师应永福寺、普庆寺、海云寺之请，前往主持寺院，每进院模范一新，清规肃穆。日讲《法华经》、《楞严经》诸部，执经请益者悉集座下。

约于是年，退隐杭城仙林寺，不出户庭，力修净业。有《将赴浙中留别朔方居士》诗，约作于赴杭前，诗云：“远公社里旧遗民，世外相逢说往因。千里关山两芒屩，半瓢风月一闲身。扁舟细雨孤灯夜，残雪寒梅古寺春。准拟明年修白业，与君同作种莲人。”

按：师有《偶成四首》诗，述其掩关精修净业的情形，谨录于此。其一：“无能只合住深山，一室萧然独掩关。寄语世人休见召，此生终不到人间。”其二：“百八轮珠六字经，消磨岁月度光阴。平生只有西归愿，肯为他缘负此心？”其三：“为善初勤鲜克终，愿精一戒毕吾躬。从今日影过中后，粒米休将入口中。”其四：“破舟救溺理无由，抵死须撑到岸头。等得篙师登陆后，更移新棹入中流。”其第二首中“六字经”，即“南无阿弥陀佛”，因知师自修以持名为主。

**雍正七年·己酉**（公元 1729 年）　**四十四岁**

二月，最后一次在阿育王山主办涅槃法会。自庚子年启建涅槃法会，师在阿育王山率众供佛礼忏已满十年，考虑到四方善信为了参加法会而远途跋涉，颇为不易，兹定于来年法会移至杭州仙林寺菩萨戒坛举行，顶礼十日忏摩，供献百味饮食。师为作《重建涅槃忏会叙》，以普告大众。

是年继于仙林寺隐修。师因阅《大智度论》，作《不净观颂》。又据《涅槃经·遗教品》，作《四念处颂》。二颂可能即作于此一时期。

另有一部重要著述《东海若解》，可能也作于此时。《东海若》为唐代柳宗元的一篇佛学寓言，举扬净土法门，破斥狂禅之失。《乐邦文类》全文收录，并誉之为“乐邦文类之冠”，称其为“达佛旨者也”。省庵法师所作注解精辟入微，堪称名篇。在注解中剖析自力、他力两种法门解脱生死之难易差别，认为正法、像法之世有靠自力出生死者，末法时代却罕闻其人。参禅开悟后虽有见地，但由于惑业未尽，一入胞胎，便成隔阴，从前所悟寻复忘失。更有随业牵入异类，不能自主，至为可惜。师言：“故知不悟则已，悟则求生西方，当愈急焉。”又言：“当知欲超生死，无过净土一门。若在此土，而能出离，断无是处。愿无争口舌，幸平气而思之。”

冬，杭州茅静远、叶升、皇甫子仪、李执玉等居士，以及梵天寺监院师省躬、一苇等，请大师主持凤山梵天寺。师于寺中与众结社，开净业堂。作《净业堂规约》，规定入堂念佛以三年为期，每日功课分为二十时，其中十时用于持名念佛，九时依《观无量寿佛经》作观，一时用于礼忏。还规定不得应酬世间佛事，即使施主来寺中举行，也不应轻允，实在不得已，也只能礼《弥陀忏》，为之念佛而已。作《净业堂铭》、《斋堂铭》、《东铭》、《西铭》、《浴室铭》、《厕室铭》、《卧室铭》等，勉励大众。师屏绝诸缘，纯提净土，人们都称他是永明大师再来。

念佛期中，寺里的圣眼师卧病不起，其卧室与净业堂相连，每日听到钟鱼念佛声，也随之默念。十二月二十六日，一苇师延请省庵大师和众僧，至圣眼师床前高声念佛。他对大师说："愿师为我开示。"师说："汝当尽舍万缘，一心念佛。万劫死生，只今脱去，急宜着力。"圣眼师便同僧众一起念佛，又发下四宏誓愿，语极恳切，于当晚往生。师为作《圣眼上人往生传》。

**雍正八年·庚戌**（公元1730年） **四十五岁**

二月，于杭州仙林寺举办涅槃忏会。

三月，师于梵天寺西院禁足，闭关三年。题其室为"寸香斋"，作诗以明志，有"省公鬻产构禅房，古寺重开净业堂"，及"同人共结三年社，对客空余一寸香"之句。有尊客相见，略叙道语，寸香之外，念佛而已。其《寸香斋铭》云："尊客相逢，勿谈世谛。寸香为期，唯道是语。不近人情，不拘俗礼。知我罪我，听之而已。"

师在梵天寺与众结三年念佛长期，规定不得应赴世间佛事，并作《应赴说》。文中认为佛法以济人为本，度生一事，诚非多事。然而自既未度，焉能度人？古时的瑜伽法事都是登地菩萨利生之事，非初心凡夫所宜。今则多属贸易行为，即使虔诚也难赎贪求财利之过，又况且未必虔诚呢？假若作佛事时散漫懈怠，必造堕落之报，备受无量大苦，因此一定要慎之又慎。

大师还作有《念佛着魔辩》，认为参禅、念佛，其难易虽有自力、他力之分，但都难免有魔事。原因有三：一是教理未明，二是不遇善友，三是自不觉察。大师主张中、下根人，须遍阅净土诸书，备识信、愿、行三差别之相。还要亲近善知识，互相警策。又要自己时刻虚心觉照，防止滋生骄慢。三者缺一不可。

大师对于禅者亦多切要开示，如《示禅者念佛偈》云：“一句弥陀，头则公案。无别商量，直下便判。如大火聚，触之则烧。如太阿剑，撄之则烂。八万四千法藏，六字全收。一千七百公案，一刀斩断。任他佛不喜闻，我自心心忆念。请君不必多言，只要一心不乱。”

遇有僧人学作诗文，师痛诫道：“人命在呼吸间，哪有闲工夫学世谛文字？稍一错过，便成他世，欲望出离难矣哉！”

**雍正九年·辛亥**（公元 1731 年）　**四十六岁**

在梵天寺闭关念佛。

**雍正十年·壬子**（公元 1732 年）　**四十七岁**

在梵天寺闭关念佛。

**雍正十一年·癸丑**（公元 1733 年）　**四十八岁**

大师在梵天寺西院的寸香斋闭关三年期满。

十二月初八日，是释迦牟尼佛成道日，大师对弟子说：“我于明年四月十四日长往矣。”于是再次掩关寸香斋，每天持念佛号，以十万声为定课。

**雍正十二年·甲寅**（公元 1734 年） **四十九岁**

四月二日，出关。

四月十二日，告众说：“吾十日前见西方三圣降临虚空，今再见矣，吾其生净土乎！”随即安排交代好寺院中的事务，并和城中闻讯而来的护法居士一一辞别。大师的侍者请求书偈，师书云:“身在花中佛现前，佛光来照紫金莲。心随诸佛往生去，无去来中事宛然。”写完说道：“我十四日定往生矣，尔等为我集众念佛。”

四月十三日，大师断饮食，敛目危坐。

四月十四日，凌晨五更时，具浴更衣，朝向西方闭目趺坐。至巳时，远近弟子纷纷赶到，一边流着眼泪，一边对师礼拜说：“愿师住世度人。”师睁开眼说：“我去即来。生死事大，各自净心念佛。”说完后，合掌称佛名而逝。过了不久，大师鼻筋下垂，颜色明润。直到封龛时，容色不变。

十二月初八日，虞山上首无住师与众弟子函师灵骨，建塔供奉于琴川拂水岩之西。

大师生于康熙二十五年八月初八日，春秋四十九，僧腊二十五。先后主持寺院十余年，得度弟子及得戒、归依的人很多。著有《劝发菩提心文》、《涅槃会发愿文》、《劝修净土诗》、《西方发愿文注》、《东海若解》、《续往生传》等，并行于世。后世尊为净土宗第十一代祖师。

按：清乾隆间彭际清居士编定《净土圣贤录》，以省庵继莲池、蕅益为净宗第十代祖师。清道光间悟开师作《莲宗正传》亦同。至民国二十七年，印光大师推截流为十祖，尊省庵为十一祖，而为定论。

**乾隆七年·壬戌**（公元 1742 年） **师往生八年**

二月十五日是释迦牟尼佛的涅槃日，鄮山诸缁素怀念大师道行，于育王寺的右边重新建塔，迎请大师的灵骨入内供奉。其旧塔用以藏衣钵。

**乾隆五十年·乙巳**（公元 1785 年） **师往生五十一年**

大师往生后，其遗稿由弟子际本辑录，正因募刻流通，名《思齐大师遗稿》。而《劝修净土诗》、《劝发菩提心文》、《涅槃会发愿文》三种合刊则另行流通。又有《西方发愿文注》、《东海若解》，各有单行本。是年，净业学人彭际清居士于龙兴寺得一抄本，亦为际本师所录，很多诗偈为刻本所无。彭际清居士将大师遗稿重加编订，择要合编为上下两卷，卷后附以《西方发愿文注》、《东海若解》，名为《省庵法师遗书》。次年初，新本刻行于世。续刻本又名《省庵法师语录》。